南京博物院学人丛书

邱永生文集

南京博物院　编

文物出版社

图书在版编目（CIP）数据

邱永生文集/南京博物院编．－－ 北京：文物出

版社，2022.8

ISBN 978-7-5010-7419-8

Ⅰ．①邱… Ⅱ．①南… Ⅲ．①文物－考古－中国－文

集 Ⅳ．①K870.4-53

中国版本图书馆CIP数据核字(2022)第072709号

邱 永 生 文 集

编　　者：南京博物院

封面设计：刘　远
责任编辑：秦　彧
责任印制：张道奇

出版发行：文物出版社
地　　址：北京市东直门内北小街2号楼
邮　　编：100007
网　　址：http://www.wenwu.com
印　　刷：北京荣宝艺品印刷有限公司
经　　销：新华书店
开　　本：889mm×1194mm　1/16
印　　张：25.25
版　　次：2022年8月第1版
印　　次：2022年8月第1次印刷
书　　号：ISBN 978-7-5010-7419-8
定　　价：260.00元

南京博物院人书学丛

邱永生

1984 年 11 月，大学毕业后在徐州博物馆考古部工作

1985 年，徐州汉代文物精品在奥地利雷欧本市展出

1985 年 1 月，在兵马俑坑发掘保护现场（右一）

1986 年，北洞山楚王陵发掘考古队合影（后排左一）

1988 年 1 月，在澳大利亚墨尔本考察（左一）

1988 年 2 月，在澳大利亚丹德农市黄金博物馆考察（中）

1994 年，徐州狮子山楚王陵发掘现场　　　　2002 年 3 月，与王恺先生（右）调查徐州狮子山楚王陵园遗址

1995 年，徐州狮子山考古队员合影（后排左四）

1995年，建成开放的狮子山楚王陵墓地宫陈列馆　　2002年10月，徐州狮子山楚王陵出土铁甲胄清理与修复工作中

徐州水下兵马俑博物馆

2004 年 8 月，在埃及亚历山大考察

2002 年 5 月，在日本大阪考察

1996 年，在奥地利萨尔茨堡考察

2004 年 10 月，在土耳其伊斯坦布尔古城墙考察

2018 年，受聘为南京林业大学设计学院特聘教授

2019 年 4 月，源创博物·美哉金陵——南京市首届博物馆优秀文创产品评选活动

2019 年，参加中国文物学会文化创意发展委员会年会（右一）

2019年9月，在重庆中国三峡博物馆举行的博物馆文创高峰对话会上发言

2022年，参加涉案文物司法鉴定活动（左三）

2020 年 5 月，参加 5·18 国际博物馆日主会场博物馆文创论坛活动

2020 年 12 月，在杭州参加"忆江南·长三角文创产品博览会"

总　序

　　南京博物院坐落于六朝古都的江南胜地，其前身是国立中央博物院筹备处，1933年由时任国立中央研究院院长的蔡元培先生倡议成立，是当时全国唯一仿照欧美现代博物馆建设的综合性博物馆。原拟建"人文""工艺""自然"三馆，后因时局关系，仅建"人文馆"，即现在的南京博物院主体建筑仿辽式大殿。建院之初，就明确提出"提倡科学研究，辅助公众教育，以适当之陈列展览，图智识之增进"的宗旨，为博物院的筹建和发展奠定了理论基础。故院长曾昭燏先生在《博物馆》中明确提出："研究为博物馆主要功用之一"，这一观念至今对南京博物院的业务工作产生着积极而持久的影响。

　　建院70余年来，尊重科学研究的优良传统在南京博物院一直传承着，并不断发扬光大。建院之初，这里汇聚了一大批享誉海内外的著名学者，如叶恭绰、傅斯年、胡适、李济、吴金鼎、马长寿、王介忱、李霖灿、曾昭燏、王振铎、赵青芳等，即便在烽火弥漫的抗日战争期间，在十分艰苦的生活工作条件下，他们也不忘自己的职责，进行卓有成效的科研工作，为民族文化的传承保存了可贵的薪火，也为南京博物院后来的科研人员树立了榜样。

　　1937年8月，中央博物院奉命带院藏文物向西南迁移，研究人员则在艰辛条件下开展田野考古和民族民俗调查工作。20世纪三四十年代，吴金鼎、曾昭燏、王介忱在云南苍洱地区进行考古调查和发掘；李济、吴金鼎、王介忱、冯汉骥、曾昭燏、夏鼐、陈明达、赵青芳等发掘四川彭山汉代崖墓，收集了大批汉代文物资料；以马长寿、凌纯声为团长的川康民族调查团在西南地区进行了历史遗迹、民族服饰、手工业、语言和象形文字、动植物的调查，采集了大量的少数民族文物；中央博物院与中央研究院史语所等联合组建了西北科学考察团，在敦煌、玉门关等地进行科学考察，并发掘了甘肃宁定阳洼湾齐家文化墓地等。在此期间，中央博物院在研究的基础上整理编写了《博物馆》《远东石器浅说》《云南苍洱境考古报告》《麽些标音文字字典》《麽些象形文字字典》等一系列学术著作。这些代表性论著，知识建构博大精深，社会学方法论应用得当，新学科新知识光芒闪烁，其学术开创意义和精神价值，足可视为经典。

　　1949年10月，随着新中国的成立，我院进入新的发展阶段。1950年3月，前中央博物院正式更名为南京博物院。南京博物院继承了前中央博物院前辈学人的治学精神和学术理念，坚持循序渐进地开展学术研究工作。随后开展了江苏南京南唐二陵发掘、六朝陵墓调查，以及山东沂南汉画像墓、安徽寿县春秋时代蔡侯墓等考古发掘工作，还奉命派人到郑州协助发掘商代城址，都取得了良好科研成果。同时，先后在江苏境内发掘了淮安青莲岗、无锡仙蠡墩、南京北阴阳营、邳县刘林和大墩子等重要遗址，发掘了丹徒烟墩山"宜侯矢簋"墓、南京东晋砖印壁画"竹林七贤及荣启期"墓、东晋王氏家庭墓地王兴之与王献之墓等重要墓葬，并对江苏境内的淮河、太湖、洪泽湖、射阳湖流域和宁镇山脉进行了大规模的考古调查。随之提出的"青莲岗文化"和"湖熟文化"的命名，将江苏考古纳入系统研究范畴，为后来的江苏考古学文化区系类型研究开启先河。

自1978年中国实行改革开放政策的30余年来，南京博物院在积极倡导创新精神的同时，秉承前中央博物院学人"博大深约"之精神理念，注重将社会教育与学术研究交融贯通，形成了"兼容创新"和"与时俱进"的学术风气，迎来了学术研究的美好春天，在博物馆学、考古学、历史学、民族民俗学，以及古代建筑、艺术文物、文保科技、陈列展览等相关领域均取得了不斐成绩，并呈现了以老专家引领、中青年骨干为中坚力量的梯队式研究群体，其治学之道、研究之法亦与前中央博物院前辈学人的传统息息相通。

现今南京博物院是一所拥有42万余件各类藏品，20万余册中外专业图书的大型综合性博物馆，集探索、发现、典藏、保护、研究、教育、服务于一体，具有举办各种展览、开展科学研究的深厚基础，在学术方面已经拥有比较深厚的历史积淀和鲜明的综合性特色。近年来，南京博物院将科学研究与服务公众作为工作的两极。立足科研，努力提升学术水平，逐步提高工作能力，最大程度地扩大学术声誉和影响力，为公益性博物馆的发展提供基础和动力；努力将博物馆的科研成果转化为现实生产力，服务于文物遗产的保护和利用，服务于社会公众教育，成为南京博物院长远发展的基本方针和工作目标。

今天，随着博物馆事业的快速发展，我们清晰地认识到，开展科研工作是公益性博物馆发展的基础和动力，要提高对科研工作重要性的认识，有的放矢、循序渐进地开展工作。首先，要认识到科学研究是生产力，是博物馆实现社会价值的重要手段。要从发展生产力的高度认识博物馆科研工作的重要性，认识到我们的职责是利用古代文化及其研究成果来推动和促进当地经济社会的和谐发展。通过博物馆的研究成果，使社会认识到，古代文化遗产是一个地区、一个民族、一个国家的象征，具有精神上的巨大作用，发展博物馆事业，也直接间接地发展了社会生产力；通过博物馆的科研发明和技术创造，让社会认可文物保护技术的重大作用，它不仅可以使文物坚固、延年，并保持美感，更让公众在欣赏文物的过程中认识、理解并尊重了其中"过去的辉煌"和"今天的创造"。其次，要促进科研成果的转化和推广。科研成果只有进行有效转化，才能真正成为现实生产力，更好地发挥科研成果服务社会的功能；积极促进科研成果的推广，可以为文物保护力量比较薄弱的地区提供技术支撑；科研成果的研究和推广，可以培养、锻炼一批既具有理论研究水平，又有实践能力的队伍。第三，要明确科研的内容和重点。南京博物院作为大型综合性博物馆，能够在国际国内博物馆界有一定地位和影响，积极的科学研究无疑是重要条件。全院有一支专业素质好、知识水平高的业务队伍，他们探索古远历史，研究地域文化，保护物质遗产，服务社会公众。科研的内容和重点主要围绕服务社会发展、服务江苏文博事业、服务公众文化享受的目标来进行。具体而言，主要围绕研究江苏文明史发展的考古发掘研究、文物保管及科学保护、文物展示及公众服务、文物利用及社会作用的发挥等内容来进行。其中在考古发掘研究方面，70余年的考古收获成果，基本可以勾划出江苏历史发展的轮廓概貌，弥补了文献记载之不足。在文物科学保护方面，共有获奖科技成果20多项，在文物保护实践中都得到了广泛的应用。在文物展示及服务公众方面，在完成了南京博物院艺术馆陈列，还开展了文博系统人文社会科学重点课题研究，并帮助多家博物馆进行展览设计与布展。在利用文物发挥社会作用方面，多方组织精品展览服务各地公众。同时积极利用科研技术，保护地面文物建筑，启动"身边的博物馆"走进农村基层的数字化博物馆项目，致力于将博物馆与公众的距离拉得更近。

　　回首往昔，我们欣喜地看到，南京博物院70余年的科研成就硕果累累；筹划今朝，深感我们仍需砥砺精神，不断求索，以更好的业绩促更大的发展。为了集中展示并检阅南京博物院在学术研究方面的综合性成果，并藉此体现服务与研究相结合的学术导向和科研特色，我院组织编辑出版《南京博物院学人丛书》，通过整理与学习前辈学人的学术成就与传承脉络，介绍当代学者的研究成果和治学方法，使之作为系统的历史文献资料保存下来，并成为后人获得知识、方法与灵感的重要源泉。同时，真诚希望我院青年学人能得以站在前人肩膀上，坚持良好的学术风气，促进科研工作的不断开展，探索一条新时期可持续发展的学术途径。在我看来，《南京博物院学人丛书》是一种精神资源，在叙述和阐释的过程中，不仅仅是对历史文化积淀的整理，也是对南京博物院学术精神的弘扬。我们有理由相信，无论从文献价值还是从学术传承着眼，作为一项系统的文化工程，《南京博物院学人丛书》随着时间的推移必将会显示出嘉惠后人的永恒价值，成为激励后来者不断前进的动力。

南京博物院院长　龚　良

2009年9月1日

目 录

文化遗产保护与利用

自 序

光阴荏苒，悠悠四十载。自我1980年秋入南京大学就读、1984年工作至今，历世纪之交，感慨良多。

我本渔民之后，祖辈在黄海之滨的滩涂上讨小海生活，及至家父，因在船上坠海惊险获救后，便誓言上岸求学，及至初中毕业，觅得一滩涂管理之公职，终生谈海色变。唯辛苦供子女读书为其一生追求。幸随父母之愿，兄妹五人中三人上大学，两人念完高中，这在20世纪的八九十年代，于苏北的盐淖僻壤之地，殊甚罕见，或可谓其孝莫大焉。

父母虽是初中毕业，但对书本却视为珍宝，又怕潮湿及鼠蚁啮蚀，遂将上学时用过的相关书籍放入网兜并系于屋梁上，"万般皆下品，唯有读书高"常萦于耳畔。闲暇之余，我常好奇取下，逐本浏览，有感于书中人物故事及精美插图，竟对史地发生兴趣，且日益浓厚。虽然上大学前从未能走出射阳县域，确暗诩已神游上下五千年，纵横地球五大洲了。

因少时入学较早，身体孱弱，中小学就读十年间，总是当仁不让地在第一排课桌中落座，又思不能出海捕鱼为生计，只得硬着头皮苦读才得心安。

填报高考志愿时，不加思索便填了历史系。入校后，老师觉得是寒门之后，应能吃得些苦，便指入考古专业学习，余则终生与考古文博为伍，直至今日。

工作经历相对简单。毕业后在徐州文博系统工作廿八年，2012年入职南京博物院至今。在徐州从事考古一线及文博管理工作，历任考古队员、考古组组长、考古部主任，博物馆副馆长、馆长；先后主持与主要参与十余项重大考古活动。时间较长的是在徐州汉兵马俑博物馆，自1993至2012年，一直主持徐州汉兵马俑博物馆的工作，期间具体主持了狮子山楚王陵发掘及保护利用的系统工作。前后历时廿年，打造了集历史博览、园林景观与休闲观光为一体的徐州汉文化景区，成为全国知名的徐州汉文化地标工程。

2012年初，调入南京博物院，从事文博研究及文创事业工作，任文创部主任十年。期间兼任中国博物馆协会文创专业委员会副秘书长，专家组成员；江苏省博物馆协会文创专业委员会秘书长。自2013年始，具体牵头成立全国博物馆系统首家博物馆商店联盟——江苏省博物馆商店联盟。同时以培养人才为己任，先后在江苏师范大学、南京财经大学、南京林业大学等高校任兼职教授，授课、讲座百余场次。完成各项科研课题十余项，论著六本，论文四十余篇。对江苏省博物馆的文博、文创事业乃至全国文博系统的文创产业发展，做出了积极的有益的探索；对文博考古事业的发展，贡献了绵薄之力。

在文集付梓之际，我要特别感谢三人，他们是吴敢、张仰东和龚良三位先生。吴敢先生是我入职后的主管领导，时任徐州市文化局局长，是他力荐我到草创的徐州汉兵马俑博物馆主持工作，终身与兵马俑和狮子山楚王陵结下不解之缘；曾任徐州市政协副主席的张仰东先生，在21世纪初委我以重任，全力支持我投身徐州汉文化景区规划与建设这一艰巨而光荣的工程中。十载支持如一日，终有当下徐州汉文化景区的隆重面世！省文旅厅副厅长、南京博物院院长龚良先生，则对我青眼有加，使我顺利加入南博的文创团队中，并一直予以大力支持，以致南京博物院今日之文创工作，一路披荆斩棘，创新奋进，跻身于全国文博系统的前茅，当下的南博正大踏步跨入国际一流博物馆的方阵！

俗语一个好汉三个帮，意谓个人皆有其诸多局限性，幸遇此三人，亦师亦友，在履职途中，助我尤著，不胜感激。谨识之。

庚子年仲秋于金陵东紫园

考古论述与研究

徐州汉兵马俑研究

　　1984年12月至1985年度徐州东郊狮子山发现的兵马俑，是我国继秦始皇陵兵马俑和咸阳杨家湾兵马俑之后的第三次重要发现，引起了国内外的广泛注目。

　　经初步勘查证实，徐州汉兵马俑共有四个兵俑坑，一个马俑坑。现发掘的第一、二号坑计藏俑约2700件。数量多，品类繁，步伍严整，独具风格。本文就已初步发掘整理的材料，以第一、二号俑坑为重点，试从兵马俑的性质、年代、墓主等问题，作一初步探讨。

　　狮子山位于郊区狮子山乡的狮子山村，海拔61米。兵马俑的发现地点即在此山的西麓下沿。发现前此处系徐州市第一砖瓦厂（又名狮子山砖瓦一厂）取土坑的一部分。俑坑系直接开挖在山坡上。为长方形竖穴形状。因受破坏，原坑的高度已不详。坑长均约28米，上宽下窄，现存上口宽约2、底宽1.5～1.7米，坑底距地面深0.2～1米，东浅西深。俑坑的建造比较简易，即挖好坑，放置兵马俑，再用挖出的土掩覆，没有发现其他保护设施。俑坑内的土质较疏松，且多含外表呈褐色的料礓石。坑外侧为纯净而质坚的黄土。坑底稍加平整，但局部有山石凸露，显得较为粗糙。一、二号坑皆东西走向，在其南侧约5米处有一与之平行的三号坑，规模相当。又在一、二、三号坑的东侧发现与之垂直的四号俑坑。另经勘查，在以上四坑之北约150米处有一马俑坑，此俑坑中马的造型和风格与一号坑中四马相近。

　　下面根据已发掘的第一、二号俑坑，对这批兵马俑的种类作一简略的考述，以便进一步做些探析。

　　马俑　4件，出于一号坑东段西端。全长70、高60厘米。健硕肥壮，造型稳重。眼似铜铃而有神，双耳前竖，状如削竹，额顶之鬃呈圆形，鼻骨隆突，马颈上有整齐的剪鬃。马臀浑圆，四肢有力，马尾束而下垂。马头、马身、马尾、四肢皆为模制组合而成。

　　指挥俑　出于四马后部正中位置，高54厘米。头戴冠帻，两颊有风带系结颔下。此俑长袍肥袖，交领右衽，下穿肥纨，足着双尖翘首履。曲肘拱手贴于腰际，拱手正中部位有一小道横向切口，应为置插指挥器具，可能原是木质模拟物，因年久腐朽而不存。另在其腰左肋亦有一斜贯的小方孔，原当作为挎剑之用。此俑清秀端庄，姿态优美淡雅。

冠帻站立俑　以此种数量居多。头发皆中分向后梳理，前额有束发红带，外罩以有风带的冠帻。此种俑多穿双层紧袖长襦，外罩圆领齐腰短袖衣，足登齐头履，背负箭箙。左臂自然下垂握拳，拳眼向前上斜出，右臂屈曲置于右前方，右手半握而内勾，作把握状，似作一手握兵器，一手执盾的姿势。有的穿平下缘的短襦，内服有上广下狭的左右摆，可能就是史书上所称的"袿衣"。或双手抱拳置于腰际，作执长器械状。另一种则外罩甲衣，双臂下垂，双手皆握拳，作按捺样，亦为持兵器状。

发辫俑　穿右衽双重衣，曲领高厚，露出衣外，袖口宽而翻卷下垂，外罩有披膊甲衣。头结发辫，其方式是先将头发后理，再分成二股编成发辫，再将辫子反剪向上，用两端上翘之月形冠饰固定于头顶。左手作把握状，右臂曲肘前握拳，有拳眼贯通，原当系置长器械。此式俑面部刻划细腻生动，表情丰富，蹙双眉，口半启，整个神情若戚思貌。

跪坐俑　一种是戴圆形帷帽状头盔，仅露面部，下披及肩，穿宽袖战袍，呈跪坐姿势。双臂下垂微前曲，双手皆作抓握状。此式俑皆肩宽体厚，背负箭箙，观其装束，应为文献所载"抱弩负兰"的弓弩手无疑。

另一种头戴冠帻，穿窄袖长襦，后腰结带，外罩小圆领短袖衣。呈踞坐姿势，双臂屈伸向前，左手五指并拢，掌心向下，作半握状；右手握拳，呈把握状。

发髻俑　数量较少，但姿势多样，或站或跪。其较特殊的是头部装束与他俑有别，其发式是中分向后梳理，结左、右二圆形髻于脑后。此俑面部较其他俑类小而圆，显得年轻而纯真。

仪卫俑　除一件见于一号坑西端第一排外，其他皆见于四号坑中，头戴冠帻，着双层右衽长袍，衣长过膝，下穿肥袴，足穿双翘尖首履，双手握拳置于腰右侧。在此俑的附近多出细木棒痕迹，内为黑色朽木，外呈红色，原应为此式俑所执物。俑眉目清秀端庄、姿势优雅飘逸、神情持重。

这批兵马俑都系陶土制作，陶质细腻而坚固。多呈青灰色，扣之铿然作响，也有少数呈褐黄色。其烧成温度在700℃～1000℃左右。制作方法是采用的合模制作，残俑内腔可见制作时留下的清晰的手指按捺印纹。兵俑一般是头与身体分模，颈部制成长圆锥形，以插入中空的体腔，其身躯部分则以前后两片合模粘接而成，也有部分俑的双臂分制而后粘接于体腔的。一般地说，合模粘接是在坯体未干时进行，然后再在粘接部位加以修整。兵俑体腔空而双足实，马俑体腔中空而四肢为实心。这样，便可增加它的支撑力，不易变形。在兵俑的足心处，也常发现有二圆形小眼，概为当时以小木棒插入，一方面支撑俑坯阴干而不易变形，另一方面则可能起到焙烧时作排气之用。在马俑的下腹中部，制作时留下了一较大的椭圆形孔，作为通气用，以避免陶马在高温焙烧时爆裂，可见当时制作工艺的先进。兵马俑在成坯入窑烧成之后，便是进行彩绘。从发掘的现状看，因地势较低，土质黏湿，长期浸泡，彩绘保存较差，多已斑驳难辨。从少数保存较好的俑身上可以看出，彩绘的颜色有红、白、黑三种，以红色为主。方法一般是先用白彩遍涂俑身作底色，然后再在其上绘红彩或黑彩，红色主要涂绘俑的冠带、发辫、面部以及衣袍的领、袖、下摆等，即两汉文献中常提及的"缘诸领、袖"。另外，红彩亦用于马饰。黑彩主要用于涂绘甲衣，可与文献中所提及的"玄甲"相印证。

关于这批兵马俑的性质问题，它应类同于秦始皇陵兵马俑和陕西咸阳杨家湾兵马俑（以下简称"杨俑"），是作为陵墓的一部分，不应像有人说的窑址的可能性。这主要可从以下几方面说明：首先，俑坑排列整齐有秩，俑的面向基本朝西，各种类俑的排列组合有其一定的规律性，错落有致，结构较为严谨，绝不可能是一般的随意堆放，而是人工刻意为之。再者，在俑身上多涂有红、白、黑等色彩绘，这种现象是墓葬中所出器物的共性，即作为墓葬的明器而特意制作的。另外，我们在清理时还发现兵马俑坑中伴出有带红漆的木棒痕迹，涂有红彩的块状布纹遗迹等等，应为兵马俑特制的象征性器物，如兵器、仪仗器具、盾牌等。

关于马俑和指挥俑的关系问题。马俑四匹并列，颈鬃直立而整齐，应是作过精心修剪，在马的口裂内端有一圆形小孔贯通两侧，原当系穿置马衔之用；马身绘有红彩带状饰，以示马缰等附饰件。马尾束而下垂，同于秦始皇陵出土闻名中外的二号铜车马马尾装束。此外，在驷马的背后出土有不少块状涂硃漆的木质痕迹，说明这四匹马原当是拉车之用的。在距驷马后约20厘米处发现的指挥俑更可证明之。从此俑的神态看，专注而威肃，大有叱咤风云、指挥若定的大将风度。他的身份可从其立于驷车之上，周围簇拥着大批兵士俑，显示其地位的特殊。此俑衣服宽博，曲裾长袍几掩双足，着大口袴，也就是《汉书》中所称的功曹官属多着"褒衣大袑"，大袑即大袴，是西汉前期较为通行的式样。此俑的高度也远高于其他兵俑，高53厘米，而其他兵俑一般27～43厘米。在现已发掘的俑坑中，此俑的身份最高无疑。根据徐俑的指挥俑的姿势、装束，可推测其为墓主人的高级功曹或官属。另外，此俑与咸阳杨家湾汉墓出土的俑及马王堆帛画中有关人物相类，也可反映出当时丧葬有统一的规格和标准。杨家湾汉墓的四号车马坑中除车马以外，在车后立有2件彩绘陶俑，佩剑、双手合拢于胸前。在六号坑中的8号车，车上站一人，白袍，持剑；车后有兵俑持戟、拉弓相随。在长沙马王堆汉墓中，虽未发现有车马坑，但在棺室西壁所挂的帛画上发现有车马行列。右上方绘有一立于华盖下的佩剑者，后随一长列侍从，其下还有数十名全副武装的持盾士卒；上方绘有车马行列，右下方亦有立于华盖下的佩剑者和十余列侍从。

徐州汉兵马俑的驷车上是否有华盖，已不得而知，而指挥俑则原确系佩剑立于车上的，随从的兵俑中持盾手势亦不少见。

　　从徐州汉兵俑的布局看，四个俑坑基本是一较完整的组合。俑坑中部分俑的面部带悲怆的表情；一号坑西端出土的一件仪卫俑，似起仪仗和先导作用；四号坑中排列的仪卫俑，皆面西而立，双手执物，与其他俑坑相呼应。因而，这组兵马俑很有可能是一种仪仗队形，或与祭奠墓主人有关。但从另一方面看，它的排列亦与秦汉时的战阵有一定的联系。纵观一、二号坑，每坑中皆排列成两组长方阵形，其中一号坑的东段以驷马俑为首。两组方阵之间有2.2米左右的间隙。虽然在坑中的少数地方，俑的排列有错乱的现象，但仍可看出其排列及组合的规律性，从中反映出当时的军事编制和组织情况。第一，它反映了西汉时普遍使用的行伍部校中的"什伍制度"。在一、二号坑的西端，即兵马俑的最前排，明晰排列的是一号坑五件俑，二号坑十件俑，且排列整齐而匀称。汉代军队是以部曲为基本编制的，而什、伍则是军伍中最基本的组成单元。"夫什伍相结，上下相联，无有不得之奸，无有不揭之罪"，一如当时的"什主十家，伍主五家，以相检察"的制度。西汉晁错在论述匈奴与汉军利弊时曾提及："……坚甲利刃，长短相杂，游弩往来，什伍俱前，则匈奴之兵弗能当也……"（《汉书·爰盎晁错传》）颜师古注曰："五人为伍，二伍为什。"而徐州兵马俑中的其他每排一般也排列5～10件俑左右，基本与所载相符。第二，反映了西汉时郡国有常备兵这一事实。《汉书·刑法志》："……汉兴，蹑秦而置材官于郡国。"文景之世，匈奴入寇，亦有恒发郡国兵的文献记载。第三，徐州兵马俑在一定程度上反映了当时与中央直属部队同时并存的地方部队的某种差异。我们从它与陕西咸阳杨家湾汉兵马俑的对比中可以看得更清楚些。杨俑的2000余件兵马俑，步、骑兵自成方阵行列，组织更为严密，显系仿制汉时军阵送葬的形式。其主人据推测为西汉前期大将周勃或其子周亚夫。因墓葬靠近当时的首都长安（今西安），则其送葬军阵必系仿自中央直属部队；而徐州则远离首都，属于东方封国——楚国的地域，因而，所用军队送葬，表现的必系郡国的部队，少骑兵而多步兵，显具地方特色。这点与文献所载也是相吻合的。如汉景帝时，吴楚七国之乱，吴少将桓将军曾说过这样的话："吴多步兵，步兵利险。汉多车骑，车骑利平地……"当时楚国的情况应与吴相近。史载吴、楚常常相提并论。《汉书·地理志》："本吴、粤（越）与楚接比，数相兼并，故民俗略同。"吴楚两国相互为邻，地理环境及自然条件颇有相同之处，在军事组织方面自亦大同小异。

　　关于兵马俑的时代问题，在上面论述中已有提及，因为目前尚未发现有确切纪年的题文或器物，所以只能据其自身的造型特点、工艺制作，服饰装束，艺术风格诸方面，并结合现有的考古资料作一初步推断。首先，我们从这批俑的造型上，可看出它们普遍具有汉俑的特色，即虽个头不大，但采用了我国传统的雕塑造型手法，即重在传神。多数俑的造型细长而扁削，这可以与湖南长沙马王堆西汉墓中所出的木俑以及湖北江陵凤凰山汉墓群中的俑相类比，都属于同一种风格。只是马王堆和凤凰山的汉俑多以木制或整木雕成轮廓后，再涂以红、白、黑等彩以显示俑的面部特征。较讲究者更在俑身着以丝质袍服。其中包含了地区性的差异。徐州兵马俑皆以陶土制作，模制烧成，再行彩绘，即告完成，在工艺上有明显的进步性。此外，它与西汉前期的杨家湾汉俑以及西汉阳陵陪葬墓出土的彩绘陶俑颇多相同之处，它们的尺寸大小也很相近，兵俑一般在40～50、马俑则在50～70厘米。

其次，在服饰方面，所着之冠帻皆为西汉时习见。衣着多作曲裾深衣式，深衣制服是西汉时广泛流行的服装式样。今天我们仍可以从画像砖、帛画中看到实例。这种衣着在《礼记·深衣篇》中有较为详细的记载：它"可以为文，可以为武，可以摈相，可以治军旅……"。孔颖达正义："以余服上衣下裳不相连，此深衣衣裳相连，被体深邃，故谓之深衣。"这种服饰的共同特点是都有一幅向后交掩的曲裾。徐俑中的冠帻站立俑、跪坐俑、发辫俑等均身着深衣。

再次，从兵马俑的制作工艺来看，俑皆为模制，施彩绘。尤其是制作的驷马俑，敦厚稳重，肥硕健壮，是西汉时共有的风格。其马俑的头、身、四肢等均为分模合制而成，并彩绘马眼、鼻、耳，及其他部位，皆与湖北江陵凤凰山一六八号墓所出的马俑相近，而从该墓中出土的竹牍纪年，知其修筑时间在汉文帝十三年，即公元前167年。

另外，从种类上看，冠帻站立俑多与咸阳杨家湾俑相似，发髻俑在杨俑中也有出现。至于发辫俑，在汉俑中尚未见到，而与发辫多样化的秦始皇兵马俑相比，虽然有差别，然更为简约而实用，似可以为秦时之遗风。

综上所述，我们推测这批兵马俑的时代，大体在西汉文景时期。

这批兵马俑不仅数量众多，制作精良，且雕刻线条简练明快，生动传神，具有一定的艺术价值。它不像秦俑那样完全的写实雕塑，而是继承了我国传统雕塑的艺术风格，重其神而忽其形。就是对创作对象进行高度的提炼和概括，着重于写意，虽对有些俑的许多部位的处理是初级甚或似是不精确的，但是工匠们在塑造人物情态等方面可谓细致入微，并且在写意中已寓有夸张的手法。如指挥俑的五官隽秀，双目平视，神态安详，表情庄重而潇洒，大有成竹在胸的指挥家风貌。仪卫俑则通过对衣纹的细节的刻画，显现稳重儒雅的性情。发辫俑则以丰满的面容来增加立体感，再通过紧张的面部肌肉，圆睁的双目，开张的嘴唇，来表达压抑、悲怆之情。而对发髻俑的刻画，着重于面部轮廓，将头塑造得比其他兵俑脸小而圆，眉脊细长而微翘，体现了年轻纯真而略带稚气的一面。此外，还用脸形的宽厚，前额的平阔，眼裂的细长，神情的持重来表现沉着英武的性格；用眼睛微开，紧抿的双唇表现以足智多谋，克敌制胜的决心；而五官端庄，神态自然者则似乎显示出机警过人，有充分的自信；鼻准内勾，双眉紧蹙则显示其神色严厉、冷峻、性格强悍，大有赴汤蹈火，一往无前的壮士风骨。对于马的刻画，更加细腻而生动，可谓着力颇多而又匠心独运，耸竖的双耳，机警敏捷，圆睁的双眼，奕奕有神采，笔直的鼻梁，筋骨暴强，嘴唇的弧线等无一不真实而传神，栩栩如生，充分表现了军阵中驷马的勃勃生气。

从总体上来说，这批兵马俑承袭了秦俑的制作水平，另一方面又继承或部分继承了楚文化的风格。它与战国楚墓中出土的木俑艺术风格颇为相近，可以说是战国楚地木俑艺术的延续和更高阶段上的再现。因为战国以来，随着楚国的不断扩张，使得今苏、皖以及鲁东南一带为其势力范围，长期受楚文化的影响。史载汉高祖刘邦自幼受楚文化的熏陶，谙习楚风。他不但操楚音，喜楚舞，更善楚歌，曾对其宠姬戚夫人言道："为我楚舞，吾为若楚歌"（《史记·留侯世家》）。名扬海内外的"大风歌"亦是明证。另外，在官制、衣饰等方面亦多受楚俗的影响。徐州兵马俑中的许多兵俑便作楚式深衣。大将韩信因"习楚风俗"，被高祖徙封为楚王，都下邳（今徐州古邳一带）。刘邦的重要谋臣亦多是沛县人，沛原属宋地，公元前286年，齐、楚、魏灭宋，"叁分其地，楚得其沛"，沛为楚地。因此楚地的风俗习惯对西汉有极其重要的影响。如果说，在政治上"汉承秦制"的话，那么，在文化上则楚汉是一脉相承的。

徐州出土的兵马俑系作为陵墓的一部分，则必然有主墓，然究为何人陪葬以及陵墓的位置何在？无直接文献可查。

考察汉代的陵墓制度，结合徐州兵马俑的规模，便可肯定它决非一般贵族或官吏所能使用。按一般的规格，除了皇帝之外，则要是立有殊功的大臣或将领死后安葬，封建王朝所给予的最高荣誉，方能用军阵送葬。例如西汉霍去病死后，"发属国玄甲军，阵自长安至茂陵……"（《史记·卫将军骠骑列传》）西汉大司马霍光死后，"发材官、轻车、北军五校士军阵至茂陵，以送其葬。"（《汉书·霍光传》），东汉初，祭遵死后，"因其为将军，虽在军旅，心存王室……""遣校尉发骑士四百人，披元甲兜鍪兵车军阵送葬。"（《太平御览·卷三百五十六》，引自《东观汉记》文）杨家湾出土的西汉兵马俑形象也是一个很好的例证。

徐州汉兵马俑主要表现的可能也是用军队送葬的形式。而兵马俑的主人不可能是西汉某代皇帝。因为徐州虽然是汉帝的故乡，据文献记载及实地的勘探皆排除其归葬故里的可能性。历西汉代共有十一个皇帝，皆葬于长安（今西安）一带。徐州一带虽出了不少汉时名将，但当时的习俗是以能祔葬帝陵为荣耀之事，因此，功臣名将千里归葬的可能性极小。我们推测，徐州兵马俑主人为西汉楚国的最高统治者——楚王的可能性最大。

大批西汉兵马俑在徐州的出土，并非纯属偶然。众所周知，徐州古称彭城，自古为九州之一，徐州在汉时以其优越的经济地理条件，成为当时东方的主要政治、经济和军事中心之一。加之它的战略地位十分重要，在西汉时又是高祖故里，故此地不肯轻易授人，高祖刘邦先封大将韩信为楚王，后又封其弟刘交为王，是为楚元王。建都彭城（今徐州），西汉一代，共袭封十二世。因此，终西汉两百余年，以彭城为中心的一带地方一直是刘姓袭封为王。

兵马俑既具有祛邪去恶，保护墓主人的象征意义，同时也是墓主人生前拥有权力的集中表现。在礼制严格的封建汉王朝，各种生前礼仪制度不但十分详备，即使在死后丧葬的规格亦不能僭越，如周亚夫子"为父买工官尚方甲楯五百被（具）可以葬者。取庸苦之，不与钱，庸知其盗买县官器，怨而上变告子，事连汙亚夫"，廷尉遽责亚夫曰："君侯纵不反地上，即欲反地下耳。"（《汉书·周亚夫列传》）又《汉书·韩延寿传》："卖偶车马下里物者，弃之市道。"可见当时封建等级的严格。大规模兵马俑的使用必须经过封建王朝最高统治者的允诺。楚王及其家族在西汉一代受到汉帝的特别优待，如文帝"尊宠元王，子生，爵比皇子"。景帝即位，"以亲亲封元王宠子五人为侯"，其中就有后来成为第四代楚王的平陆侯刘礼。其他诸如封赏之事等，不一而足。有的楚王甚至因谋反事发而仍给予从宽发落。据文献记载："景帝中五年令诸侯王不得复治国"，楚王就不应再领兵，而有如此规模的军阵，是否是一种礼仪上的优宠，还有待研究。

考察狮子山兵马俑附近的地理环境，我们便可看到，徐州兵马俑所特形胜，它背倚狮子山，毗邻绣球山，北望骆驼山，西面为一开阔地，不远处有古泗水（今黄河故道）由西北向东南流过。这里正符合我国古代勘舆术中所谓"倚山襟水"的风水之地。在修建兵马俑原址博物馆大坝时，便在兵马俑附近发掘出土四十余座古墓葬，相当密集。可见此地一向被古人们视为理想的安葬之所。另外，我们在勘查过程中，在狮子山一带发现了大量的细绳纹板瓦残片、云纹瓦当、折曲纹地砖以及陶水管道等建筑构件和排水设施，说明狮子山附近原应有汉代的大型建筑，或与陵寝建筑有关。再结合兵马俑的排列方向等因素，我们估计兵马俑的主墓在其东傍的狮子山中有较大的可能。

根据徐州地区的考古发掘，我们得知，在徐州，比较大型的汉墓建筑，一般多用所谓的"依山为陵"的埋葬方法，如石桥洞山，出第六代楚王刘注银印的铜山小龟山，都是此种形制。估计兵马俑的主墓应基本相同。结论如何，有待于进一步的工作来证实。

原载《徐州师范学院学报（哲学社会科学版）》1987年第2期（稍作修改）

功似昭君的解忧公主

提起王昭君，人们并不陌生。她是我国古代四大美女之一，又是民族团结的友好使者，出使匈奴，为维护祖国统一做出贡献。然而同处于西汉王朝的另一位巾帼女杰，由于种种原因却鲜为人知。她就是出使乌孙、为我国民族的团结乃至中西文化交流做出杰出贡献的解忧公主。解忧公主，西汉楚国彭城（今徐州）人，系第三代楚王刘戊的孙女。古时，人们称皇帝之女为公主，称诸侯王之女为翁主。解忧是以公主身份嫁西方乌孙国的。

秦汉之际，居于我国北方边陲的匈奴，日益强盛，雄峙大漠南北，自诩为"天之骄子"，以霸主自居，屡侵汉境，大肆掠夺。汉初，国势贫弱，无力与匈奴抗衡，高祖刘邦便听从大臣刘敬的建议，派宗室女下嫁匈奴和亲，并且每年馈赠大量的布匹、谷物。这样，匈奴在北方的扰乱才略有收敛。这种和亲制度在汉初遂渐成为定制，高后、文帝、景帝、武帝等朝皆因袭不改。和亲成为西汉王朝前期安抚匈奴、发展经济的重要策略。

但是，西汉王朝的妥协忍让，并未使匈奴奴隶主弭兵息武。和亲政策在某种程度上更滋长了他们的贪欲，以为汉朝软弱可欺，遂得寸进尺。他们一方面接受汉朝的馈赠，另一方面又频繁扰掠相当今之甘肃、陕西、内蒙古、河北广大地域，铁蹄所至，里邑化为丘墟，甚至兵指京师，威胁首都长安（今西安）的安全。因此，汉朝除积极整军修武外，别无选择。

雄才大略的汉武帝即位以后，积极休养生息，富国强兵，力图改变这种屈辱的关系。他派遣名将卫青、霍去病统帅大军三次征讨，给匈奴以沉重打击。在实施军事打击的同时，又派人联络乌孙等西域诸国，以图"裂匈奴之右臂"[1]。乌孙东连匈奴，西邻康居、大宛，南接城郭诸国，战略地位十分重要。西汉徐州籍经学大师、目录学家刘歆及当时许多有识之士都曾指出：联合乌孙的战略意义，在于拆散匈奴在西方的后援力量，以对匈奴形成夹击之势；也只有击败匈奴，争取西域归属汉朝，才能使汉朝同西域以及中亚、西亚乃至欧洲道路的畅通。

乌孙是我国历史上一个古老民族。公元前2世纪以前，他们劳动、生息在河西走廊一带，曾是匈奴的属国，一切均受其控制。公元前161年西迁今伊犁河和伊塞克湖一带，定都赤谷城（今吉尔吉斯斯坦伊什提克城）[2]，乌孙地域辽阔，人口众多，是当时西域诸国中的强国，也是唯一敢与匈奴抗衡的国家，早在西汉初期，汉朝就与乌孙有过交往。元鼎二年（公元前115年），乌孙遣使来汉并献"天马"[3]。乌孙马在汉代颇负盛名，今天的伊犁地区就在当时的乌孙地域内，至今仍是全国知名的"伊犁马"生产基地[4]。元狩四年（公元前119年），武帝派遣张骞联络乌孙第二次出使西域。此后乌孙与汉朝的交往日益增多，这就引起了匈奴的忌恨，他们厉兵秣马，准备攻伐乌孙。乌孙十分惊恐，于是决定彻底依附汉朝，其昆莫（相当于国王）派人向汉朝献马千匹，提出愿娶汉朝公主的请求。

元封三年（公元前108年），武帝遂将江都王女刘细君加封为公主，嫁乌孙王猎骄靡为妻[5]。几年之后，细君病逝。汉朝便又以刘解忧为公主，出塞嫁军须靡为妻，军须靡不久溘然而逝，其叔父之子翁归靡继位，号曰肥王。由于当时乌孙国还有原始社会氏族外婚制的遗习，按照习俗，解忧公主又再醮翁归靡为妻，时在武帝太始年间。这次解忧与其结合的时间最长，并生有三男二女。此时汉乌关系到达鼎盛。然而，匈奴既不能容忍乌孙仗汉强盛，与之分庭抗礼，更害怕西域诸国争相效仿，彻底依附汉朝，对其西域霸主的地位构成威胁。因此，在汉昭帝晚期，匈奴大举进攻乌孙，陷城掠地，并派使者狂妄地要乌孙交出解忧公主，企图割断乌孙与汉朝的联系。解忧公主客观地分析了形势的严重性和紧迫性，上书汉朝请求援助。

适逢汉昭帝驾崩，未及决定。汉宣帝本始二年（公元前72年），解忧和肥王又一起上书，向汉王朝陈述利害，请求汉军配合反击匈奴的进攻。于是在本始三年（公元前71年）春，汉朝发骑兵十五万，分五路进击，同时以常惠为校尉，征调乌孙兵五万余骑从西边夹攻匈奴，匈奴闻风逃遁，汉乌联军乘胜追击，大获全胜[6]。

此役之后，匈奴在西域地区元气大伤，外部属国解体，内部纷争迭起，形成割据局面，国力濒临衰竭。在这种困境下，匈奴呼韩邪单于在汉元帝竟宁年间，到长安朝贺，并提出愿和汉室通婚，结为亲戚，遂有历史上著名的"昭君出塞"一幕[7]。昭君的出塞和亲，显然已不同于汉初的"和亲"，它已不是屈辱纳贡的象征，而是平等互利的结合，在我国历史上产生了广泛而深刻的影响。诚然，昭君和亲的成功，是与汉王朝的经济、军事力量的增强这一关键因素分不开的，同时我们亦应看到在西汉对匈奴战略方针的实施过程中，解忧所做出的杰出贡献。

解忧公主在乌孙生活五十年，是汉王朝对匈奴、乌孙政策的直接实施者。她积极参与政务、外交，使汉乌关系朝着稳固和有利的方向发展。能有如此作为，除了有汉朝作为后盾外，当与解忧受过的良好教育、胆略超人密切相关。她不但极富同情心，更有强烈的正义感，并能在关键时刻显露其外交家的谋略和恢宏气度，以维护汉乌友好、促进民族团结为自己的崇高信念和职责，坚毅果敢，力挽狂澜。

西汉宣帝神爵二年（公元前80年），肥王去世。继立的新王泥靡，号称狂王。按照惯例，解忧又改嫁他为妻，狂王淫虐暴戾，国内怨声载道。解忧公主面对这种情形并不自叹命苦，听其摆布。她积极策划在自设的宫廷宴会上谋杀狂王，重立开明的新国王。但可惜功亏一篑，由于行刺人的疏忽大意，未能击中要害，狂王带伤窜逃，同时准备兴兵复仇。一波未平，一波又起，就在此时（公元前53年），翁归靡的匈奴妻所生子乌就屠依仗匈奴的势力，乘乌孙国内混乱之机，袭杀了狂王，夺得了乌孙王的地位。他的僭立，势必使乌孙彻底叛离汉室，这对西汉王朝既定的战略方针是极为不利的。解忧公主一面请求汉朝派兵坐镇，一面派其侍女冯嫽出面斡旋。冯嫽，生于楚国（今徐州）。解忧出塞时她以侍女身份一并前往乌孙国。她精通史书，更有雄才大略，是一位熟悉西域情况、有相当能力的女官，曾多次持汉节代表解忧公主作为汉特使出访西域诸国。因其办事干练有魄力，故颇得诸国的敬重，称之为冯夫人，成为解忧公主的得力助手。在这次危机中，她也挺身而出，利用她丈夫（乌孙大将）与乌就屠情真意笃的条件，前去说服乌就屠，终使其改变初衷，听命于汉廷。结果解忧之子元贵靡被立为大国王，而乌就屠亦被立为小国王[8]，一场行将在即的流血冲突事件，经解忧和冯嫽从中调停，终于化险为夷。

解忧公主既是一位不辱使命的外交家，也是一名出色的和平友谊使者。在她的影响下，许多人前赴后继，为促进汉族与各少数民族的团结做出了不懈努力。在解忧的倡议下，她的侄女相夫也曾准备下嫁乌孙，只是因肥王去世，狂王即位，才半途而归。在解忧的后代中，长子元贵靡、长孙星靡、曾孙雌栗靡、季孙伊秩靡相继被立为乌孙国王，执掌大权。其中伊秩靡在汉哀帝元寿二年（公元前1年）与匈奴的乌珠留若鞮单于一起入汉朝贺，汉乌关系亲如一家。

解忧公主的次子名曰万年，深得莎车王宠爱。莎车王死后，他被莎车（国名）臣民请立为王。后来的莎车王延在汉元帝时期，曾经作为侍子入学长安，非常仰慕汉朝的高度文明。他回国继王位后，仿照汉家典章制度建立了一套完整的机构，并告诫其子孙，要世代敬奉汉朝，不可背叛。死后被汉朝赐谥曰"忠武王"[9]。

解忧的长女，即乌孙公主弟史，曾受解忧之遣来长安学习礼曲古琴，学成归国时，受到龟兹王的爱慕。解忧以民族大业为重，决定通过联姻来扩大汉朝在西域诸国中的影响，进一步增进各族人民间的友谊和了解。此举得到汉廷的赞赏和支持，特许弟史作为汉家宗室女身份入朝。元康元年（公元前65年），龟兹王绛宾和夫人弟史一起来长安朝贺，弟史被汉朝授予公主称号，受大量赏赐。并在国内仿照汉朝礼仪法度，修宫殿，治礼乐，一切无不依承汉制。绛宾死后，其子丞德自称是汉朝的外孙，在汉武帝、哀帝时仍来往不断，与汉关系颇为紧密。

通过解忧公主下嫁乌孙，结下和亲友好之缘，丝绸之路上的诸国和汉朝建立了非常友好的关系。西域诸国因仰慕汉族的高度文明，或臣属，或主动要求内附，或平等互利地贸易交往。丝绸之路成为世界各国人民友谊的象征，也对我国今日雄伟版图的构成，起了一定的促进作用。各民族的友好交往，促进了共同提高和进步。西域诸国从落后的匈奴奴隶制的役属解脱出来，解放了生产力，中原的先进生产技术得以传入。如原来有些民族不知铸造铁器，汉人便教以冶炼技术；大宛原是从城外河流中取水，而不懂利用地下泉水，汉人便教他们凿井汲水。史载的西域诸国"颇得汉巧"[10]，皆与随行公主的工匠传授技术有关。公主在乌孙的"自治宫室居"[11]就是明证。同时，西域的一些特产，如骏马、蒲陶（葡萄）、石榴、苜蓿、胡麻（芝麻）、胡椒、黄瓜、大蒜、蚕豆、胡桃（核桃）、胡萝卜以及毛纺织品等也传入中原，丰富了汉人的经济生活。而音乐、舞蹈、魔术等活动的传入，则大大充实了汉人的文化生活。其后通过西域传播于中原的佛教，更对汉人的精神生活以及其他许多方面产生了极为深远的影响。历史事实表明，中华民族的文化正是通过各民族之间的交流而不断丰富提高的。

和亲名曰"公主下嫁"，实际上，西汉一朝共有九位"公主"出塞和亲，并无一位是皇帝的亲生女儿，而多以民女或诸侯王中的刘氏宗族之女替代。王昭君是南郡秭归一普通女子；细君和解忧虽贵为王孙女，但江都王刘建和楚王刘戊均因参与叛乱而自杀。因而解忧和细君的下嫁乌孙，实际上一开始是受到株连而被迫出塞的，带有浓厚的悲剧意味。尽管在下嫁之时，被加封为"公主"，表面看去倍受尊宠，荣耀之极，可实际上却是苦衷难言。到了乌孙后，因异国俗殊，语言不通，随之带来生活上的种种不便和精神上的痛苦是不言而喻的，这可用细君公主在乌孙作的一首汉歌为证："吾家（指汉朝）嫁我兮天一方。远托异国兮乌孙王。穹庐为室兮旃（即毡）为墙，以肉为食兮酪为浆。居常土思兮心内伤，愿为黄鹄兮归故乡"[12]。这首诗歌既是乌孙社会游牧性质的客观反映，也是公主在异国他乡的真实生活写照，同时充分表达了她们异国之恋的情愫。

在解忧公主个人的婚姻方面，也可说是多舛而不幸的，与王昭君有惊人的相似之处，甚至可以说有过之而无不及。她们都是以民族团结大业为重，依随落后的民族习俗，做出了极大的自我牺牲。王昭君先嫁呼韩邪单于，后又嫁复株絫若鞮单于，改嫁一次；而解忧公主下嫁时，匈奴尚十分强大，所处环境险恶，历尽坎坷。先后被迫改嫁两次，尤为不幸的是最后一次与"暴恶失众"的狂王结合，实际上是貌合神离，最终酿成酒宴刺夫，大义灭亲一幕。行刺未遂后，既受到狂王之子所率大兵围困达数月之久，又遭汉朝特使张翁的百般刁难及人身折磨，尽管如此，解忧还是据理力争，生死度外。汉昭帝知道后，对她的忧国忧民精神十分赞赏，为其拳拳报国之心所感动，遂做出平反的决定，处死了张翁，并派员积极协助解忧稳定局势，肯定了她在乌孙及西域的业绩。

　　解忧下嫁乌孙时在太初四年（公元前101年），正值十八九岁的豆蔻年华，一直到甘露三年（公元前51年），这时她已届七十古稀之年。不幸的是，其时她的长子元贵靡、次子鸱靡相继染疾，过早去世。同时，乌孙及西域的形势已趋稳定，公主便上书宣帝，"言年老土思，愿得归骸骨（自谦老朽之身），葬汉地。"[13]一生为国家不辞劳苦，殚心竭力，还希望死后能长眠故乡，其爱国热忱凿然可见。因此，汉宣帝举行盛大礼仪，亲率文武百官迎接解忧归汉，并赐之以"田宅奴婢，奉养深厚，朝见仪比公主"[14]，受到了特殊礼遇。公元前49年，公主逝世。她的三个孙子、孙女皆愿守慰其灵而留在汉朝。

注释

[1]（东汉）班固：《汉书·韦贤传》《汉书·张骞李广利传》，中华书局，1962年。

[2] 辞海编辑委员会：《辞海》历史地理及民族分册，上海辞书出版社，1982年。

[3]（汉）司马迁：《史记·大宛列传》，中华书局，1975年。（东汉）班固：《汉书·武帝纪》，中华书局，1962年。

[4] 王明哲、王炳华：《乌孙研究》，新疆人民出版社，1983年。

[5]（东汉）班固：《汉书·西域传》，中华书局，1962年。吕思勉：《秦汉史》，上海古籍出版社，1983年。

[6]（东汉）班固：《盐铁论·西域第四十六》《汉书·匈奴传》《汉书·宣帝纪》《汉书·常惠传》，中华书局，1962年。

[7]（东汉）班固：《汉书·元帝纪》，中华书局，1962年。

[8]（东汉）班固：《汉书·西域传》，中华书局，1962年。

[9]（南朝宋）范晔：《后汉书·西域传》，中华书局，1982年。

[10]（东汉）班固：《汉书·陈汤传》，中华书局，1962年。

[11]（东汉）班固：《汉书·西域传》，中华书局，1962年。

[12]（东汉）班固：《汉书·西域传》，中华书局，1962年。

[13]（东汉）班固：《汉书·西域传》，中华书局，1962年。

[14]（东汉）班固：《汉书·西域传》，中华书局，1962年。

原载《淮海论坛》1987年第2期；《人民日报》（海外版）1987年10月9日第八版摘要转载

古运河畔喜获明政府直辖徐州广运仓碑

4月11日，在徐州东南郊古运河畔的奎河疏浚工程中，发现了一通"徐州广运仓记"石碑。其内容对于研究明代的漕运经济状况、运河变迁、粮仓建制及徐州城的有关历史提供了弥足珍贵的资料。

此碑碑额、碑身连于一体，通高243、宽91、厚23厘米。此碑立于"成化丁酉秋九月二日"，即成化十三年（1477年），碑文由"赐进士出身承德郎户部主事宝应冀绮撰"，详细记载了徐州广运仓的历史沿革、规模、建制等，碑文载"广运仓为州治南二里许，百步洪环其左，云龙山耸其右，军屯亘乎前，市肆横于后"，证诸地理和文献记载，与之完全吻合。

广运仓始建于明永乐十三年（1415年），并在宣德五年（1430年）增扩，"周凡四里，四门"，内有厫仓百座，"以贮江淮以南租赋而输京"，屋宇"连计一千间……设制官一、大使二、副使四、攒典十二、斗级一百八十、仓夫一千九十，所贮粮一百万石，皆江浙直隶东南一带民运数。"又据《明史·食货志》载：永乐年间，"自濬会通河……运淮、扬、徐、兖粮百万，以当海运之数。"宣德年间，平江伯陈瑄及尚书黄福建议复支运法，乃"苏（州）、淞（江）、宁（国）、池（州）、庐（州）、安（庆）、广德民运粮二百七十四万石于徐州仓……令官军接运入京、通二仓。"足见其时漕运规模之大，徐州广运仓也成为明朝政府直辖的四大地方粮仓之一。

此碑正文约600字，另在碑阴镌刻与广运仓有关的职官姓名。

原载《中国文物报》1989年5月5日第17期（总第129期）

徐州北洞山西汉王陵考略

发现于1987年11月的北洞山楚王陵，地处徐州市铜山区茅村镇洞山村境内。此陵以其建筑之宏丽幽邃，随葬品之奇异独特、丰富多彩而闻名遐迩。本文根据北洞山西汉王陵的发掘材料，对该陵的建筑工程及布局，出土的各式文物，诸如玉器、陶器及陶彩绘俑、钱币、印章等作了较详细的考订，力图结合当时的政治、经济、文化、手工艺及种种文化习俗进行研究，兼及两千年前徐州地区乃至淮海区域灿烂的历史文化。

一　宏丽幽邃的建筑

北洞山东邻大山、桓山，西南与琵琶山、青山头毗接，南隔运河与徐州港相望。山高海拔60余米，长、宽各约200米，西汉楚王陵墓即坐落于此山南侧。陵墓室及墓道总长（南北）77.3米。山体石质灰岩，墓道与墓室均凿石掏挖而成。山顶覆以夯土，虽历经沧桑，今仍高十余米。地宫构造考究，布局别致。墓道长56米。由内向外宽度递增。进入墓道，首先看到的是在墓道中部左右一对土坯建成的土阙。（西汉陵园每边垣墙正中各设一门，门两侧立阙。东汉陵园建制大致相同，"周垣四出司马门，寝殿、钟簴皆在周内"。）北洞山王陵墓室分上、下两层，分主体建筑与附属建筑。主体建筑共计八间，由前堂、后室，东西对称的二钱库、二贮藏耳室及主人的两间盥洗室组成，均在上层，为陵区的中心。毗邻的下层为附属建筑，是各种生活设施所在，共十一间十三室，分设警卫室、乐舞厅、厨房、庭院、地下仓房、燃料库、更衣间等，内有水井、锅灶等生活设施和米粟、木炭等，生活用品十分齐备。从上层墓道进入下层，须通过十一级石阶，入口又有封门，门内第一间赫然耸立着成排的侍卫俑，在其附近还摆列大量的铁戟、矛、青铜弩机及成束的箭矢。第二间是放置餐具、食品的仓库，内中贮放成堆有精美图案的漆案，排列有序的盛谷物及酒的大瓮，其上有刻划注明储量的"百十升"字样，瓮内可容成人。

整组建筑中最大的一间，是附属建筑第二进的乐舞厅。厅内东西长15、宽3.1米，总面积达46.5平方米。以大型青条石板垒砌，分隔成室，顶部以石条叠砌成人字形拱，拱顶高近三米。乐舞厅陈设着许多彩绘鲜艳、姿容妍丽的女陶俑，或侍立，或扭肢抛袖，或含颦回眸。在女俑旁有许多席地的乐俑，伴有二十五弦的陶瑟、叩之音色纯正的石磬、小巧的铜铃、高低错落有致的吹奏乐器——排箫。显而易见，这里再现了主人生前钟鸣鼎食，鸣竿调瑟，征歌选舞，极尽奢侈享乐的场景。与此厅相通连的还有配套的更衣室和盥洗沐浴的厕间，可谓周应详备。通过门道，进入第三庭院，东侧有水井，有盛放木炭的套间和厕所，三个灶房和地下贮粮室，这里是庖厨操作的场所。值得指出的是地下室，较整组附属建筑的地面又低了1.4米，这里出土的谷物均已炭化，除了置放粮谷外，是否又有兼作"凌阴"（即地下冰室）的可能呢，尚有待今后进一步的考证。

整组成套的地宫建筑，各室不仅作用明显，科学实用，且建筑的主体工程规模宏伟，装饰配件颇为考究，说明西汉时徐州地区的建筑工艺已达极高水准。该陵虽早年被盗，但地下墓室均保存完好。主墓室坐北朝南，均直接凿山修造成室，内壁十分平整。从出土的凿墓工具来看，主要有铁锤、大铁凿、铁钎、铁镤（用来剥落石块）等物。可推知其制作程序是：先用较大型的钢铁工具锤与钎，掏凿出一定的轮廓空间，再以小铁凿、铁镤、铁錾进一步修琢成形，精加工门框，立柱窝洞，垒挖厕坑及有关槽口。将碎石粉、精细的黏黄土等搅拌成糊状，遍涂墓室内，再用朱砂或朱漆髹于外表，即使厕间及甬道亦不例外，这种工艺与汉文帝的霸陵相仿。《汉书·楚元王传》："孝文皇帝居霸陵……顾谓群臣曰：嗟乎！以北山石为椁，用紵絮斫陈漆其间，岂可动哉！"（应劭曰："紵絮以漆著其间也。"师古曰："……紵絮者，可以紵衣絮也。斫而陈其间，又从而漆之也。"）可见北洞山陵是仿照霸陵"因山为藏，不复起坟"的做法。室内涂料主要是朱砂，朱砂的成分是汞，又名丹砂，古时极为名贵（据《周礼》中所载，朱砂与金、玉、锡等齐名，政府专设"职金"一官掌理），这样大面积使用，一片猩红，既起到防朽防蛀的作用，也平添了华贵的气派和威严肃穆的神秘气氛。前堂横列作东西方向，后室与前堂垂直，作南北纵列，这也完全符合古人的前朝后寝制度。（《续汉志》中载："人君之居，前有朝后有寝，终则制庙以象朝，后制寝以象寝"。）汉初的制度是诸侯王"宫室百官，同制京师"，也说明前堂兼有祭祀的性质。堂寝顶部均修琢成两面坡的人字屋脊，脊高达3.5米，其余各间面积均小于前堂与后室，制作亦不及此精致，可见设计者目的在于突出重点。主墓室因系真正的因山为藏，加之封门设计精妙，使得主人的处所颇为严密。不仅主墓室的入口处有安装青铜封门器的大门，前堂、后室及其他各室均有门，且在第一道大门前，进入前堂的前甬道以及前堂、后室之间的后甬道中，皆放置规正而又极有分量的封门"塞石"，小者三四吨，重者七八吨，计21块，充斥通道的整个空间。塞石一律作标准的矩形，磨光如镜体，有榫卯结构，一如朱书石文自称的"牝""牡"之分。塞石上下叠置齐密，即使刀片也不能插入。朱书文字中还注明了长、宽与厚的具体尺寸和制造者的姓名，以利督查。仅塞石一项，要通过采石料、原地加工成形、挖槽凸榫、打磨光滑、运抵墓地、输入墓道等一系列工序，从这里也可推知当时生产力和工艺技术已达到一定水平。

此陵的两层建筑既相互独立，又是一组相互关联的有机整体。它是依地势用两种不同的方法凿造，错落有致，形式活泼。这种形式体现了我国秦汉时期大型宫殿高台建筑的特点，同时也突出反映了封建等级制在建筑设计上的差别。总体上有高层与下层之分，反映在主、侧宫厕间的规格亦有不同：主宫室的位置最高，室内装饰亦属优等，而侧宫室中有与柴房合为一体的，看来为仆人使用。

墓主人的地宫主体位置偏于西侧且偏北，这与古代礼俗以西方为上相关。《风俗通义》轶文称："俗说西者为上。"《论衡·四讳篇》："夫西方，长老之地，尊者之位也，尊长在西，卑幼在东"。这同样也是秦始皇陵要造于陵园西部的根本原因。北洞山的主宫相对于侧宫是偏西和偏北的，即使在主宫室内部的寝宫，相对于二厕间及侧甬道也仍偏西和偏北。这种礼制由来已久：《礼经释例》卷一《通例上》："凡室中，房中拜以西方为敬，堂下拜以北方为敬。"凌廷堪释曰："盖堂上以南向为尊，故拜以北面为敬，室中以东向为尊，故拜以西面为敬。"主墓室入口处所使用的梯形拱，以两块对称的四边形宽条石镶对，利用两边和上方土石的压力，使之受力均匀，紧紧相衔，压成一整体的过梁，底边形成水平的直线，历两千余年的自然灾变而纹丝未动。附属建筑中普遍采用的人字拱，立式倚对，粗细允当，抗拉、抗压能力极强，迄今基本未有松动和变形。第三进庭院，布置科学而功用明显，堪称我国古代庖厨建筑组合群的代表作。

二 姿态生动的彩绘陶俑

墓室中的彩俑数量虽然不少，只因盗扰严重，破碎凌乱，姑且从略。这里重点考察墓道两壁七个小龛所出的彩俑。小龛位于墓道中部的两侧，其序列是东四西三，除东侧的第一龛（即E1，自北向南起编号）偏北以外，其余六龛三对均夹墓道相对峙。七龛共出土彩俑二百二十二件。这批俑色彩艳丽，眉目端庄，姿态生动而极富灵性，即若袍裾、胡须、佩饰、装备等描绘，不厌其详，细腻而明晰，造型简洁明快，栩栩如生，堪称将雕塑、绘画融一体之典型力作。依据其姿态、大小、服饰，结合其身份的差异，可简要分为五大类。第一类戴帻帽，褒衣博袖，仪表淡雅，双手执板，腰插长剑；第二类着长冠，着长袍，手执笏板，颌微内收，作温恭侍立状；第三类戴帽，双手攥长器械，腰系长剑，均有佩绶。长衣，色各异，多着双翘尖首履，个别穿圆翘首履；第四类着长冠，双手共握身右侧，作持物状，其余服饰基本同第三类；第五类形制基本同第四类，唯双手分握胸前，端持一物，背负箭囊。

这批俑虽然高低相差不大，多佩长剑，系组佩等饰物，但据其装束细部歧异，仍可探讨各类彩俑间身份的差别。试释如下：

第一类俑仅一件，紫帽绿袍，身材伟岸，服饰雍容华贵，明显较其他俑类高大。又兼处于东第一龛内的正中部这个特殊位置，表现其地位与众不同。东第一龛的位置独自突出，最接近墓室，且在此龛和其他六龛之间有一东西对峙的门洞和柱础，说明这里原有门道建筑或设计而未制作。考诸文献，这里的门柱遗迹很可能相当于司马门的作用。司马门是正式区别内宫（即中宫）与外宫的重要标志。七龛之中唯东一龛处于司马门之内，而其余六龛虽均排列在阙门之内，为近侍之属，却在司马门之外。大彩俑位居当中，其左右还分布有较多的第二类俑和其他俑，俑群中发现有带"郎中""中郎""谒者""宦者"等字样者，可见它们皆属于郎中令（后改为光禄勋）。大彩俑当为这批俑的最高首领，郎中令的可能性较大。古代"郎"与"廊"同，秦时殿上不得持兵戟，卫士皆立廊下，廊下也就是廊内，或者说廊中，即秦时"廊中"得名之由来。汉初沿用此名，《汉书·百官公卿表》载其职能是"掌宫殿掖门户"。至于郎中令，《通典》《通考》注引《汉书·百官公卿表》："主郎内诸官，故曰郎中令"；又《初学记》卷十二引《齐职仪》曰："主诸郎之在殿中侍卫，故曰郎中令"。可见郎中令一方面宿卫门户，另一方面又在宫殿之内。侍从左右，实为皇帝的高级顾问。因其居于宫中，接近皇帝，故地位十分显赫。如秦二世时赵高为郎中令，即利用其权左右二世；汉朝初年，陈平因畏吕媭之谗，固请为郎中令，"日傅教帝（指惠帝），是后吕媭谗乃不得行"。至于汉初诸侯王国，不仅封疆大，而且有相当大的政治及军事独立性。《汉书·高五王传》赞："时诸侯得自除御史大夫群卿以下众官，如汉朝，汉独为置丞相。"同书又载："齐王闻此计，与……郎中令祝舞……阴谋发兵。"《汉书·文帝纪》："大臣遂使人迎代王。郎中令张武等议。"说明汉初诸侯王有郎中令的设置，为武职，职掌当与汉廷的郎中令相同。

第二类俑戴冠挟长剑，高度仅次于第一类俑，又高于其余三类。其头饰自有特点，发分两边向后挽髻，顶压长冠，又在左或右额发上插置头饰，笄形因朽毁而不可辨，其圆孔尚存。文献记载中有侍中"左貂右蝉"，与此类俑的簪孔正合，故应为帝王的近侍之臣。俑共八件，皆出于东一龛第一类俑周围，虽未见有表明身份的墨书文字，依据其服饰、位置、身高等，推测其为相当于郎中令的高级属官。该俑神情端庄而不失恭谨。

第三类俑面容端严肃然，多有整齐的胡须，着右衽重袍，在十余件俑之右股部有"郎中""谒者"的墨书字样，可以肯定他们均为郎中令的属官。史载郎中令的下属便有郎中、谒者等，其爵秩三百石左右。文帝入未央宫时，就"有谒者十人持戟卫端门"[1]。又据其面容形态，亦极符合当时其类官员的标准："选仪容端庄，任奉使者"，谒者美髯大音，"年未五十，晓解宾赞者……威容严恪"。该类俑只有个别极年轻者例外，其余均蓄髭须，有一字形、两端上翘呈八字状等，显然经主人精心修饰和保养。诸俑皆属青壮年，威武抖擞，大目高鼻，宽唇丰颊，显得十分英武。

第四类俑除手势和背负箭箙外，其余均同第三类俑。箭箙图案多样，由枝蔓植物纹、同心圆、卷云纹、几何图案等构成，绚丽多彩，不拘一格。在形制上又可分为大小两种。此类俑在右下侧结绶处，少数有墨书"郎中"字样，二字似书于绶带下端的长方形"腰牌"之上，但亦有仅勾勒出长方轮廓而未书文字者。观其服饰均大同小异，应是郎中令属的郎官。

第五类俑戴长冠，余皆同第三类俑，亦有"郎中"和"中郎"字样，其身份应以此两类郎官为主体。

在此，我们对郎官与王国郎官略作考释。

郎官（或称郎吏）掌守门户，出充车骑。有中郎、侍郎、郎中，无定员。中郎有五官、左、右三将，所谓三署郎。汉初，季布在孝惠帝时为中郎将[2]。孝文帝后元六年（公元前158年），"大旱，蝗。损郎吏员"[3]。汉初王国制度，皆与汉廷相同，皇帝有郎官，王国亦置。《史记·扁鹊仓公列传》中有"齐郎中令""中郎"等。《汉书·荆燕吴传》：吴楚七国反时，济北国"郎中令劫守王（济北王），不得发兵"。《汉书·景十三王传》：江都王刘建曾"与郎中令等语怨望……"

关于郎官秩禄，前后有更变。汉初郎中令秩二千石。《后汉书·百官志》："御史大夫及诸卿，皆秩二千石"。武帝时改汉廷郎中令为光禄勋，王国仍名郎中令，但减其秩为千石，后更为六百石。《汉书·百官公卿表》："损其郎中令千石。"《汉旧仪》："帝子为王，王国置太傅、相、中尉各一人，秩二千石以辅王。仆一人秩千石，郎中令秩六百石，置官如汉朝官吏。郎、大夫四百石以下自调除。"可知一般郎官只在四百石左右，低者仅二百石，大体相当于王国县令的秩禄。汉初王国郎官的印章实物，如《封泥考略》卷二载有"吴郎中印"，《齐鲁封泥集存》有"齐郎中印""齐郎中（令）丞"。郎官在宫中有自己的府署。《汉书·高后纪》："逐产，杀之郎中府吏舍厕中"。如淳曰：郎中令掌宫殿门户，故其府在宫中，后转为光禄勋。"东汉蔡质《汉仪》曰："中郎解（即廨），其府对太学。"

郎中令的属官有大夫、谒者、郎官等，皆无定员，天子多可千人，王国则相对减少。大夫及中大夫，为王扈从，侍奉左右，或充使者。《汉书·楚元王传》："元王既至楚，以穆生、白生、申公为中大夫。"《汉书·文三王传》中梁孝王有大夫茅兰。大夫及中大夫多为文学之士，善词令，故往往被任为使者[4]。谒者亦为王之亲侍。《汉书·景十三王传》："（江都王）建后谒者吉请问其太后……"既能出入太后宫殿，应是由宦官充任。又有称大谒者[5]中谒者[6]的。"中"当即宫中之意，亦可见其为宦官。

下面探讨一下与这批彩俑有关的几个问题。

1.制作方法和艺术特色

彩俑均立式，男性。制作程序是精选质细而均匀的陶泥，先以模制出头、身、手臂、足等部分，然后在土坯未干时黏合，连接处以细泥条封压抹平，再以薄泥浆涂整体，使成一体，其中也包括模压出的鼻、眼、耳、衣裾各部的轮廓与线条，尔后在面部涂一层类似皮肤的浅黄色，接下来彩绘各部细节。这些俑色彩丰富多样，计有红、白、黑、绿、青、蓝、紫、橙诸色，色调搭配和谐，色泽鲜艳如初；形象逼真，线条的勾勒交错，生动细致而流畅不滞，衣纹飘逸，体态优美，将绘画与雕塑技巧融为一体。在人物刻画上，注重表情的生动传神，颇富生活气息。如以墨线绘出眉目、胡须，甚至连人物的单、双眼皮亦一一详加描绘，胡须纤细如毫。部分彩俑在嘴唇上涂朱，或在两颊上涂淡淡的红色，使人觉得精神焕发，健康蓬勃，格外亲切。群像之中，或仪表端庄、情性儒雅，慈善可近；或怒目圆瞪，虬须飞扬，强悍勇猛；或稳健持重，有大将风度。整体排列，齐正有序，显得严谨质朴、雄壮威武，确系一批不可多得的古代艺术珍品，也是古代徐州人民智慧和卓越艺术才能的集中体现。

2.彩俑的服饰

首服有第一、三、四类的平巾帻，亦称平上帻或武弁大冠。（《通典》载："武弁大冠赤帻。汉因之，曰武弁，一名大冠，诸武官冠之。"《汉旧仪》："鼓武字衍。吏，赤帻大冠，行縢。"《东观汉记》："段颖灭羌，诏赐赤帻大冠一具。"可知它既是高级将领，亦是低职武士所戴。徐州东郊狮子山汉兵马俑中官吏俑与士兵俑同着便是明证。其形制实物曾见于甘肃武威磨咀子六十二号汉墓[7]。）第二、五类俑所戴之冠，与长冠制相同。长冠又称刘氏冠或斋冠，因高祖微时常服，故称刘氏冠。高祖八年律定："爵非公乘以上，毋得冠刘氏冠。"[8]汉制爵分二十级，公乘为第八级，可乘公家之车。"七大夫、公乘以上，皆高爵也"[9]与秦朝一样，公乘爵级是划分官、民爵的界限。长冠"高八寸、广三寸"，以竹为胎骨，外用漆纱糊制，形如鹊尾，故俗称"鹊尾冠"，是楚国旧有形式。后来亦用之作为祀宗庙诸祀祭服之冠。祭祀服此冠时必上下玄色，内中衣用绛缘领和袖，绛袜裤，以表赤心之意[10]。东汉东平苍王在议南北郊冕服时曾曰："高皇帝始受命创业，制长冠以入宗庙。"这种冠制的实物曾见于西汉马王堆一号汉墓的"冠人"俑[11]，文中考证为长冠或"却非冠"，认为是"汉时宫殿门吏仆射所冠"。与郎中令官属之身份参照是相符合的。）唯北洞山彩俑长冠顶部的"长板"均已腐朽不存，仅可见到插板处的一些竹木朽痕。有所不同的是，第二类俑右前额发上均留有细口的簪孔，似即为汉时的"貂蝉冠"。（貂原产于黑山白水之间，土著常以其皮为帽，作暖额之用，至赵武灵王效胡变服时渐次引入，遂至后来以貂尾作为权贵的冠饰。貂尾蝉珰作为冠上的装饰物，汉时已在中常侍中间普及。《汉官仪》卷上："中常侍，秦官也。汉兴，或用士人，银珰左貂。光武以后，专任宦官，右貂金珰。"《后汉书·朱穆传》："假貂珰之饰，处常伯之任。"李贤注曰："珰以金为之，附以金蝉也。"《后汉书·舆服志下》中亦有所记载。《汉书·燕刺王旦传》："郎中侍从，著貂羽黄金附蝉，皆号侍中。"另外，《汉书·佞幸传序》："故孝惠时，郎、侍中皆冠鵔鸃、贝带。"师古曰："以鵔鸃毛羽饰冠，海贝饰带。鵔鸃，鸟名……即鷩鸟也。"《汉书·司马相如传上》有"撠翡翠，射鵔鸟"语，实即为今之锦鸡。至迟于文景之世，郎中等侍从已在长冠傍缀加毛羽或金蝉珰、貂尾等饰物以示身份，成为后世定制"貂蝉冠"之初型和滥觞。

体衣多交领右衽长襦，内外两重，过膝抵胫，为深衣制，直裾式。外襟（即"续衽"）折到右侧，下裾侧缘作梯形。外衣虽颜色多样，但每件皆专一色，仅在袖、领口处有锦缘；内衣多用素白或淡黄色。除交领长襦外，个别俑采用了鸡心领式的直襟长袍，有绚丽的织锦图案。汉时妇女初嫁时，上衣皆用直襟。《前汉书·广川王传》，晋灼注："今妇人直领"，但西汉前期男子用直襟者则极少见。一般认为在西汉晚期始露端倪，只是到了东汉，直襟衣才流行起来[12]。北洞山的彩俑衣饰，无疑为进一步研讨汉代服饰演变提供了极重要的参考资料。

足衣，仍以汉时通行的双翘尖首履为普遍（或称"歧头履"），又有少数单翘圆首履的例子。后者已见于陕西咸阳杨家湾西汉墓将军俑和马王堆汉墓中实物[13]。

佩物与饰件多且复杂。若以手势而言，彩俑原先手中所执之物已朽不存者，相信不在少数。如第三、四类郎官俑双手握拳于右侧，拳心有孔贯通，显系原握一器械，与狮子山兵马俑一号坑中的警卫俑[14]毫无二致。《续志》云："凡郎官，皆主更直执戟，宿卫诸殿门，出充车骑。"《两京赋》云："郎将司阶，虎戟交铩。"铩指长矛。《汉官解诂》："诸部门各陈屯兵道其旁，当兵以示威武，交戟以遮妄出入者。"交戟与交铩，皆系侍卫夹陛而立，用以示威和安全防范的。因而第三、四类郎官所持之物当即戟矛之类兵器。而第一、二类俑所持之物应与狮子山兵马俑中官吏俑相类，持笏或执板。《后汉书》集解："汉制武者短耳，着皂衣，带剑执板。"《后汉书·陈蕃传》："择从忠善，尺一选举委尚书三公。"注谓：板长尺一。亦有极长至三尺者，《释名》："笏板之长三尺者也。"笏，也是手板的一种。《释名》曰："笏，忽也，君有教命及所白，则书其上以备勿忘也。"答问时书之，捧于手中，无事则插之于腰带。《汉官典职仪式选用》："……谒者见，执板拜之。"可见笏板亦可作礼仪之用。北洞山笏板实物已无考，然官吏执笏板如上所述，为汉时之通制。第三、四类俑手势与前两类相异，双手曲肘呈抓捧状，且身后均背负箭囊，结合文献中提及的"抱弩负箭"[15]可推测，手中应是捉握着弓或弩一类的器具。近年来有人认为这类盒状箭囊是作为军队中的徽记[16]。笔者以为，箭囊实物的出现固与军伍分不开，如咸阳杨家湾、狮子山兵马俑、徐州北郊琵琶山兵俑[17]，形制大同小异，而北洞山的更为精彩，不但大小有别，且正面和两侧的图案，各具特色。若作为军中辨识军伍种类的徽记，恐有以下几点无法解释：其一，在步兵俑、骑兵俑中皆有出现，且北洞山的未见有一件完全类同者，但不知兵种据何区分，文献中亦未见有载；其二，既是军徽，应人人佩戴或相同类别的人佩之，然就北洞山情形看，相同身份的人，或佩之，或不佩，身份较高的第一、二类俑均不佩；其三，徽识既要醒目，更要利于行军打仗，故其载体不易过大，而北洞山中大规格者已占上身之一半，这在兵法已相当周密的汉代，出现如此厚重的军徽显然是不可能的。至于谈到箭囊中均未曾见到箭矢的实物，正像我们在兵马俑和北洞山彩俑的发掘过程中，皆未见到确切的各类手持物一样。或许，这是制俑者的惯例，仅为传形而已。

官吏佩剑，这在汉代是通例。北洞山彩俑无一例外，绝大多数将剑置于身之左侧，少数剑柄偏向右侧，而剑身则仍偏于身体左侧。《春秋繁露》："剑之在左，青龙象也。"若从实际功用出发，亦以左置剑而右手抽拔为顺势和习惯。《后汉书·舆服志》规定："公卿以下至县三百石长导从，置门下五吏、贼曹、督盗贼功曹，皆带剑……"汉高祖初并天下，群臣饮殿上，争功，醉或妄呼，"拔剑击柱，上患之"[18]。汉时百官皆佩剑或刀，故入贵者室有解剑之举，以示敬重无非念。如《汉书·隽不疑传》："门下欲使解剑，不疑曰：'剑者，君之武备，所以卫身，不可解。'"臣见君须脱履解剑，其有特大功勋者方能剑履上殿。《史记·萧相国世家》："于是乃令萧何（功）第一，赐带剑、履上殿，入朝不趋。"剑，最初人们用来自卫防身。东周时，尤其战国末期，战乱频繁，刺客众多，故秦国规定："群臣侍殿上者不得持尺寸之兵，诸郎中执兵皆陈殿下，非有诏不得上。"[19]以后各朝代遂相沿不改。然佩剑习惯一时难以弭除，即便至汉代，民间佩剑之风仍较炽盛。《汉书·龚遂传》：民"有带剑持刀者，使其卖剑买牛，卖刀买犊。"《汉书·吾丘寿生传》："公孙弘欲禁民挟弓剑……"可见兵器市场亦较为宽松。"吕母散家财买兵弩"[20]；光武帝起兵时，亦得"市兵弩"[21]。鉴于上述情形，在宫殿中于是便有了华丽的玉具剑，甚而仅备仪容的櫑具剑也大量出现。北洞山彩俑郎官所佩多属此类装饰味极浓的仪剑，为文献中有关剑具作了最生动形象的诠释。（《汉书·隽疏于薛平彭传》："不疑冠进贤冠，带櫑具剑。"应劭注曰："櫑具，木标首之剑。"又颜师古注引晋灼曰："古长剑首以玉体作井鹿卢形，上刻木作山形，如莲花初放未敷时。"汉代重玉，胜于周代。张敞《东宫旧事》曰："太子仪饰有玉头剑。"汉朝郎官佩玉具剑亦系常制。《史记》褚少孙补《任安传》云："有诏募卫将军舍人以为郎，将军取舍人中富给者，具鞍马、绛衣、玉具剑，欲入奏之……"《晋志》："汉制自天子至百官，无不佩剑，其后惟朝带剑，晋世代之以木，贵者犹用玉首"。可知玉具剑的鼎盛期正值汉代，其实物曾见于河北满城汉墓[22]等处。）北洞山所见玉具剑图像细长，可谓"修剑柱颐"。剑鞘以黑色或红、黑相间，玉饰分布在剑首、鞘口、剑身、剑尾等处，一般每剑饰三至五块，以方形或长方形居多，其中玉剑首则多样化，恰有前文提到的井鹿卢形和花蕾形样，其花纹镂孔细部，皆能一丝不苟地真实反映出来。在墓室零星出土的玉器实物，均能与彩俑所绘之有关玉具剑饰相吻合。所佩玉具剑总是以玉璏系挂于大带上，既利于上下固定，又便于左右移位，随时抽拔。所谓大带，亦即绅带，是衣外所系腰带之一种。《汉书·郊祀志》引李奇注曰："缙，插笏于绅；绅，大带也……师古曰：李曰缙插是也，字本作搢。"其实，绅的本意是指大带在腹前打结后垂余的部分。《礼记·玉藻》："参分带下，绅居二焉。""凡侍于君，绅垂。"又《乡党》："（孔子）疾，君视之，东首，加朝服，拖绅"。缙绅代指大带只是后来的引申意。又《后汉书·朱景王杜等传》："宰辅王世，莫非公侯，遂使缙绅道塞，贤能蔽壅。"这样，缙绅就渐演变为高官的代称，反而很少使用本意了。大带通常用丝织成，北洞山彩俑腰际大带以红、黑和淡黄色为主，少有重彩织锦图案。皆于腰前系结，下垂至膝，下端呈圆弧或三角状。同时，还有革带与大带共系一身的例子。如BW1：25俑，革带双端呈锐角，黑色，以带钩（或扣）紧系腰间，并在其上悬有挂钩，可见革带有拴挂佩物之功用。革带是汉制官服饰中一种。（《汉书·周磐传》："周磐解韦带，就孝廉之举。"注云：以韦皮为带，未仕之服也。求仕则服革带，故解之。《汉书·贾山传》中有"布衣韦带之士"一语。）大带、革带多与组绶配合使用。组绶一般系于大带或革带上，下垂于右腿侧。组绶之制，自战国时废去佩玉、韨绶，只留其系璏，以为章表。秦以采组连结于璏，转相结绶，故谓之绶。《说文·系部》："组，绶属也，其小者以为冠缨。"汉承秦制，因用不改，以标志职官身份。（《汉书·朱买臣传》载："拜为太守。买臣衣故衣，怀其印绶，步归郡邸。"同书《武五子传》中有官吏以绶自缢之事。汉代组绶亦施于印鉴。《汉书·陈遵传》中"羞汗印韨"语，师古曰："此韨谓印之组也。"）汉制，凡得佩紫绶以上者，得施玉环玦，其緃长三尺二寸；自墨绶以下，緃绶皆长三尺。紫绶为万石以上官员享用，而墨绶则是一般中低级官吏佩戴。后世之有大绶、小绶，应是由此演变而来。总之，组绶由朝廷统一发放，是权力的象征，其颜色、长短视身份而定。以北洞山论，其质地为丝锦，外观更像一条窄长的绳子，应多是用经线左右交叉成一定角度编结而成，组织结构与现代的双层组织相似。下繸有单结和双结之分，颜色以红为主，墨色次之，长短各有差。

三 印章

北洞山西汉王陵发掘获印章八枚，分别是"楚邸""楚御府印""楚武库印""彭之右尉""凌之左尉""萧之右尉""缯丞""山桑丞印"。另外南京博物院早年征集的三枚印章，系"楚宫司丞""虹之左尉"和"襄贲丞印"，亦属北洞山陵中之物[23]。下面试分述之。

1. 楚邸

楚指楚国。汉高祖六年（公元前201年），封刘交为楚元王[24]，西汉一世，名称相沿不改。邸，"属国舍"。师古注曰："郡国朝宿之舍，在京师者率名邸。邸，至也，言所归至也。"[25]邸主要作为诸侯王朝觐天子时的临时居所。如"（清河王）庆出居邸"[26]，"舍燕邸"[27]。《汉书·中山哀王刘竟传》："中山哀王竟……以幼少未之国。建昭四年，薨邸，葬杜陵"。注："邸者中山邸"[28]。汉文帝即位前，作为代王进长安时，先"入代邸"[29]。初置郡国邸，属少府，中属中尉，后属大鸿胪[30]。邸同时亦作为郡国在京师的办事行政机构和人员来往的休憩处。《封泥考略》卷一中有"郡邸长印"，这是郡国邸设有长丞等专门管理官员的明证[31]。这种官方的邸，在春秋战国时期即已出现。当时诸国争雄，使臣不绝，奔返于大都通邑之间。这样，从外交出发，各国多于都城兴建邸第。《史记·范雎蔡泽列传》中曾言及魏遣须贾使于秦，"（范）雎敝衣行于邸……"汉朝一统天下，邸第的性质较前有所变化。"楚邸"即指楚国在京师长安的朝宿之舍。

2. 楚御府印

楚指楚国。"御府"，属少府。有令、丞各一人。师古曰："御府主天子衣服也。"[32]所据为《汉书·宣帝纪》："皇太后赐御府衣迎宣帝。"但师古在《汉书·王莽传》中又注称："御府有令丞，少府之属官也，掌珍物。"其实，御府的职掌不止这两项，还管理金钱、刀剑、玉器、采缯的出纳[33]。史籍中这方面的记载很多。《史记·孝文本纪》后六年："上乃发御府金钱赐之，以愧其心。"《汉书·贾山传》："发御府金，赐大臣宗族。"《汉书·霍光传》："发御府金钱、刀剑、玉器、采缯，赏赐所与游戏者。"《汉书·王莽传》：

"禁列侯以下，不行挟黄金，输御府受直。"另《汉书·霍光传》："使中御府令高昌，奉黄金千斤，赐君卿取十妻。"同书《谷永传》也有"中御府"，则御府亦称中御府，中乃中宫之意。汉初王国"宫室百官，同制京师"[34]，亦置少府，其属官同样有御府，职掌近似。《史记·扁鹊仓公列传》中就有"齐中御府长"一职，其印信实物在《齐鲁封泥集存》中见有"齐御府印""齐御府丞"等。同样，"楚御府印"亦为汉初王国拥有自己御府，提供了有力佐证。《后汉书·百官志》："御府令一人，六百石"。

3. 楚武库印

武库，"精兵所聚"[35]。汉初直属中尉。武帝太初元年改中尉为执金吾，是九卿之一。《后汉书·百官四》载："武库令一人，六百石，主兵器，丞一人。"然《金石索》中有"武库中丞印"，中丞当为三丞之一，则知西汉武库有三丞者。古代兵器多由官藏。《礼记·乐记》："车甲衅而藏之府库。"《淮南子·时则训》云："七月官库。"高诱注："库，兵府也。"文献载，最早的武库出现在商代，两周得到进一步发展[36]。汉世兵器犹多出于官，主制者为考工，成则藏诸武库。《续汉书·百官志》："考工令一人"。本注曰："主作兵器弓弩刀铠之属，成则传执金吾入武库"。据考古资料证实，西汉中央武库建在长安城的长乐、未央两宫之间[37]。汉世郡国，多有武库。《汉书·成帝纪》：始建元年"立故河间王弟上郡库令良为王"。《汉书·魏相传》田千秋为洛阳武库令。《封泥考略》卷四有"上郡库令""渔阳库令""成都库"等。《居延汉简释文》有"酒泉库令"等。《齐鲁封泥集存》中有"齐武库印"。"库令"当即"武库令"之简称。既有郡国武库分布各地，故当时叛乱者多盗库兵发难。如武帝戾太子被逼反叛，出武库兵，燕刺王言武帝受诏领库兵[38]，可见武库兵器非有诏不得发。《汉书·成帝纪》阳朔三年、鸿嘉三年、永始三年，《平帝纪》元始三年，均载反叛者盗用武库兵器。《后汉书·梁统传》："陇西、北地、西河之贼，度州越郡，万里交结，攻取库兵，劫掠吏人。"

4. 彭之右尉

彭，即彭城，今徐州市。《汉书·地理志》楚国下有彭城县。又，《汉书·百官公卿表》："县令长皆秦官，掌治其县……皆有丞、尉。"《后汉书·百官志》："尉，大县二人，小县一人。"汉世都城所在县，设尉更多。《汉旧仪》："长安城方六十里中，皆属长安令，置左右尉，城东城南置广部尉，城西城北置明部尉，凡四尉。"而一般情况则是一尉或左、右二尉。《后汉书·百官志》注引《汉官》："洛阳……孝廉左尉四百石，孝廉右尉四百石。"在封泥实物中屡见尉官。《齐鲁封泥集存》有"东莞左尉""襄贲右尉""南乡左尉""历阳左尉"等。县尉职掌是"主盗贼"，"凡有贼发，主名不立，则推索行寻，案察奸宄，以起端绪。"[39]它是一县之最高武官，有相对独立性，同时也有自己的官廨和属吏。其属吏主要是尉史和尉从佐等。

5.凌之左尉

凌，凌县。故属泗水郡。汉初属楚国东海郡。武帝元鼎四年，凌、泗阳、于三县从东海郡析出，另置泗水国[40]。凌为泗水国国都，属徐州刺史部。王莽时改称生凌[41]。"凌水沂出，南入淮"，凌县因凌水而得名，故该城在江苏宿迁东南[42]。"左尉"释文参见"彭之右尉"，从略。凌既有左尉，必有右尉，当为汉初万户以上之大县。

6.萧之右尉

萧，萧县。《史记·项羽本纪》正义引《括地志》云："徐州萧县，古萧叔之国，春秋时为宋附庸"。《北征记》更载"（萧）城周十四，南临汴水"。秦时萧县隶属泗水郡，汉初隶辖楚国彭城郡。景帝三年后析置归于沛郡。故城在今安徽萧县西北。"右尉"参见前条，此略。

7.缯丞

缯，汉时缯县。亦作鄫，相传为大禹后裔所居之古侯国，姒姓，子爵。《左传·僖公十四年》："鄫子来朝"。公元前556年为莒所灭[43]。《史记·吴太伯世家》："（吴王）败齐师于艾陵。遂至缯。召鲁哀公而征百牢。"杜预《集解》云："琅琊缯县。"地在今山东枣庄苍山县境内。秦时属琅琊郡，汉初辖属楚国东海郡。"丞"，县"皆有丞、尉"[44]。县丞与县尉一样，"秩四百石至二百石，是为长吏"[45]。据《通典·卷三三》载，县丞，"兼主刑狱囚徒"。《后汉书·百官志》本注："丞署文书，典知仓、狱。"这里仓指粮食的储藏与管理，狱则是各种刑徒狱因之事。汉县通例一丞，都城例外，如长安就有左右二丞[46]。

8.山桑丞印

山桑，县名。秦隶泗水郡。汉初辖属楚国彭城郡，武帝元鼎四年，析归沛郡。故城在今安徽蒙城县北。《封泥汇编》中有"山桑蹄印"和"山桑侯相"。"丞"，参见上文"缯丞"条。

9.楚宫司丞

楚宫，楚国王宫。司丞，司空丞之简称。封泥中有"宫司空""中山司空"[47]。《汉书·百官公卿表》曰："禹作司空，平水土。"师古曰："空，穴也。主穿土为穴，以居人也。"这是司空最早的含义。金文作"司工"。西周至春秋时掌管筑城、修路等重要工程。西汉时司空属少府，为主水土工程之官。郡属吏亦有"司空"一职，《汉书·陈咸传》：（陈咸）为南阳太守，所居以杀伐立威，豪猾吏及大姓犯法，辄论输府，以律程作司空。"师古曰："司空主行役之官。"另外，其职掌还督制陶瓦及石料、石刻工艺等。《金石萃编》汉十八载有"右空"瓦当。《关中秦汉陶录》有"右空"瓦。"右空"即右司空之简称。至于王宫司空，《史记·扁鹊仓公列传》中有"齐北宫司空"，封泥中有"齐宫司空""齐宫司丞"[48]，则"楚宫司丞"即楚国王宫司空之臣，协助督管王室之有关土建工程。

10. 虹之左尉

虹，虹县，古亦称红。或王莽时改称"贡"。师古曰：虹亦音贡[49]。《左传·昭公八年》："大蒐于红"。虹，秦属泗水郡，汉初属楚国彭城郡，后析归沛郡。故城在今安徽省五河县西。"左尉"参见"凌之左尉"条，释文略。

11. 襄贲丞印

襄贲，战国时齐邑，汉置县。汉初隶楚国东海郡。景帝三年冬，削属汉东海支郡。《封泥汇编》中有"襄贲右尉"，可知襄贲在汉时系大县。其地望在今山东苍山县境。"丞"，县丞。详见"缯丞"条，此略。

十一枚印章，多为铸造，少数系刻凿印文，均阴刻隶意篆文，工整而苍健，富力度美，是不可多得的汉印范文。

四　玉衣、乐器及钱币

1. 玉衣

玉衣片共出土五十余片，其中以抹角的凸字形状者最多，为玉衣主体用料。据统计，一件完整的玉衣，无论男性或女性均需一千片以上，而五十余片相去甚远。当地群众反映，在20世纪五六十年代，曾从北洞山墓中流失数以百计的此类"玉牌"，可信此次出土仅为残存的那一小部分。玉衣制度发轫于战国时的玉面罩，为两汉天子、王侯所通用。玉衣又称"玉柙"或"玉匣"[50]，其实物有河北满城中山靖王刘胜墓和徐州土山一号汉墓等十余处，其主体玉片皆矩形。北洞山的凸字鳞状甲片，在全国尚属首见。证诸文献，应与所谓的"鳞甲""鳞施"有关，为玉衣早期形制的一种。《吕氏春秋·节丧篇》："国弥大，家弥富，葬弥厚，含珠鳞施……"高诱注："鳞施，施至于死者之体如玉鳞也。"《淮南子·齐俗训》中有"含珠鳞施"语。据此推测这种"鳞施"玉衣似乎至迟在战国时即已出现。《魏略辑本·沐并传》："缘生怨死之徒，乃有含珠鳞甲，玉床象衽，杀人以殉。"文中"鳞甲"则与玉衣实物形态更为接近。玉衣之作殓服，至少有两种原因。一是强调玉衣本身的特殊功能。早在殷周时期，玉器便被赋予社会的、政治的、道德的多种含义，且与典章制度相结合，不仅"君子无事玉不离身"，整个统治阶级甚至全社会都对玉器表示特殊的重视。商灭亡时，纣王"取天智玉琰五，环身以自焚"[51]。时日以降，人们更是将玉神化，竟以为玉随人下葬，可保尸体不朽，灵魂得安。晋葛洪《抱朴子》："金玉在九窍，则死人不朽。"这是玉衣制度的研究者们较多地考证和强调的。而这次鳞甲的出土，揭示了另一种有关的新内涵和功用，那就是用玉衣编缀成仿甲衣的形式，以保护自己，免受来自阴间各种鬼魅的侵害，一如后世墓葬中每每出土的镇墓兽的功用。甲衣有凸字形的鳞甲和矩形的札甲两种甲片形式，而以前者出现较早，实物如河北易县燕下都的铁铠甲[52]。西汉初年，两形式并存，鳞甲以陕西咸阳杨家湾汉彩俑衣甲为代表。玉衣的形状，亦大致随甲片的演变而以长方形甲片和整套玉衣为最后定型之制，从制作讲，则更为简省。东汉时普遍采取了长方形甲片制作的玉衣，其排列方式自应仿照铠甲编结的特点，一般是先编成横排，而后再上下连贯纵排，组成一个整体。根据汉制，"诸侯王、列侯、始封贵人、公主薨，皆令赠印玺，玉柙银缕"[53]，故玉衣常与其他珍奇异物一同随葬。《汉书·霍光传》："赐金钱、缯絮、绣被百领，衣五十箧，璧珠玑玉衣……"《后汉书·梁商传》："赐银缕黄肠玉匣什物二十八种。"因出土材料不足，尚不能遽断北洞山玉衣为金缕玉衣，然考虑到汉初楚王的尊优地位，破格受赐金缕玉衣亦为可能之事。另外，在少数玉片上留有谷纹，显示由玉璧改制加工而成，说明该玉衣出自一综合性的玉器作坊。

2. 乐器

皆见于乐舞厅中，主要有磬、瑟、钟、排箫等。徐州地区中型西汉墓中，每出磬和瑟之实物或模型，说明当时这类乐器非常流行。这一方面与传统习惯和统治者提倡有关。"乐者，圣人之所乐也，而可以善民心。其感人深，其移风易俗易。"[54]用磬、瑟、钟等来演奏是汉代人喜爱的音乐形式。统治者极力倡导，甚至在帝王中也出现了音乐专家。《汉书·张释之传》："慎夫人鼓瑟，上（指高祖）自倚瑟而歌。"汉元帝"鼓琴瑟，吹洞箫，自度曲，被歌声，分刌节度，穷极幼眇"。另一方面，则依赖于有充足的乐器制作原料。《尚书·禹贡》："徐州……泗滨浮磬、孤桐、蠙珠、暨鱼。"浮磬即是做乐器之磬石，浮，"轻清"义，孔颖达疏："石在水旁，似若水中浮然，此石可以为磬，故谓之浮磬也"。《汉书·地理志》有类似记载："峄阳孤桐，泗濒浮磬。"注曰："孤桐，特生之桐也，可为琴瑟，峄山之南生焉。"峄山即下邳之峄阳山。《太平寰宇记》："磬石山……在下邳县西南八十里，今取磬石供乐府，《禹贡》泗滨浮磬，即此。"宋景祐三年，"诏徐、宿、泗、耀、江、郑、淮阳七州军采磬石。"[55]可知徐州一带磬石储藏之富和开采规模之大。《铜山县志》舆地考条："泗水东南下吕梁产磬石。"

3. 钱币

钱币主要堆积在主宫室大门外两侧耳室中。墓道中也有部分散落之钱币。共计四百余斤，五万余枚。若包括早年被盗数量，估计原下葬钱币十万枚左右[56]，为我国汉墓出土钱币之冠。除个别外，钱文皆"半两"，或圆折而篆意浓厚，或方折而隶笔明显，或草率而字文不整，或积铜而厚薄不匀，大体可划分出使用和未使用两部分。经使用的钱币可以确认的有秦半两、吕后八铢半两及四铢半两。还发现有战国时齐国"易化"（赙货）、燕国"明化"各一枚。其中以四铢半两或类似者为主，未用钱币同。史载，汉初短短的数十年间，一再改铸减重半两，前后达十次之多。文帝五年（公元前175年），改铸法重的四铢半两[57]，说明了汉初经济基础薄弱，币制混乱的局面。汉初一改秦朝禁民私铸钱币的法令，听民自铸。虽在吕后时一度禁止，但文帝时又取消了禁令。如此，封区内有铜、铁矿的诸侯王经营铸钱业，愈加方便。当时楚国国都彭城，一度成为鼓铸中心之一。后来鲁国的鲁县，沛郡的胸县，东海郡的下邳县（景帝中五年前属楚地域），均是西汉著名的冶铸中心，汉王朝曾设置过铁官[58]。早年在北洞山附近发现的半两钱铜范[59]，所镌钱形与出土的四铢半两钱及类似者如出一辙，十分接近，是为西汉早期郡国自行铸钱的有力佐证。西汉时诸侯王藏钱之府曰"私府"，有时称"中府"。《汉书·田叔列传》载田叔在文帝时为鲁相，"初至官，民以王取其财物自言者百余人……鲁王闻之，大惭，发中府钱，使相偿之"。因而，我们推测北洞山两间藏钱"耳室"的用途相当于中府的钱库。

五 墓主人的论定

从陵墓形制、钱币等方面，我们推测墓主人是楚王无疑。稽诸有关文献进一步推定，是公元前175～前128年之间的第二代至第五代这四代楚王之中的一位[60]。从铜镜看，出土者虽残破，其中一件较清晰，三弦钮，涡纹地，蟠螭主纹，缘厚8毫米，断截面呈三角形，镜体微凸。这种类型铜镜在战国中晚期流行。西汉初期有所遗留，然为时短暂。再看印章的时代特征，系四字和二字规格，它与田字格官印一样，是西汉前期较常见的一种形式。因为汉武帝太初元年以后，官印中常见的五字印章[61]并未发现。十一枚官印中"楚邸""楚御府印""楚宫司丞""楚武库印"，直接反映楚王宫建置，其余印章均为属县一级官吏，涉及西汉前期的彭城郡（含后来析置的沛郡）和东海二郡地域。这些县尉或县丞之印既与楚王室直辖机构印章同葬一墓，本身已暗示了两者间的密切联系。而彭城、东海两郡在西汉初同隶于楚国。《史记·荆燕世家》：汉六年春，"废楚王信，囚之，分其地为二国……高祖弟刘交为楚王，王淮西三十六城。""交为楚王，王薛郡、东海、彭城三十六县"[62]。作为楚国属县的萧、虹、凌、山桑诸官，用楚王颁发的印章随葬入墓，以示忠诚，同时也表达了楚王生前拥有权力的象征和延续。

前所论及的沛郡是在景帝三年（公元前154年），由楚国的彭城郡析出，归入汉王朝支郡。明乎此，若以汉王朝直辖之郡县官印，入葬于楚王陵墓，是无法理解的。换句话说，从印章看，北洞山楚王下葬年代应在沛郡析置之前，即公元前154年之前。在这段时间内，我们所论及的楚王只能在前三代，因为在第三代楚王刘戊参加吴楚七国造反后，景帝从中汲取教训，果断采取了削弱诸侯王的措施，包括下令取消其治民权和大部分的官吏任免权，使之渐次走上"惟得衣食税租"的道路[63]。后来又作"左官之律"，设"附益阿党之法"，更使诸侯王国徒有虚名，实际上降到侯国的地位。简言之，刘戊叛乱自杀后，自然不能享用类似北洞山陵墓的规格，更何况早在景帝三年冬，刘戊在为薄太后服丧期间，"私奸服舍"，已削东海郡[64]，显然已不可能随葬有关的县官印章。自第四代楚王刘礼起，封域仅剩下原彭城郡的北部数县[65]。第五代楚王刘道时，中央集权进一步加强，其地域与各种政治、经济权力绝不能再行扩大。因而，可以说北洞山墓主人为第二代楚王的可能性最大。

关于第二代楚王的名字。目前的流行看法是刘郢客。所据常引《汉书·楚元王传》中的一条材料。元王刘交薨后，"文帝乃以宗正上邳侯郢客嗣，是为夷王"。然出现较早的《史记·楚元王世家》却载元王"子夷王郢立"，《汉书·文帝纪》载大臣迎立文帝时上表称："丞相臣勃，御史大夫苍，宗正臣郢……"《儒林·申公传》亦载"元王薨，郢嗣立为楚王"，颜师古注曰："郢即郢客也"，不知何据，令人费解。可以肯定的是，第二代楚王即位前，曾封为上邳侯，是汉王朝九卿之一的宗正官。统计《史记》《汉书》中"刘郢"或"刘郢客"的先后出现，达十余次，显然皆指谓第二代楚王，其真名众说纷纭，成一历史悬案，最终答案，姑且存疑，有待以后考古工作的进一步深入。

注释

[1]（汉）司马迁：《史记·吕太后本纪》，中华书局，1975年。

[2]（东汉）班固：《汉书·文帝纪》，中华书局，1962年。

[3]同[2]。

[4]（东汉）班固：《汉书·武五子传》，中华书局，1962年。

[5]（东汉）班固：《汉书·宣元六王传》，中华书局，1962年。

[6]吴幼潜编：《封泥汇编》，著录"齐中谒者""中宫谒者"等，上海古籍出版社，1984年。

[7]甘肃省博物馆：《武威磨咀子三座汉墓发掘简报》，《文物》1972年第12期。

[8]（东汉）班固：《汉书·高帝纪》，中华书局，1962年。

[9]同[8]。

[10]（东汉）班固：《汉书·舆服志》，中华书局，1962 年。

[11]高明：《长沙马王堆一号汉墓"冠人"俑》，《考古》1973 年第 4 期。

[12]周锡保：《中国古代服饰史》，中国戏剧出版社，1984 年。

[13]湖南省博物馆、中国科学院考古研究所编：《长沙马王堆一号汉墓发掘简报》，文物出版社，1972 年。

[14]徐州博物馆编：《徐州狮子山兵马俑坑第一次发掘简报》，《文物》1986 年第 12 期。

[15]（东汉）班固：《汉书·韩延寿传》，中华书局，1962 年。

[16]孙机：《汉代军服上的徽识》，《文物》1988 年第 8 期。

[17]1986 年 11 月发现，藏徐州博物馆。

[18]同 [8]。

[19]（汉）司马迁：《史记·刺客列传》，中华书局，1975 年。

[20]（东汉）班固：《汉书·王莽传》，中华书局，1962 年。

[21]（南朝宋）范晔：《后汉书·光武帝纪》，中华书局，1965 年。

[22]中国社会科学院考古研究所编：《满城汉墓发掘报告》，文物出版社，1980 年。

[23]朱江、张寄蓭、于家怡：《考古简讯·江苏铜山考古》，《考古通讯》1956 年第 3 期。

[24]（汉）司马迁：《史记·楚元王世家》，中华书局，1975 年。

[25]（汉）司马迁：《史记·文帝纪》《史记·孝文本纪》，中华书局，1975 年。

[26]（南朝宋）范晔：《后汉书·光武十王·东平宪王苍列传》，中华书局，1965 年。

[27]（汉）司马迁：《史记·韩彭英卢吴传》，中华书局，1975 年。

[28]（东汉）班固：《汉书·中山哀王刘竟传》，中华书局，1962 年。

[29]（东汉）班固：《汉书·百官公卿表》，中华书局，1962 年。

[30]同 [29]。

[31]（东汉）班固：《汉书·季布栾布田叔传》及《朱买臣传》，中华书局，1962 年。

[32]（南朝宋）范晔：《后汉书·百官志》，中华书局，1965 年。

[33]同 [32]。

[34]（东汉）班固：《汉书·诸侯王表》序，中华书局，1962 年。

[35]（东汉）班固：《汉书·魏相传》，中华书局，1962 年。

[36]《江西师大学报》1981 年第 1 期。

[37]中国社会科学院考古研究所汉城工作队：《汉长安城武库遗址发掘的初步收获》，《考古》1978 年第 4 期。

[38]（东汉）班固：《汉书·武五子传》，中华书局，1962 年。

[39]同 [32]。

[40]（东汉）班固：《汉书·地理志》，中华书局，1962 年。

[41]同 [40]。

[42] 戴均良：《中国古今地名大词典》，上海辞书出版社，2005 年。

[43]《左传·襄公十六年》，中华书局，1962 年。

[44] 同 [29]。

[45] 同 [29]。

[46] 谢桂华、李均明、朱国炤：《居延汉简释文合校》，文物出版社，1987 年。

[47] 罗福颐：《待时轩印存正续》，1937 年。

[48] 吴幼潜编：《封泥汇编》，著录"齐中谒者""中官谒者"等，上海古籍出版社，1984 年。

[49] 同 [40]。

[50]（南朝宋）范晔：《后汉书·礼仪下》及（东汉）班固：《汉书·元后传》，中华书局，1965 年。

[51]（汉）司马迁：《史记·殷本纪》，中华书局，1975 年。

[52]《文物》1975 年第 4 期。

[53] 同 [50]。

[54]（东汉）班固：《汉书·礼乐志》，中华书局，1962 年。

[55]（元）脱脱等撰：《宋史》，中华书局，1977 年。

[56] 邱永生：《北洞山钱币初析》，《江苏省钱币研究会论文选》，内部刊印，1987 年。

[57]（东汉）班固：《汉书·食货志》，中华书局，1962 年。

[58]（南朝宋）范晔：《后汉书·食货志》，中华书局，1965 年。

[59] 朱活：《汉四铢半两阴文铜范》，《文物》1959 年第 3 期。

[60] 徐州博物馆、南京大学历史系考古专业：《徐州北洞山西汉墓发掘简报》，《文物》1988
年第 2 期。

[61]（汉）司马迁：《史记·孝武本纪》，中华书局，1975 年。

[62]（东汉）班固：《汉书·楚元王传》，中华书局，1962 年。

[63] 同 [34]。

[64] 同 [62]。

[65] 同 [62]。

原载《徐州师范学院学报》（哲学社会科学版）1989年第3、4期

徐州发现纪年汉画像石墓

近期，在徐州铜山汉王东沿子村的一座汉墓中，出土画像石十块。画像题材广泛，内容丰富，计有仙境祥瑞、车马出行、博局宴饮、建鼓乐舞、庖厨人物及题铭官吏图等。

这些画像石雕琢细致，技法有减地阴线雕和浅浮雕两种。值得提出的是，该批画像石中题铭镌款者多达三块。一块刻有"主记""主簿""门下车"等十余处官吏名款的人物图，可据此推断墓主人应是秩千石至三百石，相当于县令一级官吏。第二块竖行题款为："元和三年三月七日三十子侯世子豪行三年如礼治冢石室□（价？）万五千"。东汉章帝元和三年即公元86年，应是该墓及画像石的制作时间。第三块题款颇为特殊，字竖行四列，中宽而上下窄，呈鱼形。文中有"□年子上大作室匣铭"等20余字，显具早期墓志铭性质。这种既融合不同雕刻技法，又有绝对纪年的汉画像石墓，在我国尚不多见。

其中一方带铭款的画像石，画面分左右两部分。左侧三格，上格五人，二人吹竽、箫，二人表演难度极大的柔术，一人持物屈膝而舞；中格一人弹瑟，一人击磬，中饰虎座羽葆建鼓，二人执枹舞蹈；下格庖厨图，一人汲水，一人料理悬挂之梁肉及鱼、兔等动物，二人就灶烹饪。上中二格实即一建鼓乐舞之连续画面，下格亦是同时进行的"幕后"操作，再现了汉时豪富大家迎宴宾客的盛大场面。右侧主体系一重檐楼观，中一人面左作侍奉状，屋顶立二鹭鸟，共衔一鱼。整体构图平稳而富于变化，左右呼应，主次分明，极富生活气息，左、右两部分画面间镌"元和三年"款。

另一方画像是左侧两格，上格庖厨图，一片忙碌景象；下格两组八人，上层四人，或抛丸，或广袖旋折而舞。另二人双手执枹振臂击建鼓，且各蹴一鞠，这类融建鼓与蹴鞠于一体的画像，在全国实属罕见。右侧两阙，顶立二鸟。其上刻一大鸟引颈啄一鱼形的"室匣铭"。

原载《中国文物报》1989年6月16日第23期（总第136期）

徐州发现元代纪年画像石墓

　　1989年7～8月，徐州博物馆考古工作队配合基建工程，在市南郊奎山乡大山头村发现一座元代画像石墓。

　　该墓有封土堆，墓向195°，为石室建筑，平面呈凸字形，有短甬道和闸门式封门结构，墓室上圆下方，均以大石条错缝叠砌而成，长3.95、宽3.54米。以白石灰和青膏泥铺地，因早年被盗，棺木朽而不存，发现有人骨架三具，一成年男性居中，二孩童分置西南、东北二角。

　　画像石六块，分布于墓室后壁及门楣、拱券之上，有浅浮雕和高浮雕两种。题材有盆栽牡丹、力士、十字穿环几何图案及菊花、荷叶、宝相花等花卉。后壁画像石两块。分七格，其中两格均以带壶门的束腰须弥座为中心，上置大型花插，侧旁各立一长裙女子，一手牵引花瓶，一足悬空，作表演状。构图独特，刀法古拙，别具风格。

　　出土文物共20余件，有影青三足香炉、高足杯，刻花青瓷碗、杯，黑彩白瓷盘、盏，双鱼纹铜镜以及石香炉、莲花柱、钱币等。其中一尊石香炉腹部镌"延祐柒年 张允之茔"行书款。元延祐七年，即1320年。这种有绝对纪年的元代画像石墓，不仅在江苏省为首次发现，在全国亦属少见，对研究该时期的葬俗及南北经济、文化交流，有着重要的参考价值。

原载《中国文物报》1989年9月22日第37期（总第150期）

徐州再次发现西汉楚王墓

10月17日，在徐州北郊驮篮山采石场工地，发现有一天然裂隙蜿蜒山中，并与距山顶20余米处的一古墓葬相通。即日，徐州市考古工作者赶赴现场，并进洞勘察，发现该墓葬（暂编为2号汉墓）规模及形制与1986年发现的铜山县境内北洞山汉墓相当，应为西汉时期分封于彭城（今徐州）的某代楚王墓葬。

该墓目前已发现墓室10间以上，有前堂、后室、侧室、厕间等，全部使用面积在100平方米以上。墓室雕凿平整细致，室内淤土等堆积平均高度在3米左右，墓壁以生漆遍涂，装修技术娴熟。墓室建筑风格多样，计有平顶、两面坡、四面坡、盝顶四种形制，这在我国汉代大型墓葬建筑中尚属仅见。这一重要发现为研究我国古代建筑史提供了弥足珍贵的实证。

该墓建筑宏伟富丽，"凿山为藏"。墓道正南向，宽4.62、总长近30米。甬道内所用的封门塞石之大、工艺之高为国内罕见。每块塞石长4米左右，重10余吨，石面均经打磨，平整如镜，堪称巧夺天工。该墓工程浩繁，耗资惊人。

另在2号墓西侧约130米处，还揭露发现了1号墓，其墓道长26.30、宽4.60米左右。1、2号墓墓道均自南向北倾斜，这是徐州地区汉墓发掘中的首次发现。据初步推测，1号墓不仅在年代上与2号墓相去不远，且两墓主人应有近亲关系。关于两墓绝对年代及墓主人等具体问题的确认，尚待考古发掘的进一步深入。

两墓在墓道中均有明显的用于防护的特大石块和夯土层。现已在夯土层中发现较多完整的铁凿、铁钎、铁锸等开山造墓工具，其中一铁凿长13.50厘米，重310克，保存完好。这些铁器的发现，为了解当时王陵的营造方式及手工业状况提供了重要依据。

这两座新发现的王墓，为徐州地区两汉的王陵文化增添了新的篇章，亦为研究徐州这一历史文化名城在西汉历史中的特殊政治、经济地位提供了崭新的史料。

原载《中国文物报》1989年12月29日第51期（总第164期）（与徐旭合作）

五千年前的艺术瑰宝

——花厅遗址出土大量玉礼器

万事寻源。关于中国古文明史的研究和讨论，已历年久远，众说纷纭。近年随着考古的不断发现和突破，已基本确立了有五千年文明发展史的脉络，但五千年前的历史情况终究如何？为此，我们特辑花厅新近出土的部分文物精粹，相信这不仅仅使研究艺术起源的美术史家们深感兴趣。

花厅遗址，位于江苏省徐州市新沂县城西南18千米的马陵山北坡，山高海拔69米。1987年底，经国家文物局批准，花厅考古队对古遗址再次发掘，揭露面积达1600平方米，计出土大汶口时期陶、石、玉器等遗物千余件，是中国新石器时代考古的又一次重要发现。

玉器中有璧，琮、琮体锥形器，环、佩、串饰，除绿松石耳坠外，玉器的质、形、纹均与太湖地区的良渚文化玉器相同，尤其是琮和琮体锥形器上饰有同样的神人兽面"神徽"。说明了在海岱夷人历史文化区首次科学发掘出典型的太湖越人历史文化区的良渚文化遗物，反映出五千年前南北两区不仅在文化上交光互影，交流融合，而且出现共通的原始宗教信仰和精神文化因素。出土的玉器石器，具具精美，件件独到，有的不仅是实用的生产工具，也是颇具苍劲、率真魅力的艺术佳品。为中国的古艺术史无疑增添了新的篇章。

总之，花厅古遗存的发掘，对探讨中华文明史的起源，为研究黄淮下游史前文化提供了大量宝贵的实物资料。

石斧　生产工具。长16.5、宽8厘米，钻孔用两面对钻法，孔径2厘米左右。通体经打磨光亮，显露出天然的云状石质纹理，恍若云蒸霞蔚，美观异常，煞是耐看。

玉镯　妇女装饰品。出土时的位置也证实了它是套在中青年妇女的手臂上，可见爱美之心，自古有之，这也算得上艺术品的滥觞吧。镯直径8～11、宽1.9～2.4、厚0.7～1厘米。其简朴率直，颇类于现代时装艺术的审美追求。

十八号墓葬出土情况。男性主人腰部随葬有三件石斧等生产工具和祭祀用的玉琮（象征权力），这些玉石器，既是实用的工具，亦是极精美的工艺品。毕竟，它们已有五千余年的古老历史。

玉璧　祭祀用礼器。直径21、孔径4.2、厚1.7厘米，重1450克。呈紫霞色，斑斓璀璨，有玄秘之美感，为上古大璧中之稀有。较之台湾省历史博物馆所藏之浙江双桥镇的上古大璧（1929年出土），无论是从制作工艺，亦或玉质选料上，皆有过之而无不及，堪称世之珍宝。其琢磨之工艺，即使今日熟练之玉匠，仍难得其古朴、雅致之髓。

石锄　生产工具。高约14、宽5.5、厚1.6厘米。双面刃部打磨光滑，线条柔和，古朴纯美。质地坚硬，适于农耕，并有高把供安柄翻土之用。它的出土，表明其时已有原始农耕业的存在。

玉琮形器　总长31.5、厚1～1.35厘米，琮体基本呈正方形。前有钮，供穿系，尾有尖，莹洁温润，整体造型如一硕大的玉针。工艺水平已达至极高境界，每面精琢六组，共二十四组象形的兽面纹，仅突出额头二线及双眼二短线，极简练而含蓄，有抽象意味。首黄体青。首而尾渐次内敛，成一极自然的优美线条。

石斧　生产工具。长1.6、厚2、孔径1.4厘米。精磨细琢，可安柄作斫砍之用。整体呈上窄下宽的形状，古雅宜人。柄孔约在三分之一处，如此既易于加工，也可减重省力，并形成一变化的视觉效果。

原载《东方美术》（英文版）1989年6月（图略）

陶土搓出的古风

——徐州出土汉代建筑模型

汉代楚王国都彭城，即今徐州；在两汉（即西汉和东汉）四百多年间，是它在历史上经济文化最繁荣的时期。徐州近年发现的近百座汉墓，大多是两汉的遗迹，出土器物中有不少汉代建筑模型，包括民居、庙宇、望楼，以至水井、锅灶等。这些模型多为陶制品，风格上继承了秦代模拟现实、注重细节刻画的质朴写实的特点。

陶制建筑模型在秦汉时期兴起，原来有一段因由。汉代时国势强盛，疆土不断拓展，汉室声望越来越大，使得朝野上下，形成崇尚高大雄伟形象的意识，反映在建筑上表现为追求庞大的规模和气势，几可与秦始皇的兵马俑、阿房宫相提的汉代帝王诸陵建筑，便是例子。而高台建筑给人以一种凛然不可侵犯的尊贵感和威慑力量，风气所及一般富豪和中产之家也极力仿效建造，以至人死后也常以陶质建筑明器陪葬，表示墓主生前矜贵的身份。

1. 望楼

望楼是古代用以警戒的楼阁，这座四坡顶、双层、腰檐明显间隔出来的陶制望楼模型，高60厘米，显得高耸轩昂。整栋建筑底宽上窄，具一股沉稳雄浑的力感。下层四周有院落围绕，护守坚固；但院墙前部雕镂数行竖孔，似后世的花墙，既装饰美观，又有通风透光的妙用。而楼中间腰檐上突出的大窗口密封着，只见斜格窗纹，使人想象出战乱时望楼上隐蔽瞭望的紧张气氛。但当昇平时，高楼又可以成为赏景谯居的场所。

2. 陶井

陶制的汲水设施，高30厘米，而藏于地表下面的圆桶型井身，直径为26厘米，由井口与井身的大小对比来看，可见实物是一口大井，墓主人当属大户人家。

井口上安装的汲水装置之一——辘轳，历一千九百多年而未坏，如今仍可转动自如。另外，在井架上部镌刻一双相向对峙的龙首，水与龙的组合，不期然教人联想起中国传说中的"水龙王"，倍添意趣。

3. 猪圈与厕间

方形结构的猪圈，围墙上覆盖瓦檐，墙内单塑一头粗壮的长嘴家猪，强调了猪圈的特征，与整个猪圈比较，猪的比例虽然偏大，象征众多只猪的组合，手法很是简练，概括力强。而那只猪仿佛在俯首觅食的憨态，十分可爱。

在猪圈一隅接连一座位置高耸的厕间，以阶梯与地面相通。猪圈与厕间配套的综合性建筑，原是为了易于一起收集人畜的粪便，有助于农耕，又方便卫生管理。想不到早在汉代，便有这般科学的设计！

厕间筑成四面坡顶，又设小门和方形孔，透气通风。而模型有部分悬空而置，含有省略相连部分的意味，促使观赏者产生延续的联想。

4.陶仓

模仿储粮的仓而造成的陶制模型，通高21厘米。仓腹呈圆锥截体，没有纹饰，但造型显得均匀对称，而底部周圈的宽厚沿脚，似是为平衡状如斗笠的圆形顶盖的重量。顶盖仔细刻画了筒瓦脊，四脊汇合处又以砖或瓦条作叠置式垒砌密封，将仓体严密遮掩，外形更美观而具防风、防雨、防霉的实用价值。可见汉代建筑的严密结构。

5.庙宇

庙宇是古代供举行祭祀活动的大型建筑，这座双层、重檐、四坡顶的陶制庙宇模型通高42厘米，下层大门洞开，中竖半圆形的短柱，称作"阑"，原物应为石木制，是古建筑中用以界别尊卑不同身份的人进门位置的标记。而双层楼台主体也是仿效实物的透孔木质勾形栏杆式样，颇具写实味道。

细细打量，这陶制庙宇顶部两端翘起的瓦形脊饰，其比例粗壮有力。上下层诸脊均不出檐，形状厚实，特别是下层四脊弯翘的弧度柔和而舒展，更显出了庙宇的庄重典雅。屋顶和墙壁都以模印重圆纹装饰，既雅致，又富韵味。

6.锅灶

炊煮之用，内胎是红陶土，外施绿釉，釉色均匀。灶体宽厚，长29、高24厘米，但底部两端微微上翘，使沉重的炊具看来变得轻巧得多了。中间有大小灶头两口，大灶头上放置甑锅，可以蒸煮实物；小灶头则安装在火道上，借余热来温水，果然懂得节省能源！

靠近小灶头一端的风火墙有添柴火灶口。灶具另一端斜伸出方柱形的烟囱，与风火墙在构图上相呼应。而以中央甑锅为轴心，形成了匀称的画面。风火墙面除刻有双线交错组成的菱角纹，线条交汇处还装饰着重圆环形图案，原来这图样是汉代的"十字穿环"玉璧纹的变体，寓有高贵吉祥的涵义，不过，风火墙具更实际的功能，可以用来避挡风尘烟雾，保持灶面及炊具的清洁。

7.民居

这座民居楼阁原有三层，而底层院落结构已经损坏，如今看不出它的样子了，但从三重檐构筑来看，仍可想见原来高楼的面貌：在上层正墙镶缀了一面饕饕餮铺首，它除了面目威严外，更衬托出大型建筑的风范。楼高28厘米，而顶盖特别宽大，由顶向底部，楼身渐次内收，形成上宽下窄的造型，一反墙身垂直或内斜的成规。这样的建筑并非出于标新立异，而是有实际效用，上宽可以纳风，并使之流通到下层，造成通风性良好，而且还可以防雨遮阳，对于现代建筑也有借鉴作用。

前阔后窄的楼体，横截面呈标准梯形；中层双门中开菱形格状镂孔隔板，做工细致，透现出了楼阁的立体感。

原载《中国旅游》（海外版）1990年第5期（总第119期）

江苏徐州出土郢爰金币

1989年4月，在江苏徐州市运河畔发现了楚国金币一枚。发现地在邳县张楼乡以南二里，运河与房亭河交汇处，水深约8米。金币是在取沙作业时，由机器从河底吸附出土。

该金币呈两端微凹入的弧形，三边有切割迹。正面总长2.7、宽1.1、背长3～3.1、宽1.2～1.3、厚0.35～5厘米，总重最28.1613克。

正面分两方，每方长1.1、宽1厘米，分别钤印篆书"郢爰"二字，字高0.8厘米。经由国家物资总局徐州稀贵金属研究所光谱定性分析表明：金币含金量约为85%，除主体金外，还含有银、铜、锡、铅、铁、铝、镁、锑、锰、钾、镍、钴、铋等十三种金属成分，反映了当时冶炼业的状况（详见附表）。

"郢爰"作为商品流通媒介，为楚国的特种金币。从全国出土该种金币的情况看，亦主要流行于楚国地域，包括曾隶属于楚的广大地区，今徐州邳县运河镇，在战国时期曾辖属于楚国，故出土楚金币在情理之中。

"郢爰"金币在江苏除20世纪80年代盱眙南窑旺窖藏大量出土外，苏北发现甚少。此次金币的出土，对研究楚地疆域变迁及徐州的历史沿革、经济史等均有较高的参考价值。

光谱定性分析报告单（半定量估计值）

成　分	所占比例（%）	成　分	所占比例（%）
金（Au）	～85	钾（As）	～0.0l
银（Ag）	～10	镍（Ni）	～0.01
铜（Cu）	～3	铋（Bi）	～0.005
锡（Su）	～0.5	锰（Mu）	～0.002
铅（Pb）	～0.5	镁（Mg）	～0.001
铁（Fe）	～0.05		
锑（Sb）	～0.01		
铝（Al）	～0.01		

附注：原重28.1613克，取样0.0576克，取样后重量28.1037克。

承做单位：国家物资总局徐州稀贵金属研究所。

徐州考古工作三十年

徐州，地处江苏省西北，与鲁、皖接壤，属淮北平原一部分。最早以"彭城"见诸史籍，三国始称徐州。1983年以前徐州的考古工作，包括丰、沛、邳、铜山、睢宁、新沂和赣榆、东海八县。

一 史前和先秦考古

史前考古包括古动植物化石、旧石器和新石器三部分。自从20世纪50年代在新沂嶂山镇切岭工程发现古动物化石后，70年代在睢宁张圩油坊磷矿区又发现中国猫、印度熊、羚羊、蝙蝠等化石。三十年来，在邳县邢楼、林子、刘山闸、李圩子、西泇河等河床沙层中陆续有古象化石出土。新沂塔山出土了纳玛象牙化石。徐州周围的利国驿、青山泉、大泉、汉王、张集等地，曾分别出土了肿骨鹿、象、马、熊等化石。这些古动物化石，为研究徐州地区更新世以前的古地理、古气候提供了依据。

1.旧石器遗存

仅于1984年春在新沂黄墩乡何庄村的山脊上发现一批细石器，有细小石器14件，石片石器3件，石核6件，石片44件。采用的石料是燧石、石英砂岩、石英、脉石英、水晶等。石片石器最大的只有5.6厘米，细小石器均在3厘米以下。它和东海县大贤庄旧石器同属旧石器晚期，是整个马陵山区旧石器文化的一部分。由于马陵山与日本九州隔海相望，距离较近，可能对日本的史前文化产生过影响。

2.新石器时代遗址

经过正式发掘的有邳县大墩子遗址、刘林遗址、新沂花厅遗址、三里墩遗址。大墩子、刘林、花厅属大汶口文化，三里墩属龙山文化。其他经调查发现的遗址尚有铜山的小洪山、蔡丘、台上遗址，邳县的梁王城金龙殿遗址，新沂的小林顶和钓鱼台遗址等，文化内涵仍属大汶口和龙山两种类型。石制生产工具皆经磨光，类型区分明显，有斧、锛、刀、矢、针等，其特征是石斧多扁平有穿孔，石锛柄端有台阶，即所谓有段石锛。生活用具的陶制器皿种类有鼎、豆、壶、盆、罐、钵等，晚期又有了鬶、盉、背壶等。部分陶器的表面加彩绘。凡有柄、座的陶器，柄、座上多有镂孔装饰。玉器多有发现。大墩子遗址中出现了男女合葬墓，这是由母系氏族社会向父系氏族社会过渡的象征。花厅遗址中发现了大批兽面玉琮和玉锥状器[1]。兽面玉琮一般认为是南方良渚文化的特征，可见徐州地区自古以来就交融着南北文化不同的因素。

3. 先秦考古

20世纪50年代末发掘的铜山高皇庙龙山——商代遗址，出土了铜刀、铜矢、卜甲、卜骨和各种陶器。60年代对铜山丘湾"商代社祀遗址"的发掘有着重要意义[2]。遗址中心竖立四块天然大石块，象征"社神"，作为祭祀的中心，四周分散埋着牺牲，有中青年男女人骨和狗骨30余具。这种杀人祭祀现象，可能是商代东夷族的祭祀遗存。1958年在邳县刘林发掘一座出土"西㵆簠"铭文铜器组的战国墓葬；1985年8月，在铜山吕梁乡凤凰山麓清理战国墓2座，均长方竖穴式，凿于原生岩中，有棺木和骨架痕迹。器物均泥质灰陶，有高蹄足带附耳的彩绘鼎，腰沿以红、白彩绘圆圈及菱形图案；高圈足盖豆，三足兽首錾盉，三足鸟形尊，敞口高颈圜底折腹罐，高圈足罐形器等。这批文物有较浓厚的楚器风格。

1989年4月，在邳县的房亭河与运河交汇处，出土楚国"郢爰"一枚，重28.16克。共两方，分别钤印篆书"郢爰"二字。经由国家物资总局徐州稀贵金属研究所光谱定性分析表明：金币含金量约85%，除主体金外，还含有银、铜、锡、锑、铝、镁、钾、铁、铋、锰、镍、钴等12种成分，反映了当时冶炼业的状况。"郢爰"是楚国人所特有的称量金币。今邳县运河镇，战国时曾隶属楚国。此外，还零星出土过战国铜剑、铜戈、铜削、铜贝、鬼脸钱等，对研究楚地疆域变迁有参考价值。

二　两汉考古

徐州地理特胜，襟要南北，作为汉家帝王之乡，两汉时的经济、文化十分发达，成为东方重镇。今日留在徐州广袤城乡的两汉遗存，尤其是地下遗存十分丰富。从考古调查的情况来看，分封于此的两汉十二代楚王，东汉四代彭城王均在今徐州市附近营建了庞大的陵寝，即或刘姓王族，富庶的中、小地主亦无不在死后择岗而卧，将大批茔地置于山顶或山麓，这就使得其中相当部分幸免河水的湮没，历二千年之后再现于今世，为徐州的两汉考古提供了便利。

（一）遗址考古

1.炼铁遗址

据《汉书》记载，西汉时期，在徐州附近的彭城、沛郡、下邳及朐县等地皆置有铁官，以管理冶铁事务。徐州的利国驿是我国著名的富铁矿，矿石品位达60%以上，且矿石位居地表，易于采掘。省文管会等单位数次对其进行调查和清理[3]，发掘出汉代采矿用的铁锤、铁矿石、炉渣及铁农具等，还发现了宋代的炼铁炉。在市郊子房山一座西汉早期墓中[4]（二号墓），出土了8件铁锛，经金相鉴定，系"固体脱碳钢"。另在万寨、狮子山西汉遗址和墓葬中，还出土了铁锤、凿、链等。西汉早期，徐州地区的钢铁生产，已达到了一定技术水平。西汉流行的大型岩洞墓，也是冶铁业发达的佐证。

2.城址

（1）东海"代相城"和"鲁兰城"　前者位于双店乡代相村南一里处。地表隆起呈高坡状，高4米。出土铜箭镞、汉瓦当等；后者在驼峰乡鲁兰焦庄东北，面积12000平方米，长150、宽80、高约2米。下层属西周早期，上层为西汉。

（2）赣榆土城和盐仓城　土城位于土城乡土城村，平面呈方形。据实测，边长686米。西、南、东三面城垣保存较好，高6～8米。城墙为夹板夯筑，在墙体中还保留有成排密集的夹板木洞。南北各开城门一座，门宽5米，城内以东北角最高，达7米。另在城南的南大墩下，发现西汉木椁墓8座[5]。盐仓城在土城东北，地属龙泗乡盐仓城村，南距赣榆城18、东距海仅4千米，是汉代赣榆县城。残垣高3～5米，平面略呈正方形，东西长800、南北长700米。据探掘表明，遗址分三层。底层属新石器时代，中层属商周时期，上层有少量战国遗物，主要为汉代遗物，出土有云纹瓦当，三棱式箭镞、铜刀、铜印、规矩镜等。

（3）石户城　在徐州市东北30千米处，位于铜山柳泉东南2千米。略呈方形，东西长600、南北长400米。土墙残高4、厚约25米。护城河宽20米。东、西、北三面系版筑土墙，南面以山体为缘。山坡及城墙夯土中残存大量汉代砖瓦和陶片。可能是西汉楚国彭城县故址。

（二）两汉墓葬考古

1.西汉王陵

徐州是汉高祖刘邦的发迹地，西汉一代，对徐州尤为重视。高祖即位第二年（公元前201年），即封其弟刘交为楚王，传八代；后宣帝封其子刘嚣为楚王，传四代，至王莽时绝。

西汉楚王陵墓目前发现情况如下：（1）、楚王山汉墓群，位于铜山夹河乡。

一主墓，四座陪葬墓。（2）、北洞山楚王陵一座[6]，位于铜山茅村乡洞山村。（3）、狮子山汉墓及兵马俑陪葬坑[7]，位于东郊狮子山村。（4）、驮篮山墓二座[8]，位于郊区下淀乡东王庄。（5）、东洞山汉墓群，三座[9]，位于郊区下淀乡石桥村。（6）、龟山汉墓[10]，位于铜山拾屯乡孤山村。（7）、南洞山汉墓，楚王夫妇墓各一座，位于郊区潘塘乡段山。（8）、卧牛山汉墓，位于铜山夹河火花村。以上经正式发掘的有（2）（3）（4）（5）（6）（8），其中（3）的主墓尚未发掘。其余经调查证实，均属西汉楚王及其家族陵寝。根据其构筑特点，分横穴岩洞墓、竖穴岩洞墓两种类型。

一型　横穴岩洞墓。每墓占一山丘，先开凿露天平底或斜坡墓道，甬道、墓室深入山腹中。可分为三式。

Ⅰ式　墓顶多有封土堆，墓道宽阔而长。内填夯土，甬道较宽，有硕大的塞石。墓室结构复杂，一般由耳室、侧室、前堂、后室等组成，最多达二十六间墓室。室内琢刻细致，以朱砂或丹漆装饰，每室均有考究的木质封门。墓室有两面坡、平顶、四面坡、盝顶四种形制。有配套卫生设备的厕间、更衣室、沐浴室。如北洞山汉墓、驮篮山汉墓。

Ⅱ式　墓道、甬道窄长，墓道呈明显前宽后窄的喇叭状。墓室凿造较为粗糙，凿痕清晰。室内往往砌有木构瓦顶屋宇。出现拱形顶，如龟山二号墓。

Ⅲ式　墓室明显减少，面积缩小，凿造粗劣，个别未建成即葬。墓室以不规则的拱形顶和穹隆顶为主，如南洞山汉墓等。

二型　竖穴岩洞墓。指在山麓直接开凿一方井竖穴，深十米左右，起墓道的作用。再在竖穴下部一侧或两侧横凿出小型平顶洞室，洞室与竖井间以大石板相隔，木棺置于洞室内。如龟山一号墓[11]、绣球山一号墓[12]。

一型属楚王和王后的陵寝，是为主体。二型均属楚王的附葬墓。一型Ⅰ式出现早，时代在汉初至武帝前期；Ⅱ式约当西汉中期；Ⅲ式属西汉晚期至新莽。

在已发掘的王陵中，文物均被盗受损，严重者数次遭劫。相比而言，一型Ⅰ、Ⅱ式墓出土文物较多且精致。Ⅰ式墓常有大量彩绘陶俑，"半两"钱币、陶金饼、印章和玉器。陶器有鼎，壶、钫、瓮、熏炉等；相当规模的乐舞俑和石磬、瑟、竽、钟等乐器模型成组成套出土；铜铁器以铺首、封门器、门枢窝、云雷纹地铜镜、矛、戈、箭镞等最常见；玉器中有玉璧和玉具剑饰物。北洞山墓出土的16件玻璃杯及1件玻璃兽，经国家建材科学院测定，皆含有大量氧化铅和氧化钡，是一种典型的中国古代铅钡玻璃[12]。其中玻璃杯是目前最早的国产玻璃容器，玻璃器是已经发现的最大的玻璃工艺品。推测在西汉早期，徐州一带可能是我国古玻璃的重要产地之一。它的发现，对研究我国古代玻璃的制造和发展有重要意义；Ⅱ式墓出土大批铜器，鎏金器亦为常见，器形有鼎、锺、灯、盘、盆等，另有玉佩饰和陶俑、陶麟趾金等遗物。

楚王墓中随葬玉衣，应成惯例。目前发现有北洞山和东洞山两例。前者的鱼鳞状甲衣片，对我国玉衣制度的研究有重要价值。

以一型Ⅰ、Ⅱ式墓为主，概述有关建筑方法的几个问题。

a、楚王墓皆选择在奥陶纪或寒武纪的灰岩质山头上，海拔一般在百米以下，以南向和西向为主。山傍河流，墓前有宽敞的田野，以合藏风聚气之说，体现王家非凡气派。同时，整体墓向与山的褶皱走向有一较大之夹角，以增强墓室的抗压性能，这是徐州地区楚王及其家族墓，历二千年而保持完整的重要原因。

b、墓室建筑功用鲜明，布置合理。并突出武备位置，可谓地上宫殿之翻版。如北洞山墓[14]不仅有双阙区分官禁内外，且建有象征郎中廨署的7个小龛，内立郎中令属222人，显具警卫、传达之功用。其近门墓室中有大量御手俑、成捆的箭矢和矛、戟、弩机等实用兵器，证明墓主人对武备的重视。在龟山二号墓主墓的耳室中，有厩房、车马库各一间；驮篮山主墓（一号墓）有出土兵器和铁甲衣的武库，皆体现出楚王生前浓厚的尚武作风。

c、排水系统。不仅在墓口（甬道入口）的上部或周围建有宽阔的泄水渠，墓侧或安设陶制排水管和鹅卵石散水。在墓道、甬道、墓室内均能科学布置排水网络。墓室地面有意识凿成中间高而四周低的形状，周边有水槽，室室相通连，地面明沟与墙体暗沟相结合，将水分段汇流至"渗井"或山体的自然裂隙中，保持墓内干燥。

d、楚王与王后或陪葬墓的区别。一是体现在墓室上，有大小和多寡之分；二是在随葬品中，楚王墓中常有官印、兵器等出土。值得注意的是，驮篮山一号主墓的"塞石"上，多凿刻有"前山××石"字样，虽为塞石编号，但其自铭"前山"，当无疑问。汉王陵以"山"自称，全国罕见。

2．竖穴墓

分为竖穴洞室墓和石椁墓两类。均流行于西汉。依山而建，或凿于山顶，或营造于山坡。

（1）竖穴洞室墓　先凿竖井深圹，深3～7米，在圹底一侧或两侧凿成进深数米的"洞室"，如子房山汉墓[15]，铜山江山汉墓[16]等。多在竖井底部置漆木棺，洞室内藏随葬品，亦有在竖井底部和洞室内分别置棺木，作夫妇合葬用。而在圹底另一侧凿浅龛放置随葬品者，竖穴一壁与洞室间往往竖有石板，以示相隔。这类墓葬被盗较少，常有成组陶器及早期青瓷器、玉器、铜器等。陶器有鼎、盒、壶、钫、镶壶、盆、匜、罐，并有陶俑伴出。时代多为西汉早中期，中期以后少见。

（2）石椁墓　主要特征是用岩石作原料来造椁建墓。一般有竖井墓圹和石板制成的椁室，椁室内置木棺。墓圹因选址的不同，可分石圹和土圹两种。石塘皆在山头或山坡上，如奎山一号墓、沛县栖山墓[17]，均在山顶凿岩成墓；而丰县华山三、五号墓、万寨二号墓[18]，等则在山坡上凿石营造。土圹墓大部分是建在山坡冲积土上，如丰县华山一号墓[19]，墓内皆填以夯土。石圹墓填红色黏土，多杂以碎石片，土圹墓多用回填土夯实，夯层不明显。

石椁墓依形制又可分作类石椁、单椁室、多椁室、简易石椁四种。类石椁全部为石圹墓。即在石圹下部凿成类似于椁的式样，有较整齐的石壁和规则的台阶，与两壁的台阶配合，上承两组石板，建成"类石椁"，供夫妇合葬用。如市郊小金山墓[20]。这种类石椁可以看作石椁墓的早期类型。从所发现的这类墓葬来看，全部属西汉早期。出土文物以陶器为主，常有鼎、盒、钫组合以及陶盆、鐎壶、茧形壶、匜、勺，另有玉佩饰、玉七窍塞、骨算筹等，陶器彩绘以云纹图案最多。

"石椁"指的是用石板特殊处理而扣合的石匣，因其形制似木椁，匣内置木棺，睢宁古邳苗庄墓石椁墓刻镌有"石椁"的字样，故称。石椁一般由底、盖及四壁组成。由于墓主人经济力量的差异，石椁质量有优劣之分。优者石材厚重，使用榫扣，加工精致，并有均匀的凿纹线条图案，个别石椁上甚至出现简单的画像图案，如栖山一号墓、范山墓等。

石椁的双壁及前后挡，是加工最精细的部位，而椁底多用几块石板并列铺垫，个别椁底不铺石板。盖板不统一，多用一至四块石板组成，与壁板的衔接处，或凿有子母口。随葬品多置于石椁一侧或一端。

简易石椁多出现在合葬墓中，在石椁的制作上有简易的做法。如丰县华山一号墓西椁明显借用东椁西壁作东壁；华山五号墓西椁由墓之西、南、北三壁凿成石台，构成石椁三壁，再借东椁西壁作东壁，上盖石板，遂成简易石椁。在石椁共用壁上往往凿有孔洞，位于墓主人肩部，以示灵魂沟通。

石椁墓目前只见到西汉早期及以后的类型。石椁的延续时间，可能至西汉末东汉初，以后不见。几种石椁墓的形制间有一定发展关系。类石椁墓，承袭了商周以来的木椁墓，时代为西汉早期。西汉中期，出现了单体椁室墓，它的出现，可能在一定程度上仿照了中原地区空心砖墓的做法，基本同于空心砖墓的早期类型。徐州地区石椁墓较多，与丰富的石料和发达的冶铁技术有关。多椁室墓和简易石椁墓的出现，不过是单椁室墓的发展和复杂化，其出现时代稍晚，在西汉末期至东汉初年。

3.东汉王侯陵墓

东汉时期，除楚王刘英外，彭城王都彭城，袭传四代；下邳王都下邳，共四代。目前已发现的有土山一、二号墓[21]，拉犁山一、二号墓[22]，睢宁张圩刘楼墓[23]，姚集双古堆二墓、睢宁桃园旧朱集九女墩墓[24]共8座。其中土山二号墓、双古堆二墓仅作调查，余皆已发掘。东汉王侯墓与西汉王陵比较，风格迥异，它是在平地或台地起坟，有较大的封土堆。随葬玉衣，更为普及。依其形制，分为三式。

Ⅰ式　砖石混合结构。均平地起坟，有夯筑的高大封土堆。墓穴多室，有前后二室和前中后三室两种形式。这些墓因系王陵，多用特制的砖和黄肠石作建材。砌造方法两者大致接近。条石用于砌筑封门墙、甬道前端墓壁和封压墓顶。墓石部分均以砖砌墙体，楔形砖"并列式"发券，并以砖铺地。墙壁用白灰或黄泥灌浆抹缝，较为坚固。主室放漆木棺。该式墓的随葬品有银缕或铜缕玉衣等。如土山一号汉墓、睢宁刘楼汉墓等。

土山一、二号汉墓，时代在2世纪中叶。一号墓出银缕玉衣，二墓可能与彭城王及其家族有关。睢宁刘楼墓出铜缕玉衣，与双古堆二墓相近，应是下邳国王的家族茔地。时间约稍晚于土山汉墓。

Ⅱ式　石室结构。在山麓下沿台地平地砌造，有夯土坟堆。墓室全部用石料构筑，主体作前、后或前、中、后室，附有侧室、耳室、迴廊。墓顶叠涩成盝顶状。地面及壁基垫抹白灰，室周有排水沟槽。后室置棺床。如拉犁山汉墓。该墓随葬品有铜耳杯、铁剑、锡质车马器、六博棋、骨尺，陶质壶、奁、盘、案、鼎、碗、井、灶、楼、磨及动物明器。饰品有玉猪、玉剑饰、水晶、琥珀蝉、微雕翡翠蟾蜍等。拉犁山一号墓出铜缕玉衣，可证明墓主人身份。

4.画像石墓

汉画像石墓多集中于山丘地带，且常在山麓成群分布，以铜山、睢宁、邳县最为密集。徐州地区的画像石墓约可分三大类：石椁墓、石室墓及砖石墓。

（1）石椁墓　完全由石板垒砌，多作平顶式，如沛县栖山墓和市郊万寨二号墓。

（2）石室墓　墓室结构趋于复杂，多为叠涩顶，有前、后二室或前、中、后三室，各室间设门道相通，或用带栌斗的多棱石柱隔开。一般以后室最为高大。规模较大的还附有象征外藏椁的耳室、迴廊或侧廊。如铜山洪楼墓[25]，邳县白山故子二号墓[26]等。少数墓外另设石砌的祠堂和墓垣，如邳县燕子埠墓和铜山县白集墓。

1958年发现的东郊黄山陇壁画墓[27]，亦以大石板构筑，分前、中、后三室，前室四壁有壁画。白粉敷地，设红、黑二色勾勒车马出行和乐舞场面。其时代约为东汉末年。这是徐州地区迄今发现的唯一壁画墓。暂归入该类。

（3）砖石墓　数量较少，大致分二类。第一类是在基础使用石料，其上以长方砖砌至一定高度，再用楔形砖券顶。墓室内平砖铺地。壁砖之内立面或模印双菱形等几何图案。平面呈长方形或曲尺形，有的中部以整块石板将墓室一分为二，作前后室。如铜山夹河乡义安墓[28]，汉王乡马楼一、二号墓[29]及东郊甸子墓等。

第二类是以砖结构为主。砖砌左、右、后三壁，楔形砖券顶。石结构主要用于前壁的封门、门框、门楣处，汉画像石[30]图案以几何纹和铺首居多。单室有拱顶短甬道的，如南郊韩山一、二号墓[31]、铜山江庄小房山墓[32]；亦有斜坡长甬道的，如铜山茅村电厂子弟学校汉墓[33]等。双室者如邳县车辐、黄楼等地汉墓；三室者由前、中、后室构成，墓前常有墓道和甬道，前室两侧附设耳室，如市郊十里铺汉墓[34]。

徐州汉画像石题材大致包括精神世界和现实生活两方面。前者常见的内容有历史故事、神话传说等；后者有车马出行、歌舞饮宴及农耕、纺织、渔猎等题材。铺首及几何纹图案如柿蒂纹、穿璧纹、菱形纹、垂幛纹等[35]，大多作画像的边饰。少数画像石中还出现题榜、纪年、墓志。题榜如铜山汉王前沿子村墓的"主簿""主记""门下车"等，邳县燕子埠墓的"青龙""百虎""朱鸟""玄武""麒麟"等。纪年有铜山茅村墓的"熹平四年四月十三日己酉"；汉王前沿子村墓"元和三年三月七日三十子侯世子豪行，三年如礼，治家石室（价）万五千"。墓志（或石匣铭）已见三例。以邳县燕子埠最典型，计一百余字，刻录了墓主的姓名、职官、简历及丧葬年月。"室匣铭"出于汉王前沿子墓，镌于庖厨乐舞图右侧的双重楼观之上，由二鹭鸟上下衔啄，全文约二十七字。

参考山东地区及苏、豫、皖接壤地区的情况，将徐州地区的汉画像石墓分作三期。早期主要包括石椁墓，时间在西汉晚期和东汉初年，是画像石的创始阶段。中期主要是石室叠涩顶结构的多室墓，同时亦出现以砖为主的多室结构。时代在东汉中晚期，为画像石巅峰阶段。晚期的石室墓、砖室墓规模变小，趋于简单，画像石数量大为减少。时代已至东汉末期及以后，为汉画像石的衰亡阶段。

三 北朝—明清考古

1. 北朝

1985～1987年在东郊狮子山兵马俑坑附近，发掘北朝墓葬20余座，出土文物计300余件。可以确认的主要是北魏和北齐的墓葬。

造墓方式近似。均先挖长方形土坑，再以青砖砌建。单室，有短甬道。墓口以南向居多。甬道前有砖封门，少数直接采用大石板封堵。墓室平面略呈长方形。墓壁向内收成微弧状，下部以砖作"三顺一丁"砌法，有模印莲花或圆心放射纹。上部取素面砖渐向内收分，再用楔形砖发券成顶。甬道顶稍低，亦成拱形。砖铺地平，普遍采用砖砌棺床。棺床位于墓室中后部，约占墓室面积的四分之三，一般高出墓底15～20厘米，上铺白灰，再置棺木。随葬品以青瓷器和各类陶制模型器为主，集中置放在墓室前端，较为突出的有盘口瓶、十系罐、莲花罐、武士俑、侍女俑、陶牛车、骆驼等。墓室的四角往往各置一青瓷小盏。

2.隋唐

隋代墓葬发现较少。砖室单砖平砌墙体，收分至顶。铜山县茅村隋墓[36]遗物有墓志、镇墓兽、人面鸟、陶牛、骆驼、青瓷执壶、武士俑、文吏俑、女舞俑、仆俑、骑马俑及羊、狗、鸡等动物模型。

唐代墓葬集中发现于狮子山兵马俑坑附近，皆作砖室墓，平面主要有圆形、舟形两种。圆形的规模较大，并有短甬道、砖封门，墓室后端出现有砖石结构棺床。砌法作平砖顺砌，顶部叠涩成穹隆状。常见砖砌的直棂窗、斗拱、檐柱等仿木构件。墓室前部有方形石墓志，朱书或墨书。舟形者较小，一般不过四、五平方米，两侧墙体向上叠涩成顶。随葬品较少。唐墓随葬品有青瓷执壶、托盘、碗盏、铜镜、白瓷唾盂、碟、铁刀、钱币等。

3.宋元

宋代考古分窖藏和墓葬两部分。铜山三铺西樵村的北宋钱币窖藏，包括汉、唐、五代、北宋的币种多类，总重145斤。铜山茅村雪山寺窖藏的打击乐器，种类有铜钹、锣、铙、磬等，形制完好，组合清楚，有明确纪年（1121年），对研究宗庙乐器史有重要价值[37]。

宋代墓葬有石室和砖室两种。随葬品有少量随身的日常用具。如铜山利国邵家村宋墓，平面呈长方形，西侧有一平顶耳室。石室叠涩结构，顶部用一块大石板封压。遗物有抄手砚、凤鸟衔绶镜、铜带扣、钱币等。

元代墓葬仅发现南郊大山头村纪年墓一座[38]。石室结构，由短甬道和墓室构成。并有闸门式封门结构。墓室上圆下方，用大石条砌方形墓壁，上部则以石条叠涩成抹角的圆形顶。白灰铺地，置漆棺。在门楣、拱券及后壁发现画像石四块，分别刻有忍冬、梅花、盆栽牡丹、荷花等花卉。其中两幅均以带壶门的束腰须弥座为中心，上有大型花插，侧立二人，束发长襦，手舞足蹈作表演状。出土文物有影青高足杯、三足香炉、刻花青瓷碗、黑彩白瓷盘盏、双鱼纹铜镜及石香炉、莲花柱等。在一尊石香炉腹部镌"延祐柒年张允之茔"。元延祐七年，即1320年。

4.明清城遗址

历年在市区不断发现，尤以80年代市中心古彭地下商场施工中，揭露的面积最大，达7000平方米，遗址最厚达10米。遗迹有明清民居、街道、花园、水井等，遗物包含汉以后历代日用品。

发现的明代崇祯年间"河清门"石匾额，与徐州老东门的位置正相吻合；徐州市袁桥奎河中出土明成化十三年（1477年）所立"徐州广运仓记"碑[39]，记载该仓建于明永乐十三年（1415年），有屋宇1000间，各级官员和仓夫1289人，贮粮达一百万石，为明王朝所辖的四大地方转运粮仓之一。它的发现，对了解明代漕运经济、运河变迁、粮仓建制、徐州城史有重要意义。

注释

[1] 南京博物院：《1987年江苏新沂花厅遗址的发掘》，《文物》1990年第2期。

[2] 南京博物院：《江苏铜山丘湾古遗址的发掘》，《考古》1973年第2期。

[3] 南京博物院：《利国驿古代炼铁炉的调查及清理》，《文物》1960年第4期。

[4] 徐州博物馆：《江苏徐州奎山西汉墓》，《考古》1974年第2期。

[5] 徐州博物馆内部资料。

[6] 徐州博物馆、南京大学历史系考古专业：《徐州北洞山西汉墓发掘简报》，《文物》1988年第2期。

[7] 徐州博物馆：《徐州狮子山兵马俑坑第一次发掘简报》，《文物》1986年第12期。

[8] 邱永生、徐旭：《徐州再次发现西汉楚王墓》，《中国文物报》1989年12月29日第51期。

[9] 徐州博物馆：《徐州石桥汉墓清理报告》，《文物》1984年第11期。

[10] 南京博物院、铜山县文化馆：《铜山龟山二号西汉崖洞墓发掘报告》，《考古学报》1985年第1期。

[11] 南京博物院：《铜山小龟山西汉崖洞墓》，《文物》1973年第4期。

[12] 位于东郊狮子山汉兵马俑附近。出土"（楚）宫司空"陶器，应属兵马俑主墓之附葬墓。

[13] 李银德：《徐州发现一批重要西汉玻璃器》，《东南文化》1990年第1期。

[14] 邱永生、张玉：《徐州北洞山西汉王陵考略》，《徐州师范学院学报》1989年第3、4期。

[15] 徐州博物馆：《江苏徐州子房山西汉墓清理简报》，《文物资料丛刊·4》，文物出版社，1981年。

[16] 江山秀：《江苏铜山县江山西汉墓清理简报》，《文物资料丛刊·1》，文物出版社，1977年。

[17] 徐州博物馆：《江苏沛县栖山汉画像石墓清理简报》，《考古学集刊·2》，中国社会科学出版社，1982年。

[18] 徐州博物馆：《徐州汉画像石》附图，江苏美术出版社，1995年。

[19] 徐州博物馆内部资料。

[20] 徐州博物馆内部资料。

[21] 南京博物院：《徐州土山东汉墓清理简报》，《文博通讯》1977年9月第十五期。

[22] 《江苏文物综录》编辑委员会编：《江苏文物综录》，1988年，"屯里汉墓"条。

[23] 睢文、南波：《江苏睢宁县刘楼东汉墓清理简报》，《文物资料丛刊·4》，文物出版社，1981年。

[24] 李鉴昭：《江苏睢宁九女墩汉墓清理简报》，《考古》1955 年第 2 期。

[25] 段拭：《江苏铜山洪楼东汉墓出土纺织画像石》，《文物》1962 年第 3 期。

[26] 南京博物院、邳县文化馆：《江苏邳县白山故子两座东汉画像石墓》，《文物》1986 年第 5 期。

[27] 葛治功：《徐州黄山陇发现汉代壁画墓》，《文物》1961 年第 1 期。

[28] 徐州博物馆内部资料。

[29] 徐州博物馆内部资料。

[30] 徐州博物馆：《徐州汉画像石》附图，江苏美术出版社，1995 年。

[31] 徐州博物馆内部资料。

[32] 徐州博物馆内部资料。

[33] 徐州博物馆内部资料。

[34] 江苏省文管会等：《江苏徐州十里铺汉画像石墓》，《考古》1966 年第 2 期

[35] 邱永生：《徐州发现纪年汉画像石墓》，《中国文物报》1989 年 6 月 16 日第 23 期。

[36] 徐州博物馆：《江苏铜山县茅村隋墓》，《考古》1983 年第 2 期。

[37] 李银德：《徐州雪山寺北宋窖藏纪年文物》，《文物》1990 年第 3 期。

[38] 邱永生：《徐州发现元代纪年画像石墓》，《中国文物报》1989 年 9 月 22 日第 37 期。

[39] 邱永生：《古运河畔喜获明政府直辖徐州广运仓碑》，《中国文物报》1989 年 5 月 5 日第 17 期。

原载《徐州博物馆三十年纪念文集1960—1990》，北京燕山出版社，1992年

徐州狮子山汉墓发掘方案

徐州狮子山汉墓，是徐州汉兵马俑的主人墓，也是一座楚王墓。通过调查和试掘，已知它是一座有墓道、天井和墓室的大型岩洞墓。对它的发掘既可为徐州汉代墓葬的研究增加新资料，又可与徐州兵马俑旅游景点相配套。对它的发掘，是徐州文博事业中的一件大事，特作该方案，以利发掘、保护和利用。

一　墓葬简况

该墓位于狮子山主峰南侧，由徐州汉兵马俑博物馆组织力量，经过五年的不懈努力，通过调查和试掘，终于掌握了它的基本结构。墓道向南长约30、宽3.65米。天井位于墓道北端，竖井式，长18.6、宽13.5、深8.2～10.7米。墓道与天井内填夯土。夯土每层厚15～20厘米。墓道至天井处向北变窄，宽2.2米。墓道底面较天井底面深约5米。

天井内夯土的上半部，遍置大型自然石一层，大者可达三吨，用以防盗。

试掘中发现一扰土坑类似盗洞，位于天井中部偏东处，斜向北侧至天井北壁间，中有不相连属的三块巨石（各约1～2吨），间距1～2米。洞中填褐色土，土中遍布铜钱、铜印、玉器残件（片）等。疑该墓被盗，但盗洞填土中遍布遗物使人费解。目前天井之东半部已清理至底，出土西汉半两钱45000余枚，铜官印46方，玉器残件及铜器残片若干。

二　发掘的必要性

狮子山汉墓，是兵马俑的主人墓，对它的发掘有着特殊的意义。

（1）该墓西北傍有一采石场，对其安全构成威胁。而墓顶处有一早年开山采石遗弃的石塘窝，也是保护该墓及其文物的隐患。

（2）该墓是一座陪葬兵马俑的楚王陵，这在全国还是第一座，对它的发掘将为研究王陵制度提供重要资料。

（3）对该墓的发掘、保护和建设，为徐州增加一处重要的旅游观光景点。可以丰富国内外游客的文化生活，更好地充实徐州两汉文化内容。

（4）该墓系汉代文化遗产，它本身就是对观众进行爱国主义和历史唯物主义教育的好教材。在商品社会的大潮中，它既可以创社会效益，同时又可以创经济效益。

三　发掘实施方案

（一）筹备工作

1.认真履行报批手续，领取"发掘证照"后组织实施

2.技术准备

（1）成立发掘专家组，在专家组的指导下进行发掘工作。在发掘过程中，一定要忠实执行专家组制定的实施方案。

（2）实行领队负责制，认真执行《田野考古工作规程》。

（3）参加该墓发掘的全体人员，在上岗前要组织学习《文物法》《田野考古工作规程》《考古工作者守则》《考古工作手册》等有关政令、法规及操作技术等。

（4）业务人员分工明确，各负其责，分别制订各有关制度。

3.后勤保障

本着开支节约、合理的原则开展工作，既保证工程需要，又节省开支。

4.安全保障

（1）对所有参加发掘人员进行安全施工的教育，提高安全意识，做到"时时注意安全，事事注意安全"。确保人身和文物的安全。成立保卫组，配备安全员。

（2）发掘前在主墓周围拉建高2.5米的围墙250米，天井北侧建一挡土墙。建立值班制度，形成相对独立的工作面。

（3）安全员一定要责任心强，素质高，勇于负责，忠于职守。

（4）安全工作要做两手准备：平常由保卫组负责，必要时可请市领导派武警执行保卫任务。

（二）实施阶段

1.考古工作是一项严谨的科学活动

必须认真对待，不得有半点疏忽，否则一些遗迹遗物会受到不应有的破坏，造成不可补救的遗憾。在一般发掘中，可以按《田野考古工作规程》和《考古工作手册》中有关规定进行，对待一些特殊的遗迹、遗物，应进行特殊处理。

2.对发掘中可能遇到的几种特殊问题的处理方法

（1）墓门塞石的处理：以往所发掘诸墓皆因被盗，塞石多被拉出室外，而该墓若为原封墓，就应考虑塞石的搬运问题。其处理方法有三：a.在塞石与墓壁的缝隙部位塞进钢丝绳，套挂塞石内端，用机械将其拽出；b.在塞石前端凿制"牛鼻眼"，系拉之；c.请搬运部门协助启运。三种方法，不管用哪种方法，都必须本着安全，节约原则。

（2）根据以往经验，岩洞墓为多室墓，在清理时，应视其发掘力量而决定多室同时清理还是逐室清理，不管哪样方法，都必须首先录像、摄影和文字记录后方可进行。在清理工作中，确保文物安全和对遗迹现象记录的完整性（摄影、摄像、文字及必要的绘图）。在清理墓室前，领队可指定负责人。该室负责人应向领队负责，并负责该室的清理、绘图、照相、摄像、文字记录等项事宜，并向文物保管员负责送交该室所出土的文物。

文物要有移交手续，资料整理后交资料保管人员。在清理工作中如遇到特殊情况，可用特种处理手段：a.墓室中积水，应及时排出，由发掘队组织实施；b.有害气体，亦由发掘队组织有关单位帮助排除；c.塌方等险情，由发掘队报请市领导，组织煤矿或工程兵指挥学院技术力量帮助排除。

在清理工作中如遇有特殊文物，亦要据其不同情况具体解决：a.玉衣的清理：视其情况，在做好各项记录工作的情况下，可先将上部较大形的文物及棺木附件清理记录后，采取整体或分段取回室内清理，整个工作过程应在国家考古所的玉衣复原专家指导下工作；b.尸体的处理：在徐州地区，西汉墓尚无出尸体的先例，但是，一旦遇到，即请徐州医学院帮助处理，以便能较好保护；c.铁甲衣的处理：铁甲衣盔等多为男性墓出土，其质地多为铜或铁，对其处理方法同于玉衣；d.竹（木）简的处理，此类文物在徐州亦不多见，其处理方法也要特别注意，在不损坏原状的情况下，整体取回，然后请专家处理；e.壁画或彩绘的处理，首先保护其不受破坏，然后请有关专家帮助揭取保护。

四 关于文物及各种资料的处理

（1）成立文物及资料保管组，负责出土文物和各种资料的保护和保管工作。

（2）挑选政治业务素质好，工作认真的同志任文物保管员。接交文物账目清楚，责任心强，一般文物放置本馆库；特殊文物特殊管理。贵重文物放在保管条件较好的地方。

（3）资料工作在考古工作中异常重要，委专人负责，图纸、照片、录像及文字记录等，由专人负责审查、登记、保管。

（4）发掘人员清理出的文物需在当天移交保管部门，重要文物的出土，在做好有关资料后，应及时移交保管组。发掘日记，领队定期检查，发掘完毕后日记交资料室，以备整理报告时查用。

（5）摄影、摄像人员所摄之胶片及时交资料室，集中冲印，对所摄照片不合格者，应及时补照，对关键的墓室和重要文物的现场照片，一定要确保质量，摄后即时冲印，不好的抓紧补照。摄像要现场看片，对不清之处要重录，以确保质量。

五　发掘程序

按照常规，先清理墓道，再挖天井和部分墓道，打开封门塞石后，进入甬道，据以往发掘徐州大型汉墓之经验，可先清理暴露出来的外侧耳室，然后逐步由外向内进行清理，如果同时暴露墓室较多，应视其情况，决定逐个清理或分组同时进行。专家组和领队一经形成决定，所有工作人员，应严格遵守。

整个发掘工作，都要在市委、市政府、市文化局领导下进行，具体业务工作，由专家组和领队具体负责。

本文成稿于1994年10月6日

徐州近年征集的汉画像石集粹

　　1987～1992年我们在徐州地区共征集流散的汉画像石五十余方，主要集中于徐州贾汪区和铜山县境内，现摘要介绍如下：

　　第一石：人物故事图，长96、宽101、厚12厘米。出于铜山县毛庄乡吴楼村。平面浅浮雕技法。画分上下四格。顶格上部稍残，左侧一兽昂首，右侧有二长尾兽；第二格人物较多，计八人，自左向右，二小人上下一跪一立，一大人着长袍，双腿叉立，面右挽弓，一冠帻男子双手持盾，翘颔右引，右一人戴冠佩长剑，身体左倾，作接物状，一人面左倾身，双手执一系，一人面左而踞坐，袖手。右侧一树下立一马。第三格刻十人，均立姿，着长袍。左边一人高髻，面右，右侧九人面左顺向而立，其前一人腰微躬，后八人均峨髻盛饰，身体向后倾斜，相互间以手牵引连接，动作整齐划一；第四格左边一人就灶炊煮，身后悬蹄膀等物，右一人躬腰以二罐汲井水。石之下侧以双线勾边框。

　　第二石：宴饮图，长95、宽52、厚32厘米。铜山县大岗乡岗子村出土。浅浮雕技法。分上下二格。上格刻一室，有二檐柱，柱身遍饰细菱形纹，顶脊短平，两端向上勾挑，正中有宝塔式葫芦状尖顶。屋顶刻二兽，仰卧反身引颈翘首相戏。室内二人，均高冠褒衣，双手抱拳，相对而坐，间置酒樽、曲柄勺一套，另有食馔一盘，耳杯两只。下格亦刻一屋，屋柱细长，上饰两道水波纹，有柱础和花拱，屋脊两端上翘，屋面腾罩祥云纹。屋内二人坐于榻上，均戴帽，博衣，一人拱袖下垂，一人手持肉串就炭盆上炙烤，其旁置盛酒耳杯二只。屋檐两侧还各有一人侍立。上、右边框为垂幛纹饰，下部为齿形饰。

　　第三石：轺车出行图，长120、宽44厘米。上格稍残泐，自左向右分别为树木、数人劳作，有汲水、捧物、理案、舂米、烹饪；下格前有着帻骑吏导从，后随三辆轺车，车四维，曲辕，各载二人，御者高圆髻，尊者戴进贤冠，正襟危坐。宽边框，右刻席纹，下饰重菱纹。

　　第四石：侍吏与建筑图，长43、宽47厘米。分上下两格，席纹边框。顶格三人，面右微躬腰，作迎候状，其中二人戴鹖尾冠，执修戟，一人戴刘氏冠，双手执帚。下格为屋顶，二人首兽身物攀附其上，前者戴冠，后者光头。

　　第五石：应龙翼虎图，长44、宽5厘米。画面分左右两部分，间以细席纹相隔。左边又分两格，上格仅见一人足部，下格为一房屋局部，其右檐上立一展羽修尾凤鸟，檐下立一高髻男子。右边上刻羽虎一只，作奔腾状，双尖长角，大嘴壮齿；下有羽龙，长角引颈，侈吻列齿，其侧有二鸟一雁。

第三、四、五石均有残损，出自铜山县毛庄乡周庄村。技法一致，皆作平面浅浮雕结合阴线刻，三石应出自同一墓葬中。

第六石：宴饮图，长65、宽136厘米，右上角残损。中刻一屋，柱础作三阶形，向上逐级内收，柱上一斗二升，其上又架连斗拱。顶脊上有三齿形饰，广檐，檐侧各攀一短尾猴。屋内一人坐榻上，戴进贤冠，侧旁置三足酒樽一具。屋外二人均袖手坐榻上，左一人着帻，身后一树一马，右一人戴刘氏冠，身后一树一卧龙。左右二上角所刻图像内容一致，相互对称，为一着尖顶帽矮人跪地上，捧一球形物饲于峨冠大鸟喙下。大鸟下方有一鹭鸟引颈衔一鱼，背后有一兽。

第七石：进谒图，长36、宽40厘米。右侧残损。平面阴线雕。刻一室，顶脊有展羽凤鸟一只，右檐有一峨冠翘尾的大鸟。室内饰垂幛纹，有二人，均戴帻，长衣，双手执板跪拜。

第八石：车骑出行图，长50、宽250厘米。有车四乘，均驾一马。一轺车在前，驭者、尊者各一人，一轩车、二辎车递次随后，轺车、轩车间一骑吏。车马前有二荷戟伍伯导从。恭迎这支车马行伍的是一执帚者和一捧盾者。上部边饰为垂幛纹、重菱纹，下饰锯齿纹。

第九石：二龙穿三璧图，长124、宽40厘米。刻二龙穿三璧。三璧居中，每璧有四组重弧纹，二龙首各居一侧，龙带角有鳞，唇厚舌长，有鞭状尾。下有边框，内饰水波纹。

第十石：盘具图，长60、宽64厘米。深浮雕技法。共刻四盘，上二盘内各置耳杯一只，下二盘内各盛一鱼。

第六石至第十石均出于铜山县大泉乡。第六、八、九石的雕刻技法为蚀地浅浮雕。

第十一石：河伯出行图，长65、宽105厘米。出自徐州市贾汪区。浅浮雕结合阴线刻。下方刻二鱼并挽一车，大鱼嘴、鼻、鳃、鳞、尾刻画清晰，每鱼嘴部有一系引出。鱼车方形，车舆前侧呈阶梯状，车轮部位掩于蘑菇状云朵中。车上二人，前为驭者，挽缰驾鱼车，后面尊者坐于厢内。二人均戴尖首高帽，穿圆领内衣，外着交领右衽宽衣，有横组条纹，上有鳞片状纹饰。上方三鱼并挽一车，车上二人，形式基本同于前者，唯冠帽特高长。在上方有一日轮，内刻三足金乌，迎鱼车而立。画面周围有祥云环绕。

该石下侧面一边开榫槽，槽深8、宽7.5厘米，其突出部位浅浮雕刻三块云纹圆瓦当，间以圆弧相连以示屋檐。

第十二石：纺织图，长116、宽85厘米。徐州新沂县炮车乡出土。中有直棂窗，内有直棂三根，均残断。窗分内外两重，内层长27、宽23厘米；外口长37.5、宽35.5厘米。图像主要分为三横格一竖格四部分。

上横格刻纺织图。左一女俯身操作纺车，车右有三纱团垂地。操作者将三纱绕合纺成一线。右边三妇，结髻，顶悬络丝工具——籰，中一人坐织机上织布，一人绕线团，一人举手调织机。此格外右侧紧刻星三颗，应属于玄武星座的牵牛星宿。《史记·天官书》注云："河鼓三星，在牵牛北……自昔传牵牛织女七月七日相见，此星也。"或曰河鼓星就是牵牛星。《尔雅》："河鼓谓之牵牛。"

中横格正中刻一巨人，光头圆脸，巨目阔嘴，四肢张扬，手足细长类兽趾，腹部系一球状物，观其形象，颇类似汉代用以驱鬼辟邪的"方相氏"。巨人背后有一人字形梯道，其左右各有一人骑马，沿梯道斜边上走，似为巨人所牵引。

下横格一羽人导引衔六连珠的凤鸟。羽人面鸟而立，翘抬右足；凤鸟尖长喙，巨冠长尾，毛羽清晰可辨。

左竖格刻二带角龙，龙张嘴啸天，身躯盘绕交缠。以上四格画像均为浅浮雕结合阴线刻手法。部分界格上刻勾连的S形卷曲纹样，右侧边框处二鸟，下饰阴线卷曲纹。另在该石右下角有一凸面半圆雕的卷角绵羊，有残损。

这批画像石题材丰富，包含了当时社会生产生活的诸多方面，如车马出行、饮宴乐舞、杂技、庖厨、纺织等等，同时也反映了人们的思想意识和精神生活，如表现神话题材的有河伯驾车、羲和捧日、羽虎翼龙等，还有大量以鱼、龙、鹭鸟、羊等形象用作吉祥题材的。

第一石第三格图案，在其他地区的汉画题材中少见，颇类于近代的"鹰捉小鸡"游戏，一定程度上表现了汉代妇女的生活场景。第二石的烤炙图，则形象地再现了中国传统的饮食文化的一个侧面。第十二石的纺织图，布局合理且巧妙，雕工精细且方法多样，充分反映了汉代妇女的家庭纺织业实景，它是徐州地区迄今发现的第四块纺织图画像石，尤为珍贵。该石上横格的纺织图与其侧旁的牵牛星，组成了一幅罕见的"牛郎织女"图，对于研究这一古老而又美妙的神话传说，提供了一份弥足珍贵的资料。第十一石的河伯驾鱼车图，画面完整，构图新颖别致，不但有类似河南南阳地区画像石中的鱼拉车形，更有三足乌的日轮与之呼应，这在全国汉画像石中颇为罕见。根据《楚辞·九歌·河伯》载："与女游兮九河，冲风起兮横波，乘水车兮荷盖……乘白鼋兮逐文鱼，与女游兮河之渚，流澌兮将来下，子交手兮东行……波滔滔兮来迎，鱼鳞鳞兮媵予。"该石所表现的内容与之基本相合，可知河伯所驾之无轮鱼车为"水车"。河伯既是黄河之神，驾鱼车迎日轮而驰，一方面蕴有河水东流不息，奔腾入海，连绵亘长的寓意，另一方面也反映出汉代人利用河伯这个神话人物及有关故事，寄托对仙界自由生活的向往和祈求。

汉代吉祥图案运用之广是十分惊人的。这些图案或单独或成组，或穿插于其他画面之中，或用来补白。如前述有关的羽虎、翼龙、鲤鱼、鹭鸟衔鱼、二龙穿璧、绵羊、朱雀等均被视作祥符吉瑞。这批画像石的雕刻技法以浅浮雕结合阴线刻的方法为主，偶尔运用阴线刻和深浮雕、半圆雕的做法穿插其间，并注重细节的刻画，使得轻车肥马、美酒佳馔、神话人物、乐舞杂技、祥符吉瑞生动形象，跃然石上。在构图上，一种方法是左右衔接，不惜笔墨，鸿篇巨制，一气呵成，使人一目了然，增强了画面气势恢宏的力感（如第八石）。另一种方法是采用连环画式的分格叙述，故事性强（如第一石），并使图像呈现出一种剪影的效果，十分生动，读来趣味盎然。

综合这批画像石的题材、雕刻技法及艺术处理手法，我们认为其绝大多数应属东汉中晚期的作品。

原载《中原文物》1993年第1期（图略）

龟山西汉楚王刘注夫妇墓

　　龟山位于徐州矿区拾屯乡孤山村境内，是著名的古战场九里山之余脉。1981、1982、1992年，考古工作者先后三次发掘了在山体下发现的规模庞大的汉代王侯墓葬。

　　发掘结果表明，这座庞大的地宫其实是由楚王刘注夫妇的陵墓并列构成的，而每座陵墓又分别由墓道、甬道和墓室三部分构成。墓道开凿在龟山西麓，上口露天，东端与甬道衔接，应是送棺入墓的通道；而甬道、墓室全部筑在山腹内。墓葬东西全长83.5、南北最宽处达32米，总面积达500余平方米，几乎掏空了整个山体。是徐州地区迄今发现的面积最大的一座地下宫殿，也是全国特大的汉代王陵之一。

　　墓道和甬道各两条，开口在同一水平线上，东西平行，南北相距14米。在墓道、甬道中发现了大小、形状基本一致的大条石二十余块，每块长2米左右，宽高各1米，成排有规律地置放，当是用于封闭通道的"塞石"。甬道作隧道形，全长56、宽1.06、高1.77米，做工十分精细，壁面皆打磨光滑。且东西两边有宽深各10厘米的水槽，与墓室中的排水槽相连；各水槽又根据各室位置的高低之差，向前向中汇集，墓内的积水分别通过南北甬道的排水槽流出墓外，构成整个墓葬严谨而科学的排水系统。

　　南北甬道内填单列双层塞石以防盗，在南甬道东端的第一列上层塞石立面上发现刻铭九行四十四字："楚古尸（夷）王通于天述：葬棺椁不布瓦鼎盛器，令群臣、已葬去服，毋金玉器。后世贤大夫幸视此书。目此也心者悲之。"文字一次刻凿而成，篆书带隶意，苍劲质朴，力透石背，对研究书法史具有极高的价值。刻铭内容讲的是楚王标榜的薄葬节俭思想，同时暗示陵内无金玉宝物，欲起到护墓保平安的作用，而实际上却是自欺欺人，乃"此地无银三百两"之属，徒遗后世笑柄。

　　两条甬道后共有十五个墓室，除四个坐落在甬道两侧外，其余十一个墓室均集中在甬道之后，各有过道相连，但结构上应分属于两座墓葬。北墓有五个墓室；南墓有十个墓室；北墓室多作拱形顶，而南墓室则凿成两面坡或四角攒尖顶。两墓虽同属一组建筑群，却有主次之分。据随葬品的出土情况，南墓中有御手俑、马俑及车马器，而北墓多有石黛板、玉环等佩饰件。在结构和规模上，南墓的墓室数量明显多于北墓，面积也较大且畅旷讲究，其前中后三主室处于整个地宫的中轴线上，而北墓的前中后三主室偏于北侧。所以可以认定南墓属男性主墓，北墓为女性从墓。有趣的是，两墓之间还有过道相通，夫妇灵魂可在冥冥之中相聚。这是古代的一种夫妻"同茔异穴"葬制，在西汉时曾相当流行。

发掘研究表明，大部分墓室中原建有带瓦顶的木结构房屋，十五个墓室即取代了功用不同的宫室，其中有象征前庭的前室，中室即中堂，后室为起居的内室，又有车马库和厩房，还有贮藏各类奇珍异宝的府库以及厅房、厨房等。

该墓出土了大批有价值的珍贵器物，包括多种玉器、陶器、车马器、陶俑以及麟趾金、龟钮银印、铜矛、朱雀肖形印等。其中女性坐俑面目清秀，神态端庄大方；舞伎俑右手上举，左手下垂，双腿弯曲，双袖翻飞作翩翩起舞势；马俑高长各50厘米，但塑造得骨肉均匀，活灵活现，尤其是马头的刻画，完全符合真马的解剖比例。方体的龟钮银印，长宽不盈寸，印钮铸成一卧龟，造型生动，雕刻简洁洗炼。阴镌"刘注"二字，篆文工整苍劲，它既是融书法及雕刻为一体的艺术精品，又为断定墓葬主人的身份提供了确证。刘注是第六代楚王，在位14年（公元前129～前115年），因而龟山墓葬的南墓即是楚襄王刘注的陵寝，而北墓则是其夫人的墓葬。这种有绝对纪年的地下宫殿，对研究徐州地区历代楚王陵的变化和两汉文化，有着非常重要的标尺作用，意义极大。

自然科学史的专家们根据在墓中出土的大量酸枣、桃、梅、杏的果核，推断出其中枣成熟最迟，在当时的8、9月间，从而准确地判定出下葬时间在公元前115年的8、9月间，换言之，龟山地下宫殿迄今已有两千余年的悠久历史。

原载《徐州文化大观》，文汇出版社，1995年

汉代王侯墓葬群

　　徐州是汉高祖刘邦的发迹地，高祖即位第二年（公元前201年），即封其同父异母弟刘交为第一代楚王，都彭城，传八代；后宣帝封其子刘嚣为楚王，又传四代，至王莽时绝；西汉时共计袭传十二代楚王。

　　西汉楚国地辖薛、东海、彭城三郡三十六县，前后地域虽有嬗变，但都是以徐州为中心，凭借其地富庶而治民，更因独特的战略地理位置而备受历朝皇帝关注。如汉文帝"尊宠楚元王，子生，爵比皇子"。景帝即位后，"以亲亲封元王宠子五人为侯"，其他诸如封赏之事等，不一而足。

　　楚王生前经济的富有和政治上的特权，自然也会在其死后"归天"的葬所——陵墓中有所表现。因此探究两汉王陵的规律及内涵，开发徐州的两汉文化资源、对弘扬民族文化，有不可忽视的作用。

　　先来谈谈西汉楚王陵墓。目前发现情况如下：①楚王山汉墓群，位于铜山县夹河乡，有一主墓及四座随葬墓；②北洞山楚王墓一座，位于铜山县茅村乡洞山村；③狮子山墓及兵马俑陪葬坑，位于市东郊狮子山；④驮篮山一、二号楚王夫妇墓，位于市东郊下淀乡东王庄，⑤东洞山汉墓三座，位于市东郊下淀乡石桥村；⑥龟山楚襄王刘注夫妇墓各一座，位于矿区拾屯乡孤山村；⑦南洞山楚王夫妇墓各一座，位于泉山区潘塘乡段山；⑧卧牛山汉墓，位于铜山县夹河乡火花村。以上经正式发掘的有②③④⑤⑥⑧，其中③的主墓仅作试掘，其余经调查证实，均属西汉楚王及其家族陵寝。上述八处楚王陵寝都是环绕徐州城周缘分布的，似呈拱卫之状；而它们各自的随葬墓、从葬坑等也以楚王墓为中心，环列四周。可以相信，当时的彭城周围就山近水处都被官方划进了楚王的陵园范围之内。

　　楚王陵墓的构造以横穴岩洞墓形式为主，局部杂以竖穴岩洞墓的开凿方式。每墓占一山丘，先开凿露天平底或斜坡墓道，甬道、墓室深入山腹之中。往往在尽头处才是墓葬的中心部位——椁室所在。楚王陵大致有三种形式：第一种，墓顶有人工夯筑的土堆，墓道斜坡或平底，宽阔而长，内填夯土和夹层碎石块。甬道较宽，有成组硕大的塞石。墓室结构复杂，一般由耳室、侧室、前堂、后室、厕间等组成，复杂的更有露天大天井和分上下层构筑的，多的达二十余间墓室。甬道壁及墓室内凿刻镶补细致，棱角分明。更有以朱砂和丹漆作室内装饰者。室顶有两面坡、四面坡、盝顶、平顶四种形制。有设备齐全的厕间、更衣室和沐浴室。如北洞山汉墓和驮篮山一、二号楚王夫妇墓等即为此类。第二种，有窄长的墓道和甬道，墓道呈明显的前宽后窄的喇叭状。墓室凿造校为粗糙，凿痕清晰可见。室内或砌有木构瓦顶屋宇，有拱形顶、双拱顶和四角攒尖顶等式样。如龟山楚王刘注夫妇墓即为此类。第三种，墓室明显减少，面积亦大为缩小，凿造更趋粗糙，局部粗劣，转角处的棱角基本为弧弯所代替，个别甚至未及竣工即用以瘗葬。墓室以不规则的拱形顶和穹隆顶为主，如南洞山汉墓等即为此类。

以上第一种类型出现较早，时代在汉初至武帝前期；第二种约当西汉中期；第三种则属西汉晚期至新莽时期。在已发掘的楚王陵中，文物均被盗受损（陪葬墓例外），严重者数次遭劫。相比而言，前两种类型出土的文物较多且精致。第一种墓葬中常有大量彩绘陶俑、"半两"铜钱、陶金饼、车马器及数量较多的铜质官印和玉器等。陶器有鼎、壶、钫、瓮、熏炉及各类饮煮用具，常见较多的实用器皿，相当规模的乐舞俑和石磬、瑟、排箫、编钟等乐器模型成组成套出土；铜铁器以铺首、封门器、门枢窝、云雷地纹的三角缘铜镜、矛、戈、箭、镞等最为常见；玉器中有玉璧和各类玉具剑饰。北洞山楚王墓中出土的十余件玻璃杯和一件玻璃兽，经科学测定，皆含有大量氧化铅和氧化钡，是一种典型的中国古代铅钡玻璃。其中玻璃杯是目前最早的国产玻璃容器，玻璃兽是目前已经发现的最大的古代玻璃工艺品。推测在西汉早期的徐州一带可能是我国玻璃的重要产地之一。它的发现，对研究我国古代玻璃的制造和发展有重要意义。第二种墓葬中出土大批铜器，鎏金器皿亦为常见，器形有鼎、锺、灯、盘、盆等。另有玉舞人等佩饰件和陶俑、麟趾金等遗物。

楚王墓中随葬玉衣，已成惯例。目前发现有北洞山、狮子山和东洞山三例。前者的鱼鳞状甲衣片，对我国玉衣制度研究有重要价值。

下面以第一、二类墓葬为例，概括有关建筑方法的几个问题。一是楚王墓都选择在奥陶纪或寒武纪的石灰岩质山丘上，山傍河流，墓前有开阔的视野，以合藏风聚气之说，体现王家的非凡气派。墓向以坐北朝南者居多，整体墓向与山的褶皱走向有一较大之夹角，以增强墓室的抗压、抗拉性能。这也是迄今徐州地区的楚王及其家族墓群历两千年而保持完好的重要原因。二是墓室建筑功用鲜明，布置合理，突出武备位置，可谓地上宫殿之翻版。如北洞山墓不仅有双阙区分宫禁内外，且建有象征郎中廨署的七个小龛，内立郎中令属二百余人，显具警跸传达之功用。附属建筑的第一进院落内大量的驭手俑和成捆的箭矢、矛、戟、弩机等实用兵器，表明墓主人对武备的高度重视。在龟山楚襄王刘注的主墓中有独立的厩房和车马库；驮篮山一号主墓有放置兵器和铁铠甲的武库。上述皆体现出历代楚王浓厚的尚武风习。三是排水系统。不仅在墓口的上部或周围建有宽阔的泄水渠，墓侧也有敷设排水管和鹅卵石散水的。在墓道、甬道、墓室内均能科学布置排水网络；墓室地面有意识凿成中间高而四周低的形状，周边有水槽，室室相通连；地面明沟与墙体暗沟结合，将水分段汇流至"渗井"或山体的自然裂隙中，以保持墓内干燥。四是楚王与王后或陪葬墓的区别。首先楚王墓往往居正中或高处，王后墓一般与之并列，而其他陪葬墓则多嵌在四周；其次，体现在墓室上有大小多寡之分；再次，楚王墓随葬品中常有属官印信、兵器等出土。值得注意的是，在驮篮山一号主墓的塞石上，多凿刻有"前山XX石"字样，虽为塞石编号，但其自铭陵墓为"前山"当无疑问。西汉王陵以"山"自称者，全国鲜见，这也是判断楚王陵的一个重要标识。

再谈谈东汉王侯陵墓。东汉时期，除楚王刘英外，彭城王都彭城，袭传四代；下邳王都下邳（今睢宁、邳县交界处），传四代。目前已发现的有市区土山一、二号墓、泉山区奎山乡屯里村的拉犁山一、二号墓、睢宁张圩刘楼墓、姚集双古堆二墓、睢宁桃园旧朱集九女墩墓。其中土山二号墓、双古堆二墓仅作调查，余皆已发掘。

东汉王侯墓与西汉楚王陵比较，风格迥异。它是在平地或台地上挖圹起坟，一般也有较大的封土堆，但与楚王陵那种独霸山头的气势不可同日而语。墓内随葬银缕或铜缕玉衣更为普及。形制有两类：一类是砖石混合结构，均平地起坟，夯筑有较大的封土堆。墓穴多室，有前后二室和前中后三室两种形式，多用特制的大砖和黄肠石作建材，墓室以券顶为主。如土山一号墓、睢宁刘楼墓等。第二类是石室结构，在山麓下沿的台地上砌造，有稍小的夯土坟堆。墓室全部用石料构筑，主体作前后或前中后室，附有侧室、耳室、回廊。墓顶叠涩成盝顶状。地面、墙基及后室棺床处多抹石灰以防潮。在局部已出现简单的画像石图案。如拉犁山一、二号墓。

东汉王侯陵墓规模较小，通常在百平方米以内，过道低矮狭窄，随葬品多见铜耳杯、铜炉、铜灯、铁剑、六博棋子、骨尺；陶质的壶、盘、案、鼎、碗、井、灶、楼、磨及动物模型明器；玉器有与玉衣配套的握猪、玲、剑饰等。

东汉时期的彭城国和下邳国，仅辖数县之地，经济实力远不及西汉时期的楚国。因此，反映在葬制上，虽贵为王侯，不得已只好在各方面作些减省。但若就其国中情况及积弱的民众而言，这已属于奢侈有加的厚葬了。

两汉时的徐州作为当时的东方重镇，经济繁荣，文化进步，今日集中遗留在徐州一带的全国罕见的两汉王陵墓群，的确是个了解古代文明的宝藏，值得我们去好好保护、研究、开发、利用。我们深信，徐州两汉王陵的许多令世人惊叹的奥秘终将一一被揭开。

原载《徐州文化大观》，文汇出版社，1995年

徐州市睢宁墓山一、二号汉画像石墓

墓山位于徐州睢宁县张圩乡阎山村南500米处，M1、M2位于山顶偏东部，两墓东西相距5.5米。

M1分前、后两室，前室正方形，边长1.9米，后室长方形，长3.5、宽1.6米，墓门在前室端口，门宽0.9米，墓圹底横铺石板，墓顶及随葬品被盗无存，画像皆刻于墓壁内侧，共6块，前室2块，后室3块，前后室间隔石1块。M2形制及尺寸与M1基本相同，区别是M2前后室间有一高20厘米的长条石相隔，条石无画像。M2亦严重被盗，出土画像石6块，前室3块，后室3块。

M1间隔石，长2.1、宽1.16、厚0.23米。主体画面为一组四坡顶房屋建筑，下部有过厅与主屋相套连，主屋有一斗二升檐柱。主屋上为中屋，内4人着帻褒衣，拄节而立，节帽下垂，略呈三角形。主、中屋右侧有一阁楼立于过厅之上。上屋内刻戴进贤冠者2人，左一人躬身施礼，右一人伸双手迎接。屋左3格，上格五龙三鸟，中格刻八人，左三右五相对拱手而坐，下格数人或击鼓，或吹奏排箫，或飞檐作柔术表演，或蹴鞠。屋右4格，上下排列，1格二鸟一兽，2格十鸟一兽，3格二人室内持节，另刻三鸟一兽，4格一轺车右行。整块画像石的下部通栏刻三轺车二导骑，导骑居中，持幡飘扬。该石边框一周，上、左、右为卷云纹，下框为三横条间一直条纹。全石内容当为车马出行去参加盛大集会，其人物众多，建筑复杂，在本地区出土的汉画像石中属首见。画面反映的进入次序应为：从门阙而入，经门厅，进入第一层主室，而后到左栏院观演艺，再经持节仪伍，入上屋高室，上屋二人当是主客者。

M2后室有3块大型画像石，均仅刻卷云纹、锯齿纹、垂菱纹和垂幛纹的边框，框内一片空白，应是未竟之作。

M1前室在西，M2前室在东，相向而葬。两墓画像石皆为平面剔地浅浮雕，线条流畅，构图充盈。结合两墓附近其他几座墓葬分析，墓山汉画像石墓群应是家族墓地。M1画像中车骑甚多，仪仗庞大，屋宇复杂华美，其墓主级别应不低于中级官吏。两墓时代属东汉中晚期。

发掘时间：1992年4月

原载《中国考古学年鉴·1993》，文物出版社，1995年（与佟泽荣合作）

铜山县花马庄唐墓

墓葬位于铜山县茅村乡花马庄凤凰山西北麓，南距徐州市区15千米。农民种地时发现。

墓葬基本完整，砖结构，单室，有短甬道。墓向北偏西23°。甬道券顶，在甬道与墓室连接处砌封土墙一道，通高1.6米。墓门高0.78、宽0.76米。墓室略呈椭圆形，前后壁平直，两侧壁向外弧突，南北长3.46、中部最宽处1.3、前后壁各宽1.1、通高1.8米。墓室系先挖土圹，平砖顺砌，砖青灰色，素面，直砌0.9米作壁基，以上向内逐层叠涩券顶，至墓室正顶结合部以砖交叉叠压合拢。单平砖铺地。墓室外侧砖缝中嵌有零星的唐代青瓷片。

该墓出土文物25件，三彩陶马2匹，骆驼2匹，天王俑2件，镇墓兽2件，文吏俑2件，小陶侍俑11件，灶1件，碓1件。另有墓志1方，开元通宝钱1枚。遗物大部分由村民先行取出。据了解，陶马、骆驼、天王俑、镇墓兽多集中放置在墓室东侧，石质墓志铭出于墓室东侧近门处。

三彩器白胎，烧结温度较高，质地坚硬，主要施翠绿、姜黄、褐、淡黄等色。三彩马，背具桥鞍，头辔饰俱全，胸前股后均系革带，上饰桃形缨。骆驼高0.5、长0.45米，与三彩马相若。天王俑通高0.9米，戴翻沿鹖冠，着圆领战袍，外罩裲裆甲，甲内衬战裙，足穿翘首靴，脚下踏一作挣扎状的怪兽。镇墓兽人面兽身，作蹲踞状，文吏俑肃然恭立，其中一件俑冠及唇部残存红彩，其他部位施三彩釉。男侍俑戴幞头帽，着圆领长衣，鼓腹束带，其中有高鼻深目的胡人形象；女侍俑高0.1米，多梳双髻，长衣，做侍立状。灶、碓器形极小，长宽仅盈寸。墓志方形，边长0.75、厚0.08米，石灰岩质，侵蚀严重，不见字文。

此类唐墓在江苏省出土甚少，特别是三彩器大而品类丰富，为徐州地区仅见。从种类看，与西安、洛阳两地十分接近，其釉色与河南巩县窑产品较为接近，而与徐州地区唐墓中零星出土的小而简陋的三彩器风格迥异，推测该墓的三彩器极可能是由今河南地区输入的。时代应在盛唐。

发掘时间：1992年10月

原载《中国考古学年鉴·1993》，文物出版社，1995年

楚王铁胄修复成

——第一顶西汉玄甲在徐州还原

在江苏徐州狮子山楚王陵下的汉兵马俑博物馆，一副有2000多年历史的西汉铁胄近日修复。这是我国修复的第一顶西汉铁胄原件。

据介绍，楚王陵中西汉铁甲出土时已严重锈蚀残散，铁盔甲的保护与复原研究课题经国家文物局专家组评审，被列入1997年度国家文物科研项目。据了解，我国先秦时期铠甲多由皮革制作，为红色。到了汉代，才用黑色的铁甲、铁胄，史称西汉"玄甲"。楚王陵墓中还出土四领铁铠甲，每副重达20千克，堪称世界之最。铁甲片由麻绳或丝带编联，以皮革和丝绸包衬，美观实用，可惜已无法复原。这副神奇而又稀罕的楚王铁胄由120片各式铁甲片编缀而成，重4.7千克。呈"风"字形。由筒状主体和可以伸缩的垂缘构成，头颅和脖颈都处于防护中，仅露出眼、鼻和口部。铁胄用红色丝带联结，十分漂亮。

原载《人民日报》（华东新闻）2000年1月12日第1284期

狮子山楚王陵铁甲胄研究综述

　　1995年发掘的江苏徐州狮子山楚王陵是目前所知形制最为奇特的一座西汉早期诸侯王陵墓，墓中所出西汉铁甲数量之多、品种之丰是同类汉墓中所未有的，具有重要的文物考古价值。然而铁甲片锈蚀严重，若不及时加以整理保护，这批重要文物将有进一步锈蚀毁弃之虞。为此，由徐州汉兵马俑博物馆向国家文物局申报"徐州狮子山楚王陵出土铁铠甲的保护与复原研究"课题，被列入1997年度文物科研项目。从1998年2月至1999年11月，徐州汉兵马俑博物馆在中国社会科学院考古研究所、中国古甲胄研究会、北京科技大学冶金与材料史研究所和苏州丝绸博物馆等有关部门的支持协助下，该项文物科研工作进展顺利，目前已取得初步成果。整理出西汉早期实用铁铠甲四领，铁兜鍪（胄）两顶，并完成了第一顶汉铁胄的修复，同时在钢铁冶炼加工技术和丝绸纺织工艺等研究方面亦取得新的重大发现。

　　这批铁甲胄皆出自狮子山楚王陵地宫之中，从铁甲残存痕迹可以看出，下葬时铁铠甲为折卷整齐后用多层丝绸包裹放置于墓室之中的，但是由于该墓地宫曾遭盗掘，所有铁甲胄均被拽散扰乱，并散落于地宫的甬道和一些墓室内，较集中分布于W3耳室、E5耳室和后室，推断甲胄原放置于W3耳室和后室。出土时数套甲胄的近万片各式铁甲残片（块）相互混杂一起，这种情况是以前各地墓葬中出土古甲胄从未见到的，其清理、保护和复原难度之大可想而知。甲片类型十分复杂，主要有长条形、长方形、近方形、圆形、椭圆形、弧状梯形、马蹄形、舌形、鱼鳞形、小刀形等，此外还有一些其他形制的甲胄特殊部位的异形甲片，以及用作修补的后配甲片。这批铁甲片初步统计有12型72式。

　　狮子山楚王陵出土的铁质甲片，成分分析测试表明，片体皆为锻制，有冷锻和热锻两种，其中部分甲片是用含碳量不同的钢材叠打而成，韧性强、硬度高，具有坚固的防护能力。依据甲片在甲胄上所处部位和功能的差异，铁甲片上开有多种形式的圆形小孔，各型甲胄的孔径也有差别，由于甲片属手工锻制，各式甲片的大小和形态以及孔眼布局亦不十分整齐划一。甲胄片是以麻绳或丝带编缀，根据实用的原则，在编联方法上也有所不同，甲的袖筒、披膊、甲裙和胄的垂缘部位均能上下伸缩，而身甲上的甲片则以相对固定的板块式结构为主。在甲胄的各边缘及里面用皮革和丝绢包边衬里，起到美观、舒适的作用。

通过对这批甲片及残块外形，大小、孔眼的数量和布局，以及编联方法等的全方位研究，并参考以往各地甲胄的研究资料，从中整理出四领铠甲，计有札甲一领，不同形制的鱼鳞甲三领，此外还有铁胄两顶。

札甲，由长条形大甲片组成。甲片细长而厚大，长度相差较大，一般宽约3.5厘米，其上端平齐，下端抹圆，片体表面大多向外凸出，便于编联组合。甲片上穿有圆孔5～9对，孔径约0.2厘米，此甲形状类似于咸阳杨家湾汉兵马俑的札甲，身甲也由三排甲片组成，每排甲片的长度和形式各不相间，甲片长度17～22厘米，以麻绳编联，并有皮革和丝绢的包边衬里。

鱼鳞甲，由中、小形铁甲片组成，计有三领，形制各异。A型：甲片精小，形状十分酷似鱼鳞，为一领标准的鱼鳞形铠甲，甲片形式多样，以麻绳缩联，由开襟式身甲、甲裙和筒袖构成，甲片2000余片。B型：甲片大小如A型，片型仅有三种，一种上平下圆呈舌状，数量较少，为甲衣的中间纵排甲片；另二种形如小刀状，为长方形甲片下端一角抹圆，因其所处体位的不同，属左身者右下角抹圆，属右身者左下角抹圆。甲片上有孔眼4对，麻绳编联。此甲由身甲、甲裙和筒袖组成，使用甲片数量很多，仅身甲甲片即达3600余片，重近20千克，是已知汉甲中甲片最多且最重的一领。C型：为一领中型甲片组成的鱼鳞甲，甲片一端平直一端抹圆，呈舌状，个体略大，约长4.5、宽4、厚0.18厘米，甲片上有圆孔3～4对，孔径约0.25厘米，麻绳编联，由甲身、甲裙等部位组成。

从这些铁铠甲的形制可以看出，汉初铁甲尚处于一种发展演变的时期，甲型中既有先秦铠甲的形制，亦有汉时的新出甲型，并从宽大的甲片向精小舒适、防护全面的鱼鳞甲过渡。楚王陵出土的铁甲在保持时代共性的同时，亦具有独特的地域性，其丰富的内涵尚有待于进一步研究。

与四领铁铠甲同时整理出的还有铁兜鍪（胄）两顶。这两顶铁胄形制与大小基本一致，其形制与燕下都发现的铁胄，特别是与秦始皇陵所出石甲胄颇有相似之处，但结构与功能比之更加完善，附有可伸缩的护颈垂缘，其形状与狮子山楚王陵陪葬汉兵马俑军阵中的跪坐车兵俑所戴头盔如出一辙，两者可相互对比印证。在复原研究和对铁甲片加固保护的基础上，修复了其中的一号铁胄。楚王陵铁胄外观为“风”字形，由上部的主体和下部垂缘两部分组成。胄顶如履盘，由一片圆顶片和12片弧状梯形甲片编缀而成；下段主体呈圆筒状，由3排35片特大型方甲片编联，其前部开一近方形的抹角窗口，仅显露出面孔居中的眼、鼻和口部。护颈垂缘联缀于胄主体下沿，分为三层，每层24片，垂缘上小下大呈喇叭状，可上下缩合，胄体通高42.5厘米，垂缘部呈自然下垂状态，主体筒径21厘米，重约4.7千克，全胄计用甲片7型13式其120片，使人体的头颅和颈部皆处于防护之中，既利于观察，又能缩合自如。该胄以丝带编联，局部有装饰性编纹，垂缘底部包边，胄内有皮革和丝绢包衬的痕迹，美观实用，胄顶中心一孔应是为安装盔缨一类的饰物，或是用以系丝绳便于提拿而设。这是我国修复的第一顶西汉铁胄实物，它的修复为中国古代甲胄的研究提供了新资料，对了解汉代铁甲胄的造型及其发展演变具有重要的学术和实用观赏价值。

原载《中国文物报》2000年2月23日第15期（总第784期）（与葛明宇合作）

博大精深　蔚然壮观

——徐州西汉楚王陵考古发掘侧记

美丽的徐州不仅是一座英雄的城市，而且有着博大深厚的历史文化内涵，特别是两汉文化遗存，不论地上地下均极为丰富。谚云："父老能言西楚事，牧儿善解大风歌。"足见徐州人民对汉文化的熟知与热爱。

徐州市东郊有一座海拔58.4米的石灰岩小山，状若卧狮，故名狮子山，北侧还有绣球山等构成的天然屏障，西南又有古泗水（黄河故道）缓缓流过，山光水色，景物宜人，恰是古人理想的"背山面水，藏风聚气"的风水宝地。1984年冬，市博物馆在狮子山西麓调查清理了6个汉代兵马俑坑，出土彩绘陶兵马俑4000余件，其中有指挥官、指挥车、驭手、骑兵、步兵、弓弩手、长矛手、手持盾牌的勇士……如此庞大的兵马俑群，是西汉时期楚国军事力量的缩影。这一惊人的发现不仅引起世人的瞩目，也引起文物工作者的深思——这批兵马俑的主人是谁？又葬于何处？带着这些疑问，1986年至1990年，徐州汉兵马俑博物馆邀请10省市60多位物探专家，在狮子山进行了三次大规模的探查，结果毫无所获。文物工作者并未因此气馁，继续调查现场，走访百姓。春秋五度，仍无线索，就在这万般无奈之际，一句不起眼的话给人们带来了希望："山上早年有人挖过很深的红薯窖！"狮子山石多土少，怎么能挖地窖呢？工作人员立即找到地窖的主人，在其指引下确定了早年地窖的方位，用考古调查的常规方法，终于在1991年7月的一天，找到了兵马俑的主墓。1994年12月至1995年4月，经过大规模的考古发掘，深藏山腹二千多年的古墓以其丰厚的文化底蕴为人们解开了兵马俑坑引起的疑团，骄傲地向世人展现了气势雄壮的楚王陵的真面目。

这座地宫坐北朝南，凿石为室，穿山为藏。全长117米，距山顶深20余米，占地面积850平方米，凿石量达5100多立方米。墓门在山南坡，而墓室嵌入山腹深达百余米。整座墓由外墓道、内墓道、天井、甬道、耳室、侧室、前室、后室组成。各室功能分明，计有庖厨间、御府库、钱库、杂物库、兵器库、陪葬墓等，恢宏的气势、严谨的结构，足以令人惊叹不已。无怪专家们说："陵墓本身就是世界级的藏品！"此墓早年被盗，盗洞的开口在天井的东壁，但出土文物仍十分丰富，包括金、银、玉、铜、铁器和陶器，多达2000余件（套），其中重要的有：

1. 金缕玉衣

玉衣古称"玉匣""玉柙",是汉代帝王与高级贵族的葬服,系将特制玉片用金、银、铜丝编缀而成。汉代人认为用玉包身可防精气外泄,尸体不腐。据《后汉书·礼仪志》载:皇帝用"金缕玉柙";诸侯王、贵人、公主用"玉柙银缕";"大贵人、长公主铜缕"。西汉时期,玉衣的分级尚未形成定制。此墓所出玉衣是用5000多片精美的和阗玉精制而成,有的玉片仅0.5厘米见方。玉片晶莹剔透,加工之细,抛光之精,是以往任何玉衣无法比拟的,堪称世间"绝品"。只可惜金丝被盗墓者拆走,待修复后才能看到原貌。

2. 镶玉漆棺

墓内散置着许多菱形、三角形、正方形、长方形玉版,以及不同形状的玉版粘连在一起组成的图案,这表明楚王的葬具是一套镶玉髹漆的棺椁。因盗墓者破坏和年久朽腐,棺椁木质已不复存,这些玉版便是粘贴在棺内周壁上的遗物。玉版多达1500余片,皆为新疆玛纳斯河流域产的优质碧玉,表面抛光,有的阴刻图案,异常华贵。棺椁未镶玉版之处均有漆绘纹饰。史书没有镶玉漆棺的记载,考古发掘也仅见满城汉墓出土过一件,对研究汉代诸侯王的丧葬礼仪极有价值。

3. 玉器

出土玉璧、玉环、玉佩、玉璜、玉戈、玉耳杯、玉卮、玉蝉、玉冲牙、玉饰等200多件,多以上等和阗玉精制而成,造型优美,工艺精湛,每一件都是稀世珍宝,令人叹为观止。如60多件玉璜中,有一件长19、宽3厘米,两面对称雕出20条龙纹图案,布局匀称,疏密有致,煞是精巧,加以玉质精纯,温润莹泽,堪称玉中之极品。

4. 金扣腰带

两条金扣腰带出自御府库。在织带上缀有三排海贝,贝间配以金花。带两端为纯金带扣,最重的一块达390克。带扣面铸两熊噬马的图案,铸工精绝。熊、马的动态与神情刻画得极为生动,是不可多得的艺术珍品。

5. 印章和封泥

墓内出土龟钮银印5方,铜质官印200余方,封泥80余枚。一墓之中出土如此多的印章不仅为国内首见,在世界上也是空前的。这些印信有三种不同的内容:反映王室官制的如"楚中司空""楚太史印"等;反映军事建制的如"楚司马印""楚骑千人";有关县域的如"武原之印""僮令之印"。封泥是楚王属下进贡的信物,有"楚中尉印""彭城丞印"等。这些印章和封泥不仅对研究西汉楚王宫廷官制、军队建制、行政区划有特殊意义,也是研究书法篆刻艺术的珍贵资料。

6.铜、铁兵器

铜、铁兵器共出土百余件，有剑、刀、戈、戟、矛、铍、弩机、箭镞等。凡汉代使用的冷兵器，墓中均有发现。铁兵器多已锈蚀；铜兵器系合金铸成，经历二千余年仍锋利无比。有人曾用铜戟作过试验，轻轻一划，十二层包装纸当即裂开，二千年前它在战场上的威力可想而知了。

7.铜、银容器

墓中出土大型青铜容器近百件，有鑑、盘、钟、鼎、扁壶、勺等。这些铜容器形体大，胎壁薄，反映出西汉早期徐州铸造青铜器的高超技艺。出土的一件银盆，器表刻有"容六斗十升重十二斤十四两十九朱（铢）"15字铭文。

此外，出土各式半两钱17余万枚，反映了徐州在西汉时期的经济繁荣景象。

徐州狮子山楚王陵是1995年的"全国十大考古新发现"，不仅墓室奇特，而且出土大量极富历史价值与艺术价值的珍贵文物，填补了汉代考古学中的一些空白。

原载《中华文化画报》1996年第3、4期合刊（与王恺合作，图略）

狮子山上楚王陵

——一个关于汉代陵寝的考古故事

一 金缕已失，玉衣犹存，真正的价值还在玉衣之外

狮子山，一座即使在江苏省徐州市地图上都很难找到、海拔不过60米的小山丘，突然成了考古界、新闻界、旅游者们共同瞩目的"热点"。

因为去年底至今年1月（即1994～1995年），各地传媒相继报道：一件最完美的"绝品"金缕玉衣在狮子山楚王陵被发现。这种古代君王方可享用、据说可以使尸体不腐、灵魂不灭因而能让人"永垂不朽"的特殊葬衣，我国其实已出土了十余件，其中最著名的当数河北中山靖王刘胜墓中的金缕玉衣，由2100多片玉组成，而如今发现的这件竟有4000片之多。玉衣总是量体而缀的，大小相差并不多。玉片多，就意味着玉片要小，制作工艺要高。俗话说，"一分小，一分巧"嘛!

怀着一睹"绝品"真容的愿望，前不久，记者来到了金缕玉衣的发掘地——徐州市东郊狮子山楚王陵。

然而一到楚王陵，考古专家们就正告：楚王陵的金缕玉衣是"绝品"却并非"最完美"，国家文物局的材料称它是"中国目前发现的最好的一件"。但激动的记者说走了嘴，让颇讲究严谨与科学的专家们一肚子恼火。听说要看金缕玉衣，狮子山楚王陵管理处处长邱永生副研究员频频向记者泼冷水"降温"，直到终于打开了文物库房的大门。没有金缕，没有完美如故的玉衣，然而，记者却来不及失望。面前，两只大搪瓷托盘里如小山般堆叠着的几千块长方形、正方形、弧形青白玉片，在清冷暗沉的库房里闪着晶莹温润的光，如几千片温和又粲然的微笑。每一片玉上都有4只以上钻孔，从正面看，细小到只能透过今天的最小号衣针，钻孔部紧依着边角工整地排列着。再看周围，一件件厚厚青绿锈迹也不掩优美造型和细致花纹的铜鼎、铜盘、铜扁壶，一方方已无"官气"的铜、银印章和黝黑的封泥，还有一串串多达17.6万枚的汉代铜钱，没有一样不在散发着自己历久不眠的独特魅力，让你忍不住想触摸浩渺历史。用手指轻捏着一截青铜断剑，想试试它是否锋利，轻轻一划，十几层稿纸齐齐地裂了一条缝，而几柄长剑更是

不动声色地将削金断玉的威力与逼人寒气保持了2100多年。尤其是那些质地上乘、工艺精湛、光彩照人的玉璜、玉璧、玉杯、玉冲牙、玉龙，还有如金缕玉衣一样受了破坏而使1600多块玉片散碎的一架美丽的镶玉漆棺，据说共有200多件（套）完整的玉器，"件件是国宝"！

"件件是国宝"这是考古专家们发出的感慨。在他们眼里，用4000多片新疆和阗玉制作的金缕玉衣，不是唯一甚至也不算最重要的"宝贝"。真正重要的是作为国内规模最大的墓葬之一，它集中出土文物达1500余件（套），是完整而难得的研究资料，会大大促进对汉代文化的研究。因此，国家文物局才将徐州狮子山楚王墓的发掘列为"1995年全国十大考古发现"之首，建议在那里造一座以汉代文物为主的博物馆。在专家座谈会上，中国社科院考古研究所副所长刘庆柱等专家一致认为，这是目前国内规模最大的陵墓之一。

二 威风一时的楚王，死后也机关算尽。然而，道高一尺魔高一丈，汉家陵寝真的难免"十墓九空"吗？

最奇特的还是狮子山楚王陵本身。秦始皇兵马俑博物馆馆长袁仲一赶来参观过之后，说：墓本身就是世界级的展品。坐北朝南的陵墓，有12间房，使用面积达850多平方米，将小小的狮子山掏空了半座。墓采用的是汉代流行的横穴岩洞式，却又开凿了一个巨大而方正的天井，在以往开掘的汉墓中从未有过。为了清理天井中的夯土和填石，用现代化的铲车、吊车作业，也花了3个多月时间。而狮子山和徐州周围不少山丘一样是座石头山，当年开凿这个硕大的天井，凿石、夯土量近5000立方米，靠的全是人工一斫一錾，不知要耗尽多少人多少年的生命，实在令人感叹。据说古代皇帝与王侯从即位第二年起就开始为自己造墓，直到死去才停工，并且每年从府库中挑选财宝放进墓里。专家们推测，这座规模宏大的楚王墓，在当时怎么也得用20年左右才可以完工。

沿着高11米多、凿痕历历的陡直井壁向下望，这座天井像一处奢华而美丽的大厅，长117米的墓道就穿过它游向了山体深处神秘的地下世界。

修造长墓道与大天井，未必是因为墓主人禀性浪漫，相反，他只是为了更好地隐藏，怕盗墓人来骚扰他在地下的生活。这个墓的墓道内窄外宽。若有人从山侧开挖，得沿中线向北挖过70米才能找到墓门；若沿天井壁找，更是"差之毫厘，谬之千里"。土方量大得让人生畏，单靠手挖肩扛，难达目的。

徐州又名彭城，历史上就有"自古彭城列九州，龙争虎斗几千秋"之说。这里是汉高祖刘邦的起家之地，西汉建立，分封诸王，刘邦将徐州周围36县划为楚国，分给他的弟弟刘交，以后共延续了12代楚王，他们都葬在环绕徐州的群山之中。目前考古人员已发现了八位楚王的归宿。可惜的是，十墓九空，全被盗掘过不止一次，比如龟山汉墓。尽管墓主人用"此地无银三百两"的办法在墓门上强调墓中没有值钱物，敬请盗墓人临门止步，莫惊扰他的好梦，可为利所驱的盗墓人一点儿也没手软，在东汉和五代两次将他的地下宫殿翻了个罄尽。徐州周围很多以"洞"为名的山如北洞山、南洞山、东洞山等，那洞，其实就是被洗劫得四壁坦荡的古墓。

规模巨大、结构独特、设计颇费心机的狮子山汉墓在劫难逃。发掘之初，考古人员就在天井中部的填土中找到了一个盗洞，它斜向西北，没有丝毫偏差地直通向墓门，盗洞外口小仅容身，里面的直径却有9米多。内墓道被4块一组塞石严丝合缝地堵着，盗墓人在一组塞石上凿成"牛鼻扣"，穿了绳子连撬带拖将4块各重6吨以上的塞石硬是拉出了墓道。这样的力气活儿，全凭人工，绝非三五个业余人员可为。盗墓者组织严密，做事谨慎，一般被盗过的墓葬里总会留下点盗墓者的痕迹，可这里竟一点儿也没有。他们带着麻袋进入主墓室后，扫荡了几间侧室，然后直奔棺室。楚王安睡在一只长2.8、宽1.04米的玉椁中，1600多块玉片拼合成各种图案。空白部位则绘着漆画，即使在暗处也依然有熠熠光彩。然而盗墓者顾不得这些，玉棺椁已被封死，玉棺漆木板之间榫卯咬得很紧。他们用蛮力砸棺盖，从侧面敲，玉片碎了一地。棺材被打开，裹着金缕玉衣的楚王当即被不客气地拉了出来，七窍中塞着的金玉和身上佩着的金印全被收进了麻袋。金缕玉衣被拖到塞石外，因为墓室太暗了，而他们想把那足有两三千克重、串起玉片的金线一丝不剩地拆下来。这是个细活儿，他们却很从容不迫且不厌其烦地做着。百分之九十的金丝被拆了下来，金缕玉衣从此金玉分家，4000余片散玉壮观地撒落在塞石和甬道上，等着后代来辨认它们当初的功用。

所有的迹象都使研究人员认为，这墓是在下葬后二百多年内，被一批熟悉王陵结构的楚国大臣或其后代悄悄偷盗的。盗墓的工作至少要进行几个月，可他们偷得相当高明，既紧张又从容，既不同于乱世中官盗的气壮胆大，也不像民间盗墓人那样毛手毛脚处处留痕。他们只拿走了金银，却没动那些名贵的玉器。在幽暗的墓室里有些东西被误带了出来，到了洞外细检时全被扔了下去——墓道口和盗洞里满是碎玉和铜官印。因为汉代对使用玉器有严格的等级规定，普通人若持有一件名贵的玉环或玉璧，等于告诉别人他是小偷或盗墓人，而盗墓无论在哪个皇帝看来，都是该杀头的。走的时候也不是仓皇而逃，而是耐心地把盗洞填上，填几块大石头，再填一些土，如此反复，直到洞被完全堵上——这一堵就堵过了两千多年。岁月沧桑，原来的墓庐、祠堂等渐渐湮灭，山上起了村落。黄河的泛滥与改道又在山边淤起了厚厚的黄土，让汉墓在土下愈睡愈沉。

三　从兵马俑到楚王陵，踏遍狮子山，王陵却在红薯窖深处

汉墓群、兵马俑、画像石，在徐州被并称为"汉代三绝"。要说狮子山楚王陵，还得从汉兵马俑谈起。1984年冬，一部推土机在狮子山西南取土时偶然铲出了一批汉兵马俑，这是继1965年夏陕西咸阳发现汉兵马俑、1974年春西安临潼发现秦始皇兵马俑之后我国出土的第三批兵马俑。徐州汉兵马俑博物馆于1985年建成并对外开放。旅游者们忙着区分兵马俑的兵种，追想当年汉军气势，感叹古代工匠的精湛技艺。而考古学家们却想着一个问题：这样规模宏大的兵马俑为何出现？最有说服力又最令人悬想不已的结论便是它是汉代某王陵的陪葬物。他们开始寻找，目光渐渐集中在这座状如卧狮的山丘上。专家们草拟了各种有关陵墓形状的模拟图，利用各种仪器进行探测，还请来了煤炭部地质普查大队钻孔勘探，勘察费用了几十万元，却无所获。很大的原因在于山上已生息繁衍着几百户人家，民房鳞次栉比，探测总要受到干扰。有一次，考古人员花钱征用了一户民房，打下的梅花桩距楚王墓的外墓道仅10多米远，但再开探沟就要打进另二户居民家，考古队没有百分之百的把握，怕浪费了有限的资金，只得作罢。

只在此山中，云深不知处。在小小的山丘上一找就是六年。1990年，汉兵马俑博物馆馆长、考古学家王恺在狮子山村里找老人闲聊时，听86岁的张立业老人说，家里早几辈子挖过很深的大地窖，最大的一个能放1万多千克红薯呢。"石山上怎么可能挖那么深的土窖？"王恺心里一动。于是，考古人员就到张家已废弃的地窖处打探沟，挖到地下3米，发现了外墓道上人工开凿的痕迹。人人欣喜若狂。以后陆续动迁居民并探测，到1992年，终于基本上弄清了陵墓的位置和外围结构。它距离陪葬的兵马俑军队只有500米远。

四　"一生能碰上一次，真是幸运！"考古队员人人这样说

1994年11月，国家文物局批准发掘狮子山楚王陵。当年12月至次年4月由中国历史博物馆馆长俞伟超、国家文物局专家组成员叶学明、南京博物院副院长奚三彩、考古所所长邹厚本等6位专家和6位年轻的业务人员组成的考古队奋战了106天，完成了田野考古发掘工作。从去年7月至今，做的是后期的文物整理、修复和研究工作。

"太幸运了！"每一位考古队的成员都这样说。两鬓斑白的专家欣慰于自己还能亲历这样的大墓葬的发掘。从大学考古、文博或历史专业毕业不久的考古工作者则庆幸自己如此年轻便碰上了别人一辈子也未必经过的大发掘，得到了难得的锻炼。

对于考古人员来说，也许考古的最大魅力在于：你有机会亲手打开通往历史的大门，让时光倒叙。然而，对于大门后是一座宝库还是空空如也，你全然无知。发掘狮子山楚王陵时，考古队尽量对外严密封锁消息。每个人心底都藏着一个不敢说出的忧虑：十墓九空啊，这一次会不会又是一座被洗劫殆尽的空陵？他们很早就看到了那个非同一般的盗洞，实在害怕那会是一次毁墓的遗迹。而在盗洞和外墓道里清理出的玉器、铜印及10多万枚"半两"铜钱，又让他们心中生出了期待。

值得庆幸的是主墓室外的三间耳室，当年的盗墓人没有发现。他们拖出的塞石差20厘来就将碰到一间耳室的封门石，挖土时差10厘米就能看到另一间耳室。然而，他们最终还是错过了。于是这几间耳室里留下了可观的文物和完整的现场。

33岁的副研究员，如今已是狮子山楚王陵管理处处长的邱永生，是继盗墓者之后第一个爬进楚王陵的人。虽说考古人员都称得上是彻底的无神论者，可真要一个人爬进那封闭了2100多年的阴森世界，谁心里都难免有点发怵。去年2月28日，主墓道内淤泥被清理完毕。那天晚饭时，准备探墓的邱永生忍不住喝了点酒，为了驱寒防湿，也为了壮胆。他们预备了50米长的照明线路却不够，只得再接续。在湿漉漉的塞石上爬了很久，墓穴深处骤然被灯光点亮。景象是让人永远难忘的：地上淤泥足有五六十厘米厚，泥间有碎玉闪着幽昧的光，"活着"的是那些也许已生长了几千年的草根、树根，他们穿透了厚厚的山体。在潮湿的地宫里膨大，显示出了惊人的生命力，成了这个地下世界的真正主宰。

考古是一项极其艰苦而枯燥的工作，常年工作在野外。发掘要选择干燥少雨的冬季，多数现场狭窄，加上安全等因素，不可能用"人海战术"，发掘者每天仅隔一块塑料布或蹲或跪在湿冷的泥土上，用竹签小心翼翼地一点点清理文物，有时几小时保持着同一个姿势，连直一下腰也不行。因此，关节炎、动脉硬化、静脉曲张等词语在考古队里常能听到。然而，当你预感或亲手触摸到一个重大的发现时，那一刻的激动足以使人忘记所有的疲劳与艰辛。狮子山楚王陵考古队成员，在清理到相连的东六和西五侧室时，地上是层层叠叠的玉片，密集得让你不敢轻易挪步。那位因随身携宝太多而被人硬拖出棺的楚王的遗骨，已被渗进地宫的水冲得颅骨在东、下颚在西、肋骨四散，杂在一地散失的碎玉中间，那场景仿佛是历史老人特地安排来启示后人的，让人感慨万千。在众多的碎玉中，有一种纯白的光最让人怦然心动。虽近在咫尺，可清理到那里却用了三四天。每天看着它光彩闪烁的漂亮模样，猜想那会不会是一件举世无双的国宝？那种等待叫人心慌而难耐。终于轻轻地捧到它，完美无瑕，造型简单，质地绝佳，那样温润纯净又光彩照人，让大家都屏住了呼吸。后来，当著名的收藏家徐展堂先生从香港赶来，看到这件战国时代传下来的美丽玉璧时，也握着它，久久不忍放下。

这样的趣事，在狮子山楚王陵发掘中，常常发生。

五　陵墓打开了，却留下了更多的谜团

国家文物局局长张德勤在徐州考察时说，狮子山楚王墓的发掘使徐州汉文化的内涵更加丰富，有力地促进了两汉文化的研究。

然而，像许多遗迹一样，打开古墓，只是撬开了一条微隙来窥视历史，会留下更多的迷惑。根据出土的文物，专家们推测狮子山的墓主人是西汉第三代楚王、刘邦的侄孙刘戊。由于金印被盗，推测便难以确证。刘戊是汉史上有名的"七国之乱"的反王之一，兵败后自杀，是否还能够这样风光地穿着御赐的金缕玉衣下葬呢？在墓道口和侧室里，发现了两名陪葬者，一名是年龄在30岁上下的妃嫔，一名是楚王的"司务长"食官监。在以活人生殉的野蛮习俗已经式微的封建时代，这两名陪葬者是自愿殉王还是被强行埋葬的？潮湿的墓穴里，他们早已朽烂得尸骨无存，无可考证。但同样埋葬了2100多年、被拖出玉棺脱去玉衣的楚王却十分完整，连最细的肋骨也根根未朽。考古人员与徐州市医学院合作，确认这位楚王身高1.72米，死时年35～37岁，又制作了他的正面、侧面复原像。从外表看，他身材魁梧，下颚宽阔有力，强悍中似带着种不可一世的自负，确实能使人联想到第三代楚王刘戊。

许多人说，狮子山楚王里时有异香。去年3月，工作人员忙于发掘时就曾闻到，还以为是谁用了进口香水。以后，建设博物馆的工人们和一些游人也说在地宫中闻到了香味。考古人员猜测，因为汉代不少王侯都采用夫妇同茔异穴的方式合葬。也许，要不了多久，狮子山上还会有新的发现。

对于这座大墓，徐州市政府十分重视，这使得开掘和保护工作十分顺利。土生土长的狮子山村人也慢慢地认识着它的价值。80年代，兵马俑出土时，狮子山村的许多老年人都以不惊不诧的神情笑着说，二十多年前他们就看到这小人儿了，村里人孩提时代的乐趣之一便是砸这陶俑玩儿，当石头一样往水里扔。后来发现了楚王陵，农民们知道自己竟一直踩着王爷的坟茔生活，全有些不安与惊慌。考古人员来动员动迁时，他们都很乐意将家搬下山去。记者在山坡上问一位上了年纪的守鱼塘人知不知道大墓里葬的是哪个朝代的王爷，他摇了摇头。然而，年轻些的村民和乡村干部都意识到，发现这座楚王墓将给小小的狮子山村带来大变化。国家经费有限，村民们很积极地集资，加上向银行贷款，用1500万元迅速建成了一座漂亮大方的遗址博物馆，向游人们开放。如今，他们正和文化部门合作，筹措着建一座珍宝馆来摆放墓中文物，再把这一带建成一个综合性

的文化休闲区呢。"要让历史为今天的人造福"。记者遇到的几位当地干部都这样说。

考古人员们还在忙着整理修复那些正在朽去的铜器与铁器。至于那件金缕玉衣，修复至少需要2千克纯金。想看一看"最完美"的金缕玉衣，也许还要等上两年。

　　　　原载《人民日报》（华东特稿）1996年2月29日第12版（记者：姜泓冰）

狮子山楚王陵出土文物座谈会纪要（发言）

经国家文物局批准，1994年12月中旬至1995年3月底，徐州市汉兵马俑博物馆与南京博物院考古研究所联合发掘了江苏徐州狮子山楚王陵，取得了丰硕的成果。汉兵马俑博物馆于1995年7月9日至12日召开了出土文物座谈会，中国社会科学院考古研究所、《文物》编辑部、《考古》编辑部、南京博物院等单位的数十位专家及徐州市文博界人士出席了这次会议。其后，北京、上海、陕西等地一些专家学者陆续应邀到徐州参观，就楚王陵及其出土文物发表了许多意见。

邱永生：

狮子山楚王陵出土了200多方印章，80多枚封泥，这些印章可分为楚国宫廷官员、下属诸县官员及军队官员三部分，它们的出土不仅为研究楚国疆域的变迁、汉初的王国百官制度提供了素材，而且在印章的使用制度及与其相关的制作工艺、艺术风格等多方面弥补了史料的不足，其价值难以估量。

徐州地区的楚王墓很多，晚期的一般说来各耳室功能明确，甚至布局结构都仿照生前的生活场所。狮子山楚王陵则不同，我们注意到各耳室的功能不完全清晰，如E1是庖厨，但W2也置放与饮食有关的器物，乃至于鱼、肉、粮食等，不同的则是W2中多为青铜器，而E1中以陶器为主。晚期的墓室中多有武库，但狮子山楚王陵中W1、W3甚至棺床、后室都有兵器。可以看出，此时的耳室的作用仅相当于贮藏室，这种情况或许同整个墓葬下葬得仓促有关，但更大的可能是此时葬制还不成熟。

原载《文物》1998年第8期

红薯窖揭开狮子山谜团

——西汉楚王陵地宫考古记

世上重大的考古发现往往带有一定的偶然性。众所周知，秦始皇兵马俑就是肇始于陕西临潼农民在村边打井时发现的"瓦爷"。而十余年后的1984年底，在我国东部的江苏徐州市东郊，被法新社誉为"当代中国最重要的考古发现之一"的狮子山西汉兵马俑军阵，最初也未引起人们的重视，竟被视为玩具"泥孩"，常被村童玩弄于掌中。直到砖瓦厂采土时，被轰鸣的推土机大规模揭露出来，终得重见天日，震惊世人。

从20世纪80年代发掘西汉兵马俑，到90年代发现、发掘兵马俑的主墓——狮子山楚王陵，整整用了十年的时间，其中仅寻找定位的时间就占去了七年！原来，考古工作者偶然发现徐州狮子山西麓的四条俑坑并发掘出近4000件兵马俑后，就始终对兵马俑的主人怀揣谜团，未敢放弃点滴线索。尽管他们在1986年就曾推断兵马俑主人陵墓在军阵东旁的狮子山主峰上，且狮子山仅是一座海拔62米的石灰岩小山包，但因为200余户村民住宅十分拥挤，地形复杂，所以使多次科学考索行动遭到挫折。考古工作者从未放松对它的苦苦求索。功夫不负有心人，1991年春，一条听似不着边际的传闻出现了，不过是一句话："有人曾在山上挖过几个红薯窖。"可是这条信息传到狮子山西麓的徐州汉兵马俑博物馆时，却引发了考古人员的极大关注：没有厚土的山上怎么能够挖土窖？经过查访，张姓村民在数十年前挖的红薯窖偏偏就在主峰上。考古专家们为之一震，当下就激动地拿起探铲往山上跑。

徐州地区的百姓以前靠山而居，常挖些土窖以储粮果，一般要挖到2米左右。可这狮子山上石多土薄，根本就挖不成土窖。现在有人居然在这里挖成了土窖，而且是挖了好几个，这就意味着狮子山上的某一部分必有很深的土层。如果确为事实，山上就应该有大洞穴，而洞穴无非天然和人工两种。若再能排除天然因素，它就该是"众里寻他千百度"的谜底——楚王墓，即山下兵马俑的主人墓。而这种本不应该在狮子山存在而又确实存在的大量泥土，就应该是楚王墓的封土。

大家很快找到了那片挖过土窖的地方，原来就在张姓村民家的西厢房中。它位于狮子山主峰的南腰，举目望去，远山近水，左右拱护，正面却是一片没有遮掩、空旷辽阔的田野。极目远眺，阡陌纵横，藏风聚气，真是藏龙卧虎的好风水！

土窖很快开挖了。第一铲下去，没错，是土。第二铲下去，没错，是土。第三铲、第四铲下去，还是土。不久挖成了一个长2、宽1、深1.34米的探沟，此时仍丝毫不见石头的影子。考古工作者们都按捺住内心的激动，决定从这个探沟向东再破土挖一个新探沟。探铲又向东面挖开了，直至近2米处，探铲突然插不下去，撞上了硬物。在场的人都明白，这硬物如果是山体固有的石壁，那就是又一次完全的失败；如果不是，希望它不是，那就是一个考古工作者一辈子都可遇而不可求的幸事。

所以他们特别小心、特别仔细地清理着这硬物四周的泥土，直到一大块石头越来越多地露出来之后，所有的人都清晰地看到：它有棱有角，有着明显不过的人工凿磨的痕迹。这无疑是条极其重要的信息。再顺着石面往下探挖，石块几乎呈标准的九十度直角的垂直面暴露了，并且渐渐地下沉延伸。至此，激动不已的考古工作者已完全明白，他们的确已经站在了搜寻7年的楚王墓的墓道上了。

1994年11月，国家文物局正式批准发掘徐州狮子山楚王墓。当年12月至1995年3月底，徐州汉兵马俑博物馆在南京博物院及徐州市文化局、云龙区政府的大力协助下，正式开始了大规模的考古发掘工作，前后历时106天。

狮子山楚王陵坐北朝南，穿山为藏，凿石为室，入口处在山南的向阳坡上，而其主墓室已深深嵌入山峰的腹腔之中百余米，深达现存山峰下20余米！整座陵墓由外墓道、内墓道、天井、甬道、耳室、侧室、棺室及其他墓室组成。南北总长117米，东西宽13.2米，使用面积851平方米，凿石量5100余立方米，气势博大恢宏可见一斑。无论其规模，还是出土文物的数量和质量，都远在其他已发现的楚王墓之上。共出土文物总计近2000件（套），有金器、银器、玉器、铜器、铁器、漆器、陶器、骨器等，兹扼要介绍于下。

1. 金缕玉衣

玉衣即史书上记载的"玉匣"，是将玉片用金属线或丝线联缀成铠甲形状，穿在死者身上作为葬服。汉代人以为这样可以防止精气外泄，永保尸身不腐。用金丝联缀的玉衣称金缕玉衣，另有银缕、铜缕、丝缕等。按汉代一般葬制，皇帝死后用金缕玉衣，诸侯王及侯用银缕、铜缕，士大夫用丝缕。但其中也有特例，遇有皇帝特别恩宠的诸侯王或大将，也有赏金缕玉衣随葬的，如河北满城中山靖王墓、河南永城梁王墓等均曾出土过金缕玉衣，但玉质往往较差且玉片较大，每件玉衣2100～2500片玉片。而狮子山金缕玉衣，则是用了4000余块上好的新疆和田玉片加工而成，有些玉片仅0.5厘米见方，质细腻，呈半透明状，润滑精到，堪称绝品。

2. 金带扣

这是两副腰带上的扣饰件，共四块，每块重达360～390克。它们出土于楚王钟爱的御府库中，该库被盗掘者所忽略，得以完整幸存。腰带主体丝质，其上镶嵌海贝，并附饰金花。带扣上饰有各种纹样，主题是两只猛兽在噬咬一匹野马，猛兽的刚猛贪婪和野马苦苦挣扎的神情，被刻画得惟妙惟肖。有专家认为，这类金腰带可能受到中亚细亚和北方草原文化的影响，它的出土为中西文化交流提供了新的佐证。

3.印章

楚王地宫中共出土了各类印章、封泥近330方，其中包括5方龟钮银印。一座陵墓内集中地出土如此数量众多的印信，在世界考古史上实属罕见。它为研究西汉的印章随葬制度、王国官制、历史地理的变迁等提供了难得的第一手资料，可补史书之不足。从印文上看，这些印章大体上可分为楚王宫廷官吏、属县官员和军队官员三大类。5方银印，印钮雕琢成翘首远眺的小龟，寥寥数刀，憨态可掬的乌龟形神毕现，反映了西汉时期杰出的工艺制作水平。

令人感兴趣的是，有些印章和封泥的出土，直接与伴出的文物相关，解决了许多难题。如在庖厨间置放的成堆鸡骨中，伴出的"符离丞印"封泥，在大量盛酒器皿旁伴出的"兰陵之印"。与文献结合考证得知，远在2100年前，今属安徽的符离、山东苍山的兰陵都曾是西汉早期楚王国的三十六县之一。传统的"符离鸡"和"兰陵酒"就曾作为地方名特产进贡于楚王，可谓流传久远，脍炙人口。

4.玉器

精美绝伦的200多件玉器，是狮子山楚王陵最大的考古收获之一。这些玉器品种丰富，质地上乘，工艺精湛，与名噪一时的广州南越王墓玉器相比，亦有过之而无不及。狮子山楚王陵考古成果被评为"1995中国十大考古发现"之首，在很大程度上是因为这批玉器的出土，在很多方面有了新的突破的缘故。它是同时期徐州地区乃至国内历次考古发掘之最，其中单是作为帝王礼器的完整的玉璧、玉璜就有近百件，可以说件件皆珍宝。其中一件玉璜，双面饰满二十条飞龙，布局对称，紧凑而不繁缛，线条细腻而流畅，堪称绝品。一套楚王生前饮宴用的酒器，由玉卮、玉高足杯、玉耳杯等组成，均是用整块的和田白玉雕琢而成。这套酒具品种之齐全，工艺之精湛，纹饰之精美，造型之奇特，已达到中国古玉工艺的巅峰。

玉礼兵器也独树一帜，有完整的玉钺、玉戈等。玉戈通体刻卷曲的勾云纹，侧边附饰有透雕的猛虎秀凤，其形回转蜿蜒，曲尽其妙。无怪乎文物专家们见此玉戈时，"国宝、国宝"之声不绝于耳了。

5.兵器

楚王地宫内墓道西边第一个耳房中的陪葬品最为丰富，除了前面提及的金带扣及玉卮、玉杯等酒具外，另有相当部分是楚国中尉送的物件。由于中尉当时是楚王国负责"巡檄京师，以备贼寇"的最高长官，因此，耳室中自然放置有数量众多的兵器，如戟、矛、铍、剑等等。它们都是当时的实战兵器，尽管部分已锈迹斑斑，但它们毕竟是我国古代冷兵器中的代表。其中不少铜戟、铜剑，刀口至今锈迹甚少，锋利无比，以之划拨，可力透10余张糙纸，令人由衷地惊叹我国古代先民高超的金属保护技艺及卓越的冶铸水平。

那么，拥有这批宝藏的主人是谁呢？当然是楚王。但是，拥有兵马俑军阵的西汉楚王究竟是哪一代呢？楚王国始封于西汉初年，由当时的汉高祖刘邦册封其弟刘交为第一代楚王始。西汉王朝共袭封了12代楚王，其封地以今苏北徐州市（古代彭城）为中心，包括今皖北、豫东及鲁西南一带广大区域的三十六县之地。因为陵墓大部分曾遭盗掘，最能确证主人的物品——金印、私印已被掳掠一空，且在考古发掘期间，尚未发现有表达年号的文字，所以对西汉早期某代楚王的确定实非易事。让人稍感宽慰的是，考古工作者根据墓葬的形制、文物的特征，已能将狮子山楚王陵的下葬时间确定在公元前179～前154年，在此间共有第一、二、三代楚王，分别是第一代楚元王刘交，第二代楚夷王刘郢（客），第三代楚王刘戊。陪葬坑中出土有"元园"字样的铜鼎，加之陪葬的兵马俑军阵及金缕玉衣、玉棺、官印等，最后确认狮子山楚王陵的主人应是第一代楚王刘交。

再者，在地宫中，还发现了至少两个个体的陪葬墓。一座保存完好，出土有玉枕、玉璧、铜鼎、玉具剑、陶壶、陶侍俑等，并有漆木棺椁，从出土的"楚食官监"印得知，墓主应是负责楚王膳食供应的后勤官。另一座墓主是楚王的嫔妃，出土了若干女性饰物，包括玉舞女、玉佩、玉觿等等。从身份看，食官监和嫔妃都是楚王的亲信，大概是生前得到楚王的宠爱，故而他们死后依然要"追随"楚王到阴府。

地宫中还有一具墓主人骨架，经复原基本完整。考古工作者与医学专家得出以下鉴定：墓主人男性，身高1.72米。据《史记》《汉书》记载，楚元王刘交在位23年，深得汉帝宠待，在死时已届花甲之年。固而其陵墓的规格高，随葬品精致而丰富就在情理之中了。

楚王陵的发掘虽已告一段落，但留下的疑团尚有许多。按照西汉前期帝王与皇（王）后"同茔异穴"的规律，不远处应有王后陵，那么王后陵又在什么方位呢？在楚王陵西侧远300米处发现了大批兵马俑军阵，其北侧也发现类似的兵俑，那么，其南、东两侧是否还有兵马俑存在？楚王陵与兵马俑之间的山坡上曾发现大量的西汉建筑遗迹，有铺地砖、板瓦、瓦当、排水管等等，这座庞大的建筑又与楚王陵有何关联？考古工作者们相信，深邃宏丽的楚王陵的发掘，只是西汉时期庞大的楚王陵园中的一个重要组成部分，要想彻底揭开狮子山上和狮子山中的谜底，还有赖于进一步的探索和发掘。

原载《收藏轶闻》，西北大学出版社，1999年

徐州城下城及古城门的考察

徐州，是国家历史文化古城。从文献记载可知，徐州建城已有2600多年的悠久历史。因该城是五省通衢之地，历来为兵家必争，又兼历史上洪灾频繁，故而历代城址迄今荡毁殆尽。幸20世纪中叶以降，随着大规模市政建设的深层开拓，常见地下古城遗踪。累至今日，城下城内部建筑之多，层次之广厚，蕴藏着万千之谜，已成为我国乃至世界上罕见的奇观。

一 历年城下城的发现情况

早在20世纪30年代末和40年代初，彭城路南端（奎河北岸）路东先后掘出两个城门，两门相对。

50年代初，市政府在整治奎河时，准备重建苏堤节制闸，发现闸下有闸，便利用了古闸作基础，兴建了新闸。

60年代初，在统一街挖下水道时，发现地下的石板铺面古街正与地上的街道相重合。另在徐州市医学院附属医院东边的水井干涸以后，井底有套合的井下井石圈。

70年代，市公安局在拆除老城隍庙的殿宇及基址营建主楼时，发现在距地表约7米处，竟有一处庞大的黄绿色琉璃瓦脊顶。依据位置，很可能就是明代城隍庙的遗址。

1987年10月，在开始施工的市公安局大院内，在距地表约4米处发现了玉石佛像一尊、石碑数块，其中有方座圆额、也有龟趺方首的，十分壮观。其中一块碑是清代嘉庆年间由工商界发起，绣楼等纺织部门捐资赞助的，记载了有关当时商业经济的情况；另一块碑则是刻于清代嘉庆十年九月，由"特授江南扬州府总捕厅署徐州府正堂黄宪""总督部堂陈道"等人签署的官方文件布告，大意为安置外乡流民、抚恤难民而采取的划地收容等措施和条例。

1983年，在鼓楼区银行发现过结构非常复杂的民居，保存的屋墙高度为2～3米。

1986年，在修建古彭商场时，从地下3～8米处发现了古建筑及构件、石碑、日用器皿等遗物。尤为难得的是出土了一块记载有关疏凿航道的明代漕运纪事碑。

1987年2月，在古彭地下商场施工时，揭露的面积达5000平方米；文化层厚达8～10米；文物时限长，既有汉代的钱币、唐代的工艺品，也有明清的瓷器；且内涵丰富，建筑保存亦较完好，在距地表深5米的地层中最为集中，发现了一段长为13.8米的石铺路街道，路面石质经长期磨损，十分平滑。有趣的是，该古街道不但与今天的南北向的太平街相合，而且也正是徐州古城图上所标注的"太平街"的位置。可见"太平街"这一名称相沿久远。在其附近还出土了近8米长的屋内人字形砖铺地面和石阶门槛、木檐材等建筑构件。其中出土的残高150、厚50厘米的屋宇夹层砖墙清晰可辨，至今石灰勾缝完整，砖体平整如板，十分坚固。

1987年10月，在淮海路与彭城路交叉口的地下通道施工中发现了两口水井。一口在上层，属清代，全部用青砖竖砌而成；另一口则在下层，属明代，十分完整，全部用石块垒砌而成，上收下放呈袋状，且在上部加砌整块厚石板穿凿而成的方井盖和圆护槛。在其南侧发现了一座相当完整、设施齐备的大型明代院落，院墙、院门石阶踏步保存完好，就连院门右侧的雕花木栏杆和砖雕而成的须弥座也丝毫无伤。在庭院中掘出一尊大型方座石刻花坛，完整而精细，底座和坛盆分别用整石雕凿而成，细工刻镂有麒麟、宝相花的图案。该建筑在砌建时，系先挖基槽，直至生土层，然后填以防水、防潮的碎石子、木炭、草木灰的混合层，再在其上铺砌席纹砖地坪，在院墙的下部还堆砌石料成地下护墙，以求坚固。整个建筑面积计在200平方米以上，如此气势雄壮的深宅大院决非一般民众所能企及，当为富豪之家。它对我们研究古城史、古建筑、民俗风情都是一个极好的实证材料。从该建筑的上层淤积了1.5米的黄河泥沙可知，由于黄河浸城时间的急速和汹涌，主人未及从容思对，而是匆匆遁避，致使该建筑保存的相对完整。

2000年5至7月，徐州国贸商厦明代遗址，出土各类房屋51间，水井一口，各类器物300余件。这些房屋遗址的性质，既有官署，又有普通民宅，都是被明天启四年（1624年）6月的黄河溃堤后淹没的，对于了解当时社会生活的各个方面具有重要意义。发现大量石材质的东西：有石皿、石础、石碾槽、石磨等。器物中以陶瓷器为大宗，另有铜器、铁器、锡器、竹木器、鬃麻类织物及娱乐用品。还有当时人食后弃置的马骨、牛骨、果核等物。

2000年7至9月间，在西安南路东侧施工现场，发现了保存完好的明代古城墙、瓮城等遗存。城墙局部呈南北向延伸，墙体长58.5、宽11.5米，内外包砖，中间夯土。城墙砖长48、宽24、厚10厘米，城门以青石砌筑，门宽4.4米。恰好与现代的"和平街"宽度相当。据调查，和平街过去即称西门大街，由此可知此城门即为徐州的西门。在城墙外侧还发现一呈半圆形的闭合小城，实即瓮城，进深20余米，小城的城门朝西南，与西城门呈曲尺形相对，中间相距约30米。

二 城下城内涵及保存现状

要探讨城下城，首先就要对徐州历史有个粗略的了解。徐州古称彭城。根据文献和现代的考古资料，可以追溯到距今4000年前的大彭氏国。史载该国首领姓彭名铿，大彭氏国历经夏、商两代，是夏、商奴隶主王朝在东方的附属"方国"，存世800年左右。是时的城隍情况文献无载，但可肯定，当时的大彭氏国已与中原的夏、商王朝一样，进入了奴隶制时代。依据恩格斯的家庭私有制起源学说，此时已建立了军事防御用的城堡，规模因受当时社会生产力的限制，不可能十分壮观宏伟。据文献推测，当时的大彭氏国的活动中心，应在今徐州城偏西地区，但这种初具规模的古城，应是较原始、带防御性的聚落。其确切地址，有待考古工作的进一步深入。

据《左传》等文献所载，彭城到了春秋时期，已形成了一定的规模。是时地属宋国，称"彭城邑"。鲁成公十八年（公元前573年）时，宋国将领鱼石率军又一次攻入彭城。史载当时驻守城内的军队多达300乘，合今22000余人。如此庞大的军队驻扎彭城，其后勤等附属人员及所需城中给养之多，是不难推测的。此时的彭城，已是当时全国有名的大城了。至于该城的具体位置和构筑方法，史书中未加详载。依据我国历史古城的发掘情况，此时的城墙多以泥土夯筑而成，墙体较为宽厚，彭城当不例外。

秦始皇统一天下之后，为了加强集权统治，曾下令将全国所有的城墙一概拆除。彭城既为战略要冲重镇，实难幸免。到了秦末，农民起义的烽火遍及全国，彭城地属西楚，楚怀王心和西楚霸王项羽都曾在彭城建都，建立自己的政权和根据地。楚汉四年相争，围绕彭城展开的争夺战异常激烈，该城当时已成为天下最主要的军事和经济中心之一。

西汉初年，高祖封其弟刘交为楚元王，定都彭城。史载，刘交垒石为城，说明了当时的彭城毁损严重，楚王为显赫政治特权，同时出于本身军事防卫的需要，遂就地取材，以石城代替了原来的土城。这一方面显示了汉初诸侯王在经济上的强大实力，为以前历届统治彭城的官府所莫及；另一方面亦因石城坚固，不易破城之故。徐州城至此得到了进一步的发展，有了第一次飞跃。至于城内布局，目前尚无直接证据，我们从近年发掘的大型北洞山楚王地宫可略窥一斑。属于西汉早期的北洞山楚王陵，充分反映了汉初诸侯王的确是"宫室百官，制同京师"。北洞山楚王陵规模宏大。楚王身着玉衣，有"郎中""中郎"等侍卫官数百人，有自己的"御府""武库"和"楚宫司丞"，有象征高台宫殿建筑的主宫室，且内外有别，主次分明，制度森严，地下宫殿无疑是楚王生前地上宫殿的模仿和写照。在建筑形式上，虽是开凿在山岩中，但仍以地面上的木构建筑为模仿对象，主体建筑和附属建筑的对称和不对称的设计方法，既是主人在生前高台建筑（宫殿）的直接反映，同时建筑群层次分明，错落有致，充分展现了布局灵活，不拘一格的特点。可以推断，汉时彭城的建筑制度应仿照都城长安城的布局，至少有两重城墙。即一是楚王朝寝的宫殿区——内城（小城），秦汉时期流行的高台建筑应主要集中于此，二是围绕内城的官署、居民及市井区——外城（大城）。

彭城石城相沿至东汉末，彭城始名徐州。三国时，战乱尤多，曹操在镇压黄巾军时竟屠徐州全城，古城遭到了一次毁灭性的打击。及至南朝宋武帝刘裕（徐州人）时，为北上中原实现统一中国的计划，遂以徐州为北伐的基地，重建砖城，使徐州更为坚固齐整，并易于后来的扩建和修补。

以后历朝皆有增补，但比较大规模的重建要数明代洪武年间和崇祯年间重建的徐州城。直到清代雍正年间和嘉庆年间重建和扩建的徐州城，才奠定了近代徐州城市的基础。

历史上的徐州城是多厄不幸的，它的威胁主要来自人为和自然破坏两个方面。人为方面，主要是指封建社会漫长的、无休止的战乱，"屠全城""破城杀无辜"之事时有发生；自然方面，主要来自黄河决堤淹城和地震两个方面，据不完全统计，徐州城"被大水"的淹城记录多达20余次，地震自汉代以后亦达14次之多。

黄河，自唐以来，皆北入海。至宋熙宁中，始分趋东南，一夺泗入淮，一合济入海。金代明昌年间。北流绝，全河皆入淮。元代不时溃溢，徐州受害加深。明、清两代，黄河已成为"悬河"，徐州城此时受害尤深。明穆宗隆庆三年至六年（1569～1572年），徐州皆遇大水，"五年（1571年）九月水决城西门，倾入屋舍，溺死者甚多"。明神宗万历十八年（1590年），"徐州城中大水，官廨民舍尽没。秋。复大雨，真武观井泉涌出如瀑"。可见黄河河床抬高，整个徐州城的地下水位也随之增高。明代天启四年（1624年）六月，"河决奎山堤，向东北倒灌州城，城中水深一丈三尺，自云龙山西北大安桥入石狗湖（今云龙湖），官舍民庐尽没，人溺死无算"（《明史·河渠志》）；清代康熙三十五年（1696年）秋，"大淫雨花山河溢，石狗潮涨，坏郡城东南庐舍"。由以上可见，黄河的确成为徐州城的最大威胁，尽管时人想尽办法，但多因朝政腐败，未能根除这一祸患。

关于地震，亦不绝史书。早在西汉孝文帝元年（公元前179年）四月，"齐楚地震"。南朝宋武帝时"地震，彭城城女墙四百八十丈坠落，瓦室倾倒"（《宋书·五行志》）明代孝宗弘治十五年（1502年）九月，"……徐州地震，坏城垣民舍"（《明史·五行志》）。清代康熙七年（1668年）元月十七日，"地震有声自西北来，坏城郭庐舍，民多压死"。我们今天一般在基建过程中常见的是明、清两代的城址，但其底层不能排除有确切记载的宋城、晋城和汉城，这是今后考古工作中应该特别注意的。

三　徐州的古城门

1.明代以前徐州的城门

据同治《徐州府志》记载：徐州古有四城。外城（即大城）应是东周时期宋国都城彭城邑的基础。西汉初年，楚元王刘交在原外城中建了所谓金城，作为宫城。另外，在外城东北还有两个小城。此四城皆已无迹可寻。不过，从两汉诸王陵的分布及徐州周围地理环境看，这四城都应在今市区附近。各城城门已多不可考，然据《北史·李孝佰传》记载：当时彭城有小市门，张畅与李孝佰曾在此应对。《宋书·张畅传》中记载有小市门和南门。北魏太武帝曾派刘宋降将蒯应至小市门向彭城守军索取酒和甘蔗。"明日，魏主又自上戏马台，复遣使至小市门，求与孝武（帝）相见，遣送骆驼，并致杂物，使于南门受之"。关于小市门的位置，同治《徐州府志》记载在城西，但《汉书·五行志》载："文帝五年十月，楚王都彭城，大风从东南来，毁市门杀人。"既然风是从东南来，其毁坏的很可能是南边的门而不应是西边的门。再者，前述有北魏孝武帝驻扎于城南的土山和戏马台，派李孝佰到小市门去见张畅，其不可能舍近城南而远去西城；另外，《资治通鉴》记载李孝佰去南门，张畅开门见之。这些都说明当时的南门和小市门相去不远，小市门也应在城的南部，有可能就是彭城的外城城门。

唐城城门，知其有南门称"白门"，庞勋起义时，唐军利用起义军内部的叛徒里应外合，从白门攻入城中。唐朝著名诗人皮日休曾上书过《白门表》。直到宋代，苏轼还曾写过"肩舆白门道"诗，由此可知，徐州城的南门直到宋代仍称白门。关于北门，《资治通鉴》卷二百五十一载：唐懿宗咸通十年（869年）"辛酉，玄稷至彭城，引兵围之……日昃，贼党自北门出，玄稷遣兵追之……"

北宋时，知城有东门。知州苏轼除增筑外城外，还增筑了东城门的瓮城，并于熙宁十年（1077年）在东门城墙上建造了双层的黄楼。

金哀宗时（1224～1233年），金帅完颜仲德又对徐州城进行了扩建，将原城增大了一半。元朝末年，丞相脱脱率军进攻占据徐州的芝麻李起义军，以石炮轰城，遂使徐州城整个焚毁。至此，千年古城变为一片废墟。元朝统治者无力修复旧城，遂在今奎山北建武安州城。

春秋至元代末近两千年，徐州城几经重建。由于黄河泥沙的淤积，原城址皆已无从详考。城门的数量、位置、名称等也多不得而知。虽然如此，我们还是可以从史书记载及其他地区的城址考古资料，对该时期徐州城门的情况作一个推测。

从城门的数量来看，明以前，都城一般开有十个左右的城门，其他城市则相对减少。徐州城在明以前作为一个战略要地，城市的建设必须服从军事的需要，这就决定了徐州城的城门不会很多。从有关文献所反映的情况看，徐州城在南北朝、唐、宋时期分别有南门和东门、北门，可见这一时期的城门（指内郭城）主要以方向命名的东、西、南、北四个大门。从城门结构来看，砖结构的券顶城门最早出现于元代，在此之前为木结构。元初的徐州城全部沿用宋城，史籍中未见重建和改建的记载。因此，这一时徐州城门也应是木结构，又按明清徐州城门皆一个观，估计在此之前也应为一个门观的可能性较大。基于以上推测，徐州城门有门观，以两扇木门启闭。

2.明清时期的徐州城门

明洪武年间（1368～1398年），为加强京师南京北大门徐州的防务，遂废武安州城，将州城重新迁回旧城，并对旧城进行了大规模的扩建，周长达9里多，比原来扩大了两倍。在这次扩建中共修筑了四个城门：东门河清，西门通汴（明正统年间修《彭城志》作"忠义门"），北门武宁，南门迎恩。

万历二年（1574年），黄河决口，徐州城内进水，兵备副使舒应龙，知州刘顺之建闸泄水。万历十八年（1590年），城内又积水，兵备副使陈文撬开支河以泄城中积水，徐州城的水门可能即修于此时。水门的具体位置，根据同治《徐州府志》来看大致在今快哉亭公园南城墙的中部一带，这一地区位处府城东南，地势低洼，常积水成塘，快哉亭公园就是利用这一带的水塘修建面成。徐州城水门的结构基本上与四城门相同，为拱形券门，只是门的上面不建城楼。徐州城的这一水门一直为后世所沿用。

万历四十二年（1614年），参议袁应泰修四门；增筑各门箭楼，并对各门重新命名：东曰名德，西曰威远，南曰奎光，北曰拱极。

天启四年（1624年）六月，黄河决奎山堤，大水由城东南灌城，城中积水深达一丈三尺，城门全部被水冲毁。徐州兵备杨延槐上奏请求将州城迁于城南的二十里铺，刚修筑不久即为给事中陆文献所阻。

崇祯元年（1628年），兵备道唐焕"修复旧城"。这次修复完全是按照原洪武城的规模与布局，各官署都是在旧址重建，遂使徐州城形成了举世罕见的叠城奇观。因为自天启四年至崇祯元年（1624～1628年），徐州城被大水泡了三年多，城中积沙达四五米，当时位于今彭城路窄段的鼓楼，下面的门已被泥沙全部淤死，而不得不辟其上层为南北通道。1986年，在古彭地下商场的施工现场，发现了清晰的两重城遗迹，分别位于距地表9米和5米处，各层的上面是黄河淤积层。下边为明洪武城，上边为唐焕所修复的崇祯城。唐焕修复故城后，还对各城门进行了重新命名和题铭：东为河清，西为武安，南为全光，北为武宁。1988年8月，在市人民舞台东侧工地上发现了唐焕重建的河清门的门匾。石匾长163、宽60、厚30厘米，中间是楷体横书"河清门"题铭，每字约50厘米见方，浑厚有力，左边竖题"古青唐焕重建"（按："古青"即古青州，今山东益都，系唐焕籍贯），右边为"崇祯戊辰仲秋"（即1628年8月）。这就证明，唐焕确重建四门并题铭，也证实了今大同街东头既为清朝东门，亦系明朝东门位置这一承袭关系。据民国修《铜山县志》载：唐焕所筑四门的门匾，民国八年（1919年）时尚存。另经调查，中华人民共和国成立初期，北门及西门的门匾均在原城门附近，系民国拆城墙时遗留，惜今下落无考。

清顺治十八年至康熙元年（1661～1662年），兵备项锡胤又对徐州城进行了修缮，除修筑了城墙、护城河、城楼外，还专门对早已塌毁的西门箭楼进行了重建。

康熙七年（1668年），受山东郯城地震的影响，徐州城震毁殆尽。直到雍正时，再行修葺，重新恢复了城门和城楼。嘉庆三年（1798年），再加扩建，并修葺了各城门的城楼和马道。这样，才使徐州城又重新恢复了旧观。

由于明清距今不远，且各时期对城市的重建和修复，基本上都是按照原洪武城旧制，所以我们对明清徐州城门的情况能够有较多的了解。明清时期，徐州城共开有四个城门，四面各一，虽然不同阶段官方有不同的称谓，但民间一直称为东门、西门、南门和北门。各门皆筑有半圆形的瓮城，瓮城均开瓮门，城门及瓮门都有砖砌的拱形券顶的门观，门上有箭楼（或称城门楼），城门题铭石匾镶在瓮门正上方，门观系用两扇木门，每天早晚根据钟鼓楼的报时开启与关闭。各门具体位置分述如下：

东门（河清门、明德门）：在今大同街东端的徐州警备司令部院内。城门东向。瓮门在明代南北各一，清代一，北向。

西门（通汴门、威远门、武安门）：城门及瓮城的最新发现已如前述。在1987年12月，徐医附院施工时，曾在离地面5米深的地方，发现一门铁炮，离西门甚近，这门炮具有比较明显的明末清初特征，应是该时期的城防遗物。

南门（迎恩门、奎光门）：在今彭城桥北的彭城路窄段，城门及瓮门皆南向。

北门（武宁门、拱极门）：在今统一北街北头的转弯处（牌楼市场南部），城门北向，瓮门东向。

3.徐州的外城门——土城门

自金代天会六年（1128年），东京留守杜充决河由泗入淮后，黄河水患已成为徐州城的最大灾难。为此，建城外护城大堤就成为了必然。宋代苏轼曾筑苏堤。明万历二年（1574年）黄河水大涨，副使舒应龙，知州刘顺之遂环城增筑护堤，共长2064丈。清咸丰年间（1851～1861年），清政府为阻止捻军的进攻，就以原明代的环城护堤为基础，增筑外城土城及黄河以北的坝子街土城。光绪五年（1879年），又对土城进行了重修，当时的环城土城分筑为四个部分；北关土城，西关土城，添筑土城（西南土城）和南关土城，共对外开六门，即北关土城的关寨门和东寨门，西关土城的北寨门和西寨门，南关土城的西南寨门和东南寨门。东寨门位于东门外，在今徐州警备司令部东北；北关土城的北寨门在北门外，在今牌楼市场北边；西关土城的北寨门约在今小北门巷中段一带；西寨门在西门外，约当于今淮海路与苏堤路交界口附近；西南寨门在南门外，今南土城街南段；东南寨门在今莲花桥东的奎河沿。后来，老百姓又把各寨门称为土城门。西南土城为后来添筑，故没有向外开的门，仅有东寨门（原西关土城外门，今建国西路西口）、西寨门（原南关土城外门，今塑料厂门前的建国路上），后来又在西关城东南开西南土城门，西北开小西北土城门，原西南寨门改称南土城门，在以上四个土城之间也都有便门相通。至于坝子街土城，则南北各开二门，分别称为东南门、西南门和东北门、西北门。

　　土城门原来基本上都是模仿内城的瓮门，后来，由于战争等原因的破坏，遂改为石筑，即在土城墙豁口两边垒筑石墙，中间用两扇木门，上面不封顶，更无内城门上的马道和箭楼，有些像现今许多单位的阙形门。

四　徐州城屡毁不迁的原因

　　天灾加人祸，可见徐州先民生之多艰。既然，徐州城如此灾难深重，何不早早迁徙它处重建？此事也并非无人关心。明代万历四年（1576年），大水几乎将徐州城整个覆没，民欲"集资迁城"；万历十八年（1590年），"河大溢徐州，水积城中逾年，众议迁城改河"等等。但这些最后均未能通过。我们从明代给事中陆文献的上书中便能知其原委，他认为如将徐州城迁至二铺重建，有六条不当之处，一曰运道，二曰要害，三曰有费，四曰仓库，五曰府治，六曰民生。我们以为其中最重要的莫过于漕运有碍和骇费两项。因为自唐、宋以后，统治者日益倚重于贯通南北的运河大道，实际上已成了各王朝的"救命线"，并不惜财力、物力和人力，力保畅通。明代洪武年间，"河决曹州双河口……引河入泗以济运（河）"。洪武二十四年（1391年），"河改流，由凤阳入淮者为大黄河，其支流出徐州以南为小黄河，以通漕运……""遏黄水入徐济漕……使入徐济徐、吕（指徐州百步洪、吕梁洪两段运河险要处），则水深广而漕利便矣"。因黄河堤岸多以当地淤土增筑，"沙土易坏，随筑随决"，统治者最担心的莫过于"徐、吴乏水，必妨漕运"。其次，便是建新城耗资巨大，为经济所限，利用原有旧城部分，增筑其上，应是一条便宜之计。

徐州城经历了两千多年的风风雨雨，至民国初年，仍基本保持完整。但到了1928年，驻守徐州的国民党第一军军长刘峙认为：徐州城垣已不适应城防需要。铜山县县长刘炳晨也因地方教育经费拮据，决定拆除和变卖城垣，这样断断续续经历了三年时间，徐州的内城垣基本无存，四门也大致于此时拆除。不过，南门、西门、北门基本上保留有原道路形状，还能想象出原城门情况。而外城土城，特别是北边和东边利用黄河护堤的部分（堤外皆包有石块），局部遗迹尚存至今。如从鼓楼电影院往西的一段，从开明市场往南的一段等，其他地方因城垣较低，且又为市区发展所需而被平毁，仅留下一个稍高的土坡。至于土城门则已无遗迹可寻，仅有一些相关的地名保留了下来，如南土城街等。

另外，在徐州城墙拆除之前，随着城市的发展及城内人口的增加，原四门已经不能适应需要，遂将原城垣开辟出一些豁口，作为通道，当时人们也习惯称之为"门"，如新东门（今开明市场北端向东拐弯处，原东门改称老东门）、新南门（今奎河桥北的解放路上，原南门改称老南门）、小北门（今小北门街东端）等。

徐州城为中国古代"北扼齐鲁，南屏江淮"的南北交通要冲，成为兵家必争之地。这种地位也就必然地反映到城市建设中来，比如，中国古代的都城，只有到了明代的南京城才开始在城墙内外包砖，而徐州的砖砌城墙则在东晋时就已出现，而城门作为一个城市的咽喉，更是防卫的重点，徐州城门的结构是徐州军事地位集中的反映。清徐州城周长约10里，开四门，四面各一门，每门都设有瓮城，这在古代的城市中是较少见的，出于军事上防守的考虑应是一个重要原因。

原载《中国古都研究（第十七辑）——中国古都学会2000年学术年会暨中华古都徐州历史文化资源开发研讨会论文集》，三秦出版社，2001年

徐州狮子山楚王陵园初步研究

一 汉兵马俑与楚王陵的发现发掘

1.汉兵马俑

1984年12月1日，随着徐州市东郊第一砖瓦厂采石工地推土机的轰鸣声，沉睡了两千多年的汉兵马俑破土而出，考古工作者及时赶到，并进行了保护与抢救性发掘，共清理和探明俑坑四条，出土兵马俑计2100余件[1]。

在1985年10月就地建成遗址性的"徐州汉兵马俑博物馆"前后，考古工作者就一直在其附近展开大规模的田野调查，其中较为重要的是在其东侧的狮子山西坡中部，发现零星散落有与汉兵马俑同时代的建筑构件和排水设施。根据汉兵马俑的排列规律及其周围的特殊地形地貌，有学者遂提出兵马俑的主墓应在狮子山上，同时在狮子山周围存在楚王陵寝建筑的推断。随着考古工作的进一步深入，1987年在距兵马俑出土地125米处，又发现发掘了骑兵马俑坑和马俑坑（即五号坑和六号坑）；1990年，在距羊鬼山北约100米处清理发掘了又一处兵马俑坑，尽管数量仅有25件，但其形制与1984年出土的一、二号俑坑的兵俑十分接近。时至1991年夏季，在距汉兵马俑博物馆东北约180米处的绣球山顶部，发掘了两座西汉竖穴崖墓，且据墓葬形制及出土文物特征，推断其具体年代为西汉早期，与汉兵马俑时代完全吻合。

以上兵马俑及与之相关的遗址、遗迹、遗物的发现，为狮子山楚王陵的寻找提供了重要线索和依据。同时，兵马俑主人陵园的轮廓也逐渐露出端倪。

2.狮子山楚王陵

1991年9月，考古工作者综合文物普查资料，在考古勘探的基础上终于确定了兵马俑的主墓位置。1992至1993年，开始了前期的试掘工作，确认该墓依山而建，凿山为陵，是一座有庞大天井的横穴式崖洞墓，形制较为特殊。鉴于该墓早年曾遭盗掘，附近的采石厂直接威胁该陵的保护，遂向国家文物局申请正式发掘。1994年11月至1995年3月，由徐州汉兵马俑博物馆、南京博物院等文博单位，联合组建了徐州狮子山楚王陵考古队，对狮子山楚王陵进行了正式考古发掘，历时106天，顺利完成了发掘工作[2]。虽然该陵历史上曾遭一次盗掘，但十分庆幸的是，3个耳室保存完好。计出土各式珍贵文物2000余件（套），其中尤为突出的是包括玉棺、金缕玉衣在内的200余件（套）玉器和200余方铜官印和封泥，这在汉代墓葬考古史上十分罕见。因该陵形式独特、规模庞大（总面积达851平方米，土石方量5100余立方米），出土文物丰富而精美绝伦，对研究西汉历史文化有重大价值，因此该考古工程荣膺1995年全国十大考古新发现。1996年11月，狮子山楚王陵与汉兵马俑一起，被列入国务院公布的第二批全国重点文物保护单位，2001年又在国家文物局评定"中国20世纪百项考古大发现"的活动中，榜上有名。

二　陪葬墓及陪葬坑的发掘

1.绣球山一、二号汉墓

1985年在发掘兵马俑一、二号坑时，两墓即被发现，因绣球山海拔仅41.2米，当时被作为采石场的重点区域，从开凿壁面上可隐约看到二墓被削去一半，"悬挂"在山的主峰上，1990年7月正式发掘[3]。一、二号墓东西并列，相距15米，均为竖穴式崖墓。一号墓道上口呈正南北向的长方形，南北残长1.8（实际长约3.8）、东西宽2.4米。在竖穴墓道的夯土中，铺有二层石板，每层8块，石板主要是为了防盗，也起到加固和封门的作用。竖穴下即为墓室，整个墓葬分为4室：中室、东室、西室和南室。在中室西部用石板砌成一石椁，其中出土均为车马器；西室出土有4个铁轴铜轮和大面积的红色漆木痕迹，应为放置棺木所在；东室中也有4个铁轮，并有铜镜和铜印章出土。西室应为男性，东室为女性，一号墓应是夫妻合葬墓。二号墓位于一号墓西侧，形制基本同一号墓，破坏严重。

两墓共计出土陶器24件、铁器6件、铜器18件、车马器23件、玉器2件。其中二号墓出土的青玉质璜，两面均有琢刻的对称龙纹图案；一号墓的青色玉塞，作八棱锥台形，而铜印为桥钮覆斗形，阴文篆书"薛毋伤"三字。在一号墓墓道夯土中的陶钵口沿下刻有"宫司空"三字，填土中陶片亦刻有"宫"字。"司空"为汉代九卿中少府的属官，主要掌管宫廷建筑，其中也包括修建陵墓[4]，强烈暗示了绣球山汉墓的墓主的特殊身份。

一号墓就其规模而言，虽比楚王的崖洞墓要小，但在已发现的西汉竖穴墓中却比较大，计有4个墓室，平面面积27平方米，不但有棺室，还有车马室等。随葬品中除一般的陶器外，还有铜剑、铜铃、玉塞等，这是徐州地区许多中小型汉墓中所不多见的。此外，墓主还使用了铜、铁合铸的棺轮，这种棺轮往往只在楚王陵墓中才能见到，因此绣球山汉墓应为楚王陵园的陪葬墓，身份是地位较高的贵族。

2.羊鬼山北兵俑坑

1990年2月，骆驼山砖瓦厂在羊鬼山北约100米处开挖排水沟时发现。俑坑南端遭破坏，现存俑坑作南北长条形。上口残宽0.8、底宽0.55、南北残长1.2米。共出土陶质立式兵俑25件，皆面北，分弓弩手俑、持长械俑和发髻俑三种。体量和型式与兵马俑中出土的同类兵俑毫无二致，可以断定两者为同时制作，埋葬的时间亦应十分接近[5]。

3.狮子山与羊鬼山东陪葬坑

1992年4月发现并清理[6]。该陪葬坑位于狮子山主峰北偏东，羊鬼山的东南麓，呈竖井式，直接开凿在基岩中，开口和北壁在采石时遭破坏，东西长2.36、南北残长3.14、深约2米。出土文物60余件，主要是各类小型铜质车马器和饰件，锈蚀严重（图一）。另出有3件陶质立俑（图二）。2004～2010年，在该区域陆续发现了东西纵列的各式祭祀坑十余座。计有俑坑、铜器坑、陶器坑、杂件坑等。

1987年清理。二坑在兵马俑博物馆西北约125米处，位于绣球山一、二号汉墓西偏北约250米。二坑作东西排列，尺寸相类。东坑东西长13.5、南北宽3.5、深0.8～1米。西坑早年遭取土扰乱，出土有骑兵俑及马俑，并有少量官吏俑，未见有普通兵俑。东坑置数件马俑和骑兵俑，更多的是马俑部件，如马腿、马耳等，成堆置放，无规律可循[7]。

4.羊鬼山东兵俑坑

位于狮子山北偏东，羊鬼山东南，在前述的车马器陪葬坑东偏北约70米。1992年4月清理出土于原狮子山二队村民家内。计有兵俑6件，皆立式，有戴帽俑和发髻俑两类[8]。

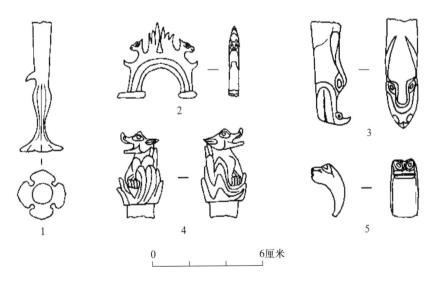

0　　　　　　　6厘米

图一　陪葬坑出土的器物部件
1.盖弓帽　2.鎏金铜軜　3.鎏金铜轪　4.鎏金兽形车饰　5.鎏金铜钩

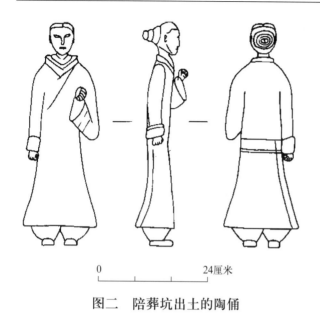

0　　　　　　24厘米

图二　陪葬坑出土的陶俑

5. 骆驼山东汉墓群

2008年上半年，配合基建共发掘西汉竖穴墓葬19座。出土文物二百余件。

6. 骆驼山顶汉墓

2007年10月修建骆驼山上竹林寺时发现，系一典型的竖穴崖洞墓，竖穴下有南北二洞室，计出土文物80余件。墓主应是西汉早期的一位贵族及夫人，为合葬墓。根据地望及时代风格，推测是管理狮子山楚王陵园的官吏。

三　其他遗迹的勘探与调查

1. 建筑构件与遗址

1985年，在狮子山西坡上，发现并清理了排水设施一处，有陶制绳纹排水管和卵石散水等组成。同时在其近旁有较集中的绳纹板瓦、云纹瓦当及回云纹铺地砖等。毫无疑问，这应是一处汉代地面建筑遗迹。另在狮子山北侧羊鬼山的北坡上，曾散有大量汉代板瓦及瓦当（图三）。

在狮子山楚王陵山体主峰偏西约60米处，有直接开凿于岩石的方形基址浅坑，或与陵园祭祀建筑有关。

2. 羊鬼山大墓

羊鬼山位于狮子山北侧200米，系一座石灰岩山体，山势平缓，较狮子山低矮，海拔41.2米。山顶平而中间微凹，外形呈三层台地形式，类似于公元前三千年前的古埃及最早的金字塔——昭塞尔的外形。从断面可看出，在原山岩上堆积有带夯层痕迹的覆土，夯土每层15～18厘米，与北洞山楚王陵墓相类似[9]。2003年，与南京大学考古专业合作，采用卫星遥感和物探技术，最终确定羊鬼山山体内隐藏着一座大墓（图四）。经初步勘查，该墓凿石为藏，计有前堂、后室、侧室、浴房、厕间等组成（图五），面积150平方米以上。墓室有平顶、四面坡、盝顶三种形制。甬道中有大型塞石封堵。凿造精细，通室涂砾或髹漆。规格高，时代特征明显，应系狮子山楚王王后陵。

四　陵园推测

狮子山楚王陵的时代在西汉早期，学术界已无异议。而西汉时皇帝与帝后沿

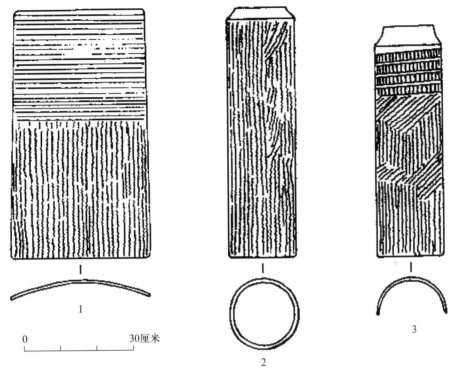

图三 狮子山西坡出土的建筑构件
1.板瓦 2.排水管 3.筒瓦

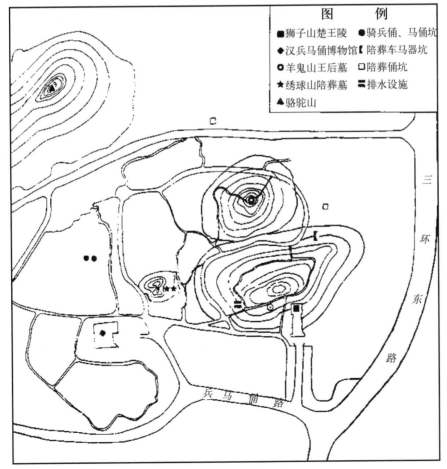

图四 墓葬分布示意图

图五
1.主室门　2.浴室　3.厕间　4.侧门

袭战国以来的筑置陵园的做法，也为诸侯王所仿效，现已为考古所证实，如河南芒砀山梁王墓地[10]等。徐州地区虽已发现发掘数座西汉楚王陵墓，但对陵园的具体情况因种种原因尚不得其详，但我们从一些相关的资料中仍可窥其蛛丝马迹。

1982年发掘徐州东洞山楚王家族墓地时，考古人员也曾在山顶发现有南北长约60、东西宽30米比较平坦的地面，周围有断续的石墙遗存，周边伴有汉代瓦片和陶器残片等，推测与陵园的祠庙有关[11]。

众所周知，西汉时的楚王国为汉高祖刘邦所封，地大物博，经济、军事、文化皆较发达。著名的"吴楚七国之乱"事件也可证实，西汉早期楚王国的强盛远在一般诸侯王之上。这点即从狮子山楚王陵出土的金缕玉衣、玉棺、玉枕、金带扣等不同凡响的文物中得到印证：楚王，尤其是西汉楚王，不仅经济、军事实力强盛，政治地位非常之高，当朝皇帝皆对其宠爱有加，青眼相待[12]。结合前列的狮子山周围同时期的丰富的遗址与遗迹，我们便不难相信，在狮子山地区的楚王陵园建筑是的确存在过的。

根据遗迹与遗存的分布，陵园的布局似可分为三个层次，一是狮子山楚王陵和王后陵组成的中心区；第二个层次是包括羊鬼山大墓、绣球山一、二号陪葬墓、车马器坑、羊龟山东侧及北侧的祭祀坑群；第三个层次是由主体汉兵马俑（H1～H4）、骑兵俑坑和马俑坑、羊龟山北和东南兵俑坑等外围陪葬坑。依照狮子山周边的地势，我们推测狮子山楚王陵园园墙主体当沿狮子山周边修建，大体涵盖了前述的第一个层次和第二个层次，推测其周长在1200～1500米左右，而西侧的汉兵马俑主体、骑兵俑坑、马俑坑以及山北、山东的兵俑陪葬坑等则一如秦始皇陵兵马俑，埋葬于陵园之外侧。骆驼山顶汉墓及以东汉墓群亦应在陵园北墙外。

相信随着该地域及徐州地区考古工作的深入，有关楚王陵陵园的轮廓与内涵会愈加清晰、丰富起来。

注释

[1] 徐州博物馆：《徐州狮子山兵马俑第一次发掘简报》，《文物》1996 年第 12 期。

[2] 狮子山楚王陵考古发掘队：《徐州狮子山西汉楚王陵发掘简报》，《文物》1998 年第 8 期。

[3] 徐州博物馆：《徐州绣球山西汉墓清理简报》，《东南文化》1992 年第 3、4 期。

[4] （东汉）班固：《汉书·百官公卿表》，中华书局，1962 年。

[5] 资料现存徐州汉兵马俑博物馆。

[6] 同 [5]。

[7] 同 [5]。

[8] 同 [5]。

[9] 徐州博物馆、南京大学历史系考古专业：《徐州北洞山西汉墓发掘简报》，《文物》1988 年第 2 期。

[10] 河南省文物考古研究所：《永城西汉梁国王陵与寝园》，中州古籍出版社，1996 年。

[11] 徐州博物馆：《徐州石桥汉墓清理报告》，《文物》1984 年第 11 期。

[12] （东汉）班固：《汉书·楚元王世家》，中华书局，1962 年。

原载《南京大学历史系考古专业成立三十周年纪念文集》，天津人民出版社，2002 年

王陵疑云

第一集

采土场

（字幕：1984年12月3日）

一个星期天的中午，江苏省徐州市狮子山村小学的几个学生出门玩耍，穿过一个刚刚被推土机掘出的采土场。突然，不知是谁一脚踢中了一个圆圆的东西，几个孩子急忙跑过去把它拾了起来起，仔细一看，小圆球上居然有鼻子、眼睛和嘴，这竟然是个用泥土烧成的小人头。

片名

孩子们捡到"小人头"的消息很快就在狮子山村传开了，村民们纷纷围到了采土场，但谁也说不出这会是什么东西，大家只是觉得，在这些小人头的背后，必定隐藏着某种神秘的东西。村干部感到事关重大，觉得会不会是重大的文物发现，急忙打电话向市博物馆汇报此事。博物馆考古部主任邱永生很快来到工地，看过"小人头"后，发现泥土里不仅仅只有小人头，而且有身体，它们是一个个外形像人的陶俑。

邱永生：当时我们看到几十个，很残破，当时看的这个俑的形状，它们之间的差别不是太大，应该是一个群体性的东西，应该在周边还会有类似的（兵马俑）东西出现。

邱永生认为这必定是一个重大的发现，经过粗略的观察之后，立即找人封锁了现场。

缩小版兵马俑

采土场发现了这么多陶俑，徐州市的有关部门非常重视，把市里最主要的考古人员全都调往现场。

12月5日，考古专家王恺和他的同事们来到了狮子山下的这个采土场。经过大约60天的探察，发现地下一共有5个俑坑，有三个俑坑比较大，每个坑中估计就有上千个陶俑，另外两个俑坑相对要小一些，5个俑坑全加起来，陶俑的总数竟然达到了四千多个。

数量如此庞大的陶俑到底是干什么用的？埋藏在这里的意图又是什么呢？

要找到答案就必须看到陶俑的全貌，陶俑既然已经暴露，抢救性发掘工作马上展开了。

一个个陶俑被剥去泥土，从沉睡多年的地下显露出来。陶俑主要有立式和坐式两种，立式俑的高度是48厘米，而坐式俑的高度只有25厘米。虽然尺寸比起真人小了不少，但每个陶俑五官清晰，四肢完整，完全是按照真人的模样来制作的。

两个多月后，上千人的陶俑群从深埋的地下凸现出来，蔚为壮观地出现在人们的面前，这不能不让人感到惊奇，它们到底代表着什么呢？

王恺：这些俑，特别发现有些俑手上都带孔，（有的俑）后边背着箭壶，这样它就是属于射箭的弓弩手。有的俑两手这么捧着，它是持长械的。还有一种穿着战袍，穿盔甲的。还有一些俑带发髻、发辫，秦俑有很多编的发辫都很规范，我们就考虑，会不会这也是兵马俑。

这些陶俑，立式的是步兵，坐式的是驾车的驭手和车兵，俑坑中还有马俑，马俑后面站着的官员应该是指挥官。整个队伍里没有其他的动物俑，也没有女性俑，俑的性质非常单纯，可以断定，这次狮子山发现的是兵马俑军阵。

俑坑中的队伍不能不让人联想到西安的秦始皇兵马俑，然而，却又无法和秦俑相比。秦俑和真人大小差不多，而且，兵俑的表情、服饰、发型都各不一样，似乎每一名陶俑都有各自的性格特点，是完完全全真人的复制。

而眼前的兵俑，神情都很相像，相同兵种的俑更加类似，似乎都是从模子里翻出来的。虽然与秦兵马俑相比，是缩小版的军阵，但这些陶俑，同样代表了一种等级。

在中国古代礼制中，只有皇帝或者是身世显赫的人下葬才能使用兵马俑。迄今为止，在中国的土地上，只发现过两处大规模的兵马俑陪葬坑：一处就是陕西西安的秦始皇兵马俑军阵，它是秦始皇的陪葬军队；另一处是陕西咸阳发现的杨家湾兵马俑，它们的主人估计是西汉中央政府的某位高官。

时代问题

那么，徐州狮子山兵马俑的主人又是谁呢？要解答这个问题，得从这些陶俑的时代入手，它们是什么时代埋藏在这里的呢？

邱永生：每个时代的风格，它都有一定显著的特征，从这批兵马俑身上，无论是造型也好、装束也好、包括工艺也好，应该是西汉时期的，这是陶俑、兵俑，应该是确凿无疑的。

　　研究人员发现，已经出土的这三处兵马俑陪葬坑，秦兵马俑出现在西安附近，西安附近的咸阳是当时秦国的都城，杨家湾兵马俑出现在陕西咸阳，也在西汉时期的首都长安附近。

　　而徐州只是西汉时期中央册封的诸侯王国——楚国的都城，是远离首都的地方，居然也有几千件兵马俑被发现。

　　为什么这些兵俑会出现在徐州？它们会是哪位显赫人物的陪葬呢？

推测墓主人

　　从徐州的历史来看，从来没有哪位皇帝葬在徐州，但徐州却曾经是西汉时期的诸侯国——楚国的都城。

　　西汉时期，皇帝刘邦把天下划分成若干诸侯国分封给自己的兄弟子侄，他的弟弟被封为楚王，管理以徐州为中心的楚国，徐州曾经存在过十二代刘姓楚王，他们死后都葬在了周围地区。

　　用军阵送葬是一种等级很高的葬礼，只有楚王统治徐州的时候，才有条件有能力完成这样的杰作，这些兵马俑的时代被确定为汉朝已经没有疑义，那么，兵马俑的主人会不会是这十二代刘姓楚王中的一位呢？

寻找兵马俑的主人

　　王恺：秦始皇兵马俑是秦始皇陵的一部分，那这个俑也一定有它的主人，它的主人是谁，它的主人埋在哪里，我就有这些疑问，所以当时就考虑找墓的问题。

　　发现兵马俑的狮子山是坐落在徐州东郊的一个高出地面只有61米的小山包，发掘兵马俑后不久，人们在狮子山附近，经常能看到王恺，拎着一把奇怪的铲子，在山坡上东掘一下，西掘一下，似乎在寻找什么东西。

考古专家王恺

　　王恺是1963年北京大学考古系毕业的老牌大学生，大学毕业后一直从事考古工作，当地很多人都知道："徐州有个考古学家，手拿小铲找墓，十个有八个准"。

　　王恺参加发掘完狮子山兵马俑后，出任了兵马俑博物馆馆长。从此，寻找兵马俑主人墓葬的重担就当仁不让地落在了他的肩上。

缩小范围

　　王恺用他的老方法跑遍了兵马俑坑附近的山山水水，但都一无所获。毕竟已经两千多年了，没有任何明确的线索，要在地下寻找一座墓葬，难度可想而知。王恺知道，必须缩小寻找的范围，发掘兵马俑时曾经发现了一些异常现象，从中能不能找到和主墓有关的线索呢？

在发掘五号坑时，发现了大量的陶马，可以肯定这是一个专门放置马匹的俑坑。令考古人员不解的是，这些陶马只有个别的马匹被组装在了一起，更多的是一些马的配件散乱堆放着，有成堆的马腿，还有马头和马躯干，而且，竟然还有一堆马耳朵，似乎在下葬时工匠们只是仓促地把配件直接倾倒在马坑里了。

在二号俑坑中，兵马俑大多面西而立，但其中却有不少陶俑有的面向南，有的面向北。更让人意想不到的是，有的俑与绝大多数陶俑的朝向甚至完全相反，不是向西而是面向了正东，这显然极不周到：同一支队伍中，士兵怎么能左顾右盼，有人甚至反向行进呢？

这种仓促似乎表明，墓主人的下葬非常草率，这可能是一次非正常的葬礼。

虽然有些俑的朝向不同，但绝大多数兵俑都是面向西方的。

王恺：参照秦始皇兵马俑，它是面向东的，它的墓在（俑）的西边，我当时就考虑，这个墓的主人的墓葬，很可能就在俑东边的狮子山上。

兵马俑面向西方，那么，他们守卫的主人就应该在兵俑的东面，这是一种合理的推断，俑坑的东边正是这座不高的狮子山。而且，狮子山是一座石头山，几十厘米厚的土层下就是岩石，徐州已经发现的几座西汉墓葬，都是在石头山中开凿而成的。

这一切似乎都说明，狮子山符合修建陵墓的条件，于是，王恺把他寻找主墓的目光全部投向了这里。

汉瓦

这天，王恺又来到了狮子山上，在地上他发现了几块不起眼的陶瓦碎片。仔细看过后，王恺断定，这些都是汉代的瓦片。王恺一下子兴奋起来，因为，这些瓦片说明，狮子山上曾经存在过汉代的建筑物。

王恺知道，墓葬之上，必然有陵园，这些汉瓦，可能就是来自于陵园的建筑物，也就是说，狮子山上，真的可能有墓葬存在。

王恺意识到，他寻找墓葬的方向是正确的。为了得到更多的线索，他每周都要上山几次，而且一待就是很长时间。

王恺：我就不断上山去跑，想了解点蛛丝马迹，跑了好多次，恐怕在这山上转的次数无法计算，甚至于哪儿有块石头，哪儿有棵草，我都比较清楚。

石头

这天，王恺在上山途中碰到一位植树的村民，闲聊中村民对王恺说，早年狮子山下有许多碎石子，农民不需开山炸石就可以挑石子去卖。

这几句话让王恺眼前一亮。狮子山是一座石头山，要在山上修墓，必定要凿石开山，碎石可能是历史上开山遗留下来的。

在村民的指引下，王恺来到了这些碎石旁。

有什么证据能够证明这些石块是两千年前开山时凿出来的呢？王恺连自己也不知道该在石堆中寻找什么，他只是一块块地拨弄着石头，希望能够找到蛛丝马迹。

他拿起一块石头。

突然，王恺被自己看到的东西惊呆了，在这块石头上面，有清晰的人工凿痕，王恺知道，他找到了他最想看到的证据：现代人开山都是用炸药，不可能再用凿子，这块带有凿痕的石头，可能就是两千年前凿墓时留下来的，兵马俑的主人墓应该就在狮子山上。

但墓葬会在狮子山的什么地方呢？山上几十厘米的土层下就是石头，找墓的洛阳铲也毫无用武之地。王恺只能再次把目光投向了兵马俑坑，希望能够再次发现有价值的线索。

就在俑坑中，王恺和考古人员发现了更多的反常现象：

异常

俑坑的四壁十分随意和简陋，似乎根本就未作平整，坑壁上的土已经松散和脱落了。俑坑的底部凹凸不平，一号俑坑靠东头的地方，就连坑中的岩石都没有除去，陶俑好像是随意就摆放到了岩石上。俑坑的中部凸起一块大石头，把整个军阵一分为二，大石头上还因陋就简地放置了马俑和官吏俑，似乎是一个指挥台。这些岩石的存在已经影响到了兵马俑的布阵，而清理掉它们并不需要投入很大的人力和物力。是什么原因让下葬者能做但却没有去做呢？

邱永生：无论是秦俑还是杨俑，它们的坑都做得非常讲究，非常规整。比如秦俑，它有好多巷道，地下有铺地砖，上面有棚木结构，汉代杨俑在坑上也有一些特意的处理。而在徐州的兵马俑，我们在发掘时就看到了，它做得非常草率。

俑坑中大多数兵俑的排列还稍有规律性，每排陶俑的数量大约是5个或10个，前后两排的间隔也差不多，但有很多地方却非常凌乱：有的每排人数只有两、三人，前后排的距离也拉得很开，陶俑稀稀疏疏，而有的每排人数却达到了十几人，陶俑全都挤成一堆，摩肩接踵，令人眼花缭乱，根本就没有军队的队列、阵型的样子。

俑坑中兵俑的种类有七、八种之多，按一般常规来讲，各兵种应该分别统一起来，按各自的方阵下葬。但在这里，所有兵种都混在一块了：发辫俑里混着发髻俑，发髻俑里混着戴头盔俑，持长械俑里混着弓弩手俑。中国古代的车兵制度通常是一乘车上有一个御手、一个甲士或两个甲士，但二号俑坑中却是两三排御手俑间杂着四五排甲士俑，御手和甲士明显不成比例，完全没有按照战斗队形来排列。最令人大惑不解的是，在二号坑成群的跪坐式车兵俑中，竟然莫名其妙地站着一个孤零零的步兵俑。

王恺：打个比方吧，咱们现在这空军、海军、陆军不能混到一块儿去，混到一块儿去军种就搞混了。

计谋

王恺发现的异常让他非常不解。葬礼在中国古代是最重要的礼节之一，必定是庄严肃穆，一切井井有条。作为陪葬坑中的兵马俑，也一定要按照当时军队的阵容，骑兵、步兵、战车，各就各位，埋入地下。因为，按照当时的逻辑，只有一支正规的军队，才具有战斗力，才可能在地下保卫墓主人的安全。

然而，徐州的兵马俑坑中却出现了这么多细节上的不周到。这种种的不周之处说明，下葬人员似乎根本就没把葬礼当回事，匆匆忙忙、仓促草率地把兵马俑随便往俑坑中一扔就完事了，而这一切在注重礼教的中国古代，是要冒杀头之罪的，是什么原因让工匠们敢做这种冒天下大不韪的事呢？

这混乱不堪的兵马俑军阵背后，必定隐藏着某种重大的计谋。王恺仿佛看到了一片手忙脚乱、凌乱不堪的景象。两千年前的徐州，必定发生了什么惊天动地的大事，而这件大事，一定和兵马俑军阵的主人有关。

然而，这位神秘的主人是谁仍然是个谜。对王恺来说，一方面要寻找兵马俑军阵的主人，另一方面，他还要探寻历史上的某起神秘事件。找到兵马俑的主人也许就能揭开隐藏背后的神秘事件，这成为破解所有谜题的关键。

王恺在俑坑中没有发现有关主墓更进一步的线索，但却坚定了他的猜测：墓主人是被非正常埋葬的。王恺一定要找到兵马俑主人墓葬的愿望更加强烈了。

然而，狮子山虽然不高，但方圆也有几千平方米。狮子山村就坐落在这座小山头上，山坡上的民居鳞次栉比，不能挨家挨户跑到人家屋子里挖几个坑然后走人。那么怎样才能找到狮子山兵马俑的主人墓葬呢？

无奈之下，王恺开始求助于现代科技手段。

三次会战

坐落在徐州南郊的中国矿业大学有许多地质物探方面的专家，王恺向他们发出了请求。

1988年春，物探权威宁书年教授毛遂自荐，邀请了全国十多位地质专家，携带七、八种先进仪器，对狮子山进行了一次全方位的探测。专家们在地上插入电极后通电，仪器上会显示不同地层的导电情况，地下如果是矿藏或地下水，导电情况将不同于岩石，地下有洞穴或者墓室也能显示异常，王恺对这次寻找寄予了很大的希望。

王恺：那当然厉害了，宁书年亲自挂帅，在全国调一些先进的仪器，十多位专家。

专家们忙碌了十几天，测出了导电异常区，最后在图上画出了一块黑区。这里位于狮子山主峰的西南侧，正对着一户村民，专家肯定地说这就是墓道。

王恺：当时在我脑子里也就说百分之百地抓着了这个墓。花一万块钱把（村民的）房子买下来，就在那院里头，画的线上，一挖不到一米深就是基岩，再挖，不到一米还是基岩，又泡汤了。

这次用科技手段找墓失败了，图上的黑区到底是什么造成的，专家一时也解释不清，但绝对不是墓。

画面：寂静的狮子山，王恺身影。

规模浩大的找墓工作最终无功而返，喧嚣的狮子山归于平静，但就在这万籁无声的时刻，人们分明还能感觉到有一颗不平静的心在跳动，那是考古队员们的不甘心。狮子山兵马俑的主人墓到底在哪儿呢？

第二集

1984年，江苏徐州狮子山脚下意外发现了大批汉代兵马俑，但令考古学家大为迷惑不解的是，俑坑中兵马俑的摆放非常凌乱，这在注重礼教的中国古代，是要冒杀头之罪的。是什么原因让工匠们敢做这种冒天下大不韪的事呢？

为了寻求答案，必须找到这支地下军队守卫的主人是谁。考古专家王恺把目标最终锁定在了狮子山上，他邀请了地质专家采用科技手段来找墓，但却失败了。兵马俑军阵的主人墓葬到底在哪儿呢？

片名

土法寻找

几次找墓行动都无功而返，难道只有俑，没有墓吗？但王恺坚信自己的判断并没有错，兵马俑的主人墓葬一定就在狮子山上，只是还没有找到而已。用先进仪器找墓的失利并没有让他放弃，相反，他上山的次数更多了，这条通往狮子山顶的台阶路，王恺不知道已经走过了多少次。

狮子山村几乎每一个村民都认识他，只要看到王恺，都会说"找墓的又来了。"村民们经常能看到他坐在山顶上冥思苦想，忘掉了吃饭、回家，就好像入了魔一样，很多时候直到月亮高挂树梢，人们还能看到王恺在狮子山上徘徊的身影。从1986年开始找墓，一晃五年已经过去了。

王恺：我曾在徐州市文化局召开的一次业务会上，发下誓言：不找出狮子山汉马俑的主人陵墓，我死不瞑目。

在众多科学家都偃旗息鼓的情况下，万般无奈，王恺决心还是用自己的土办法试一试。

1990年初春的一天中午，王恺来到狮子山村。他知道，每天这个时候，村里上年纪的人都会聚到村头晒太阳，要了解狮子山的历史，最有效的办法就是到他们中去，从闲聊中，说不定能够发现有用的线索。连着一个多星期，王恺天天来到村头，村里人也都知道他来的目的，于是尽可能地多说一些东拉西扯的话，王恺每件事都认真听着，但一直没有得到什么有价值的线索。

为了接触更多的人，王恺离开村头，开始了家访。他着了魔似的挨家挨户找人聊天，逢人就问，见人就说，同时他的眼睛密切注视着任何一处搞过基建的地方，观察那里土层变化的情况。

红薯地窖

1991年的一天，王恺从山上巡察回来，看到两个老汉在村口下棋，像往常一样，王恺凑了上去。看到王恺，两人又把话题扯到找墓上。其中有一个人冒了一句："听人说，早年有人在山上挖过红薯窖。"这平平常常的一句话，让王恺就像触电一样，浑身一震。

王恺：红薯窖？本身我是农村来的，红薯窖是干啥用的，我很清楚。在我们那儿，红薯窖一般是挖一个坑，长2、宽1、深2米左右。

对狮子山已经非常了解的王恺深知，这是一座地地道道的石头山，山上的土层很薄。每年狮子山上都会种树，植树的村民挖坑时必须非常小心，因为几十厘米厚的土层之下就是岩石，一不小心铁镐就会挖到石头上，把人的手震得生疼。在这几十厘米的土层上，怎么可能挖出2米多深的红薯窖呢？

"有人在山上挖过红薯窖"，这话简直令人难以置信，因为在这里下棋老汉用的是"挖"字，而不是"凿"字。为了一个简单的红薯窖，要费尽九牛二虎之力在山上开凿石头，这种可能性太小了。

也就是说，如果要在山上挖一个红薯窖，那么这个地方的积土层必定很深，这种情况只有一种解释：山岩之中原本是没有大面积泥土的，有可能是后来人为搬运而来，那么，是不是红薯窖正好挖在了墓穴的填土层上呢？这是一个十分专业而又简单的问题。

王恺岂能放掉这样一条线索，他七弯八拐，费尽周折，查来找去，最后终于打听到红薯窖是张立业老人家的。一分钟也没有停留，王恺急忙来到了张立业家。

张老汉十分确定地回答：他们家的老宅子那儿是有地窖，而且不止一个，早些年冬天都用来储存红薯，大的地窖能放上万斤红薯。这些地窖可已经有年头了，是从他的爷爷辈那时起就有了。

王恺迫不及待地来到狮子山张立业家的老宅子处。

这里位于狮子山主峰南坡的半山腰处，已经多年无人居住。也许是命运要跟王恺开玩笑，在这片房子的西侧，正是那条通往狮子山顶的台阶路，从1985年开始到现在，六年来，王恺在这条路上山下山已经不知道走过多少次了。

找到主墓

王恺决定先挖一个探沟。第二天，他就到山后采石场找了两名工人，在张立业家院子后面的空地上画出范围，开始往下挖掘。挖了两天，挖出一个1米多深的大坑，下面没有碰到岩石，仍然还是泥土。

王恺：到了这个深度，底下还是土，我就用探铲向下探。

中午，王恺拿着一把洛阳铲，下到坑底向下探，探铲一直向下打了1.3米，加上土坑已经挖了1.2米，等于已经探测到了离地面2.5米处的地下，探铲探出来的仍然是泥土。

王恺：2.5到2.6米下面还是土，有希望。

第三天，王恺让两个民工继续挖。民工干得很卖劲，土坑又向东扩了3米。中午时分，其中一个人的铁锹碰到了石头，他急忙找来王恺。

王恺：他说，王馆长，挖不下去了，底下都是山石头，没办法挖了。咦，好事。

王恺随着他来到土坑旁，看到泥土中露出了一块很大的石头。王恺小心翼翼，慢慢拨开泥土，就在这块石头上，王恺惊喜地看到了人工开凿的痕迹。

王恺：看到錾子纹以后，我说好，顺着这个石头向下挖。我就看着他们挖。

挖了半天，底下仍然是布满人工凿痕的石壁。王恺知道，这就是深埋地下千年古墓的墓道墙壁。

王恺：高兴死了。之前花了5年的时间，没有找到，这个墓（现在）找到啦。只要抓住这个墓道的东壁，这个墓算找到了，非常高兴。

一个埋藏千年的地下宫殿就这样被撩起了神秘的面纱，这里位于狮子山主峰的南坡，离科技找墓时确定的异常区只有十几米远。在这样一座千年来从未面世的古墓中，兵马俑世代守卫的主人还在其中吗？通过墓主人，能够揭开俑坑中兵马俑军阵摆放破绽百出的谜题吗？

坐化和尚

1992年12月16日，王恺带着几名考古队员对狮子山汉墓进行了一次尝试性发掘。

挖掘进行到第四天中午，取土的民工们大叫了起来："王馆长，挖到宝贝了"。

王恺急忙赶了过来，只见泥土中露出了一个陶瓷的小盖子，连墓门都还没有见到，难道这么快就挖到墓里的陪葬品了吗？王恺也迷惑了。他小心翼翼地拨开泥土，随着泥土不断被铲掉，王恺发现，小盖子下面还有更大的器物，继续挖掉周围的泥土，一个更大的圆形罩子露了出来。

王恺轻轻揭开小盖子一看，圆形大罩子上有一个圆孔，下面似乎是缸一类的容器。所有人都迫不及待地想知道大缸里究竟是什么东西，大家七手八脚，非常小心地掀开了大盖子，里面赫然是一个人的骨架，而且，腿骨似乎盘曲在一起。

这么快就挖到了骸骨，而且没有墓室，也没有陪葬，只有简陋的一个大缸，难道这就是几千兵马俑护卫的墓主吗？难道这就是王恺苦苦寻找的两千年前的显赫人物吗？是不是出了什么差错？考古队员们百思不得其解。

缸体上还绘满了各种各样的图案，考古队员发现了一些似乎和佛教有关的文字和图案，这究竟是怎么回事呢？

第二天，王恺和考古队员带着问题来到了徐州市最大的寺庙云龙山兴化寺。寺里的方丈大师接待了他们，大师回答说，大缸中的尸骨和兵马俑的主人墓之间应该没有什么关系，这种大缸是专门用来埋葬僧人的，叫坐缸，缸中应该是某一位和尚的尸骨，缸葬是和尚"坐化"的一种独特方式。

这正好解释了缸中的骨骸为什么腿骨是盘曲在一起的。

经过进一步访问，王恺了解到，狮子山上早年曾经有过一座"竹林寺"，但早已被毁坏了，缸中的尸骨应该是寺中的和尚。

王恺放心了，主墓应该还在更深的地下。

初步挖掘 发现盗洞

试掘继续进行，不久，考古队员发现了有一块地方的土质和周围不太一样，似乎要松软许多，像是一个回填的土坑。

王恺：大概它的直径在1米，它是椭圆形的，宽度也是1.5米左右。

在土坑松软的泥土中，王恺发现了几枚铜钱。这种铜钱是西汉早期的钱币，紧接着，又发现了印章，印章上刻有"楚司马印"几个字。"楚"代表西汉时期中央政权下属的诸侯国——楚国，这是一名武官的印章，但他的身份绝不可能拥有这么大的墓葬，这不应该是墓主人的印章。

这是发掘过程中第一次发现文物，然而，王恺没有一点兴奋的感觉，反而心情越来越沉重。已经发现的零散文物说明，这个大坑可能是当年的盗洞，这些铜钱和印章很可能是盗贼离开时，散落在盗洞中的。王恺估计，狮子山汉墓早已经被盗墓贼捷足先登了。

王恺：任何一个考古工作者，他辛辛苦苦找到了墓以后，最后证明这个墓给盗了，他就心凉半截，如果盗得惨了，那就更是凉得很。徐州已经发现的其他几座汉墓，比如北洞山汉墓，驮篮山汉墓，

东洞山汉墓等，盗墓贼都曾经不止一次光顾过，墓里存放的陪葬品都被盗掘一空，文物所剩无几。由于找不到任何实质性的线索，比如印章或者是其他刻有下葬者名号的器物，所以至今也不能确定这几座墓葬的主人究竟是哪代楚王。

盗洞的出现，意味着狮子山汉墓可能也是一座空墓。墓中文物被盗一空，可能就无法找到能够确定墓主人身份的线索，那么，兵马俑军阵凌乱不堪的谜团，有可能永远无法解开。

王恺：是不是还会再出点，这个盗洞没有把东西都偷完，还会留下东西，我们就这样（希望呗）。

正式发掘

1994年11月，国家文物局同意大规模正式发掘主墓。

16日，考古队在狮子山村找了一所民居作为大本营，全体队员开始进驻狮子山。与考古队员激动的心情形成强烈对比的是，王恺的心里并不踏实，历经两千多年的地下宫殿，究竟还有多少东西留给后人呢？

考虑到发掘工作将异常艰辛，同时为了加强考古队的力量，徐州文化局派了一位年轻人——邱永生，来到发掘单位——徐州汉兵马俑博物馆，主持发掘工作。

这一年邱永生只有31岁，十年前毕业于南京大学考古专业。别看人年轻，但他在徐州已经参与发掘了多处汉代墓葬，具有十分丰富的经验。他在发掘现场除了担任总指挥外，还肩负一项重任：由于灵巧并且老练，发掘主墓室时，他将是第一个进入现场的人。

发掘工作正式开始，到次年元月十一日，主墓的外部结构已全部呈现在人们眼前。

发现塞石

挖掘继续进行，在和尚坐缸十余米的地下，考古队员们已经看到了主墓室的大门。

主墓室的门口堆放着几块巨大的条形石块，每块石头的重量估计有5、6吨。考古人员都知道，这是下葬者为了防止主墓室被盗而用来封堵墓门的塞石。然而，部分塞石已经被拉了出来，而且上面还扔满了各种文物。考古人员估计，这

可能是盗墓贼所为。

邱永生：那我们知道，盗墓者肯定通过主墓口进入到墓室里头了。

每块被拉出的塞石上，都凿有一个类似"牛鼻眼"的东西，盗贼正是把绳索拴在牛鼻眼上，不知用了什么技巧，居然就把5、6吨重的塞石拽了出来。

考古队员仿佛看到了盗墓者的活动：拉出塞石后，盗贼进入了墓室。墓室内很黑，他们手举火把乱翻一气，发现有价值的金器、银器，还有铜器全都不放过。把墓室洗劫后，盗贼撤出墓室，最后远走高飞。

考古队员的心情再次跌落到了最低点，主墓室中真的可能空空如也。

塞石之上

虽然大家非常沮丧，但发掘工作仍然照常进行。

就在考古队员们清理塞石的时候，除了大量铜钱外，还在上面发现了玉璜，这是西汉时期的一种玉器。更令队员们的心狂跳不已的是，塞石上还出现了无数的玉片，在个别玉片上发现了缠绕在上面的金丝。专家推测，这些玉片应该是墓主人下葬时身上所穿的金缕玉衣的玉片。

邱永生：金缕玉衣一般是皇帝才能用。除皇帝以外，有一些特殊功勋的军事将领，或者是一些特别分封的王，只有经过皇帝的允许，即经过中央政府的特批，才能享用这种金缕玉衣。

中国最早发现的金缕玉衣是在河北的满城汉墓中。这里出土了两套金缕玉衣，它们属于汉朝的诸侯王——中山靖王刘胜及他的夫人窦绾。

在汉朝，徐州地区有资格在下葬时使用金缕玉衣的人，只可能是楚王，因为，他是当时汉帝分封在徐州的诸侯王国——楚国的最高统治者。那么，这也就证明了，兵马俑的主人就是穿着金缕玉衣的这位楚王。

邱永生：发现金缕玉衣它就意味着这个墓是楚王必定无疑，实际上兵马俑主人的身份已经被进一步确定了。

但历史上共有十二位楚王，墓主人究竟是哪一位呢？从金缕玉衣上还无从获得答案。

玉衣是保护尸体的，应该放在棺椁中，然而狮子山的玉衣却在主墓室的门口被发现，这是什么原因呢？专家推测，可能是因为墓内光线太暗，是盗墓人将玉衣拖到了墓门口，一片片拆散，抽走了上面的金丝。

这些玉片，包括玉璜、玉璧都是名贵的宝物，为什么盗墓贼会不屑一顾呢？显然，这些玉器绝非凡品，它们都是王室标志性的器物，盗贼不敢拿走，即使把它们拿到外面也没有任何用处，不但无法换成金钱，还有可能找来杀身之祸由此看来，盗墓的时间离下葬应该不会太远，这更加证实了墓主人的王者身份。但玉器虽然出自王室，却无法证明这位楚王究竟是谁。

把塞石上的文物全都清理干净之后，考古队员用起重机吊走了被拉出来的四块塞石，主墓室的大门露了出来。在剩下的三块塞石上，考古人员发现了异常。

每块塞石上都有一个小标签，标签上有许多用朱砂写成的字，仔细辨认，上面写的是："第乙下阳，东方二……"原来这些标签是用来标明每块塞石应该放的位置。然而，考古队员们仔细观察之后却发现，塞石没有按照标签标明的位置来安放，"西方一"放到了"东方二"的位置上，似乎是工匠们知道四块塞石的大小差不多，所以胡乱往门口一放，只要能堵住墓门就行了。塞石混乱放置的情形不能不让人想起俑坑中兵马俑军阵凌乱不堪的景象，这两者之间肯定有必然的联系。混乱的背后必然存在谜团，一定发生了什么意想不到事件，才导致了这种情形。要揭开谜题，就必须确定墓主人是谁。看来寻找墓主人的任务更加迫切了。

第三集

考古专家王恺想尽办法，花了整整六年时间，终于在狮子山主峰南坡的半山腰上，找到了主墓，考古人员对古墓进行了发掘，然而，当发掘到主墓室门口的时候，却发现封堵墓门的塞石被盗墓贼拉到了门外。考古队员们情绪低落：主墓室已经被盗，还能找到可以证明墓主人是谁的证据吗？

发现耳室

就在清理主墓室门前的墓道时，考古人员却有了意外的发现：墓道两边各有两个石封门，封门的石头没有被破坏，专家估计，这些石头的后面应该是墓室，盗墓者可能没有发现这几个房间。

考古人员兴奋不已，在这四间没有被盗的墓室中，能不能找到证明墓主人究竟是谁的重要线索呢？

19日下午，考古队员们挪走了堵住墓室的石板，内墓道西侧的一间墓室被打开了。

石门打开后，邱永生第一个进去勘探。首先看到的是一大堆黑乎乎的东西，仔细看过后邱永生发现，这些可能是已经炭化的粮食，地上还有许多似乎是羊或者是鸡的骨头，另一侧放着许多铜器。几乎每一件铜器旁边都有一枚封泥，上面无一例外地印着"彭城丞印"几个字。

这种带字的封泥能不能够带来墓主人身份的信息呢？"丞"在汉朝相当于今天的副县长，彭城是当时楚国的都城，也就是现在的徐州，同时楚王国下辖也有一个彭城县，一个副县长绝对不会是此墓的主人，专家猜测，他可能是墓主人的下属。

王恺：这封泥就是封东西的，等于送礼的礼单一样，我给谁送礼，用封泥就证明这个礼是我送的。

食官监陪葬

23日上午，有施工队员慌慌张张跑来报告，陵墓中发现了新情况。考古队员们马上赶往现场。

谁也没有想到，在内墓道的入口处，挖出了许多陪葬品，考古人员发现，这里似乎是一个人的墓葬，墓中人头北脚南，已经完全朽蚀了，但依稀能够看出地上有人体的形状。

考古队员分析，这应该不会是墓主人。楚王怎么可能会被葬在墓道上呢？

但这又会是谁呢？

在骸骨脚下，专家发现了排成一排的五件铜鼎。

邱永生：按照等级制度，尤其是在周代的时候，天子用九鼎，诸侯用七鼎，大夫用五鼎，士用三鼎或一鼎，都是有讲究的。

尽管用鼎的制度，汉朝没有周朝严格，但同样能够说明问题，这个人能够使用五鼎，他的级别可不低。

在骸骨旁，发现了一枚官印，上面刻着"飤官监印"几个字，看来这就是此人的官衔了。

飤官监在汉代王宫里是专门负责饮食的官员。一个负责饮食的人都能按士大夫的级别来下葬，而且只能躺在过道上，似乎是在看守大门，足以显示出他的主人显赫的地位。

邱永生：实际上他是作为楚王墓的一个陪葬墓，墓中墓。

御府库

1月18日，考古队员打开了墓道西侧最后一间没有被盗过的侧室。

在这间侧室的地面上，考古队员们发现了大量的铁制兵器。另外还有琳琅满目的玉器，最精美的当数这玉耳杯、玉盖杯。更让人兴奋不已的是，在地上还发现了两副纯金打造的金带扣。

邱永生：从它的工艺、图案来看，都是高等级的贵族才能享用，而不是普通的贵族能够使用的。在汉代的徐州地区，当时最高的贵族就是楚王。

夜探主墓室

画面：进入主墓室。

　　2月25日，陵墓的外围已经全部清理完毕，下一步就要进入主墓室了。考古队召开了一次会议，决定让邱永生第一个进入主墓进行探查。每次要进入墓室探测，邱永生都很兴奋，因为他将最先看到许多从未见到过的东西。进入主墓室并不困难，因为墓门已经被盗墓贼拉开，他可以从那里进去。

　　考古队对这次行动非常重视，因为，进入一个两千多年前的古墓，时时刻刻都存在着危险。这种在山中开凿的古墓，随时会有塌方的可能性。古墓被封闭千年，里面的空气很可能会对人体有害，古墓之中，还会有蛇或者蝎子来筑巢，而且民间传说中，帝王墓里可能还会有一些危险的机关。

　　因为白天有成百上千的人围观，这一行动被放在了晚上。

　　邱永生：记得那是很黑的一个夜晚，时间是在9点以后。进入墓里进行探查，天很冷，刮了一些风，我当时进去，也是有一些担心。几名考古队员把邱永生送到了墓门口，大家把一根电缆紧紧绑在了邱永生的腰上，双方约定，一旦邱永生在洞内遇到不测，就猛抖电缆通知洞外，外面的队员就像拔河一样把他拽出来。一切准备就绪，邱永生开始进入主墓。

　　邱永生：那么进去的时候，我觉得自己是憋足了一股气进去的，我知道里边可能有一些需要挑战的东西。

　　邱永生一步一步，慢慢地摸索着往前走。邱永生发现，狮子山王陵有些地方的石质并不是太好，有的墙壁似乎不是石头，好像是硬泥。这样的古墓千年来被流水侵蚀，还有可能受到地震的破坏，塌方的可能性就更大了。

　　脚下非常泥泞，邱永生继续往前走。

　　邱永生：爬了大概10多米，腰是直不起来的，看到里边情形，有一点恐怖的感觉，有好多的树根穿透了墓室长到里边去。

　　邱永生继续往前走，不时用灯照照周围，观察洞中的情况，在两边的墓室中，他看到了许多从墓顶落下的成堆的泥土。有的墓室中泥土要薄一些，但异常的阴冷潮湿，这种环境，是蛇、蝎子、老鼠最容易出没的地方。在一些墓室中，可以看到泥下埋有许多各种形状的东西，在被水冲刷过的地方，露出了一件晶莹剔透的玉龙，这时候已经走了20多米了。

　　邱永生：头顶上墓道里边，从裂隙里往下滴水的声音，这些都能听得清楚，同时能听到的是自己的心脏在跳动的声音，自己都能感觉得到。

　　再走几步，邱永生已经接近了墓室的最深处。他知道，这附近就是放棺椁的地方，墓室里棺材的情况到底怎样，是这次探查最核心的问题。

　　邱永生知道越靠近棺椁，危险越大，民间传说中的机关，像弓箭，还有空中落下的巨石，很多就在棺椁附近。而且，尸体以及各种陪葬的有机物腐烂后，有可能会形成有毒的气体。

邱永生：我看到棺材的形状已经不存在了，但在放棺材的地方发现了好多发白的、白花花的这种东西，条形的，我进一步走近一看，它是骨头、骨骸。

仔细看过后，邱永生看清楚了，地上有脊椎骨，有大腿的股骨，还有下颌骨，但特别散乱，已经不是一具完整的尸骨，似乎是被什么人拉动过了。

从探查的情况来看，邱永生在主墓室中看到的骨头，会不会就是墓主人的尸骸呢？如果是，在尸骨旁边，有没有能够证明他身份的线索呢？比如金印一类带有文字的证据，然而，邱永生没有看到金印的踪迹。

邱永生：墓主人的金印十有八九已经被盗墓者拿走了，作为楚王来讲，除了他的黄金官印，应该还有私印，我们有没有可能找到他的私印呢？或者从其他的文物上面，比如说铜器，或者其他银器，或者木简，有可能有文字出现的地方，我们一旦知道他的年号、王的年号，那我们就知道墓主人这个楚王到底是第几代，就有可能把他确定下来，而且应该说希望是大大增加了。

邱永生夜探主墓，初步了解了主墓内部的结构以及各间墓室的情况，打开主墓大门已经指日可待。

正式发掘主墓室

1995年2月21日，组织了两个工程队，动用了撬杆、钢丝绳、卷扬机、甚至是起重机，费了九牛二虎之力，才把封堵墓门的十几块5、6吨重的塞石移走。不敢想象，两千年前没有现代工具的古人是怎么把他们弄到墓中来的，封闭两千多年的地宫被彻底打开了。

但清理工作不能直奔停放墓主人的后室，必须耐住性子，逐步推进，考古队开始清理通往后室的甬道以及周围的侧室。

开凿粗糙

在一间清理后的侧室中，考古队员们看到了让他们大惑不解的现象：墓室的墙壁有的地方比较粗糙，似乎只是用凿子进行了开凿，但有的地方却完全不一样，已经显得很平整，显然是凿过之后又进行了加工。为什么同一面墙壁却有粗糙面又有平整面呢？地宫中还有很多墓室的墙壁都只是进行了粗凿，根本没有经过进一步的修整。专家猜测，这些墙壁显然没有达到事先设计的标准，它们都应该是平整的，但为什么没有彻底做完呢？

进深一米的耳室

地宫中大多数房间大小都差不多，凿入岩石中的进深都达到了4、5米。然而在甬道的东侧，考古人员却发现一间令人莫名其妙的房间，它的高度、宽度与其他的侧室一致，进深却勉强只有1米。这样浅的房间装不了什么陪葬品，专家猜测，这可能是一间没有来得及凿完的墓室。

为什么还有墓室居然没有凿完，为什么很多墓室的墙壁没来得及加工平整，这些和兵马俑军阵的凌乱非常相似，两千年前，在墓主人身上到底发生了什么事呢？

遗骸

考古队员们来到了甬道东面的最后一个侧室，这里就是邱永生看到尸骨的地方，紧挨着东墙。考古队员终于见到了最受关注的遗骸，他会是楚王吗？

地上的骨头到处散落，在地上还发现了一些堵塞七窍的玉石，都做成了子弹头的形状。专家估计，这可能是盗墓贼所为，盗墓贼扯下了金缕玉衣到洞外去挑拣金丝，尸骸也就被抖得七零八落，身穿玉衣的尸骨应该就是楚王。专家推测，这些尸骨应该就是楚王的遗骸。

从尸骨上已经无法获得楚王是谁的答案，但大家并没有放弃搜寻，因为有很多东西都还埋在泥土之下。令所有人大失所望的是，考古队员在地上没有找到他们最想得到的东西。

王恺：最想看到的是楚王的金印或者是玉印或者是银印，能够说明楚王姓甚名谁的印，没有了，都叫人盗走了。

就在清理尸骨的过程中，考古队员隐隐觉得好像有什么地方不对头，尸体出现的位置似乎不正常。一般西汉早期的王室墓葬，棺椁都停放在后室，然而，发现骸骨的地方却是后室前面的一间侧室，尸体停放的位置根本不对。这在讲究礼仪的中国古代，是不可想象的。为什么会出现这么大的纰漏呢？

玉棺

在发现尸骨的墓室附近的甬道上，考古队员发现了邱永生探查时没有看到的东西。在泥土下，考古人员发现了一种玉片，它们不象是金缕玉衣的玉片，因为金缕玉衣都是羊脂白玉，而这种玉片是墨绿色的，而且形状不同，有长方形的，更多的是菱形和三角形的，玉片的块也要大得多。

这些玉片是干什么用的呢？

随着这种墨绿色玉片出现越来越多，考古队员猜测，它们应该是棺椁上镶嵌的玉片，也就是说，墓主人下葬时使用的棺材可能是一具玉棺。

邱永生：玉棺当然是楚王的，在这个墓里头能够使用玉棺，或者在徐州或徐州周边地区能够使用玉棺的一定是王的身份。

玉棺的发现，再次确认了墓主人必定是楚王无疑。然而，究竟是哪一位楚王，还是无从知道。

后室

在甬道的尽头，是地宫的最后一间墓室——后室，这里才应该是放棺材的地方，但却只是发现了一些乐器。考古队员在清理后室的时候，又发现了异常：后室的地面凹凸不平，两边高，中间低，显然根本就还没有凿平。在后室的东北角，有一块凹进去的地方，似乎还准备继续向北开凿。

这说明了什么问题呢？考古人员推测，这里可能并不是真正的后室，石壁的后面，可能还准备修建更多的房间。

厕所

发掘全部完成后，考古人员再回过头来全面审视整个楚王陵地宫时，又发现了一个特别明显的漏洞，建筑面积达到850平方米，有十几个房间的楚王陵地宫，却没有发现供楚王使用的厕所。

在徐州地区已经发掘的其他早期汉墓中，厕所是最常见的设施。

在汉代，人们认为人死后只不过是换个地方继续生活，所以在人间的一切，都要在地宫中得到反映，厕所问题尤为重要，怎么能够不解决呢？

外墓道口

在墓道口外，考古人员看到了几块巨石。他们发现，这些巨石在这里出现十分反常。

按照西汉早期墓葬的特点，连接墓道口的应该是一个斜坡，这样便于运送陪葬品和棺材入葬，驮篮山汉墓就是如此。而狮子山汉墓墓道口前30米长的斜坡实际上已经凿出了雏形，本来完整的岩石已经被分割成一块块孤立的大石块，石头上还带有明显的凿痕，看样子是准备用来作塞石的，但石块还没来得及移走，斜坡没有最终完成。为什么已经准备运走的石头却还留在原地呢？这同样让人大惑不解。

墓道门口的巨石没有移走，大多数墓室的墙壁没有加工平整，有一间墓室根本没有凿完，后室地面凹凸不平，而且还有继续向后开凿的趋势，诺大的地宫中居然没有发现厕所……种种迹象表明，楚王陵地宫根本就没有彻底完成。为什么地位如此显赫的楚王却葬在了一个根本就没有完成的陵墓中？

会不会是因为陵墓没有建成，楚王就突然去世了呢？还是因为工程浩大，没有经费最终完成地宫呢？这两种猜测都可以解释楚王陵没有完工的原因，但却无法解答兵马俑军阵仓促放置的谜题，因为兵马俑的摆放不需要花费很长时间，楚王突然去世和工程经费不足不至于使兵马俑摆放混乱。这种种反常现象的背后一定还有更加复杂的原因。会不会是王室发生了政变，宫廷权力之争的结果呢？两千年前的徐州必定发生了什么重大事件。然而，在所有已经发现的文物中，没有找到任何可以说明墓主人究竟是哪位楚王的直接证据，这不能不说是一个巨大的遗憾，不知道墓主人是谁，就无法解释楚王陵中的种种异常，就无法知道兵马俑军阵摆放凌乱的原因。难道这将成为一个永远的谜团吗？

第四集

徐州狮子山汉墓规模宏大、气势恢宏，然而，考古人员却在其中发现了许多异常现象：墓道门口的巨石没有移走，许多墓室的墙壁开凿粗糙，有一间墓室根本没有凿完，后室地面凹凸不平，而且还有向后继续开凿的趋势。

这竟然是一个没有修建完工的陵墓。为什么地宫没有修完，墓主人就下葬了呢？要揭开这个谜题以及陪葬坑中兵马俑军阵混乱摆放的原因，就必须知道墓主人究竟是谁。然而，在墓主人的遗骸旁，考古人员并没有找到能够证明墓主人身份的金印或者私印。

盗墓

画面：盗墓再现

专家推测，墓主人死后大约200年左右，盗墓人想方设法进入了这座地下宫殿，火把照射之下玉棺安然无恙，盗贼大喜过望，随手拿起陪葬的铜剑、铁矛等工具，或砸或撬，打开了玉棺，盗墓人一眼就看中了墓主人的金印，他们把金印和其他宝物卷在一起，匆匆离开了墓室。

能够直接证明墓主人是谁的最重要证据已经被盗墓贼席卷而走，难道面对如此巨大的一个陵墓，考古人员就无从知道墓主人是谁吗？在狮子山汉墓中，考古人员发现了金缕玉衣片，经过修复，一件奢华精美的金缕玉衣出现在人们眼前。

考古人员在墓中还发现了一种墨绿色的玉片，把这些玉片拼在一起，原来是一具华美的玉棺。金缕玉衣和玉棺都代表了一种等级，不是任何人都可以使用的，这说明墓主人决非寻常的富贵人家。

另外，墓中还发现了许多精美绝伦的玉器，像玉璧、玉龙、玉璜、玉冲牙、玉盖杯等等，还有两副纯金打制的金带扣。每一件都是无价之宝，这些东西也绝不是一般贵族能够使用的。西汉时期，徐州地区有资格使用这些东西的人只有可能是楚王，但刘姓楚王共有十二位，到底是其中哪一代却不得而知。

骨骸

没有直接的证据，能不能另辟蹊径，通过对墓中发现的文物进行研究，从而推断出墓主人是谁呢？考古人员马上付诸行动。

最有力的物证就是骨骸，在骨骸中能不能找到线索呢？

这些尸骨从阴冷的墓室中被移到了徐州医学院法医司法鉴定所的实验室中。

邱永生：当时从我的角度来说，有一个非常强烈的想法：能不能通过楚王的遗骸，能够鉴定出一些非正常死亡的原因，比如说外伤，比如说毒药。这样我们可以跟西汉早期的个别楚王的死因做一比较，看看能不能有重合的地方。

通过对每一块骨头进行仔细的研究，徐州医学院的蔡红星副教授发现，这堆骨骸来自同一个人，没有搀杂其他人的尸骨：这是一具男性的骸骨，身高应该在1米73左右，年龄大概是35岁左右。

蔡红星：检测结果，死亡的原因，我们排除了骨性的损伤，排除了可能存在的疾病。关于中毒的问题，目前的手段没有发现。

从骸骨上没有找到非正常死亡的痕迹，从而无法与史书的记载相比照，也就不可能推断他会是第几代楚王。

这条线索断了，考古人员只能再找其他途径。

发掘内墓道

在清理主墓室门口时，考古人员曾经发现了许多陪葬的铜钱，而且铜钱的数量非常大。专家估计，这大量的铜钱，不可能是无意中掉落的，而是盗墓者盗出后故意扔掉的。为什么盗墓贼居然连钱都不要了呢？

这一天，考古人员从文物仓库中取出了铜钱。

考古人员发现，虽然铜钱的数量达到了17万枚，但这些铜钱全都是西汉早期的"半两"钱。这种钱在西汉后期就废弃不用了，专家由此推测，盗墓时间可能就在西汉后期。盗墓贼在漆黑的地宫里发现了大批铜钱，以为自己发大财了，辛辛苦苦拖到外面一看，原来都是过期的钱，因此扔得主墓室门口的墓道上到处都是。

这些铜钱对盗贼无用，但对专家来说却意义非凡，研究这些铜钱的使用时期，不就可以知道墓主人生存的时代了吗？

半两钱

王恺：半两钱是在汉武帝元狩五年之前流行的一种钱，到了汉武帝元狩五年之后呢，铸造五铢钱。这座墓里全部出土的是半两钱，说明（下葬时间）肯定是在汉武帝元狩五年之前。

汉武帝元狩五年就是公元前118年。从刘邦建立汉朝到公元前118年这段时期内，共有五代刘姓楚王在位，他们是第一至第五代楚王。墓主人的范围一下子被集中到了五个人身上。

印库

在这五个人中，怎样才能再缩小范围呢？考古专家突然想到了印章，能不能从中发现线索呢？

邱永生：每个印章上面都会有文字，墓主人楚王到底能确定它到哪一代，这个文字很重要。

在发掘陵墓的过程中，曾经发现了二百多枚印章。专家猜测，这些印章应该属于墓主人的下属，主人死后，他们将自己的印章复制一个送来作为陪葬。从印文看印章分三类：一类是楚国宫廷官员的，像食官监印；一类是楚国军队中的各类武官，像楚司马印。还有一类印章引起了考古专家的注意，它们是楚国下属郡县的官吏，像卞之右尉、兰陵之印，这些印章能够说明楚王在位时楚国属下有几个郡县。

《汉书》中记载，公元前154年，楚国参与了反叛中央政权的"七国之乱"。叛乱被中央政府平定之后，楚国的疆域也被大大削减了，东海郡和薛郡被收回，不再是楚国的领地。

考古人员知道，通过研究这些下属郡县的印章，不就能知道楚王陵下葬的时间是在楚国疆域变化之前还是变化之后了吗？

墓中发现的印章摆到了考古人员的面前，专家们一枚一枚仔细搜寻。

果然，考古人员发现，其中有东海郡和薛郡官员的印章，兰陵之印、海邑左尉就是东海郡官吏的印章，而卞之右尉则是薛郡辖县的印章。

王恺：这个墓里出土的仍有东海郡和薛郡的印章，说明这个墓（的下葬时间）是在公元前154年（之前），最晚（也就）到这个时间。

第四代楚王的在位的时间是在公元前154年之后，楚国的辖区已经没有东海郡和薛郡，因此，第四代、第五代楚王可以排除掉，狮子山汉墓的墓主人的可能范围还剩下三个人。

楚王山

研究工作仍在继续，专家们在《水经注》中又发现了线索。书中记载："获水又东径同孝山北，山阴有楚元王冢"。同孝山，就是今天的楚王山，离狮子山有几十里远，经过考察，山上确实有几座汉代的大墓。

邱永生：第一代楚王，楚元王刘交的墓已经被文献明确了在今天的铜山县夹河乡，叫楚王山这么一个地方。

这样墓主人的范围就似乎缩小到了两个人身上。那么，在第二代和第三代楚王之中，到底谁是这座巨大陵墓的主人呢？

第二代不可能

王恺：第二代楚王叫刘郢客，是刘交的儿子。他在位四年，按照一般的惯例，头年即位，第二年建墓，那么他只有三年的时间建墓。狮子山楚王陵总长117米，总使用面积850平方米，开山凿石量达到了5100立方米，有庞大的天井和十一间墓室，建筑规模十分宏大。有人曾专门测算过，以当时的生产工具和技术条件，建成这座陵墓至少也需要十余年的时间，第二代楚王在短短三年内不可能把陵墓修建到如此规模。

第二代楚王是陵墓主人的可能性也不大，现在只剩下最后一个人了，也就是第三代楚王。根据史书记载，他的名字叫刘戊。

刘戊何许人也

刘戊的祖父叫刘交，是汉高祖刘邦的弟弟。刘邦建立了汉朝以后，把天下划分为许多诸侯国分封给自己的兄弟，刘交被封为楚王，也就是第一代楚王，刘交的子孙世袭王位，刘戊作为第三代楚王，和当时中央政府的皇帝——汉景帝是堂兄弟，地位非常显赫。

第三代可能吗？

刘戊在位二十年，这段时间正是汉朝"文景之治"的繁荣阶段，是楚国国力最强盛的时期，百姓安居乐业，因此他有充足的财力和时间来为自己建造一座大规模的陵墓。

凌乱兵马俑

据专家介绍，古代帝王陵墓的建造，会根据墓主人身体的健康程度来安排修建的进度，墓主人身体健康，可能会继续扩大陵墓的规模，墓主人患病或衰老，陵墓就该做精加工，等待墓主人入葬了。

如果这座陵墓的主人真的是刘戊，他有近二十年时间修建和营造，为什么地宫中却还有这么多地方没有最后完成呢？专家推测，这座陵墓可能还在扩大规模阶段，并没有进入精加工阶段。

墓中骨骸的年龄在35岁左右，属于壮年，会不会因为暴毙，所以陵墓没来得及修完呢？但又该如何解释兵马俑陪葬坑中出现的异常现象呢？墓主人突然死亡会使陵墓无法完工，但肯定不会导致兵马俑的混乱放置。

刘戊违礼

专家们开始从史料中寻找线索。据班固的《汉书》记载，汉景帝二年（公元前155年），薄太后去世，举国服丧。作为当时一个十分强大的诸侯国——楚国的国君，唯我独尊的楚王刘戊根本没将此事放在心上，公然在太后的丧期内，肆无忌惮地淫乱享乐。这是封建礼制绝对不能容忍的。

不是这原因

后来有人把这件事秘密地告发给了汉景帝，朝中的大臣们强烈要求杀掉刘戊。会不会是因为刘戊得罪了中央政权，对刘戊陵墓的修建以及下葬就可以仓促了事了呢？

肯定不是这个原因，因为汉景帝顾及刘戊和自己是堂兄弟，最终没有同意大臣们杀掉楚王的建议，刘戊并没有死，他的地宫仍然在按部就班地修建。

棺床错放

然而，就在埋葬楚王的地宫中，专家们发现了更加让人无法理解的现象。

古人放棺椁的地方通常地势要略高一些，形如一张床，所以后来就以棺床称呼放棺椁的墓室。楚王陵地宫中棺床的位置特别不合礼仪。

邱永生：这个墓的棺床放的位置确实有异于正常情况下那种摆放方式。从文献记载来看，从我们发掘的大量王侯墓葬看，它应该实行前堂后室这种方式。

所谓前堂通常表示死者接待宾客的场所，后室则是放棺椁的地方以表示主人的卧室。楚王陵却奇怪地把棺放在了前面，厅堂则放在了后面，这就仿佛是说，要接待的客人必须经过主人的卧室然后才能到达厅堂，这明显是一个漏洞。为什么会出现这样的问题呢？

什么条件导致错误

在后室靠近西北角的石壁上，考古人员发现了一条裂缝。专家推测，这可能就是棺材不能放在后室的直接原因，这条天然形成的缝隙往下渗水，所以棺椁只能放在前堂了。

一条石缝就让楚王屈居于侧室，就可以不顾王室礼仪，说明发生在刘戊身上的事件一定非同寻常。

显然，刘戊死后不能等，必须马上下葬，只有在如此匆忙的情况下，才可能出现连后室的缝隙也来不及修补的情形，更不用说继续向后开凿新的房间了。

七国之乱

专家们从《汉书》中了解到，汉景帝虽然没有同意大臣们杀掉楚王的建议，但却决定减少刘戊的管辖范围，并降下圣旨，楚国下属的东海郡归中央政府管理，不再是楚国的地盘。但就在圣旨到达楚国的同时，楚王刘戊收到了另外一封信函，吴王准备反叛中央政权，邀请他一同造反。刘戊立即响应了吴王的建议，与吴王一起，发兵攻打中央政府，这就是历史上著名的汉初"七国之乱"。

汉景帝派兵镇压，大败七国联军，吴王被杀，其余各王或降或死，全都身败名裂。刘戊也不得不自杀身亡。

设法下葬

刘戊造反自杀，已经是犯了弥天大罪，楚王家族如果不采取措施，必然要受到牵连，但如何能把牵连减小到最低程度呢？楚王家族必须想出办法来，最好是既能保全家族的利益，又能维护中央政府的荣誉。

仓促下葬

《汉书》中关于刘戊的记载到他自杀之后就没有了，后来发生的事情，专家们只能根据此前的历史记录大胆进行推测，如果推测准确的话，我们大致可以描述出这样的画面。

楚王有一个庞大的家族，刘戊有兄弟六个，而且这六人非王即侯，地位不可等闲视之。刘戊死后，楚国一方面向中央政府请罪，让中央王朝对刘戊低调处理；而另一方面就在向中央政府请罪的同时，趁处罚意见还没有出台，楚王家族利用长安至楚国两千多里之遥，消息不通之机，匆匆以王者之礼抢先一步将刘戊下葬，给中央王朝来一个"既成事实"。

楚王的葬礼确实不能等了，一时间，王宫内外乱成一片，整个家族都在准备陪葬品。就在这样的背景下，楚王以尽可能快的速度被匆匆下葬了，修了近二十年的地宫也没有最后完成，棺椁也就只好放在了一个临时的位置上。

但是，中央政府有可能同意刘戊下葬时使用金缕玉衣和玉棺，却绝不会允许他使用兵马俑来作为陪葬，刘戊已经是一个反王了，同意他使用兵马俑，让他在地下还能带兵，这不等于鼓励其他的诸侯王继续造反吗？

如果是在这种偷偷掩埋的情况下，陪葬坑中的兵马俑也就只能仓促摆放了。

当时的真实情形谁也无法知道了，只剩下相关的推测。也许，这就是狮子山兵马俑摆放凌乱不堪的原因。

目光转向地宫

这就是经历了许多惊心动魄事件的楚王刘戊，在汉书上留下名字的人就是他。可两千年前的显赫已经无迹可寻，只剩下枯骨一堆。

　　医学专家依据保存下来的头骨，成功地复原出这位楚王的容貌。通过对种种已经发现的证据进行分析，多数研究人员认为，很可能这座巨大地宫的主人就是刘戊。

　　后记：《王陵疑云》一片拍摄于2003年3月至6月间，正值非典横行，人心惶乱之际……

　　（本文为徐州市汉兵马俑博物馆与中央电视台合作拍摄的汉文化系列纪实片《王陵疑云》的脚本文字，成片于2003年，在央视一套社教频道播出）

江苏汉代王陵文化研究

汉文化是中国文化的主体。近年来，对汉文化的研究越来越受到人们的普遍关注。目前在国家严格控制汉代帝陵发掘的情况下，对汉代诸侯王陵的研究成为探索汉文化的主要途径，先后发掘出一大批汉代诸侯王陵墓，如河北满城汉中山靖王刘胜夫妇墓[1]、湖南长沙马王堆汉墓群[2]、广州象岗西汉南越王墓[3]、河南永城汉梁王墓[4]、北京大堡台汉墓[5]、江苏高邮天山汉墓[6]、江苏徐州楚王陵墓系列[7]、山东济北王陵墓系列[8]、江苏徐州土山东汉彭城王墓[9]、扬州汉广陵王墓等[10]。其中河北满城汉墓、长沙马王堆汉墓、广州西汉南越王墓等在研究和开发上均取得优异成果，产生良好的社会效益和经济效益。相比而言，江苏汉代王陵虽在发掘上拥有显著优势，然而在研究开发上则明显滞后，亟待进行系统的综合研究。

江苏汉代王陵的发现和发掘，无论在数量还是质量在国内都是首屈一指的，如徐州地区的汉楚王陵即发现8处16座之多，从汉初一直延续到汉末，是我国汉代诸侯王陵中保存最完整的一个系列，出土文物丰富精美，被评定为中国20世纪100项考古重大发现之一。已经发现和发掘的江苏汉代王陵，代表江苏各地汉代诸侯王国的最新生产力发展水平，全面反映江苏两汉时期的政治、经济、文化和社会发展的诸方面。本文通过对已发现江苏汉代王陵的分布情况、结构和类型、随葬器物特点和陵园布局特点的分析，比较江苏地区不同类型诸侯王陵系列的异同，探讨江苏汉代王陵区域文化特征，确认其特殊的地域性以及形成各自特点的承传因素，进而从江苏汉代王陵的研究中找出其中特定的内在规律性，以便较为全面地揭示汉代帝王陵寝的葬俗和礼制等相关问题。

一　江苏汉代王陵发现和分布情况

江苏汉代王陵是指两汉时期分封于江苏境内诸侯王留下的墓葬。两汉时期江苏境内封王众多，留下王陵数量可观，但是我们知道，由于种种原因，部分王陵尚未找到，有的虽然已经发现，国家也是禁止随意发掘，因此本文研究的江苏汉代王陵的范围是已经发现或发掘的在江苏境内的东西两汉的诸侯王陵，主要包括今天徐州境内的西汉楚王陵、东汉土山彭城王陵和扬州境内的广陵王陵。至于近年来发现发掘的泗水王陵，本文也有涉及，但是由于材料尚未公布，不可能作深入的研究，因此本文研究的重点是徐州和扬州境内的诸侯王陵。徐州地区的楚王陵，均为"因山为葬"的大型崖洞墓，扬州广陵王陵则为"黄肠题凑"埋葬方式，恰好是汉代最为典型两种墓葬的代表类型，所以本文研究也就具有相当的普遍意义。

徐州地区两汉王陵发现和发掘的较多。自1972年正式发掘第一座崖洞墓以来，累计已发现发掘8处16座墓葬[11]，它们分别是：楚王山2座、狮子山2座、驮篮山2座、北洞山2座、龟山2座、东洞山3座、南洞山2座、卧牛山1座。这些墓葬均分布于徐州周围的山上，一般与徐州市距离不超过10千米。以上墓葬除楚王山2座汉墓和狮子山之王后墓未经发掘，其余7处13座皆经过正式或非正式发掘。另外还有发现于土山的东汉彭城王墓。

1.楚王山汉墓[12]

楚王山汉墓位于徐州市西10千米的铜山县大彭镇楚王山北坡，楚王山周围一片平原，前临黄河故道（古泗水）。一号墓在楚王山主峰北坡，与主峰浑然一体，墓冢上有高大封土，封土南凿有宽3米的分水沟，以阻止山洪对封土的冲刷。目前该墓墓道已经出露，墓道东向，距山顶较近，结合山体东西较短、山头不大的特点，推测该墓为竖穴崖洞墓。目前共发现墓葬4座，墓群呈东西排列。

2.狮子山汉墓[13]

位于徐州市东郊狮子山主峰的南坡，斜坡墓道南向，山南一片平原。其北是羊龟山，西北是绣球山，西北600米处是当地最大的骆驼山。西2000米处为黄河故道（古泗水），由西北向东流过。1994年12月至1995年3月由徐州汉兵马俑博物馆和南京博物院联合发掘。

3.驮篮山汉墓[14]

位于徐州市东郊驮篮山南麓。1989年11月至1990年5月发掘。驮篮山有东、西两个并列的山头，两墓均南向，山体呈东北至西南走向。西南15千米处有东洞山汉墓，南约1千米处有蟠桃山。东距京杭大运河3千米。

4.北洞山汉墓[15]

位于徐州市东北10千米铜山县茅村乡洞山村洞山南坡。北洞山是一座海拔54米的石灰岩小山，其西、南临京杭运河（古泗水）隔河与九里山余脉青山头相望，东与秦梁洪为邻，东南隅为桓山。1986年9月至11月由南京大学考古专业与徐州博物馆联合发掘。该墓规模宏大，墓道南向，底部低平，总长达45米，总面积430平方米，由主体建筑和附属建筑两部分构成。

5.龟山汉墓[16]

位于徐州市西北9千米处九里区拾屯镇的龟山西脚下，坐东朝西。龟山为一海拔73.5米的石灰岩山丘，因南北呈椭圆形起伏，形状似龟，故名。龟山东南为小孤山，西南为大孤山，正南为绵延不断的九里山，龟山东西北三面地势平坦，十分开阔。一号墓于1972年采石时发现，同年6月由南京博物院和徐州博物馆联合发掘。二号墓位于一号墓右侧，与一号墓平行，间距约15米，1991年11月发现后由徐州博物馆和铜山县文化局发掘。

6. 东洞山汉墓[17]

位于徐州市东郊下淀乡石桥村南东洞山西北麓，共计3座，皆坐西朝东，三墓基本平行排列，二、三号墓分别位于一号墓北、南两侧，间距约10米。东洞山周围地势平坦，其西偏北500米是碧螺山，南侧1000米又一列东西走向山丘，分别为广山、羊山、黑头山、老龙潭山、爬山等，东北为蟠桃山、陶家山、驮篮山。一号、二号墓在1982年10～11月发现清理，三号墓于1997年7月发掘。

7. 南洞山汉墓[18]

位于徐州市东南10千米处的云龙区潘塘办事处段山村南洞山（即段山）南麓。山北为连接东南到西北的王山、曹山、拖龙山，各山及附近均有汉墓发现，南面是大片平原。南洞山汉墓开凿在山南半山腰处，墓前有大量开凿墓葬时遗留的碎石子堆积，形成一小的平台。附近还发现许多残碎的汉代绳纹板瓦、筒瓦。两墓均南向，东西并列，中间有门道相通，相距约7米，大致平行，两墓结构基本相同，东墓的规模较大。

8. 卧牛山汉墓[19]

位于徐州市西2千米处的卧牛山东北麓，坐南朝北。卧牛山为一东西呈弧形的山丘，山南为韩山和云龙湖，隔湖群山连绵，北坡地势平坦，山北不远即为黄河故道（古汴水）。1980年2月由徐州博物馆与铜山县图书馆联合清理发掘。

9. 土山彭城王墓[20]

位于徐州市南郊云龙山的余脉东北麓，是一座人工夯筑的封土墓，与西汉楚王陵依山为陵的气势相比，土山彭城王墓显得简单得多。土山南为云龙山，北不远处为户部山（即传说中的项羽戏马台），土山的西、东、西北为平原，地势高旷，东1000米是黄河故道。1969年居民在土山西北隅取土，发现了一号墓，1970年由南京博物院清理发掘；1978年考古人员对土山进行勘探，在山南部发现二号墓，该墓规模庞大，占据山体的主要位置，墓主应为彭城王；2002年11月徐州中医院进行病房楼建设时，又在土山北发现三号墓。可见土山是一座东汉彭城王的家族的墓地。

扬州地区两汉王陵数量不多，先后发现的有高邮天山汉墓[21]、邗江甘泉山汉墓[22]。高邮天山汉墓两墓东西并列，坐北朝南，坟丘残高5～6米；邗江甘泉山汉墓位于扬州西北郊约12、在甘泉镇的北偏西3千米的地方，当地人称之为双山，其实是两座大型封土堆，直径约60、原高13米左右，由南京博物院于1975年和1980年先后发掘，后因发现"广陵王玺"而确定为东汉广陵王墓。另外在泗阳境内大青墩发现一座大型汉墓[23]，初步推断为西汉时期分封于泗水国的泗水王陵。

综观西汉时期江苏境内王陵分布特点，徐州与扬州两地有很大不同。扬州以平原为主，广陵王采用"黄肠题凑"的葬制。徐州地区多山，楚王陵墓均采用"因山为陵"的埋葬方式，皆分布在徐州周围的山上，它们在空间环境中表现出若干的共同特点，诸如陵墓所在的山体，通常都是局部区域的中心，被周围若干山体所环抱，形成众星捧月之势；陵墓方向不固定，一般根据山势地形确定，陵墓前面地势开阔，远处正前方多有山，犹如墓之屏障；左右两侧常有山如阙，遥相呼应；陵墓周围一般有水环绕，形成山水相依的地形地貌，非常符合历来被视为风水说的有关内容，如《郭璞古本葬经》书中云："气乘风则散，界水则止，古人聚之使不散，行之使有止，谓之风水。""风水之法，得水为上，藏风次之。"《青乌先生葬经》中说："内气萌生，外气成形、内外相乘，风水自成。"汉代已经产生堪舆理论和形法理论，然而这些理论应用于坟墓的记载较少，一般认为，作为风水相地的葬术始于魏晋时期。但是楚王陵墓在选址上，已经明显有风水理念，如位于楚王山北麓楚王山汉墓群，西5千米有义安山，山体呈东西向，周围是平原，地势异常开阔，北侧古获水自西而来，绕山而东行，在楚王山北麓形成山水相依的地势。楚王山汉墓群即处于古获水南的楚王山北麓，楚王山汉墓群正处于山水之间，形成枕山面水之势，这与汉代"藏风聚气"的墓葬选址理念十分吻合。

二　江苏汉代王陵结构和类型

江苏汉代王陵发现数量较多，结构和类型多样，总体上可分为以下几种类型：崖洞墓、黄肠题凑墓、砖石墓、砖室墓、土坑木椁墓。

（一）崖洞墓

主要集中于徐州地区，又可分为竖穴崖洞墓和横穴崖洞墓两种类型。

1.竖穴崖洞墓

目前仅见于楚王山一号墓。该墓位于徐州市西10千米的铜山县大彭镇楚王山北侧，目前该墓墓道已经出露，墓道东向，距山顶较近，山体东西较短，山头不大，显然为竖穴崖洞墓。1997年7月，该墓被盗后考古人员前往勘察，进一步证实该墓为"凿山为藏"的竖穴崖洞墓，有斜坡墓道，墓道宽4米，墓道两侧各发现一间耳室，甬道较短，甬道后部有一主室，室顶为条石券顶。随葬器物较多，个别铜器上有"楚"等铭文。

2.横穴崖洞墓

发现数量较多，主要分布于徐州地区，有狮子山2座、驮篮山2座、北洞山2座、龟山2座、东洞山3座、南洞山2座、卧牛山1座，共计7处14座墓葬。墓葬特点均为"凿山为葬"的大型崖洞墓，一般以一山一、二座墓居多，墓上或有封土或无封土，由外墓道、内墓道、天井、耳室、甬道、侧室、棺室、后室及陪葬墓等部分组成。以龟山汉墓为坐标，根据墓葬形制及出土文物可以将8处14座汉墓分为前后两期Ⅵ式[24]。

前期：代表墓葬有狮子山汉墓、驮篮山汉墓、北洞山汉墓，时代大致从汉初到武帝元狩五年，此期墓葬普遍整体结构采用轴对称布局，墓室数量较多，功能较为复杂，以前堂后室为中心，设置有功能多样的耳室、侧室，墓顶结构多样，有平顶、两面坡顶、四面坡顶、盝顶等式样。该期墓室开凿规整，有的壁面经过细致打磨，极力通过墓室本身的完美来达到模仿地面建筑的目的，是崖洞墓的产生、发展阶段，墓葬个体差异较大，形制变化较为激烈，但彼此之间承进变化十分明显。墓道较宽较长，甬道较短，塞石为双层双列，墓葬排水设施开始出现。随葬器物有时代特征显著的半两钱。

后期：此类墓发现较多，主要有龟山汉墓、东洞山汉墓、南洞山汉墓、卧牛山汉墓，时代从武帝到王莽时期。该期墓室布局不再讲求严格中轴对称，平面结构灵活多变，象征现实生活前庭、中堂、后寝的前、中、后三室的建筑布局形成，室顶增加穹隆顶等新的式样，该期墓室开凿普遍潦草粗糙，墙壁均不再打磨，直接以室内修建瓦木结构的建筑来模仿地面建筑。墓室规模普遍缩小，注重实用功能。墓道由宽变窄，由长变短，甬道由短变长，塞石由双层双列变为单层单列，墓葬排水系统完善发达。

（二）黄肠题凑墓

以扬州高邮天山汉墓为代表，高邮天山共发现3座西汉大墓，已经发掘的两座都是"黄肠题凑"式的大型木椁墓。其中一号墓中出土有金缕玉衣片、木牍、封泥、铜器、漆器等，一块木构件上有"广陵"之名，推测是广陵王刘胥之墓。

广陵王墓坑深18米，东西宽23、南北长达28米，墓道长60米。棺木长16.65、宽14.3米。规模庞大，构造严谨。此墓的最大特色是其椁壁结构"黄肠题凑"，这是西汉帝王诸侯才能享用的特殊墓葬形制。棺椁为三椁两棺，用柏木做成，四周有高约4米的椁壁，这种结构在我国是首次发现。棺椁正中南北长13.46、东西宽11.2米，四周都是92～94厘米长的方木积叠为七层的椁壁，高度计3米，方木的头都向内聚，接角的地方呈放射形。此座墓的木椁为井干结构，面积有221平方米，共用木头545立方米。木椁分正藏椁和外藏椁，正藏椁用857根方木垒叠而成的"黄肠题凑"式椁壁，下面有二至三层方木铺地，上用两层44厘米见方的大木头盖顶。正藏棺东、西两侧有外藏椁环抱，椁室内放置随葬品。正椁是三椁两棺藏合为五重。在正藏棺内壁，东西两侧椁藏各被分为五处，每处有一独扇门，内有随葬物品，三重棺的前部有便房，后部是棺室。外棺髹黑漆，内髹朱漆，棺面仍光亮可鉴。棺底两侧各装铜轮3只，这是下棺滑行时用的，至今仍滚动自如。内棺盖上有彩绘的纺织品，另有28颗鎏金铜钮点缀。棺盖前头放着一块卷云纹玉璧。整个棺椁不用一根铁钉，全用榫、铆、槽相扣连，每一部件都可拆装，且标之以名称、方位和尺寸。

（三）砖石墓

典型代表是徐州土山彭城王墓，土山一号墓为砖石结构，平面呈十字形，东西长86、南北宽39米，由墓道、甬道、前室、后室等部分组成，该墓先是在土山西侧二层台地开凿石塘，再以砖石砌筑，墓室砌好后再覆以封土。墓墙以长条砖两横一竖砌成，室顶用楔形砖并列券顶，砖间勾抹白灰，室内地面铺青砖，地面中间高、两侧低，便于排水。楔形砖长48、宽29～39厘米。在墓葬的封土墙、甬道及室顶分别砌有黄肠石，石宽70、厚33.5厘米，长度不一，最长者90、最短者仅32厘米，石面皆精工凿制，六面抛光，有的立面还有刻铭文字，多为采石工匠的姓名。

（四）砖室墓

以江苏邗江甘泉山广陵思王刘荆夫妇墓为代表。M2出土有"广陵王玺"龟钮金印，确定墓主为明帝永平元年（58年）由山阴王徙封为广陵王的刘荆，属东汉前期。该墓为大型砖墓，由墓道、甬道、墓门、前室、二棺室和回廊组成，前室为横长方形，与二棺室、回廊之间无间隔；二棺室在中部偏后，砌筑两个券室，后面无间隔；在二棺室的前、中、后三面形成回廊。

（五）土坑木椁墓

以泗阳县三庄乡大青墩汉墓为代表，墓穴规模庞大，长、宽约21米，从底部到顶端的高度超过13米。棺椁结构复杂，外部均用贵重的金丝楠木制成。

三　江苏汉代王陵随葬器物的特点

两汉时期，厚葬盛行。分封在江苏境内的两汉诸侯王自不例外。近年来的考古发掘的两汉诸侯王墓葬，出土了大量的精美文物，其中狮子山楚王墓虽经过盗掘，仍然出土文物2000余件套，被评为1995年度中国十大考古发现。但是由于汉代是漫长的封建社会的肇始阶段，尚未像周制那样形成明确的制度，如《礼记》《仪礼》规定：天子九鼎、诸侯七鼎、大夫五鼎、士三或一鼎，也未象后来唐代写入典册，如"三品以上九十事，五品以上七十事，九品以上四十事"[25]。然而，汉代随葬制度又绝不是自由随意的，有着严格的等级界限，已有学者将其归纳为"汉制"[26]。通过对江苏汉代王陵随葬器物的特点分析，或可进一步明晰汉代葬制的有关问题。

江苏汉代王陵的随葬品形制复杂，数量众多，有实用器物和殉葬明器两大基本类别，随葬器物按质地来分有铜器、玉器、陶器、铁器、漆器及其他杂器，这些随葬器物有着鲜明的时代风格和地域特点。两汉四百年之间，江苏诸侯王陵在不同时期随葬器物呈现出不同的时代特点。西汉早期随葬器物精美，大型实用器物数量多，仿铜陶礼器仍占重要地位。这一时期还有浓厚的周秦文化的烙印，敛葬玉器十分发达，出现完整的玉衣和玉棺，不过未形成定制。大量随葬钱币，北洞山汉墓出土7万余枚，狮子山楚王陵出土多达17万余枚，以半两钱为主。以陶俑随葬也是本期的重要特色，印章封泥出土较多，有楚国宫廷职官、楚国军队职官、楚国属县职官[27]，这是西汉早期诸侯国力强盛，在王国内享有铸币、军事和官吏任免权等史实在丧葬领域的深刻反映。另外狮子山楚王陵内还出土斯基泰文化因素的金带扣[28]，说明当时中外文化交流广泛，体现诸侯王国文化的发达和开放。西汉中后期由于景帝实行削藩政策，使得王国经济实力显著下降。诸侯王陵的随葬器物档次和质量明显降低，以俑坑形式随葬现象已经不见，玉衣葬制继续使用，但范围已经缩小，广陵国由于厉王刘胥的特殊地位，所以仍然保持了较高的葬制水准，继续使用车马殉葬之制。

东汉以降，江苏境内发现王陵不多，仅有邗江甘泉山汉墓、土山彭城王墓两座，墓葬规模较小。仿铜礼器已彻底消失，模型明器占据主导地位，一些实用器物如铜灯、铜熏、铜镜仍然流行。随葬器物的王室色彩不明显，除保持玉衣葬制外，其他随葬器物与同时高级官吏已没有区别，这主要由于东汉以来，豪强地主的庄园经济获得空前发展，地方势力、豪强大族俨然是独立王国，拥有庞大的庄园和私人的部曲武装，当然也有能力像诸侯王一样随葬各种器物。但是用玉敛葬仍然是本期葬俗中重要内容，且在玉衣使用上还形成完整的等级制度，不同材料编缀而成的玉衣表示死者身份的高下等级。皇帝死后用金缕玉衣，诸侯王、列侯始封、贵人、公主使用银缕玉衣，大贵人、长公主使用铜缕玉衣，一般大臣或诸侯非经皇帝特赐不得用金缕[29]。诸侯王如西汉前期那样较宽泛地使用金缕玉衣的现象已不再发生。

江苏境内王陵虽然多集中在长江以北，但是由于各个王国的经济、文化发展水平不一样，在随葬器物上也表现出鲜明的地域特色。分布于现代徐州境内的西汉楚国玉敛葬发达，形成一套完整的玉器组合系列，陶俑种类繁多，成为全国范围内仅次于咸阳的又一处陶俑富集区[30]，且在使用上形成鲜明的地区特点；扬州广陵王墓发现三辆车马殉葬，这与楚王陵墓有很大不同；徐州地区发现发掘8处楚王陵墓，除狮子山附近发现一处从葬坑有明器车马外，尚未发现一处真实车马殉葬的情况。

大量随葬玉器是西汉楚国的重要特征，并形成完善而又复杂的玉敛葬组合。随葬玉器种类有礼仪用玉、装饰用玉、生活用玉、丧葬用玉，玉敛葬组合有玉衣、玉棺、玉枕、玉七窍塞等。玉敛葬在大汶口文化墓葬中已经出现，商周一些地区也一直继续使用，但是真正形成以玉衣为中心的玉敛葬组合则是西汉时期的楚国。近年来在楚国故地徐州附近发掘的狮子山楚王墓、北洞山汉墓均随葬玉衣及其相关的敛葬玉器，流风所及，甚至一些诸侯王级别以下的墓葬如火山刘和墓也有玉衣随葬[31]。目前已经发现的敛葬玉器中以狮子山楚王墓出土的玉衣、玉棺最为精美。

总体来看江苏汉代王陵随葬器物普遍档次高，质量精美。有些器物本身就是中央朝廷所赐，汉制规定："诸侯王、列侯、始封贵人、公主薨，皆令赠印玺，玉柙银缕"[32]。《汉书·霍光传》："赐金钱、缯絮、绣被百领，衣五十箧，璧珠玑玉衣……"《后汉书·梁商传》："赐银缕黄肠玉匣什物二十八种"。东洞山二号墓出土铭文"明光宫"的铜器10件，明光宫在长安城内，铭文铜器显然是宫廷用器。当然更多的随葬器物还是由当地制作的，各个诸侯王国也如同中央朝廷一样，有自己专门制作随葬器物的手工业作坊。各个诸侯王国随葬器物的鲜明地域特点即是最好的说明，即使玉衣可能也不例外。近年来发掘表明，诸侯国内治玉业发达，拥有独立的治玉手工业作坊，完全有能力自己制作玉衣，《后汉书·刘英传》也有东汉初楚王刘英在彭城"作金龟玉鹤，刻文字以为符瑞"的记载。因此我们认为，部分汉代诸侯王使用的玉衣，由中央朝廷赐予使用权后，可能由地方诸侯王治玉手工业作坊所制造。

至于随葬器物放置地点问题，由于多室墓的出现和发展，使得墓主人按照自己意愿摆放随葬器物成为可能。一般放置在墓主人周围的器物为敛葬用品，包括玉衣、玉璧、玉佩、玉握等，而政治军事生活中的实用用品和殉葬明器则按照室的功能放置。以北洞山汉墓为例，北洞山汉墓由主体建筑和附属建筑两部分构成。主体建筑有耳室、侧室、厕间及主室等计8间。附属建筑位于主体建筑左前方，有府库、庖厨、武库、乐舞厅、仓房、水井、柴房、贮藏室、厕所等室11间。在乐舞室摆放形态各异的舞俑、乐俑及编钟、编磬、排箫、玻璃杯等，再现了墓主人生前歌舞娱乐的乐舞厅场景。柴房内则堆满木炭。在一比其他室低1.4米的房间里发现大量炭化粮食，则表明是贮藏粮食的仓库。狮子山楚王陵放置甑、釜、灶等炊具，象征厨房，甚至设置专门的房间放置钱币、武器，象征钱库、武库。正是由于这些大量随葬器物，才生动形象体现出各个墓室的用途。

四　江苏汉代王陵陵园布局特点

江苏两汉王陵发现众多，但是到目前为止，尚未发现如河南永城那样规模庞大、布局完整的西汉梁国王陵与寝园[33]，以至于有些学者怀疑江苏两汉王陵的陵园是否存在。其实有关文献和近年来发现表明，江苏两汉王陵陵园的存在是毋庸置疑的。据了解，高邮天山广陵王陵墓地遍布汉代瓦片，推测原应有陵园、寝殿之类建筑[34]。徐州地区的楚国王陵更是发现大量遗迹现象，基本能够梳理出楚国王陵的大致组成。

西汉楚国王陵的陵园概况，以前未见文献记载，历次踏勘也未发现线索，关于陵园布局、规模更是一无所知。这主要由于历经两千余年，西汉楚国王陵地貌和周围环境已发生很大变化。尤其是金代以来，黄河多次夺淮入海，四百年间大大抬高了徐州一带的地势，即使有陵园遗迹也都在黄河淤沙地以下。

西汉楚国王陵不会是一座单独的墓室，而应如同河南西汉梁国王陵一样，肯定存在陵园，虽然形制规模不清晰，但通过近年来的调查能约略知其大概。以楚王山调查材料为例，楚王山一共发现4座汉墓，从西向东依次编号为M1～M4。除M2以外，其余3座汉墓均有墓垣，墓垣用青条石垒砌而成，后被村民破坏。据当时参与的村民介绍：当时目测M3封土北侧墓垣石七、八层，高度3～4米，东西两侧存四、五层，高度1～2米，南边仅存一、二层，高不过1米，M1、M3与M4情形大致相同，墓垣石长宽一般均为1、厚0.4米左右。在M1、M3、M4墓道上有条石垒砌的踏步，踏步两侧有石制扶手。M1踏步位于封土东侧，推测墓葬封土顶部可能有享堂之类的建筑。在M1的封土南侧18.5米处，还发现一长46、宽3.8～4.2米的排水沟，系人工有意开凿，历经千年凿痕犹清晰可辨。此沟为特意设置的防水设施，它能有效阻断主峰下流的洪水，保护M1墓顶封土，功能与西安秦始皇陵防洪大堤相同[35]。

其次，在其他楚王陵墓附近也发现大量的建筑遗迹现象。1984年以来，在狮子山周围相继发现大量的汉代建筑遗存，出土的建筑遗物有瓦当、筒瓦、绳纹板瓦。在狮子山西坡还出土直径18.5厘米陶质筒管两节，筒管端部有便于套接的子母口，显然是陵园内排水设施。在南洞山的顶部，有南北长约60、东西宽30米的比较平坦的地面，周围有断续的石墙遗存，石墙以石块垒砌，仅存基础，西北角保存稍好。遗址内和山坡上，采集到汉代瓦片和陶器残片，多为饰绳纹的泥质灰陶，这些遗物和遗迹应与陵园建筑有关。在徐州驮篮山二号墓也发现排水沟[36]，它们开凿于二号墓墓道上部及西侧，两沟大致成直角相交，交点偏于墓道西北。西侧排水沟与墓道平行或偏西南，长13.3米，距墓道9.4米。北侧排水沟稍偏向东南，长13.5米，距墓道第一层台阶北壁6.4米。沟口上宽1.9、底宽0.92、深1.0米，总长26.8米，用于排泄山顶雨水，避免流入山体内的墓室，因年代久远，沟内多被泥土填满，排水系统已经失去作用。另外，驮篮山二号墓南还发现石砌基础，推测应为陵寝建筑的遗迹，可惜未进行正式的考古调查。

陵园内重要的设施丛葬坑近年来发现较多。1984年在狮子山楚王陵以西400米发现兵马俑坑[37]，计有各类俑坑6条，各类陶俑4000余件。其中一、二、三号俑坑东西长28、南北宽22米，呈平行排列，每坑间距4.9米；四号坑在一、二、三号俑坑东；五号坑为马俑坑，马俑取出后淹水塘中；六号坑已被毁坏。已发掘的一、二、四号坑，出土各类陶俑2200余件，有步兵俑、车兵俑等。

近年来，在羊龟山以东及其附近的区域发现大小俑坑和各类器物坑10余处[38]，2004年8月在配合江苏省高速公路指挥部建设的考古调查中，发现两处坑。一号坑呈南北向，长3.4、宽2.4米，东西还各有一个小耳室，坑内有大陶瓮、陶俑、陶匜、漆耳杯等，二号坑有陶俑143件，大部分为仪卫俑，少部分为官吏俑。

2004年在驮篮山汉墓附近地表的调查中，考古工作者在驮篮山一号墓南约100米的台地上，发现3条丛葬坑[39]，呈正南北方向，坑上原有瓦片覆盖，出土器物有乐俑、侍俑、官吏俑、陶磬、陶鼎、夯、锸等。陵区内陪葬墓也多有发现。楚王山发现4座汉墓，其中M1规模庞大，M2在其北50米，距离较近，应为王和王后墓。M3、M4在M1、M2以东，相对距离较远，规模较小，应为陪葬墓。据《水经注·获水》记载"获水又东迳同孝山北，山阴有楚元王冢。上圆下方，累石为之，高十余丈，广百许步，经十余坟，悉结石也。"说明过去陪葬墓的数量更多，陵园规模十分可观。近年来，先后在狮子山汉墓、北洞山汉墓、龟山汉墓附近发现绣球山汉墓[40]、后楼山汉墓群[41]、丙长翁主墓[42]，均为竖穴崖洞墓。这种形制为列侯以下葬制，时代与附近王陵较为接近，应为楚王陵墓的陪葬墓。

发现众多的遗迹现象表明，每一座西汉楚王墓都存在独立的陵园区。陵园规模庞大，园内设施众多，主要有陪葬墓、兵马俑坑、器物坑、排水沟、封土、墓垣等，所包涵内容与帝陵大致相同。另外，南朝傅亮作《为宋公修建楚王山墓教》记载，宋武帝免除楚王山陵墓附近五户人家的赋税，由他们洒扫陵园，依时祭奠，这说明南朝时地表尚有陵园遗存。土山汉墓出土"北平邑印"封泥，有学者根据龟山汉墓的铜器有"北平园"的铭文，认为"北平邑"是楚元王自立的陵邑[43]，虽然没有直接证据证明，但也说明当时楚王陵墓确实设有陵园。下一步在条件具备的情况下，我们将逐步开展对楚王陵墓附近的考古调查，以求彻底搞清楚西汉楚王陵园的形制原貌。

西汉楚国王陵陵园布局特点深受历史传统影响，并与西汉帝陵关系密切。汉代礼俗以西为上《风俗通义》佚文称"俗说以西为上"，《论衡·四讳篇》："夫西方长老之地，尊者计立也，尊者在西，卑幼在东。"位于徐州市西郊楚王山汉墓群，主墓所占山体最为高大，且陪葬墓数量多，自古以来都认为是第一代楚元王刘交墓，位置在已发现诸陵中最靠西，与文献记载相吻合。其次，已经发现楚王与王后合葬的诸陵，多数也是王陵在西，王后陵在东。位于徐州市东郊驮篮山南麓驮篮山汉墓，其所在的驮篮山有东、西两个并列的山头，两墓均南向。北洞山汉墓位于徐州市东北10千米洞山南坡，东南隅为桓山。这种布局和排列方法几乎与西汉帝陵一致。西汉王朝十一陵，以渭水为界，文帝霸陵、宣帝杜陵在渭水以南，其余帝陵均在渭水以北咸阳塬上，一般帝陵在西，后陵在东，布局已经形成定制。由此可见，西汉楚国王陵陵园深受帝陵影响，其布局特点几乎模仿帝陵，只是规模形制略小，距离更近。西汉楚国王陵与后陵之间的距离有一个从早期到晚期逐渐发展靠近的过程。从早晚顺序看，驮篮山楚王墓与王后墓分立两个山头，相距140米；北洞山楚王墓与王后墓也分立两个山头，应属同茔而不同陵；龟山楚王墓与王后墓、东洞山楚王墓与王后墓、南洞山楚王墓与王后墓同在一个山头，两墓相距分别为20、10、8米。龟山、南洞山楚王墓与王后墓之间还有连接通道，应属同陵异穴，完整展现了西汉合葬墓从同茔异陵向同陵异穴发展的过程[44]。

五 江苏汉代王陵文化特征分析

两汉时期江苏境内诸侯王国封国众多。西汉初年，天下初定，刘邦迫于军事形势和政治需要，汉五年，以"齐王（韩）信习楚风俗，徙为楚王，都下邳（今江苏省徐州市睢宁县古邳镇）。"[45]后又以韩信谋反为由，汉六年春"废楚王信，因之，分其地为两国……立刘贾以为荆王，王淮东五十二城；高祖弟交为楚王，王淮西三十六城"[46]。这样西汉时期封国主要有以徐州为中心的楚国，以扬州中心的荆国、吴国、广陵国、江都国，以及与广陵国立、废国时间大体相近的泗水国，东汉时期封国有下邳国、彭城国、广陵国等。两汉前后封国达10余个，每个封国的诸侯王又世代相传若干代，徐州地区楚国即延续相传12代。按照汉代制度，诸侯有封地者，死后葬于封地，因此这些分封于江苏境内诸侯王，应该葬于今天江苏地域范围内，当然谋反者可能例外。

综观目前江苏境内发现的两汉诸侯王陵，西汉时期徐州地区流行"因山为陵"的崖洞墓，扬州地区则采用"黄肠题凑"的葬制。东汉时期的诸侯王墓普遍使用砖石结构的葬制，分为前、中、后三室。这一时期崖洞墓彻底消失，"黄肠题凑"的葬制仍有所保留，如徐州地区彭城王墓甬道、墓道设置黄肠石，邗江甘泉山二号墓的回廊。但是地方区域特点已经消失，与全国各地流行的三室墓基本相同，其中原因大概正如有的学者所言"经过两百年的移风易俗过程，使西汉后期原有的八方殊俗异彩纷呈的风俗渐渐地趋于六合同风的单一化形态，因此密集的多元的风俗文化区已经消失"[47]。然而西汉时期，江苏境内的徐州和扬州距离很近，文化面貌却呈现如此显著区别，有必要进行深入的比较研究。

徐州地区"因山为陵"的崖洞墓较之全国其他地区发现崖洞墓时代均偏早。崖洞墓应首先产生于徐州地区，西汉初期礼仪葬制尚不完备，各地诸侯王为满足自己"事死如生"的愿望，积极探索新的葬式葬法。正是在这种历史条件下，徐州的楚王结合本地区实际情况，创新出横穴崖洞墓这一新的葬制。

过去有些学者推测"因山为陵"应与祭坛建筑建在高处，以缩短人与天距离，便于巫觋与上天沟通这样的寓意有关，认为这对后世的"因山为陵"应有着相当的影响[48]。其实认真比较一下徐州地区发现的楚王陵墓在山体的位置，便可发现此说缺少科学依据。徐州周围多山，海拔高低不等，但是楚王陵墓选址却并不在高山之上，一般选择低矮的小山丘，海拔高度在100米以下，多数为50米左右，如驮篮山海拔69、狮子山海拔61、北洞山海拔54、东洞山海拔86.5米。楚王山主峰较高，但楚王陵却选址在山体尾部的一个小山头，连封土海拔高度仅54.1米。有的虽然海拔稍高，如南洞山海拔高度128米，但是墓葬却并非选择在山顶，而是在山的半腰营建墓室。如果想离天较近的话，应选择在高山的顶部，所以此说证据不足。一种新事物的产生，有其复杂和深刻的历史文化背景。探讨西汉楚国崖洞墓的起源问题，首先要搞清楚崖洞墓的两个根本特点，一是墓穴修建在山上，二是墓穴为多室的洞室墓。根据这两个显著的文化因素，笔者认为应到先秦战国去梳理、寻找历史的源头，才能搞清楚"因山为陵"崖洞墓产生的真正原因。

徐淮一带为南北文化交流之走廊，多种文化在此汇集碰撞。早在新石器时代，位于徐州东100千米的花厅遗址，即发现大量的良渚文化的遗存，表明徐淮一带文化交流历史悠久[49]。春秋末年，楚惠王时期"是时越已灭吴而不能正江、淮北，楚东侵，广地至泗上"[50]，楚国势力已达到泗水以北。战国时期，《淮南子·兵略训》载"昔楚人之地，南卷沅湘，北绕颖泗，西包巴蜀，东裹郯邳"。说明楚人势力东北境已达到山东南部，徐州即在楚境范围内。周简王十三年，楚郑联合伐宋，夺取宋之彭城，周宣王甚至曾封楚将为彭城君。战国后期由于受到西部强秦的打击，楚人的中心东移到江淮地区，一度将寿春（今安徽寿县）作为都城，这样徐州地区更是深受楚文化的影响，以至汉代初期徐沛一带人们的文化活动也都留下楚文化的烙印。长期生活在沛郡的刘邦，在其回乡酒宴上，吟唱广为流传的《大风歌》："大风起兮云飞扬，威加海内兮归故乡，安得猛士兮守四方"。"兮"字反复出现，这是楚辞的典型表现形式，由此可见楚文化影响之深远。

作为文化的重要组成部分，丧葬习俗同样也深受楚文化影响，近年来从徐州汉墓中出土器物可以略知一二。如徐州地区早期汉墓出土的陶器组合鼎、盒、壶、钫，与中晚期楚墓中常见的仿铜陶礼器组合鼎、敦、盒、壶、钫形制基本接近，彩绘陶器的文饰色彩与楚墓出土的器物也十分相似。铜器组合鼎、盒、盘、匜、鉴与战国晚期楚墓组合也极为相似，很大一部分器物保持着楚文化的传统，两者的继承关系是明显的。西汉楚国"因山为陵"同样也深受楚文化的影响。长期以来，入"土"为安是古人根深蒂固愿望，但是在楚国却将墓葬移到小山上，出现以石坑为墓穴的现象。墓主为战国国君曾侯乙的墓葬[51]，位于湖北随县擂鼓墩，墓葬建在一座小山岗上，为一座竖穴崖坑墓，墓口已被破坏。墓葬平面呈不规则形，墓口东西长21、南北最宽16.5米。墓葬由东北西中四室构成，实际是将地面建筑布局移入地下。这种葬法影响到西汉楚国，西汉楚国"因山为陵"的崖洞墓与曾侯乙葬法如出一辙，只是规模更大，室的意义更明显罢了，这应是西汉楚国崖洞墓最早的源头。

其次，战国时期兴起于关中的土洞墓也对徐州地区崖洞墓产生起到作用。当时楚国经济发达，国力雄厚，文化也获得空前发展。就是在这双重因素的影响下，才使得徐州地区产生了"因山为陵"的崖洞墓。另外，有的学者根据徐州西汉早期王陵墓室涂朱砂、漆或细泥，甬道均以塞石封堵的诸多特征，与秦始皇陵"致以丹漆，塞以纹石"和"以石棺为游馆"文献记载相一致，从而认为西汉楚国崖洞墓与秦始皇陵二者之间可能有源渊关系[52]，此说颇有见地，这也正说明徐州地区西汉楚国崖洞墓，不是由一种文化影响而形成，而是在深受南方和北方文化影响的基础上，结合本地的实际情况创新的结果。

楚国地区经济文化发达，为"因山为陵"崖洞墓的产生提供必要条件。高祖六年（公元前201年）封刘交为楚王，都彭城，辖彭城、薛郡、东海三郡三十六县。刘交为刘邦同父异母弟，好读书，多才艺，少年时期曾与秦朝有名儒生浮丘伯学《诗》，刘交为楚王后，以穆生、白生、申公为中大夫，大力发展彭城经济文化，重修彭城城墙，修筑王宫、武库等，尤其重视发展文化。他派遣其子郢（客）到长安学习，元王本人也好诗，诸子皆读诗，他还亲自注解《诗经》，称《元王诗》，在刘交大力推动下，徐州区域文化在西汉时期高度发达，为西汉楚国的发展打下良好基础。虽然中间略有变化，如景帝三年（公元前154年）第三代楚王刘戊参加"七国之乱"兵败后自杀，楚国封地被削东海、薛郡，仅余彭城一郡，缩小为九县。宣帝地节元年（公元前69年），第八代楚王刘延寿谋反，兵败后国除为彭城郡。后宣帝黄龙元年（公元前49年），徙其子定陶王刘器为楚王，但这两支十二代楚王是西汉楚国的同姓封王，政治形势相对稳定，从而培育了徐州地区发达的地域文化。这也为崖洞墓的产生奠定了坚实的物质文化基础。

当然，西汉楚国冶铁业的发达也为徐州地区崖洞墓产生提供了必要的技术支撑。徐州是我国重要的铁矿产地，西汉时期汉武帝就在徐州设置铁官。近年来考古工作者在徐州发现了铜山利国驿[53]和睢宁冶铁遗址[54]，在北洞山汉墓、狮子山汉墓出土大批铁器，其中有成套的凿、錾、锤等开山凿石工具。北京科技大学冶铁与材料史研究所通过对狮子山汉墓出土铁器的金相实验研究发现[55]，多件铁器是经过渗碳处理的炒钢制品，这是迄今为止发现最早的炒钢制品，说明当时工匠对钢铁制品的认识达到了较高水平。在山体岩石上开凿和修建规模庞大的墓室，钢铁技术的发达和钢铁工具质量的提高起到巨大作用，没有高质量的钢铁工具，完成这些大规模的工程几乎是不可能的。

扬州与徐州距离较近，但是历史文化上却有很大不同。扬州虽然拥有渔盐之利，经济上较为发达，但政治上极不稳定。自荆王刘贾立国始，中间屡有变化，先后经历荆国、吴国、江都国、广陵国，王国更替频繁，其间战乱不断，绝嗣事件多次发生。高祖十一年秋，荆王贾为淮南王黥布所杀。十二年，立沛侯刘濞为吴王，王故荆地。景帝三年六月发生了以吴、楚为首的七国之乱。平定后，景帝于前元四年（公元前153年），废吴国，另置江都国，封刘非为江都王，"治吴故国"。公元前121年，因江都王刘建阴谋叛乱，江都国被废，改为广陵郡。汉武帝元狩五年（公元前118年），改广陵郡为广陵国，封其子刘胥为广陵王。又因刘胥有谋反之意，广陵王国一度被废除，刘胥在广陵的诸王子也被废为庶人。到汉元帝初元二年（公元前47年），复封刘胥太子刘霸为广陵王，以奉刘胥之祀，此即为广陵孝王。刘霸死后，传位给他的儿子广陵共王刘意，刘意传给儿子广陵哀王刘护。刘护死后无子继位，广陵王国再度绝嗣。六年后成帝又封广陵孝王刘霸的儿子刘守为第二代第五任广陵王，即广陵靖王。刘守死后传位给儿子刘宏。王莽篡汉后，广陵王刘宏被废为庶民，广陵王国也被取消。虽然广陵国传四代六王，时间相对较长，但是经过多次削夺封域，仅辖广陵、江都、高邮、平安等四县，国力大不如前，文化上毫无建树，更不能形成本国独具特色的文化，这一点与西汉楚国显然无法相提并论。由于文化上没有深厚积淀，故不可能在葬制上有所创新，只能因循守旧沿袭前代，广陵王使用"黄肠题凑"也就在情理之中。

扬州的地理环境也决定崖洞墓不可能产生。江苏是全国地势最低平的省区，绝大部分在海拔50米以下，平原占全省总面积68%，少数低山丘陵集中在徐淮北部和省西南境的宁镇地区。扬州与徐州两地距离虽然不远，但地貌差别较大。扬州地区几乎全是平原，只有起伏舒缓的小山岗，营建规模庞大的崖洞墓，受到一定的局限。徐州市为鲁中南低山丘陵南沿地段，城区周围多山，山地约占30%，海拔高度在100～250米，古泗水从城东流过。如今徐州还有海拔100米左右的小山80余座，这些小山山体规模适中，恰好能够在山腹中营建较大规模的墓室，崖洞墓产生于徐州地区并非偶然。

江苏境内王陵地区之间差别很大。"因山为陵"的崖洞墓在西汉时期徐州地区产生，扬州地区则采用"黄肠题凑"的葬制，随葬器物各有特色，并不是一种因素所造成，而是由西汉时期各诸侯王国当时的政治背景、经济实力、地理环境、文化传统和风俗习惯所决定。

注释

[1] 中国社会科学院考古研究所、河北省文物处：《满城汉墓发掘报告》，文物出版社，1980年。

[2] 湖南省博物馆：《长沙马王堆一号汉墓》，文物出版社1973年。湖南省博物馆、中国科学院考古研究所：《长沙马王堆二、三号汉墓发掘简报》，《文物》1974年第7期。

[3] 广州文物管理委员会、中国社会科学院考古所、广东省博物馆：《西汉南越王墓》，文物出版社，1991年。

[4] 河南省文物考古研究所：《永城西汉梁国王陵与寝园》，中州古籍出版社，1996年。

[5] 北京市古墓发掘办公室：《大堡台西汉木椁墓发掘报告》，《文物》1976年第6期。大堡台汉墓发掘组、中国社会科学院考古所：《北京大堡台汉墓》，文物出版社，1989年。

[6] 梁白泉：《高邮天山一号汉墓发掘侧记》，《文博通讯》1980年第8期。

[7] 刘照建：《徐州地区大型崖洞墓初步研究》，《东南文化》2004年第5期。

[8] 山东大学考古系、山东省文物局、长清县文化局：《山东长清双乳山一号汉墓发掘简报》，《考古》1997年第3期。

[9] 南京博物院：《徐州土山东汉墓清理简报》，《文博通讯》1977年9月第15期。

[10] 资料现存徐州博物馆。

[11] 此处狮子山2座墓，包括狮子山以北150米的羊龟山汉墓，过去对羊龟山究竟是否有墓和墓的性质一直不能确定，现在根据最近出版的《徐州景观》介绍，羊龟山汉墓坐北朝南，南北长10、东西宽18、顶高35米，有大小墓室9间，面积150平方米，结构布局与驮篮山汉墓二号墓相似，均为"因山为陵"的横穴崖洞墓。羊龟山汉墓如此形制规模，毫无疑问是狮子山楚王之王后墓。这样徐州地区的西汉楚国王陵的发现数量也由以前的8处15座，增加到8处16座。

[12] 同[10]。

[13] 狮子山楚王陵考古队：《徐州狮子山西汉楚王陵发掘简报》，《文物》1998年第8期。韦正、李虎仁、邹厚本：《江苏徐州狮子山西汉墓的发掘与收获》，《考古》1998年第8期。

[14]邱永生、徐旭：《徐州市驮篮山汉墓》，《中国考古学年鉴·1991》，文物出版社，1992年，第 173 页。

[15]徐州博物馆、南京大学历史系：《徐州北洞山西汉墓发掘简报》，《文物》1986 年第 2 期。

[16]南京博物院、铜山县文化馆：《铜山龟山二号西汉崖洞墓》，《考古学报》1985 年第 1 期。尤振尧：《铜山龟山二号西汉崖洞墓一文的重要补充》，《考古学报》1985 年第 3 期。徐州博物馆：《江苏铜山龟山二号西汉墓材料的再补充》，《考古》1997 年第 2 期。

[17]徐州博物馆：《徐州石桥汉墓》，《文物》1984 年第 11 期。

[18]同[10]。

[19]同[10]。

[20]南京博物院：《徐州土山东汉墓清理简报》，《文博通讯》1977 年 9 月第 15 期。

[21]梁白泉：《高邮天山一号汉墓发掘侧记》，《文博通讯》1980 年第 8 期。

[22]南京博物院：《江苏邗江甘泉二号墓》，《文物》1981 年第 11 期。

[23]目前该墓材料尚未正式发表。

[24]同[7]。

[25]（唐）杜佑：《通典》卷八六，中华书局，1988 年。

[26]俞伟超：《汉代诸侯王墓与列侯墓葬的形制分析》，《先秦两汉考古论文集》，文物出版社 1985 年。

[27]王恺：《狮子山楚王陵出土印章和封泥对研究西汉楚国建制及封域的意义》，《文物》1998 年第 8 期。

[28]邹厚本、韦正：《徐州狮子山西汉墓的金扣腰带》，《文物》1998 年第 8 期.

[29]（南朝宋）范晔：《后汉书·礼仪志》，中华书局，1965 年。

[30]张玉、刘照建：《徐州地区陶俑的发现与初步研究》，《东南文化》2002 年第 11 期。

[31]耿建军、盛储彬：《徐州汉皇族出土银缕玉衣等文物》，《中国文物报》1996 年 12 月 20 日第 1 版。

[32]（南朝宋）范晔：《后汉书·礼仪下》，中华书局，1965 年。

[33]河南省文物考古研究所：《永城西汉梁国王陵与寝园》，中州古籍出版社 1996 年。

[34]黄展岳：《汉代诸侯王墓论述》，《考古学报》1998 年第 1 期。

[35]段清波、张颖岚：《"穿三泉"与秦陵地宫排水系统》，《考古与文物》2002 年增刊。

[36]驮篮山楚王墓资料现存徐州博物馆。

[37]徐州博物馆：《徐州狮子山兵马俑坑第一次发掘简报》，《文物》1998 年第 12 期。

[38]夏凯晨、刘玉芝：《徐州景观》，中华书局，2005 年。

[39]同[38]。

[40]徐州博物馆：《徐州绣球山西汉墓清理简报》，《东南文化》1992 年第 3、4 期。

[41]徐州博物馆：《徐州后楼山西汉墓发掘报告》，《文物》1993 年第 4 期。

[42] 南京博物院：《铜山县小龟山西汉崖洞墓》，《文物》1973 年第 4 期。

[43] 黄盛璋：《徐州狮子山楚王墓墓主与出土印章问题》，《考古》2000 年第 9 期。

[44] 梁勇、梁庆谊：《西汉楚王墓的建筑结构及排列顺序》，《两汉文化研究》（第 2 辑），
文化艺术出版社，1999 年。

[45]（汉）司马迁：《史记·高祖本纪》，中华书局，1975 年。

[46]（汉）司马迁：《史记·荆燕世家》，中华书局，1975 年。

[47] 周振鹤：《从"九州异俗"到"六合同风"——两汉风俗区划的变迁》，《中国文化研究》
1997 年冬之卷（总第 18 期）。

[48] 周学鹰：《"因山为陵"葬制探源》，《中原文物》2005 年第 2 期。

[49] 南京博物院：《花厅——新石器时代墓地发掘报告》，文物出版社，2003 年。

[50]（汉）司马迁：《史记·楚世家》，中华书局，1975 年。

[51] 湖北省博物馆：《曾侯乙墓》，文物出版社，1989 年。

[52] 李银德：《徐州汉墓的形制和分期》，《徐州博物馆三十年纪念文集》，燕山出版社，1990 年。

[53] 南京博物院：《利国驿古代炼铁炉调查及清理》，《文物》1960 年第 4 期。

[54] 南京博物院：《1991 年徐州考古调查简报》，《东南文化》1997 年第 4 期。

[55] 北京科技大学冶铁与材料史研究所、徐州汉兵马俑博物馆：《徐州狮子山西汉楚王陵出土
铁器的金相实验研究》，《文物》1999 年第 7 期。

原载《东南文化》2005年第5期

徐州狮子山西汉楚王陵出土
铁甲胄的清理与复原研究

经国家文物局批准，1994年12月至1995年3月，徐州汉兵马俑博物馆与南京博物院联合组队，对位于江苏省徐州市汉兵马俑坑以东约400米处狮子山顶的一座大型西汉楚王陵墓进行了考古发掘，并取得重大成果，被评为1995年中国十大考古新发现之一[1]。狮子山楚王陵考古发掘中，出土了近万片各种型式的铁甲残片，其数量之大、品类之丰富，在以往汉代考古中也是空前的。1995年夏，中国社会科学院考古研究所白荣金先生应徐州汉兵马俑博物馆之邀赴徐对楚王陵出土铁甲作了重点考察，认为大量铁甲片虽散乱严重，通过系统整理研究仍有可能复原。

1997年，在中国科学院自然科学史研究所华觉明副所长和白荣金先生的支持推动下，徐州汉兵马俑博物馆向国家文物局申报了狮子山楚王陵出土西汉铁甲的保护与复原研究课题，经审定于1998年确立为国家重点文物科研课题。在此后的三年多时间里，课题组在白荣金先生指导下，对楚王陵出土铁甲片进行了系统的整理和保护，于2001年完成了两顶铁胄和四领铁甲的复原研究。同时，北京科技大学冶金与材料史研究所、南京博物院文物保护科学技术研究所、苏州丝绸博物馆等单位，还对楚王陵出土铁甲片做了金相实验分析、技术保护、以及铁甲上丝织品的分析研究，并发现了迄今年代最早的炒钢和"雪纹花绮"等一系列重大研究[2]。该课题于2003年初，通过了由江苏省文物局承办，以国家文物局专家组组长王丹华女士主持的专家评审鉴定会。有关楚王陵铁甲复原进展情况，曾于2000年2月和2004年4在中国文物报和其他报刊上进行过相关报道[3]。现将徐州狮子山西汉楚王陵铁甲胄的出土情况及复原工作过程和研究结果概述如下。

一　楚王陵铁甲胄的出土情况与特点

狮子山楚王陵是一座以山为陵，凿山为藏的大型西汉崖洞式陵墓。该陵墓为横穴式多墓室结构，由墓道、天井、耳室等外部附属建筑和墓门以内的甬道、墓室等主体建筑两大部分构成。铁甲胄出土时除少量发现于天井和墓门前的盗洞之

中，其余均出土于陵墓后段的陵墓主体建筑内。由于楚王陵
墓门以内部分早年曾被盗掘，铁甲胄遭盗扰破坏而严重解
体，并被盗墓人拽散于墓室、甬道、墓门和天井盗洞等各处
（图一）。多数已成为零散的铁甲片，较大的甲片甚至出现
断裂和位置扰动，还有一部分为锈蚀粘连在一起的铁甲局部
残块，这些铁甲残块大小不一，甲片数量从数片至数十余片
不等，其中最大的一块为800余片卷结在一起的鱼鳞铁甲残
段。因此，铁甲胄出土时极为散乱，其墓中所埋藏的数件不
同形制甲胄的各式零散甲片和局部残块相互混杂在一起，且
铁甲片锈蚀严重，许多甲片断裂或残碎，同时一些铁甲的编
缀材料、编连痕迹和丝织品、皮革等附着物还与泥土一起锈
蚀在甲片上，这些甲片上的编缀痕迹和附着物对以后认识和
复原研究这批铁甲胄起到非常重要的作用。为此，发掘时根
据铁甲片的残散和保存状况，采取了不同的清理方式，一般
零散甲片按其残散区域范围划片集中收存，较完整的铁甲残
块单独收集，对其中较大的铁甲残块则用铁板托起做整取保
存。由于铁甲片在墓中的散置区域较广，后分段收集成14
组，并按组打包运回库房统一收存。

　　从楚王陵铁甲片的出土分布情况可以看出，甲片散存
区域相对集中于墓门前的盗洞、甬道、W3耳室、E5耳室前
和后室之中，其中墓门、甬道、E5耳室内的甲片为盗墓人
拉拽时散落所至，而W3耳室和后室内的铁甲遗存则较为集
中。通过铁甲片外锈着的丝绸和漆木痕迹推断，当年埋藏时
先将铁甲折叠成卷并用丝绸包裹，再存放于漆木箱中，然后
分别藏放于主墓室内的W3耳室和后室之中。从相关出土遗
物分析，W3耳室为一御府库，同室出土的器物有车马器、
铜弩机、箭镞、铜镜等；后室位于整座陵墓的最后端，室内
出土石编磬、瑟枘、箭镞、剑饰品等，似为一间放置乐舞器
为主的多功能贮藏室。

　　狮子山楚王陵出土铁甲胄是目前已知西汉诸侯王陵中随
葬甲胄数量最多、种类最为丰富者，同时也是几十年来古代
甲胄复原研究遇到难度最大的一项工作。楚王陵曾被盗掘，
铁甲胄被严重破坏而解体，成了一批锈蚀很厉害零散的甲
片，且经扰动离开了原位，杂乱地散布于墓室及甬道各处，

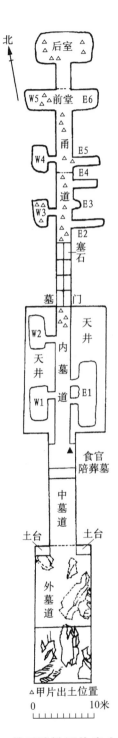

图一　楚王陵铁甲片出土位置图

与以前复原过的河北满城汉代中山靖王墓、广州南越王墓、山东淄博齐王墓随葬坑等铁甲的出土情况相比差别很大。甲片数量约8465片，总重量达80余千克。按出土位置不同，分装提取回室内。通过整理概略地区分甲片的型式已多达50余种，而甲胄造型多样，复原结果表明，此墓出土甲胄的品种有四领甲和两顶胄，而在河北满城汉墓和广州南越王墓中发现的多为一领铁甲，最多者在山东齐王随葬坑中发现的也不过为两甲一胄。

经复原的此批西汉楚王甲胄，与以往复原的汉代铁甲胄相比，主要表现为造型新颖，其中包含着不少前所未见的新型甲片，这给复原工作增加了不小难度，在复原过程中缺少可供对比的参考资料。

二　关于铁甲胄复原的方法和过程

对楚王陵出土零散甲片进行系统的整理，是进行铁甲胄复原研究的基础性工作，此外，应尽量与甲片表面土锈的清除、断裂甲片的拼合、以及对脆弱甲片和片上重要痕迹的加固等保护性工作结合起来。目前由于多种条件所限，后者工作做得还不够充分。

整理这批散乱甲片的具体步骤和方法如下。

（一）甲片分类

各种不同型式甲片进行分类，首先是定方位，分清甲片的上下左右以及正背两面，而后根据甲片的形状、大小、薄厚、片上开孔数量和布局等情况，将其分作若干型式。通过对这批甲片的整理，大体将其分作了53种型式。在同一型式中，往往还包括一些大小有差别、型式相似的甲片，或是使用时为横向或上下颠倒地安排。另外还有一些用于特定部位的异形甲片不便细分，文中另作说明，以免型式划分过于繁杂。总之，甲片的型式划分，目前尚无一个统一标准，有待进一步规范化。很少量已分型甲片没有确定其在甲衣上的位置，有待进一步考证。

在甲片分型分式中，对片上开孔的数量及布局的考察至关重要，许多实例说明，出于甲片连缀的需要而开的孔眼，各有各的功能，如有的孔的作用是为了甲片的横向编排，有的是为甲片间的纵向连缀，有的专为包缝边料而开，有的仅为装饰作用而设，而孔的大小则与缀合所用材料及方法密切相关，至于甲片上的各对应孔之间的宽度、高度，乃至于甲片上孔与甲片边缘的距离，直接关系着用相同数量甲片所组成甲衣的肥瘦、长短以及由于重叠处面积的大小而涉及甲衣防护功能的强弱。

（二）甲片的数量统计

甲片区分型式之后，下一步是对各型式甲片的数量进行统计，了解各型甲片的数量多少，有助于判断甲衣的形制和结构，以及与之相关各防护部位面积的大小。然而，由于甲片的残碎和短缺，以及同形甲片孔眼模糊难辨，因而导致数据统计有欠精确，故我们掌握的甲片数量只能是个近似值，因而难免在铠甲复原时的用片数酌情作些增减。

在这批零散甲片中，除完整者外，还包含有许多程度不等的残碎片，在没有全部拼对成完整片之前，只能在尽可能地辨明型式的情况下，依据其破损程度分别进行估算；至于那些一时难以分清型式的碎片，姑且只做一下称重和记录。甲片的破碎程度，与甲片腐蚀的程度、片形的长短、大小及薄厚成正比，其中的长条形札甲片破碎最为严重，我们在整理中配合以X光透视拍片的方法，解决了不少甲片分型分式、开孔数量和布局情形的困难，同时对于不同型式甲片数量的统计，也起到了很好的作用。

（三）典型甲的整理

对典型片的提选和尺寸记录、重量度量等的工作，均有助于甲胄复原后的重量和尺码的推算与研究。以上对典型甲片的分类、统计、测量等数据见表一（不含各类残块中的995片）。此外，对典型甲片上遗留的连缀、包边和衬里等材料痕迹的分析，也为楚王陵出土甲片的分类统计、性质归属和复原研究提供了较大的帮助。

（四）甲片间组合关系的考察

在各种零散甲片中，还残存着一些保持着原来组合关系的残块，这是甲胄基本结构组合复原的依据，通过对这些横向与纵列甲片连接关系、以及正反两面上保存着的一些连缀痕迹的考察，并结合已往对出土甲胄复原研究的经验、从中掌握的一些规律，并参考当地有关彩绘甲胄陶俑等形象资料，进行深入的探讨，对于完成这批甲胄形制与结构的最后总体复原，有着十分重要的意义。

由于这批铁甲胄别具风格、造型新颖，决定了这次整理工作的重点，是放在直接对这批甲片上各种痕迹和组合叠压关系的考察研究，以便全面地获得必要的信息和线索，而从中寻求同型与异形甲片间的各种组合规律和结构特点，再经过反复的推敲，并以原大模型片，按照甲片上残留的各种痕迹进行缀合试验用以证实，总的过程是由甲胄各个局部的复原开始，直至一步步最终完成甲胄的整体复原。

现将楚王陵出土铁甲胄的甲片型式统计、以及甲胄的复原过程和结果，分别介绍于后。

三 楚王陵出土铁甲片的形制

通过对楚王陵出土铁甲片的系统整理和逐一核对，大体上可将这批铁甲片分为12型53式。其甲片型式与具体情况如下。

A型 甲片为长条形札甲片，根据甲片的形状、大小、厚薄、以及片上的开孔数量和布局等情况之区别，此型甲片又分为13个不同的式别。

A型Ⅰ式 是此型甲片的基本片式，其片体呈竖长条形，上平下圆，表面中部略向外凸起，剖面呈弧形，甲片周围以及孔眼的两面均经打磨倒棱。形制基本整齐划一，一般长22、宽3.5、厚0.25厘米，每片平均重85克左右。片上开有9对计18个孔眼，开孔两两成对，均为上下纵向排列，孔径0.2厘米左右，其分布情况为片体两边各有一对纵列孔，中部并列三对纵孔。统计数量为基本完整片7片，残缺片17片，另有一些残碎片体。此式甲片为札甲身甲的主体用片（图二，1）。

A型Ⅱ式和A型Ⅲ式 这两式甲片是由A型Ⅰ式演变而来的，其片形、大小、开孔等基本数据与Ⅰ式相同，唯片体的上端一角抹圆呈圆弧状。其中，A型Ⅱ式为片体左上端抹角，A型Ⅲ式为右上端抹角。Ⅱ、Ⅲ两式甲片数量各为2片。此式甲片应于A型Ⅰ式并列编排，为其左右两侧的某一特殊部位（图二，2、3）。

A型Ⅳ式和A型Ⅴ式 是长条形札甲甲片的两式特殊片体，其甲片上端一角向内作弧状较大的抹角，两式甲片的内弧抹角左右相对，其中A型Ⅳ式为减去左侧者，A型Ⅴ式为减去右侧者。两式甲片片形、大小基本相同，片长20厘米左右、宽3.5～3.6、厚0.25厘米，重74克，片上开有16孔，上下两孔为一组，计8组，孔径0.2厘米，数量各2片。推测此式甲片为札甲身甲连结腋下两肋处的特殊用片（图二，4、5）。

A型Ⅵ式 是一种中型的长条形札甲片，片形略同于A型Ⅰ式，其甲片长18.2、宽3.6、厚0.2厘米，重83克左右。片上开16孔，其左右两边各开上下纵排的孔眼3对，每对2孔；上端中部横开两孔，下端中部竖开两孔。据统计此式甲片相对完整者为28片，为札甲身甲用片（图二，6）。

A型Ⅶ式 此式甲片片形同A型Ⅵ式，但其片身外凸弧度较大。甲片长17.5、宽3.5、厚0.2厘米，重约80克。片上开18孔，其孔眼分布情况大体如A型Ⅵ式，仅比A型Ⅵ式甲片中部增加纵孔1对，而变为3对。此式甲片相对完整片为5片，亦为札甲身甲用片（图二，7）。

A型Ⅷ式 此式甲片片形同A型Ⅶ式，而其甲片上端无孔，形如A型Ⅶ式甲片

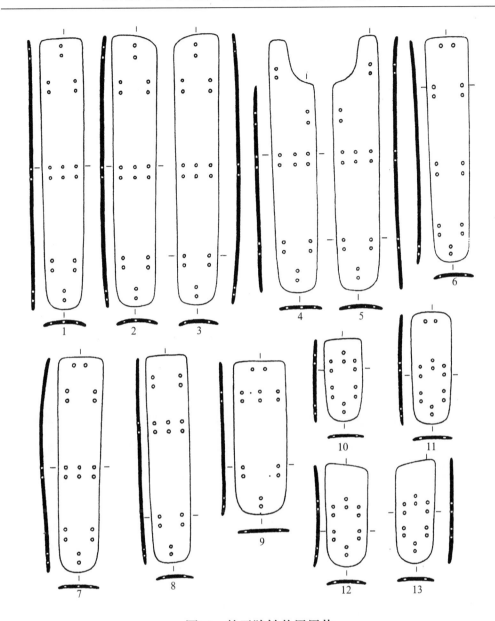

图二 楚王陵铁札甲甲片

1.A型Ⅰ式　2.A型Ⅱ式　3.A型Ⅲ式　4.A型Ⅳ式　5.A型Ⅴ式　6.A型Ⅵ式　7.A型Ⅶ式
8.A型Ⅷ式　9.A型Ⅸ式　10.A型ⅩⅠ式　11.A型Ⅹ式　12.A型ⅩⅠ式　13.A型ⅩⅡ式

剪去上端两横孔者，但此式甲片中部3对纵孔位置较高。此式甲片长约17、宽3.5厘米，重74克左右，片上开16孔，相对完整可辨者有12片，为札甲身甲用片（图二，8）。

A型Ⅸ式　此式长条形札甲片片体形短而宽，长12.5、宽4.2厘米，重50克左右。片上开14孔，其分布情况为甲片上端中部2横孔，下端中部2竖孔，片身中上部横排3对纵孔，中下部横排2对纵孔。此式甲片可辨者约10片，为札甲身甲用片（图二，9）。

A型Ⅹ式　为短而窄的小型札甲片，片长9、宽3.4厘米，重30克。片上开14

孔，孔眼大部分集中于甲片的中下部，除片体最上端中部有1对横孔，余均为纵孔，其下部孔眼分布如A型Ⅷ式下段，仅上排3对孔眼的中间1对纵孔位置较两侧略偏上。此式甲片数量为8片，出土时两两相连，并分辨为左、右两个不同的半身，各4片，为札甲领口处使用之特殊甲片（图二，10）。

A型Ⅺ式　亦为短而窄的小型札甲片，片形同A型Ⅹ式，但较为短小，仅长6.6、宽3.1厘米，重约20克。片上开12孔，为5对纵孔，其孔眼排列情况与A型Ⅹ式甲片的下部相同，形如A型Ⅹ式甲片剪去上部者。此式甲片仅见1片，为札甲盆领中部之特殊甲片（图二，11）。

A型Ⅻ式和A型ⅩⅢ式　甲片形状与A型Ⅹ式和A型Ⅺ式基本相同，不同的是其片体上边一角剪切成斜边，剪角甲片因左右相对而被分为A型Ⅻ式与A型ⅩⅢ式两式，其中A型Ⅻ式为剪去左上角者，A型ⅩⅢ式为剪去右上角者，两式甲片数量各为5片。其长度、大小略有不同，为依次递减，且左右各一，两两相对。片长7.5～9、3.2～3.4厘米，重24～31克。甲片上开有6对12孔，其孔眼排列与A型Ⅹ式相同。根据片形特征推测此两式甲片为札甲盆领领口处之特殊甲片（图二，12、13）。

A型札甲甲片出土情况较为复杂，除完整可辨者之外，另有该型甲片的断裂碎块246片，其中属上部者106片，属中部者74片，下部者66片，统计残断甲片总长度约1862厘米。A型甲片孔眼间有双股麻绳的编缀痕迹，另在一些甲片表面还残留有丝绸、皮革的包边和衬里等痕迹。

B型　甲片呈圆形，片体中部表面向外凸起，四周略低，直径11.4厘米左右，厚0.3～0.35厘米，片上开有25孔，其孔眼分布为圆中1孔，周边24孔分成环状均匀排列的内外两圈，每圈12孔，两圈开孔互相交错。此式出土时均已残碎不全，后区分为2个不同片体，其大小略有此差别，为胄之顶心甲片（图三，1）。

C型　甲片上小下大呈梯形，上部平直，下部略圆上凸起为较大的圆弧状。根据甲片两侧梯形长边的细微差别，该型甲片可细分为两直边和一边角为弧状抹圆两种，其甲片大小基本一致，一般高10、宽上部4、下部7厘米左右，重75克至80克。片上开有9孔，孔眼分布为上边中部1孔，下边中部2横孔，片体中上部横排4孔，下部两侧边处各1孔。据统计该型甲片相对完整者21片，另有一些碎片，其使用部位可能为胄顶之甲片（图三，2）。

D型　甲片为呈长方形的大型甲片，根据甲片的形状、大小、开孔等情况又分为7个不同的式别。

D型Ⅰ式　片体呈长方形，表面微向上凸起，周边打磨倒棱。甲片大小略有差异，片长8.9～9.1、宽7～7.7、厚0.2厘米，重68～78克左右。片上开有8孔，每边各2孔，孔径约0.3厘米。此式甲片数量有50余片，为铁胄之主体甲片（图三，

3）。

D型Ⅱ式　片体同D型Ⅰ式，长8.5、宽6.9厘米，重56克。片上开12孔，为在D型Ⅰ式开孔的基础上，于其两下边孔的内侧多出相对称的2对横孔，但这些开孔多不清晰，通过X光片才能看出，数量极少，推测此式甲片在编联时与D型Ⅰ式通用，亦为铁胄之主体用片（图三，4）。

D型Ⅲ式和D型Ⅳ式　这两式甲片均为长方形异体甲片，其片形和大小基本相同，长约9.1、宽7.8厘米，重75克左右。上开12孔，孔眼分布大体如D型Ⅱ式。此式甲片实际是将D型Ⅰ式甲片的一角剪去演化而成，根据剪角部位不同又将其区分为D型Ⅲ式（剪去左侧角者）和D型Ⅳ式（剪去右上角者）两式。甲片剪角边缘处均呈圆弧状并向外翻卷，其使用部位为胄之面部，据统计D型Ⅲ式和D型Ⅳ式数量各4片（图三，5、6）。

D型Ⅴ式　甲片略呈方形，有一侧边沿外向卷起，片长7.5、宽7厘米，重55克左右。上开8孔。数量2片，为胄之面部甲片（图三，7）。

D型Ⅵ式　片体与D型Ⅴ式略同，片长7、宽6厘米，重45克左右。上开12孔，四边各有1对，中部2对。数量2片，为胄之面部甲片（图三，8）。

D型Ⅶ式　片体呈长条形，其中有1长边沿向外卷起。甲片长9、宽5厘米，重58克左右。片上开6孔，除卷边一侧无孔外，其余三边各有孔1对。此式甲片有4片，亦为胄之面部甲片（图三，9）。

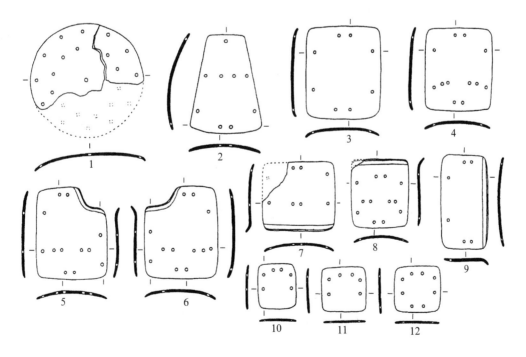

图三　楚王陵铁胄甲片

1.B型　2.C型　3.D型Ⅰ式　4.3.D型Ⅱ式　5.D型Ⅲ式　6.D型Ⅳ式　7.D型Ⅴ式　8.D型Ⅵ式
9.D型Ⅶ式　10.E型Ⅰ式　11.E型Ⅱ式　12.E型Ⅲ式

　　E型　甲片是一种略呈正方形的中型甲片，其甲片特征为片体厚而平直，推断此型甲片应为胄之垂缘用片。根据甲片的大小、开孔等情况，此型甲片可分为3个式别。

　　E型Ⅰ式　片体呈长方形，长4.7、宽4.1厘米，重16克左右。片上开6孔，除一边无孔外，其余三边各有孔1对，统计数量40余片（图三，10）。

　　E型Ⅱ式　甲片略呈方形，长4.7、宽45厘米，重18克左右；片上开6孔，开孔排列与E型Ⅰ式相同。此式甲片基本完整者有40余片（图三，11）。

　　E型Ⅲ式　甲片为四角抹圆的正方形，表面较平。甲片4.7厘米见方，重22克左右，片上开8孔，四边各有孔1对。此式甲片基本完整者约有40件（图三，12）。

　　B、C、D、E四型甲片的体貌特征较为相似，均表现为片体大而厚，其甲片的制作工艺也与其他甲片有所不同，故推断为铁胄使用之甲片。此外，胄片上均为丝带编缀痕迹，亦与铠甲甲片的编缀材料有所区别，这也是区分此类甲片的一项重要依据。

　　F型　是一种呈舌形的中型甲片，甲片上有麻绳连缀编痕，推断其用途可能为铠甲之披膊用片。此型甲片根据片上开孔数量和位置的不同分为3个式别。

　　F型Ⅰ式　片体上圆下平呈舌形，四角抹圆，片形较薄而平直表面略微向上凸起。此式甲片规格不一有较大差别，大致可分为大、中、小3种，片长3.2～4.3、宽3～3.3、厚0.1～0.15厘米，重7.8～9.2克。片上开6孔，除直边外其余多边侧皆有孔1对，其中上边为1对横孔，两侧边各为1对纵孔，孔径0.2厘米。此式片共计约有257片（图四，1）。

　　F型Ⅱ式　片形与F型Ⅰ式相同，长3.9～4.2、宽2.9～3.25厘米。片上开8孔，上下边各为1对横孔，两侧边各为1对纵孔。统计此式甲片较为完整者计13片，另有部分残碎片（图四，2）。

　　F型Ⅲ式　甲片呈舌形，较Ⅵ型a式略窄小，其下端平边外折，片体纵面呈弯曲状。长3.5、宽2.8、厚0.1厘米，重8克左右。片上开8孔，与VB式不同的是其上下两边均为纵孔，孔径厘米。此式甲片完整者计6片，当为铠甲披膊之特殊甲片（图四，3）。

　　G型　是一种呈马蹄形的大鱼鳞形铠甲甲片，根据甲片的形状、大小和开孔等情况，此型甲片可分为两大类6个不同的式别，其中Ⅰ、Ⅱ、Ⅲ式为一类，此类甲片具有相同的体貌特征，其片体大而薄；Ⅳ、Ⅴ、Ⅵ式为一类，此类甲片片形略小，但片体较厚。此型甲片基本为麻绳编缀，亦有特殊者。

　　G型Ⅰ式　为大鱼鳞形甲片，其片形上圆下平呈马蹄形，四角抹圆表面微凸，片体较薄而平直。片长4.6、宽4、厚0.1～0.12厘米，重15克左右；片上开6

孔，其孔眼分布同F型Ⅰ式，孔径0.2厘米。此式甲片计有完整者187片，以及数十片残片（图四，4）。

　　G型Ⅱ式　为大鱼鳞形甲片，其片体、大小同G型Ⅰ式。片上开8孔，开孔分布为上、下边各1对横孔，两侧边各有1对纵孔。此式甲片计有58片完整片和一些残片（图四，5）。

　　G型Ⅲ式　为大鱼鳞形甲片，其片形及大小与G型Ⅱ式相同。片上开8孔，其孔眼分布情况为上部平边为1对横孔，下部圆边及两侧边均为1对纵孔。此式甲片较为完整者共计426片，另有一些残碎片计约数十片，此外亦有个别小而不规整者，疑为该型式甲片在使用中损毁后的打制补充甲片，还有一些平端卷边或呈斜边的异形特殊甲片。推测此式甲片为大鱼鳞形铠甲之甲身主体甲片（图四，6）。

　　G型式Ⅳ　片形同G型Ⅰ式，但片体较之略窄小且厚，甲片长4.1、宽3.5厘米，重13克左右；片上开6孔，其孔眼分布与G型Ⅰ式相同，计有392片（图四，7）。

　　G型Ⅴ式　片体形状、大小、厚薄同G型Ⅳ式。甲片上开8孔，孔眼分布与G型Ⅱ式相同，为上、下边各1对横孔，两侧边各1对纵孔。此式甲片计有73片（图

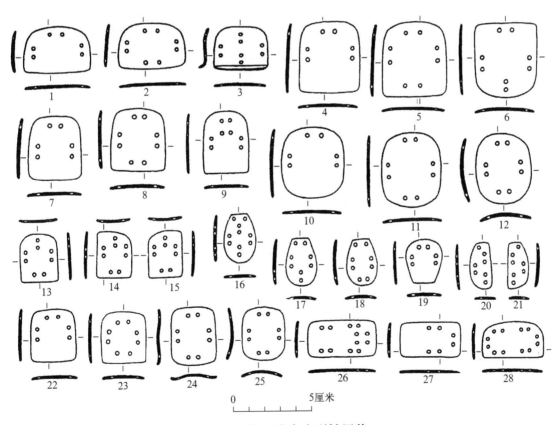

0　　　　　　5厘米

图四　楚王陵中小型铁甲片

1.F型Ⅰ式　2.F型Ⅱ式　3.F型Ⅲ式　4.G型Ⅰ式　5.G型Ⅱ式　6.G型Ⅲ式　7.G型Ⅳ式　8.G型Ⅴ式　9.G型Ⅵ式　10.H型Ⅰ式　11.H型Ⅱ式　12.H型Ⅲ式　13.I型Ⅰ式　14.I型Ⅱ式　15.I型Ⅲ式　16.J型Ⅰ式　17.J型Ⅱ式　18.J型Ⅲ式　19.J型Ⅳ式　20.J型Ⅴ式　21.J型Ⅵ式　22.K型Ⅰ式　23.K型Ⅱ式　24.K型Ⅲ式　25.K型Ⅳ式　26.L型Ⅰ式　27.L型Ⅱ式　28.L型Ⅲ式

四，8）。

G型Ⅵ式　甲片呈马蹄形，片形与G型Ⅳ、Ⅴ两式基本相同，但片体略窄长，亦有少量片形较大者。甲片长4.2、宽3厘米，重10克左右；片上开8孔，其分布情况为上部圆边处并列两对横孔，两侧边各有一对纵孔，下部平边处无孔，计有73片（图四，9）。此式甲片左右为麻绳编连，但其片上四孔保留有丝带上下编缀的痕迹。

H型　是一种椭圆形铠甲片，此型甲片根据片形、大小和开孔等情况，可分为3个不同的式别。

H型Ⅰ式　甲片呈椭圆形，周边抹圆片形较薄而平直，正面微凸起。长4.9、宽4.1、厚0.1～0.12厘米，重14克左右。片上开8孔，孔径0.2厘米，上下两端为一对横孔，两侧各有一对纵孔，下端无孔。计约5片，推测为铠甲之肩部甲片（图四，10）。

H型Ⅱ式　椭圆形甲片，其片体形状及大小与H型Ⅰ式相同。片上开8孔，上下两端为一对横孔，两侧各有一对纵孔，孔径0.2厘米，亦有个别甲片下部孔眼特大达0.35厘米者。此式甲片计有37片，为铠甲之肩部甲片（图四，11）。

H型Ⅲ式　椭圆形甲片，片形较H型Ⅰ、Ⅱ两式略小，但片体较厚且向外凸起，与其他片型不同的是其甲片表面四周有一圈微凸的附边。片长4.5、宽3.4、厚0.2～0.22厘米，重13克左右。片上开8孔，孔眼分布同H型Ⅱ式，计有37片，为铠甲之肩部甲片（图四，12）。

I型　甲片是一种片体呈小刀状的小鱼鳞形甲片，此型甲片根据片形的不同分为3个式别。

I型Ⅰ式　片体呈马蹄形，上端双角抹圆，下边平直，表面平直。甲片长3.25、宽2.5、厚0.1～0.15厘米，重4～5克。片上开8孔，其孔眼分布情况为上端圆边中部1对上下纵孔，下端平边为1对横孔，两侧边各有1对纵孔，孔径0.2厘米。此式甲片数量较少，推测为铠甲前、后身甲之中片（图四，13）。

I型Ⅱ式和I型Ⅲ式　这两式甲片的片体、大小、开孔数量和位置等特征均同于I型Ⅰ式，但片形较为特殊为甲片下端一角抹圆略呈小刀型，这两甲片实际是由I型Ⅰ式简化而来，为I型Ⅰ式甲片上端左角或右角未剪切抹圆者，因此I型Ⅱ、Ⅲ两式甲片抹角处左右相对，其中I型Ⅱ式为上端左侧抹圆者（图四，14），I型Ⅲ式为上端右侧抹圆者（图四，15）。在使用时，I型Ⅱ式右侧直边被压于另一甲片下，为铠甲之左半身甲片；I型Ⅲ式则与之相反，为右半身甲片。

I型甲片为一领小刀型鱼鳞铠甲，出土时三式甲片混杂一起，因残碎较为严重而未能详细划分，故合并统计，此型甲片总计有较完整者约2500片，残片约有1000片，合计约3600片，总重量约19300克。此型甲片均为麻绳编缀痕迹。

J型　甲片是一种呈槐叶状的小鱼鳞形铠甲片，根据甲片的形状、开孔等特征共分为6式。

J型Ⅰ式　甲片基本为上平下圆呈槐叶形，表面微凸，形制及大小不整齐划一，片形亦有近似椭圆形的。长2.4～3.1、宽1.75～2.3、厚0.1～0.18厘米，重3～4.5克。片上开10孔，顶角各1孔，上端居中在顶角孔下部有1对纵孔，两侧边各一对纵孔，下端居中一对纵孔，孔径0.2厘米。（图四，16）

J型Ⅱ式　片形及大小与J型Ⅰ式相同，规格较为杂乱，基本片形亦为槐叶形，不规则的近圆形和椭圆形甲片较多；片上开8孔，孔眼分布略同于J型Ⅰ式，其甲片上部仅比J型Ⅰ式少1对纵孔；此式与J型Ⅰ式均为小鱼鳞甲之身甲用片（图四，17）。

J型Ⅲ式　片形大小、规格与J型Ⅱ式略同。片上开8孔，上下端各有1对横孔，两侧边为1对纵孔。此式甲片为小鱼鳞铠甲之甲裙用片（图四，18）。

J型Ⅳ式　甲片呈槐叶形，片长2.9、宽2.5、厚0.1～0.12厘米，重4.5克。此式片上开6孔，孔径0.2厘米，孔眼分布略同于J型Ⅲ式上部，而平边处缺少1对横孔。此式甲片为小鱼鳞铠甲可伸缩之披膊用片（图四，19）。

J型Ⅴ式和J型Ⅵ式　这两式甲片的片体略呈半月形，左右相对，片上开7孔。此式实际是由J型Ⅰ式简化而来，为J型Ⅰ式甲片剪切一侧边而成，其中J型Ⅴ式为剪切右侧边者（图四，20），J型Ⅵ式为剪切左侧边者（图四，21）。此式甲片数量较少，推测为小鱼鳞铠甲之身甲襟边的特殊补边甲片。

J型小鱼鳞形各式甲片共计有2000余片，总重量8500～9000克。此型甲片基本为麻绳编缀，唯J型Ⅳ式披膊甲片左右横排为麻绳编缀，而正面上下纵向连缀处有丝带痕迹。

K型　甲片是一种片体较为特殊的中型铠甲甲片，根据甲片的形状、开孔等特征共分为4式。

K型Ⅰ式　为一小型的马蹄形甲片，其片形与G型Ⅳ式基本相同，唯片体较小。此甲片长3.5、宽3、厚0.15厘米，重6～8片；片上开6孔，孔眼分布同G型Ⅳ式。此式甲片数量计约300片（图四，22）。

K型Ⅱ式　片形大小、规格与K型Ⅰ式略同。片上开8孔，孔眼分布同G型Ⅱ式，为上、下端各1对横孔，两侧边各1对纵孔（图四，23）。

K型Ⅲ式　甲片略呈长方形，四角抹圆。长3.4～3.8、宽3～3.15、厚0.1～0.12厘米，重7.5～11克。片形变曲较为特殊，其片体表面中部下凹，两端上卷，片上开8孔，孔眼分布同K型Ⅱ式，孔径较小0.12～0.15厘米（图四，24）。

K型Ⅳ式　片体四角抹圆略呈椭圆形。甲片大小、开孔同K型Ⅲ式。该型甲片的弯曲较为特殊，其片体表面中部凸起，两端上卷（图四，25）。

K型Ⅱ、Ⅲ、Ⅳ三式甲片数量均较少，其中K型Ⅱ式可能为铠甲在使用中的后补配甲片，而Ⅲ、Ⅳ两式则为铠甲某部位的特殊用片。

L型　甲片是一种呈细长方形的特殊铠甲甲片，甲片均采用麻绳编缀，为连接小型鱼鳞形铠甲之肩部甲片。根据甲片的形状、开孔等特征共分为3式。

L型Ⅰ式　甲片呈长方形，片体瘦长，甲片四角抹圆，片形较平。长4.5、宽2.5、厚0.1～0.12厘米，重6～7克。片上开12孔，孔径0.2厘米，其孔眼分布为上、下长边各有2对横孔，右侧边2对纵孔，左侧边无孔。此式甲片可辨者计有19片（图四，26）。

L型Ⅱ式　片形、大小略同于L型Ⅰ式。片上开6孔，其孔眼分布为长边各有两对横孔，一侧边有1对纵孔。此式甲片与L型Ⅰ式合计统计数量有90余片（图四，27）。

L型Ⅲ式　片形略同于F型Ⅰ式，甲片一边两角抹呈半舌形。长4.1、宽2.5、厚0.1～0.12厘米，重约6克。片上开12孔，其孔眼分布为上、下长边各有2对横孔，两侧边各有1对纵孔。此式甲片计有20余片（图四，28）。

以上各型甲片的大小尺寸、数量等具体数据详见表一。

此外，在同一型式的甲片中，往往还包括一些大小略有差别、型式相似、以及一些用于特定部位的异形甲片，为避免甲片型式划分过于繁杂，对于这些甲片不便细分，而在铁甲胄复原中另作说明。

四　楚王陵铁甲胄的复原研究

（一）铁胄的复原

经过对楚王陵出土铁甲片的型式辨别和精心捡选，首先从大量散乱铁甲片中，分离出铁胄的甲片，经分析应为两顶造型相似的铁胄。其胄体片形新颖别致，然而甲片的土垢及锈皮较厚，致使甲片上的开孔多不明显。胄的顶部甲片已残破，拼合后仍缺损严重，其片体上的开孔亦模糊难辨，因而是借助拍摄的X光片，并经复原才得以查明真相，其他甲片亦是如此。之后进一步根据甲片的形貌、开孔等特点，以及甲片上保存下来的叠压关系和丝带缀连痕迹，经反复考证，从而确认出各相关甲片之间的上下、左右排列组合关系和缀合方式，并做出最后的复原方案，在此基础上，将其中的一顶铁胄进行了修复，另照此复制出模型，以供观赏和研究。

楚王陵出土两顶铁胄的形制基本相同，仅在尺寸上有一些较小的区别。铁胄外观整体如"风"字形，或可称之为风字形胄。全胄由胄体和垂缘两部分组成。

胄体如覆钵形，顶部似一覆盘，其下连体呈筒状，前部开一近方形、口边向外卷曲的"窗口"，从中显露出人的面部五官，以便于观察、呼吸和语言等信息传送。垂缘连于胄体下沿，略呈下大上小的喇叭形，垂缘的甲片可以上下缩伸。该铁胄戴于头上，除面部之外，对头颅、颈项及肩部，均起到有效的防护作用。

铁胄的结构：胄体可分为上段的顶盖和下段的主体两部分。

1. 胄顶的复原

胄顶由13片组成，顶心是一个表面微凸的B型圆形甲片（图三，1），此甲片中心设1孔为系缨而开；周边均匀分布12孔，以便与顶心之下的12个胄顶周围甲片连缀；该顶心甲片在周边孔之内圈又开12孔，各与外圈孔呈三角形间隔错开，这些孔除辅助外圈孔作甲片间的缀合外，其内、外圈孔间的丝带在外观上还起到很好的装饰作用，铁胄的其余甲片亦均用丝带连缀，效果与此相同。与顶心甲片相连的是12片上窄下宽近于梯形的C型圆弧形甲片（图三，2），胄顶形似分瓣的瓜皮，C型甲片上开9孔，其顶端上1孔与胄的顶心甲片周边之孔相连，两侧边各2孔，为各片间横向组合而开，据横向叠压痕迹判断，此12片的编排次序，为自正前向两侧后依次叠压。

2. 胄主体的复原

铁胄主体是由35片D型甲片（图三，3～9），分作3排组成一个筒形，其前部以D型Ⅲ、Ⅳ、Ⅴ、Ⅵ、Ⅶ式甲片等五式计8片巧妙地形成前脸的"窗口"，连结两侧后的18片D型Ⅰ式和9片D型Ⅱ式甲片，组合为一体。甲片的横向编排方式是分别由前向两侧后叠压，纵向甲片自上而下顺向叠压。

胄顶和胄体上下相连，形成一个近于覆钵形的胄主体。

3. 胄垂缘的复原

垂缘由E型Ⅰ、Ⅱ、Ⅲ式等三式甲片（图三，10～12）计72片组成，与胄体相连而形成完整的胄。垂缘甲片分为上下3排，其上部的两排使用E型Ⅰ、Ⅱ两式甲片，每排24片，第1排甲片较窄小为E型Ⅰ式，第2排甲片较大为E型Ⅱ式，编成横排后圈成一个环形，第3排使用24片E型Ⅲ式甲片，亦编作一个环形圈，而后将3个圈缀合成自下而上可以缩合的垂缘。各圈甲片均自前向后顺次叠压。垂缘的最上一圈甲片，通过每片上端的1对横孔，与胄体下圈甲片上部的两对横孔以丝带相连缀，第二、三圈上下孔亦以丝带作装饰性连缀，第三圈甲片的下半部有丝织品包边痕迹，垂缘底边用丝绸包边后使铁胄既实用舒适且美观。

至此完成胄铁上使用甲片的全部复位。全胄用片分作四型10式，共120片（表一）。复原后的楚王陵铁胄造型，使得人们对辨明狮子山楚王陵从葬兵马俑坑出土的车兵甲胄俑头上所戴"风帽"属于铁胄的认识[4]，有了一个非常形象的实物印证。

表一　楚王陵铁胄复原用片表

型　式	部　位	数　量	型　式	部　位	数　量
B型	顶心	1	D型Ⅵ式	下颏	1
C型	顶片	12	D型Ⅶ式	左右颊	2
D型Ⅰ式	胄体1、2排	18	E型Ⅰ式	垂缘3排	24
D型Ⅱ式	胄体3排	9	E型Ⅱ式	垂缘2排	24
D型Ⅲ式	左额角、右腮	2	E型Ⅲ式	垂缘1排	24
D型Ⅳ式	右额角、左腮	2		共120片	
D型Ⅴ式	前额	1			

（二）铁札甲的复原

札甲是由身甲、盆领、肩、披膊、甲裙五部分组成。札甲的主体甲片特点很明显，均呈长条形，比较容易从与其他甲胄混杂在一起的散乱甲片中区分出来。因札甲甲片的片体较长，腐蚀后易折断，故破碎情况严重，片形又多近似，因而较难拼合，以致分型分式工作难度很大。除主体甲片之外，盆领甲片、肩甲片、披膊甲片和甲裙甲片的片形、开孔等亦各具特点，具体工作步骤安排如下。

首先从散乱甲片中提出较完整的札甲片，经过比较区分出不同的型式，选出典型甲片并作好统计，然后，将其余可辨认的残碎甲片进行分析观察与记录，继而将其中残断的头尾片体提选出来，并以此为基础进行残片的拼对，而后统计数量，加以比较，以数量多者为准，作为统计片数的依据，再根据甲片上端的形态（如平、斜、弧等形状），并结合甲片开孔的布局特点、以及甲片的宽度、残存长度、薄厚等情况，尽量判明其所属片型，不确认者作为不明片归类，通过称重作为复原时参考。进而测量全部残片的长度（均以纵向中轴线为准），依中段的长度不同，推出其所属型式界限，辅以X光拍片识别的开孔布局情况，确认残甲片的所属型式。

观察与记录甲片上的缀连痕迹、包边衬里等情况，判断其使用材料与缀合方法、包衬方法，以侧边横连孔为线索，结合片形及长短、典型拼合块等信息，探索其横向编排规律，全部摊开，确定各型甲片的所属部位，根据所掌握数量，对甲片作进一步的组合推敲及调整，解决身甲与盆领的形制。从对其余零散甲片加以综合分析之中，认定出札甲所属肩部甲片、披膊甲片及裙部甲片。依据对甲片的典型块及零散片上的种种线索，判断其组合排列方式，结合掌握的一般规律加以验证，做出各部的复原，进而作总体上的综合，并完成全甲的复原。

1. 身甲的复原

札甲的身甲片形多为上平下圆的长条形甲片，少量甲片顶端呈斜线或弧形（图二，1～9）。札甲片体的长与宽之比悬殊较大，最小者也在3：1左右，大者可达6：1。身甲片上的开孔颇有规律：顺两侧连的开孔多为对称的3对，体短者则设两对，为甲片间横向编排之用，有时由于所在位置的特殊要求，为便于长短不一的甲片横向编连，其侧边的开孔上下错位并不对称（如A型Ⅲ式甲片）。此外在片体的中部，还常另加一对纵孔，是专为横向组合时加强而设。片上的两端开孔，为甲片纵向缀合而设，其底端居中者为纵列2孔；顶端居中者多有变化，处于前后身最上排以及中排者皆为1对横孔，处于最下排者皆为1对纵孔，处于两肋下的单一横排之顶端均无开孔。

身甲甲片上多保存有麻绳编连痕迹和甲片组合时各侧边及两端上的叠压痕迹，有一些经过捡选和拼对，还确定了其当初的具体相对位置，据此得以了解各类甲片间的排列组合关系，通过对典型块的反复核定，辨认出属前身1排左半身、2排左半身、后身1、2、3排及左肋下残块准确定位。再结合其形状及数量进行推算。最后复原出的身甲为前身纵向2排，后背纵向3排，两肋横向1排，左肋下与前后身连接，右肋下为开合口。所有甲片，纵列上排压下排，横排自前胸当中向两侧后依次叠压。共用A型甲片9式，合计112片。

2. 盆领的复原

盆领分作后领和与之连接的左右两侧领片，所属甲片的形状，为较短的长条形，长宽比例约为2：1。片上的开孔数量与布局情况大体相同，只为便于包边，在两侧领片之顶端增开了2孔，其余均分别在两侧边开2对纵孔，当中的上下部各开的1对纵孔，是为横向编排及与后背、两肩连缀而设（图二，10～13）。

后领横排上的甲片，上平直或斜直，下端圆弧形，当中低而两头高，两侧领则等高，而上边平直，甲片的排列顺序是自两前端向两侧后叠压至后领当中会合。在领片中，通过拼对和叠压痕迹的分析，大多确定出原来的相对位置，个别残缺片，是根据对称关系的补缺而予以复原。

复原后的札甲盆领略呈"凵"形。后领由1片A型Ⅺ式甲片和A型Ⅻ、ⅩⅢ两式各5片共计11片组成1个横排，下端连于后背的两边；左右两侧领与后领的两侧相接向前折转，每侧各由4片A型Ⅹ式甲片组成，其下端则与两肩后段之内侧相接。盆领共用A型甲片4式，合计19片。

3. 两肩的复原

组成札甲两肩用片确认为椭圆形8孔的H型Ⅲ式甲片（图四，12），数量为38片。从出土甲片上的痕迹表明其编排叠压方向是一致的，双排并列组合宽约8厘米，相当一般甲衣肩部的宽度，分为左右两肩，前后长度约23厘米。复原后的左肩为18片，右肩比左肩长出2片为20片，以便于通过别扣与前身搭接。

4.披膊的复原

札甲披膊使用甲片选定为F型Ⅰ、Ⅱ两式（图四，1、2）。其依据是在片形上与身甲片配合比较谐和，与同时摘选的H型Ⅲ式肩片及G型Ⅳ、Ⅴ两式甲裙用片较为匹配；从其孔眼上判断，6孔与8孔配合，组成为上下缩合的活动式结构。关于札甲披膊的形式，从统计数上分析，这些甲片共有260余片，远不足以构成筒式甲袖，仅具组合左右披膊之量；另从狮子山楚王陵从葬兵马俑坑出土陶俑所穿铠甲亦可辨明为披膊造型。

披膊复原按左右对称配对，参考甲片上分为左向和右向叠压的状况，复原结果为每侧披膊上用片132片，横排为11片，自当中向两侧叠压，纵列12排，自下而上叠压。两侧共用片264片，与统计片数大致符合。披膊顶排片与肩之外侧相接，并缀及后背。

5.甲裙的复原

如前所述，据片形、数量及开孔情况，甲裙片选定为G型Ⅳ、Ⅴ两式甲片（图四，7、8），此类甲片的出土统计数量为465片，其中以6孔片为主，组成甲裙的主体，定为8排，每排60片，8孔片安置在最下1排，按甲片保存叠压迹象，确定为自前向两侧后叠压的次序编排，与身甲保持一致，并设右肋下为开合口，全裙共用甲片480片，并使其顶排与身甲底排相接。

经复原研究，此札甲共用甲片四型18式，合计891片，见表二。复原后的札

表二　楚王陵铁札甲复原用片表

型　式	部　位	数　量	型　式	部　位	数　量
A型Ⅰ式	前身2排、后身3排	38	A型ⅩⅠ式	盆领后领中片	1
A型Ⅱ式	肋与身连接(一)	2	A型ⅩⅡ式	盆领后领左部片	5
A型Ⅲ式	肋与身连接(二)	2	A型ⅩⅢ式	盆领后领右部片	5
A型Ⅳ式	肋与身连接(一)	2	F型Ⅰ式	披膊主片	220
A型Ⅴ式	肋与身连接(二)	2	F型Ⅱ式	披膊底排片	22
A型Ⅵ式	后身2排	19	G型Ⅰ式	甲裙主片	420
A型Ⅶ式	前身1排	15	G型Ⅱ式	甲裙底排	60
A型Ⅷ式	两肋主片	15	H型Ⅲ式	左右肩片	38
A型Ⅸ式	后身1排	17			共891片
A型Ⅹ式	盆领左右两排领片	8			

甲在其整体形制上与呼和浩特二十家子古城出土西汉铁札甲较为相似，但楚王陵铁札甲为右开襟，而二十家子西汉铁札甲为前胸对开襟[5]。

（三）大鱼鳞形铠甲的复原

在特定历史条件下，铠甲均是按一定规格制作的，在不同种类甲衣上，甲片的造型和数量配置上会显示出时代风格，能给人们一种谐和的感觉。在对楚王陵甲片不断深化的整理过程中，是凭着这种感觉，将大鱼鳞甲所属甲片从一堆杂乱无章的散乱甲片中分离出来的，其中包括主要的G型甲片中的Ⅰ、Ⅱ、Ⅲ三式和H型Ⅱ式、K型Ⅰ、Ⅱ两式，以及以上型式甲片衍生出来的一些异形片，共有7种型式。经过多番考察，继而对铁甲每个局部的恢复，最后综合为全甲复原。以下逐一介绍：

1.身甲的复原

据以往发现的汉代鱼鳞甲资料，可确认楚王陵出土的G型Ⅲ式甲片具有典型的鱼鳞甲特征，其片体近似马蹄形，上平下圆，片上设8孔（图四，6），按上下左右4对分布于四边的中部，唯片体较大，故名大鱼鳞甲片，由其组成甲衣的主体身甲，而称之为大鱼鳞甲。

G型Ⅲ式甲片在制作工艺上较为规范统一，统计数量在400余片，其组合面积达半平方米左右，已可组成一领铁甲的身甲用片。

在对G型Ⅲ式甲片的整理中得知，其中甲片的横向编排方式基本有两种，一是自右往左依次叠压，二是自左而右的叠压，由此判断它们分属于身甲上不同的左右两个半身部位。

从甲片上保存的连缀痕迹分析，甲片的组合顺序是：按设计程序先分别组成横排，而后纵向将横排加以缀合，从而形成相对固定的板块状结构。

由于此批甲片均已被扰乱为零散片，很少左右相连者，更无表明该甲衣在穿服使用时是前胸对开襟还是一侧开身形式的直接证据，从而给身甲形制的确定造成很大困难，后来根据对其甲裙的复原，才排除了前胸对开襟的形制，并最终敲定了此甲属于右侧开身的形式。这种甲衣与西汉齐王铁甲开襟形制是一致的[6]。

经反复的测算和调整，从而制定出大鱼鳞甲的身甲复原方案：

前身纵列13排，自上而下顺序叠压，每排11片，自当中向两侧叠压，计用甲片143片。

后身略长，纵列15排，每排亦为11片，甲片纵列的组合同于前身，横排则是自两侧向当中叠压，计用甲片165片。

左右两肋下部结构甲片，纵列均为5排，与前后身的下段相接，并与身甲底边取齐。左肋部分各横排甲片为9片，自左向右叠压，计用甲片45片。

右肋下分前后两组，形成可以开合的搭接口，前组横排3片，后组横排8片，均使甲片从右向左叠压，合计用甲片55片。

以上身甲共计使用甲片408片，略少于出土G型Ⅲ式统计片数18片，关于这些多出的甲片，复原后观察发现身甲两肋处的空隙比例过大，经排对两肋甲片每排为20片，如将这些剩余甲片归入两肋处，使左右两肋上部甲片各增加1排，而为纵列6排形式，则身甲比例和甲片使用更为合理。

2.甲领片的归位

在甲片整理中，捡选出9片与G型Ⅲ式甲片宽窄相当，其下部亦为圆弧形，但上端平斜不一，并向前呈卷沿状的异形甲片（图五，1～9），这些甲片上的开孔情况及缀合痕迹，虽多模糊不清，经综合辨明片上的孔眼，为左、右两侧和下部各一对纵列孔，而片上部贴近卷沿处开孔数一、二不等，且孔径较小。9个甲片多有残损，从其上的叠压痕迹分析，反映出一种特殊的横向编排的规律，即当中1片较短，两侧各4片略长的甲片叠压，自左而右以1～9的顺序编排，顶端形成中间低两边略高的弧形，且边缘向外翻卷，据此形态再结合甲片的宽度和孔眼的设置，推断应属于领口部位，而其从当中向两侧叠压的编排情形，与身甲顶排甲片的排列完全吻合，因而推定为甲衣之领，甲领具有护卫脖颈的功能，其外卷口沿则为使用时穿着舒适。

3.两肩的复原

大鱼鳞身甲的肩部甲片是一种呈椭圆形、并与其身甲片长短、宽窄非常接近的H型Ⅱ式甲片（图四，11）。该甲片与被确认为札甲肩部的H型Ⅲ式片相似，但片体略大。此类甲片包括一些残碎片在内，统计数字仅有30余片，适宜复位于肩部。据片上的叠压痕迹，表明其全部的编排组合方式为并列向同一方向叠压的结

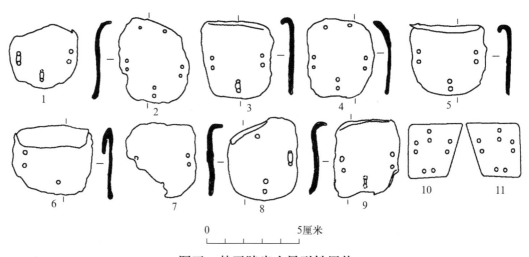

0　　　　　　5厘米

图五　楚王陵出土异形铁甲片

1～9.A组（大鱼鳞甲甲衣领片）　　10、11.组（2号小刀形鱼鳞甲下摆两侧开口处边缘用片）

构。按照甲衣右开身的格式,左肩每排8片,双排计用16片,连接于前后身的顶排左边;右肩则每排10片,双排用20片,其后端与后背顶排右边连定,前端保持与前胸开合形式。两肩甲片组编一律由后向前叠压,总数为36片,与整理统计片数相当。

4.甲裙的复原

在众多的可组编为缩合结构的6孔甲片中,唯有G型Ⅰ、Ⅱ两式甲片(图四,4、5)与身甲片的大小、形态和数量相适应,故将G型Ⅰ式确定为大鱼鳞甲的甲裙主体用片,而将8孔的G型Ⅱ式甲片复位于甲裙的最下一排,其下部2孔主要起着甲片纵向编绳下延的装饰作用。从G型Ⅰ、Ⅱ两式甲片的统计数量比来分析,前者为159片,后者为64片,大体接近3比1倍数的比例关系。

经调整,确定甲裙的方案为:以G型Ⅰ式甲片组编为4个横排,每排42片,甲片的叠压次序与身甲下部相一致,与之相连的最下一排取用G型Ⅱ式甲片,片数及横排组编方法与G型Ⅰ式片同,其下部多出的2个横孔为包边之用。五个横排编出之后,自下而上逐排累加,缀合为整体甲裙,然后与身甲互相连接。甲裙使用甲片总数为210片。

5.披膊的复原

此甲的披膊用片,经通盘考察和总体协调,确认起用K型中的Ⅰ、Ⅳ两式甲片(图四,22、25),K型Ⅱ式(图四,23)作为K型Ⅳ式的补配。以上用片皆能组成纵向的缩合结构,片体略小,用于披膊比较灵活。

披膊复原方案是:左右对称,每侧横排甲片数为13片,由当中分别向两侧叠压,纵列甲片10排,自下而上逆向叠压。上面9排用K型Ⅰ式甲片,下面一排用K型Ⅳ式甲片,左右侧披膊各用甲片130片,共计260片。

大鱼鳞甲复原后计用三型7式及一些异形甲片共923片,各型甲片使用情况详见表三。

表三　楚王陵大鱼鳞复原用片表

型式	部位	数量	型式	部位	数量
G型Ⅲ式	身甲	408	K型Ⅰ式	右披膊主体	117
G型Ⅳ式	裙主体	168	K型Ⅱ—Ⅳ式	左披膊下排	13
G型Ⅴ式	裙下排	42	K型Ⅰ式	右披膊下排	13
H型	左肩	16	异A组		9
H型	右肩	20			共923片
K型Ⅰ式	左披膊主体	117			

大鱼鳞甲各部位组合关系和复原展开形态（图六、图七）的铁札甲复原展开示意图（以下小鱼鳞甲亦基本相同）。大鱼鳞甲各局部复原后，加以总体组合，另据出土片上的痕迹，附加皮革及丝织品的包边和衬里，整体形象（图八）。

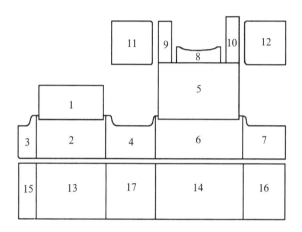

图六　楚王陵铁札甲各部份分块展开示意图

1.前胸　2.前腹　3.右前肋　4.左肋　5.后背　6.后腰　7.右后肋　8.后领　9.左肩　10.右肩　11.左披膊　12.右披膊　13.前甲裙　14.后甲裙　15.右前甲裙　16.右后甲裙　17.左甲裙

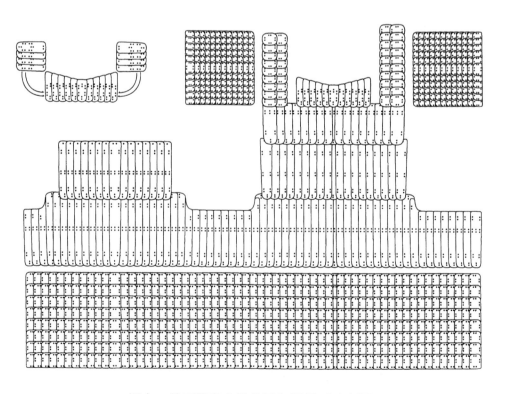

图七　楚王陵出土铁札甲复原展开示意图

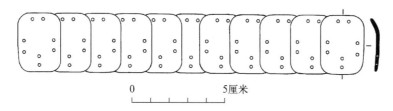

图八　楚王陵 2 号小鱼刀形鳞甲后领复原图（异形 C 片）

（四）一号小鱼鳞形铠甲的复原

此甲甲体由多量相对小型甲片组成，其上甲片排列外观如鱼鳞状，故名小鱼鳞甲。

在众多的零散甲片中，唯此甲保存的局部残块较多，因而复原的依据较充分，构成此甲各部位的甲片型式，经区分计有7种。

J型Ⅱ式甲片的片体较窄长，上平下圆，上开8孔，其下端为1对纵孔，是组成身甲的主体用片，其中多数加工规整，少数片大小不等（图四，17）。

J型Ⅰ式与Ⅱ式甲片相似，上开10孔（图四，16），数量较少，或属于身甲部位维修时的补配片。

J型Ⅴ式与Ⅵ式是专为补齐身甲侧边的甲片，片上开有7孔，为J型Ⅰ式剪切改制而成，数量颇少（图四，20、21）。

J型Ⅲ式甲片的片形与J型Ⅱ式相似，上开6孔，确定为甲衣肩部组合用片（图四，18）。

J型Ⅳ式片形上圆下平，上开6孔，是组成甲裙和披膊的基本用片（图四，19）。

L型Ⅰ式片形近长方形，上开12孔，是甲裙顶排与身甲底边连接的中间一排过渡片（图四，26）。

不同型式的甲片，一般均按特定的方法相连缀，构成甲衣的不同部位。有些大小形状略有区别的同一型式甲片，可能是随身形体位的变化而有意加工的，有的或出于加工不规整所致，也有是在铠甲修整时随手取其他残甲片补配上去的，甚至在补配甲片时，用不同型式的甲片加以顶替，以上情况在此领小鱼鳞甲上表现比较突出。

以下具体介绍此甲所属各局部的复原。

1.身甲的复原

身甲的复原，当以发掘现场发现的一大块残甲为主要依据。此部分甲片均属J型Ⅱ式，从上往下重叠分作5层，甲片排列多较整齐，部分则有散开错位。通过逐层的清理、绘图、拍照、记录，并逐片编号提取，妥善收存，最后复原出这些甲片在身甲上的所在位置。

第一层清理：此层甲片总数176片，基本保持着原先的排列顺序。自上而下分为14排，每排上的甲片数多寡不一，少者7片，最多者达18片。甲片组合的方式：纵列上排压下排，横排甲片由当中向两侧叠压，表明此局部按常规属于甲衣的前身，其左侧略有残缺，右侧的一部分甲片向下卷曲。逐片贴号依次取下后继续清理第二层。通过此层的清理，因前胸无对襟开口，从而确定了此甲衣为右侧开身形制。

第二层清理：本层上端有两个小局部有错位现象，其中1块经扰动被翻转为背面朝上。二层主体甲片排列情况保存较好，纵列甲片仍为上排叠压下排，横排甲片则一律由左往右叠压，表明此残存局部属于甲衣的左半身，其左侧已残，右侧向下方卷曲，上下现存11排，排上片少者4片，多者16片。连同被扰动错位之小块，此层甲片总数为199片，编号标明后顺序取出收存。

第三层清理：甲片仍为正面朝上，纵向保存8排，自上而下顺序叠压，横排各片一律由右向左叠压，片数少者2，多至10片不等，片数共计59片。据一般规律判断，此层残部属甲衣的右半身。本层左侧已残，右侧向下折转，形成与之相连背面朝上的第四层。三层甲片排列情况作了复原，编号取出后继续下层工作。

第四层清理：此层较为简单，其编号与三层相连片接续编下来，按甲片的排列情况，仍确认为甲衣的右半身。计有甲片6排，合计34片。

第五层清理：第四层片贴号记录取出后，显露出最下面的第五层，此层背面朝上，其右侧与第二层右侧卷曲下来的片相连，但多已松散错位，经仔细辨别，最后查明两层的连接关系，此层甲片的排列不很整齐，反复观察分析后，辨识出各横排上甲片由两侧向当中叠压的交点，计存有纵向6排，甲片47片，并予以复原。此层甲片用石膏加以衬托固定，仍如原状保存。通过第五层的清理，了解到甲衣后背的局部保存结构，并与第二层甲片连接成一块。

以上对由五层甲片合成的残块整理，使我们了解到，此甲在随葬时是卷成筒状放置的，由右后端为起点，按逆时针方向卷了三周，将甲衣前身卷到最外层的上面，压扁后本可自上而下分作六层，而今此卷的左侧、最下一层乃至上下两端已残缺，只保存了身甲上的一些局部，形成现有的五层。

此残块标本上保存着J型Ⅱ式主甲片22片，并配有J型Ⅵ式边片的原始组合。其纵向为4排，保存甲片个体的数量为第1排3片，第2排7片，第3排8片，第4排6片。从对面看，横排上甲片均由左向右叠压，表明属于左半身。

J型Ⅵ式甲片配编在第2、4两排的左侧边上，左侧边属于左半身的一个纵边，在甲衣上，仅有在后身上段所属后背局部的左侧，才可能出现这段纵边。其第3排上保存8片甲片，并不超出后背之中缝，据此两点，确定了此残块在甲衣上的具体位置。

除上述残块之外，还有一些身甲所属的小残块及散片，根据其中甲片的排列及叠压等情况，均作了适当的复位。

根据现存有关身甲甲片的数量统计，加以总体上的综合调整，最后提出甲衣的复原方案，其各部位甲片的数量及排列组合分配情况为：前身自上至下21排，每排23片；后身24排，每排25片；左肋下纵列10排，每排18片；右肋下前部与前身左下相连纵列10排，每排5片；右肋下后部与后背右下相连亦为10排，每排16片。以上身甲部分共用J型Ⅰ、Ⅱ两式甲片计1473片，与出土统计数持平。另外，根据楚王陵出土铁甲残块B44标本线索，将J型Ⅴ、Ⅵ、片加以补充，分配在前、后身上段的两侧边凹进处。

2.两肩的复原

在甲片整理中，检选出3块较小的残块，均由J型Ⅲ式甲片所组成，被认定为小鱼鳞甲肩部的残存。主要原因有二：其一，片型和大小与身甲片相似，二者用于同一领甲衣之上颇为顺遂，其二，甲片的组合结构符合两肩的形态。

标本B49由J型Ⅲ式甲片以6片为一横排，纵向残存3排，保存有18个片体。其一端完整为顶端，两侧亦已至边，并有丝织品包缝的迹象，纵向3排呈拱形，正面为丝织品覆盖，背面麻绳缀合痕迹清晰，其横排甲片一律由一侧向另一侧叠压，纵向则是由残端向保存完整的一端叠压，按汉代甲衣上两肩甲片自内向外叠压的常律推测，此残块的所在部位，若非右肩的后部，必属左肩的前部。

另一标本B50情况与第一块相似，仅保存有两排甲片，数量为12个片体，排列方式相同，也呈拱形结构。判断此块标本所属部位与第一块相同，但二者不可能同在一个位置上，必然一属左肩前，另一属右肩后。

还有一块标本仅残存肩部中段前后相连的一侧，计有10个片体，甲片的叠压关系不同于前两者，而是当中一排压在前后邻排片上。依此判断此残片属于左肩或右肩的中段，其重要性在于，使我们了解到呈拱形的两肩上甲片纵向叠压的组合方式。

通过对以上3个肩部残块的分析，结合其他一些J型Ⅲ式零散甲片的数量统计，做出对两肩的复原方案是：两肩的宽度约合9厘米，由6片甲片组成，左肩与前胸和后背的顶排左边相连，定为纵向8排，由48片甲片组成；右肩的后端与背部右边相连，其前端与右胸的右边呈开合形式，因需要搭接一段，故纵向定为9排，由54片甲片组合而成。两肩共用J型Ⅲ式甲片102片，按特定的方式排列。

3.披膊与甲裙的复原

构成披膊与甲裙的用片，同为下平上圆开有6孔的J型Ⅳ式甲片，主要从片形、大小、开孔及身片和谐性等因素来确定的。据区分和统计，其数量在709片左右。其横排组合，分为向左和向右两种叠压方式，而纵向的连缀，均为下排叠压上排，组成可以伸缩的活动结构。许多片已零散残破，但有些尚保持着原来排列方式的残块，为复原留下了非常重要的信息。

在残块中保存最大的一块纵向有9排上下相连的J型甲片，并向上收缩紧紧地聚合在一起，而且横向卷曲为弧形，各排上的甲片一律由左向右叠压，保存的数量，少者8片，多者达11片，总合为82片。

最下一排有丝织品包边的痕迹，表明此排已达底边，从而限定了甲片纵向连缀的排数。从对此块横排上甲片最高的数量分析，由于组合后的尺度过宽，基本否定了属于披膊上残块的可能，而可确认为甲裙的残存，且属甲裙的左半身。在此残块顶排之上，还连接着一个L型片的横排，当属与身甲相连接之间的过渡甲片，其横向编排的方式与其下者相同。

另外还有两个很小的残块，前者保存4排，其上残留甲片10片，后者仅存3排，残留甲片7片。甲片的型式、组成及编排方式与前述最大残块基本相同，唯横排甲片均为自右向左的叠压次序，故可确认均属于右半身甲裙的残存。

如果J型甲片随身甲横向通编为齐整的9排，连接于身甲底排的J型Ⅲ式87片之下，共需783片之数，披膊之用片还有待安排，显然出土数量远远不足，因此下面的工作，首先应将披膊复原，而后再进行甲裙的推敲复原。

披膊复原　参考前面复原之肩部长度，每侧披膊先以J型Ⅳ式甲片15片组成各横排，自当中向两侧叠压。纵向按披膊一般长宽比例定为11排，而后将横排自下而上组合为可以缩合的结构。两侧共用甲片330片。

甲裙复原　以J型Ⅳ式统计总数709片，减去披膊用片后，仅余379片。鉴于从前段甲裙残片已知其局部纵向有9排之多，依此平均分配，每排只有42片甲片，仅够连于身甲下的一半，如此安排显然不妥。

参考陕西临潼秦始皇陵兵马俑坑出土高级军吏俑之Ⅰ、Ⅱ型铠甲形制[7]，以及秦始皇陵园K9801坑出土一类三型（T2G2）石铠甲之甲裙造型[8]，多为前长后短的形状，还有咸阳杨家湾出土一些彩绘兵马俑的甲衣[9]，亦表现为前后两片甲裙呈倒梯形格式。根据本甲裙片所存300余片之数，编排其所组成的甲裙可与之相仿，依据前述3残块所显示信息。经过反复调整，提出甲裙的复原方案如下：

以L型Ⅰ式甲片组成两个横排，数量为33和35片，作为身甲与甲裙相接的过渡。继而以J型Ⅳ式甲片组合为下排压上排的两组伸缩式结构，形成与身甲前后身对应的前后两甲裙。

前裙　最上1排33片，其甲片编排由当中依次向两侧叠压，自第2排起以下8排，两端各递减1片，至最下1排为17片，合计用225片。

后裙 定为5排，最上1排35片，自第2排起向下每排递减两片，合计用155片。

前后裙总计用甲片380片，与组成披膊后所余J型Ⅳ式甲片数量基本符合。

至此一号小鱼鳞甲片的组合结构复原方案，经过反复推敲全部完成。共使用两型7式甲片，总数计2398片，详见表四。另外，在甲片上还发现有皮革与丝织品包边衬里和麻绳缀合的痕迹。

表四 楚王陵1号小鱼鳞铁甲复原用片表

型　式	部　位	数　量	型　式	部　位	数　量
J型Ⅰ式与J型Ⅱ式	前身	483	J型Ⅲ式	右肩	54
	后身	600	J型Ⅳ式	左披膊	165
	左肋下	180	J型Ⅳ式	右披膊	165
	右肋下（前、后段）	210	J型Ⅳ式	前裙	225
J型Ⅴ式	身甲纵边配片	18	J型Ⅳ式	后裙	157
J型Ⅵ式	身甲纵边配片	18	J型Ⅰ式	前后裙与身甲过度片	68
J型Ⅲ式	左肩	48			共2391片

（五）二号小刀形鱼鳞铠甲的复原

在提出上述的铁胄、札甲、大鱼鳞甲和一号小鳞甲复原方案后，余下的甲片还有三千余片，这些甲片主要分为三种型式，由于它们的长宽尺寸和全部片上所开8孔的布局几乎完全相同，属于同一类型，其甲片的左右两边均为垂直相对，仅在一端的角上有所区别，因而将其划分为I型的Ⅰ、Ⅱ、Ⅲ三式。三者的区分在于：I型Ⅰ式为一端平直，另一端两角剪圆；I型Ⅱ式和Ⅲ式除一端平直外，另一端则对称地分别剪圆一角，另一方角则略微磨去尖棱，使甲片近似一个小刀形。至于此型甲片的上下方位确认，费了一番周折才得以解决，否则难以进行其纵向连缀方式的考察，甚至影响此甲复原的进程。这里主要是通过对其上下缩合的结构形式的查证，才得以明辨其平直的一端属于下端，起圆弧的一端因多作向上缩合，因而确定为甲片的上端。关于I型甲片的统计，由于其剪圆一端有的欠规范，致使圆头一端有时不对称，以及多数"刀形"片的尖角磨得多少不一致，而使Ⅰ式与Ⅱ、Ⅲ两式的区别不够分明，但它们之间统计数量的总比例，不会有大的出入，即I型Ⅱ、Ⅲ两式的数量均比较大，且占有近于平衡的多数。

值得注意的是，除I型甲片外，剩余甲片的典型残块上，还发现有少量与其相连的L型Ⅱ式甲片。

关于I型甲片组合后的形态，从许多残块上来看，在其伸长之后，表面同样形成一种鱼鳞甲的外观，故将其定为二号小鱼鳞甲。此甲身甲的特殊之处在于：其状如鱼鳞的圆弧一端朝上，而不是习见的朝下，这种形态，实为缩合式裙甲片的一种形态，这与唐宋以后的某些甲衣的身甲可以上下收缩的形式颇为相似。

1.典型甲块的具体分析

楚王陵出土B33甲块标本。该甲块标本残存有5排编联的I型Ⅱ式甲片计约50片，甲片的各横排自左向右叠压，纵向下排压上排，在甲片正面的上部连缀痕迹，与一般甲片上对应的一对对开孔处相同，奇特之处是在甲片下端两个横向孔的绳扣下，多出一段与之垂直相交的纵向绳迹，这段编绳从何而来？去向何处？颇令人费解，此残块的背面，也显露着一些不寻常的连缀绳迹。结合对其他一些同类残块的对比观察，并通过纸质甲片模型的反复试验印证，最后终于揭开了其缀合方法之谜。具体的操作是一律从底排的一端编起，通过片上全部8孔，一片一片地累加，组成一个横排，而后依此逐片往上续加，每排的组成，都是在组合中以麻绳穿过下部一对横孔之同时，与下排对应甲片组绳中部的一条纵向绳相勾通，从而完成上下排片以及同排邻片的连接。由于运用了此种缀合方法，出现了甲衣如同甲裙一样、可以上下伸缩的特殊结构形式。

标本B42残甲块由两种甲片组成，第1排为L型Ⅰ式甲片的4个残片组合，以下3排是由I型Ⅰ式片组成的，两种甲片连缀在一起，I型Ⅰ式甲片同于前述B33典型块的组编方式，即可以上下伸缩的结构。据深入的分析，此残块应属披膊的局部，各横排甲片自右向左叠压，当为披膊的右侧半边，其顶排的L型Ⅰ式则属肩部的残存。

标本B42由一组残甲片拼合而成，计有10片异形的I型Ⅱ式甲片，片上开8孔，片形特异之处在于甲片一端有翘边。片上的横向叠压痕迹表明，此10片是由两侧向当中叠压，此现象与一般甲衣后背甲片的编排相一致，故确认属于甲衣后部上端的一个横排，因有翘边现象，故判断属于此二号小鱼鳞甲之后领片。按其左右对称的常规，其右侧应缺失1片，后领补全后为11片，其横宽约18厘米，与一般后领口尺寸相当。

另有一小残块，纵向残存3排，每排3片，由I型Ⅲ式与另一种异形甲片组成。异形片为上宽下窄倒置斜梯形（图五，10、11），片上8孔与I型Ⅲ式上布局相同。3片异形甲片位于此残块的右侧，自成一个纵列，与左侧I型Ⅲ式甲片合编成相通的3个横排，最下一排3片底部的一对横孔的绳扣下，均保留有纵向编绳的残迹，证明下部并未收边，仍应向下延长。据各排甲片横向自左而右的叠压次序，可判断此残块属于左半身局部，且已至边。然而，在此领甲衣上，仅有在其下部的甲裙上，而且属于左半身处设有纵向开口的情况下，才有可能存在这种纵边的现象，并在甲裙的右半身，还应有与之对称的另一个纵边。

2. 二号小鱼鳞甲的整体复原

从对以上所选一些典型残块的分析，以及相关各甲片的全面考察和统计，大致归纳出下面几点：

（1）小刀形鱼鳞甲的甲衣主体，主要是由I型的Ⅰ、Ⅱ、Ⅲ三式甲片所组成；

（2）除I型之外，还有很少量的L型Ⅱ式、K型Ⅲ式和异形B组（图五，10、11）三种型式的甲片按特定需要而加工，作为辅助和补充，用于两肩，后领及甲裙边缘部位；

（3）许多身甲上的I型甲片，组编后形成纵列可以自由缩合的结构形式，然而，由于有不少甲片上的连缀痕迹保存得不很明显，因而不能排除此型甲片或有组合为另一种相对固定板块式结构的可能，这有待于作深一步的考察和验证。

鉴于以上的认识，依一般的甲片组合规律，将错乱的甲片加以推敲复位，形成甲衣上的各局部，并作进一步的综合和调整，最后提出一种不够完全成熟的整体复原方案。

二号小鱼鳞甲是一领右开身的连衣裙形制的铠甲，穿服使用时通过系带和别扣控制开合，身甲与甲裙上下贯通，可以向上收缩在一起，身甲部分当有皮革等衬里，甲裙后身设两道开口，有助于下身的灵活运动。此外配有肩、披膊和后领。其胸、肩、领口处当衬以较厚的皮革，一方面加强防护，另方面还对甲衣起着巩固和稳定作用。此外，关于这种二号连衣裙式的铠甲形制，可从楚王陵陪葬兵马俑坑中出土车兵甲胄俑的甲衣上得以印证。

经复原，二号小鱼鳞形铠甲共用甲片三型7种，总数3107片，详见表五。

表五　楚王陵2号小刀形鱼鳞甲复原用片表

型式	部位	数量	型式	部位	数量
I型Ⅰ式	前身中	39	异B′	左半身缝	16
	后身中	41	异B	右半身缝	16
	左披膊	262	L型Ⅱ式	左肩	20
	右披膊	262	L型Ⅱ式	右肩	22
I型Ⅲ式	左半身	1159	异B型	后领	11
I型Ⅱ式	右半身	1259			共3107片

五　楚王陵铁甲片的金相分析

为了解这批西汉铁甲的成分和制作工艺，我们在对楚王陵出土铁甲胄整理与复原研究的过程中，从各型式铁甲片中选取一组不同甲片样品，送请北京科技大学冶金与材料史研究所进行金相分析鉴定。经过金相分析，鉴定出楚王陵出土甲片是一种铸铁脱碳钢，铁甲片的加工制作工艺有两种：一是铸铁脱碳钢冷锻，其铁素体变形，晶粒间界有碳化物析出，含碳量0.1%～0.12%，晶粒拉长，为冷锻处理制成或再结晶温度下锻打成形。另一种是铸铁脱碳钢锻打，其晶粒大小不均匀，大者珠光体+网状铁素体，含碳量0.5%；小者铁素体+珠光体，含碳量0.2%，大小晶粒分界为一弧形区域，有长条状单相细小变形夹杂物排列成行，亦有大块未变形单相夹杂，系两块含碳量不同的钢叠合锻打在一起。关于楚王陵出土铁甲片的成分与制作工艺详见《徐州狮子山西汉楚王陵出土铁器的金相实验研究》[10]。这些采用铸铁脱碳钢冷锻和锻打加工工艺制作的铁甲片具有较好的防护质量，说明当时工匠对钢铁制品的认识已经达到了较高水平。

六　小结

狮子山西汉楚王陵出土铁甲胄的清理与复原，是近年来汉代甲胄研究中的一次重大成果。与此前河北满城汉墓、广州南越王墓和山东齐王随葬坑中发现的一、两件零散甲胄相比，江苏徐州狮子山楚王陵出土的这批铁甲胄不仅种类丰富、形制完备，而且造型新颖、风格多样，使人们对西汉时期的铁甲胄有了一个较为完整的崭新认识。据考证，狮子山楚王陵墓的埋葬年代下限为西汉景帝前元三年（公元前154年）前后，这批铁甲胄的使用时代范围，当在汉初文、景帝时期的公元前178～前154年[11]，其制作时间要比河北满城汉墓[12]、广州南越王墓[13]等其他西汉诸侯王陵墓出土的铁甲胄早十至数十年，而与淄博西汉齐王铁甲胄时代相当[14]。因此，楚王陵出土这批铁甲胄，是经科学发掘、整理、修复和复原的我国西汉时期时代较早且形制最为完备的一组铁甲胄。

关于狮子山楚王陵出土这批铁甲胄的性质与用途，首先从其甲片的制作、编联方法，甲胄的结构组合及丝绸、皮革的包衬，特别是甲衣在使用过程中经过修补等痕迹，从而确定为西汉前期的实用铁甲胄；其次，"鱼鳞甲"在西汉前、中期还是一种新式的、较为先进的铠甲形制，其制作复杂，只能为有很高身份地位的人所拥有[15]。再者，铁甲胄均随葬于楚王陵地宫之主墓室，同时还出土有"楚御府印"等遗物。因而，推测当为楚王生前御用的一组实战甲衣。由于这组铁甲胄的种类、形制各异，其具体用途亦有所不同，如二号小鱼鳞形裙甲，其复原甲长为1.3米左右，穿服时甲裙至膝，不便于步行和骑马，从楚王陵陪葬兵马俑坑出土的跽坐车兵俑所穿长甲得知，该裙甲用途乃战车上穿服的长式铠甲。因此，这组铁铠甲是西汉前期根据当时车、骑、步等作战场合的实际需要，而设计制作的一组不同功用的铁甲胄。

从狮子山楚王陵铁甲胄和甲片的外观形制、制作、结构等可以看出，这批铁甲胄兼具先秦和汉代甲胄的一些共同特征，其铁胄与秦始皇陵园K9801陪葬坑出土石胄的形制十分类似[16]，楚王陵铁胄的上部与秦始皇陵石胄几乎完全相同，所不同的是，其胄体下部多出3排护颈的可缩合垂缘，防护功能比之更为先进，而两胄的时代前后相延，则充分证明了汉初铁胄对秦胄的继承与发展关系。楚王陵的铁札甲和大形甲片的鱼鳞甲，在形制上或完全或基本保留着战国与秦甲的特征，而其两领极为完备的小鱼鳞形铁甲，则是汉代铠甲的标准形制。"鱼鳞甲"在西汉前、中期还是很少见的[17]，满城汉墓出土后，长期以来人们普遍认为作为汉甲代表的小鱼鳞甲至武帝时期才趋于成熟。然而，此次楚王陵出土两领小鱼鳞甲的复原，却让我们清晰地看到这种代表汉代铠甲发展新水平的小鱼鳞甲，早在西汉前期的文、景帝时期即已相当完备。其中的二号小鱼鳞形裙甲更是汉代铠甲的一次新发现，其长形的甲裙形制和全身甲片组编可能均具有能够收缩的特点，是专门为战车作战而设计的，既具有较大的防护面积又使用灵活方便，故此甲的出土与复原对认识汉代铠甲形制具有其特殊的意义。

总之，徐州狮子山楚王陵出土这批西汉前期铁甲胄在其形制上，正处于从战国、秦向汉代铠甲发展演变的过渡时期，并已开始形成汉代铠甲的典型特征。因此，这批西汉楚王铁胄与铠甲的清理复原，对于研究中国古代铠甲形制、制度和制作技术的发展演变，均具有重要的学术价值。

附记：狮子山楚王陵出土西汉铁甲胄的保护与复原课题是在国家文物局专项资金的资助下研究完成的。在该课题的整理和研究过程中，得到了中国社会科学院考古研究所、中国科学院自然科学史研究所、北京科技大学冶金与材料史研究所、南京博物院文物保护科学技术研究所、苏州丝绸博物馆等单位的大力支持与帮助，谨在此致以诚挚的感谢。参加此项工作的主要人员有中国社会科学院考古研究所的白荣金先生，徐州汉兵马俑博物馆的邱永生、葛明宇、王凌、叶继红、李春雷，此外，王影伊、白云燕先后也参加了整理工作。摄影由燕林、葛明宇拍摄；插图由葛明宇、白云燕绘制。

注释

[1]狮子山楚王陵考古队：《徐州狮子山西汉楚王陵发掘简报》，《文物》1998年第8期。韦正、李虎仁、邹厚本：《江苏徐州市狮子山西汉墓的发掘与收获》，《考古》1998年第8期。

[2]北京科技大学冶金与材料史研究所、徐州汉兵马俑博物馆：《徐州狮子山西汉楚王陵出土铁器的金相实验研究》，《文物》1999年第7期。其中，苏州丝绸博物馆对楚王陵出土铁甲上丝织品所作的分析研究报告尚未正式发表，其部分发现成果曾在《新华日报》1999年12月8日B2版和《文汇报》1999年12月13日第六版等报刊上进行过相关报道。

[3]邱永生、葛明宇：《狮子山楚王陵铁甲胄研究综述》，《中国文物报》2000年2月23日。叶继红、滕卫文、赵云：《"徐州狮子山楚王陵出土铁盔甲的保护与复原研究"通过鉴定》，《中国文物报》2004年4月23日。

[4]徐州博物馆：《狮子山兵马俑坑第一次发掘简报》，《文物》1986年第12期。

[5]内蒙古自治区文物工作队：《呼和浩特二十家子古城出土西汉铁札甲》，《文物》1975年第4期。

[6]山东省淄博市博物馆等：《西汉齐王铁甲胄的复原》，《考古》1987年第11期。

[7]秦始皇陵秦俑坑考古发掘队：《临潼县秦俑坑试掘第一号简报》，《文物》1979年第11期。袁仲一：《秦兵马俑坑》，文物出版社，2003年。

[8]陕西省考古研究所、秦始皇兵马俑博物馆：《秦始皇帝陵园考古报告1999》，科学出版社，2000年。

[9]陕西省文物管理委员会、咸阳市博物馆：《陕西省咸阳市杨家湾出土大批西汉彩绘陶俑》，《文物》1966年第3期。

[10]同[2]。

[11]同[2]。

[12]中国社会科学院考古研究所、河北省文物管理处：《满城汉墓发掘报告》，文物出版社，1980年。

[13]广州市文物管理委员会、中国社会科学院考古研究所、广东省博物馆：《西汉南越王墓》，文物出版社，1991年。

[14]同[6]。

[15]同[11]，详见《满城汉墓发掘报告》附录二《铁铠甲的复原》一文。

[16]同[8]。

[17]同[2]。

原载《考古学报》2008年第1期（与白荣金、葛明宇合作）

徐淮地区汉魏西晋佛教文化研究

本文所论徐淮地区大致包括今徐州市东及海，南至淮水之间的区域范围，具体来讲主要是徐州至连云港一线，南至淮水间的苏北及相邻的一小部分安徽北部地区，这里是汉代徐州刺史部的中心区域。西汉开国皇帝刘邦发迹于徐州，刘邦把关系最为亲近的弟弟刘交封到徐州为楚王，作为拱卫中央的重要势力。东汉光武帝刘秀身为汉室后裔，建朝号称中兴，同样对徐淮地区给予高度重视。作为帝乡，徐州在汉代的地位是特殊的，是除首都外最重要的经济、文化中心，是王朝文化的"晴雨表"："当一个新观念新艺术形式在首都弘扬时，在这个地方王国可以见到即刻的反映"[1]。两汉时期，外域佛教初入中国时，徐州是最早的据点之一。

学界对汉代徐淮佛教的研究，主要是集中于重大史实的考证上，如楚王英崇佛、严佛调出家和笮融奉佛等问题，但尚未见对该地区汉晋时期佛教的综合性研究。本文即在前贤时彦研究的基础上，全面搜集徐淮地区有关汉晋佛教的文献和考古材料，对该时期佛教在徐淮地区传播和发展情况进行系统研究。

一　佛教初传——西汉末至东汉中期

关于佛教初入中国的时间有多种不同的传说，早至三代、晚至东汉永平年间，皆有文献可循。这其中，以东汉明帝永平求法之说为最晚，此后佛教在中国传播便成为不争的事实。虽然关于永平求法的真伪仍有争论，但佛教于西汉末至东汉初传入中国，是最为可靠的结论，为众多学者所认同。

汉明帝封异母弟刘英至彭城为楚王。史书对楚王英到封国后崇佛的事件有详细的记载。中国早期佛教的文献材料极少，使得此记载至为珍贵。

《后汉书·楚王英传》载：

英少时好游侠，交通宾客，晚节更喜黄老，学为浮屠斋戒祭祀。八年，诏令天下死罪皆入缣赎。英遣郎中令奉黄缣白纨三十匹诣国相曰："托在蕃辅，过恶累积，欢喜大恩，奉送缣帛，以赎愆罪。"国相以闻。诏报曰："楚王诵黄老之微言，尚浮屠之仁祠，絜斋三月，与神为誓，何嫌何疑，当有悔吝？其还赎，以助伊蒲塞桑门之盛馔。"因以班示诸国中傅。英后遂大交通方士，作金龟玉鹤，刻文字以为符瑞。

相似的记载也见于《后汉书》《资治通鉴》。从诏书看，明帝对佛教已有一定的了解，知道佛教的祭祀活动，令班示诸国，表明其对异域佛教心怀好感。而此时楚王刘英已经成为中国最早信奉佛教的贵族了。这则记载包含了佛教初入时中国人对佛教信仰的理解及宗教仪式、建造佛寺等方面的丰富信息。

首先，从对佛教信仰的理解看，楚王英"喜黄老，学为浮屠斋戒祭祀"，表明以刘英为代表的当时贵族阶层及史家看来，黄老之学与浮屠有重要的关系，浮屠之学与黄老之学相通，甚至浮屠之学即为黄老之学。

刘英后来大肆交通方士，"作金龟玉鹤，刻文字以为符瑞"，这些都是方术者流的行为。这说明浮屠之学与道家方术在信仰者眼中是并不矛盾的，浮屠之学即为道术之一种。

"与神为誓"表明，当时的民众把佛当作一种外来神加以崇拜，对佛教的理解与佛教原始教义有着很大的不同，是以本土信仰观念来附会理解佛教的。当时虽有译经，但由于语言沟通问题，似对当时人们的理解影响不大。

其次，在宗教仪式上主要践行"斋戒祭祀"的活动。"絜斋三月"是指在正月、五月、九月这三个月中的初一至十五内持斋守戒，称为"三长斋月"。有关三长斋月的佛教经典，较早见于三国支谦所译《佛所说经》及东晋帛尸梨蜜多译《佛说灌顶经》。译经显示出"三长斋月"具有一整套表现虔敬的范式。楚王所举行的仪轨明确是"絜斋三月"，即"三长斋月"，则在楚王举行的仪式上，诸如"烧香、散华、悬杂幡盖、供事三宝"等当是必不可少的。又，"以助伊蒲塞桑门之盛馔"，表明在彭城确有一批西域沙门，而汉人不懂"三长斋月"的仪式，这些西域沙门应是此仪式的策划指挥者，"其表演起码应该符合这些经典和仪轨的原文，不仅不会减弱表现效果，而且会具有异域佛国的更浓郁的佛教艺术色彩"[2]。

"尚浮屠之仁祠"，祠者，祠堂也，为祭祀祖先神灵之处，这表明在供事浮屠的佛教仪轨中，应夹杂了传统的祭祀祖先神祇仪式的内容，很可能亦有如祭祀天地仪式中的贡献牺牲、祝祷、歌舞娱神的程序。

另外，"絜斋三月，与神为誓"，必然有其对象。这则记载显示出楚王刘英时期已有对佛像的供奉。根据史书，明帝永平年间已有佛像出现，"世传明帝梦见金人，长大，顶有光明，以问群臣，或曰'西方有神，名曰佛，其形长丈六尺而黄金色。'帝于是遣使天竺问佛道法，遂于中国图画形像焉。楚王英始信其术，中国因此颇有奉其道者。"[3]牟子在《理惑论》中谓，永平求法后，明帝"于洛阳城西雍门外起佛寺，于其壁画千乘万骑绕塔三匝。又于南宫清凉台及开阳城门上作佛像。明帝豫修寿陵曰'显节'，亦于其上作佛图像"。可见，明帝时中国已有佛像。楚王英在洛阳时应已接触佛教。到封国后与朝廷联系密切，是中国最早信奉佛教的贵族，必然也知道洛阳佛像。"中国始传其术，图其形象，而王公贵人独楚王最先好之"[4]，明确了楚王英有供奉佛像行为，其所供奉者应如史载永平年间头带顶光之佛形象。

第三，"尚浮屠之仁祠"表明，当时已有寺庙。据考证，"仁字应当解为能仁之仁，祠解作祠宇之祠，仁祠即牟尼寺之意"，"彭城楚国所建佛寺其实已在洛阳白马寺之前，应当是中国佛教第一寺。"[5]

《水经注》卷23"获水"条载："获水自净净沟东，迳阿育王寺北，或言楚王英所造，未所详也。盖遵育王之遗法，因以名焉。"杨守敬在此注曰："寺在今铜山县西"。《（同治）徐州府志》卷18及《（民国）铜山县志》卷19又谓："郦注云获水又东，净净沟水注之，当在萧铜交界处。"且二书之"古迹考"中均明确载有该寺。据此，楚王英所建之寺当在彭城。

《魏书·释老志》载："今洛阳、彭城、姑臧、临淄皆有阿育王寺，盖承其遗迹焉。"研究者认为，洛阳、彭城等城市正好处于西域与中原和东部沿海的东西交通干线上，是佛教文化在内陆传播的核心地带，这四所寺院即是汉代以来佛教东渐所留下的文化遗物[6]。其中彭城之阿育王寺，有可能为楚王英所建佛寺。

以上记载，是东汉早中期有关徐淮地区佛教最为重要的文献材料。

此外，在一些地方志中尚有一些早期佛寺的记载。《（嘉庆）扬州府志》卷29载："西广福寺，西溪镇。汉永和中建，赐名奉孝寺。唐乾元中，与东广福寺同赐名永安寺。宋治平中，同赐名圣寿寺。绍兴中，始更今名。东广福寺，西溪镇东，相传为汉武帝元年建。内有星居院十区。"日本学者木田知生通过对地方志所载南方早期佛寺情况的考察，认为"方志中记载的佛寺区域，与出土的有关佛教考古文物大部分是相符的。"[7]我们应对方志中有关早期佛寺资料给予充分重视，《扬州府志》所载东广福寺建于汉武帝时期固不可信，但西广福寺建于顺帝永和年间则是有可能的。

综上，可以看出佛教在西汉末东汉初传入彭城，其兴盛尚早于首都洛阳。特殊的地方宗教文化及统治者的态度是造成这种情况的两个主要原因。

徐淮地区具有浓厚的宗教氛围，地处南北相接之处，文化极具包容性，这为佛教的传入提供了有利条件。战国时期，徐淮毗邻的燕齐滨海地区，是神仙方术思想流布之地[8]，徐淮地区亦受其影响，多有研习神仙方术者。至汉初，淮南王招纳方术之士千余人。则北方燕齐之学，已流布于江淮之间。

徐淮地区是道教发源地，太平道和五斗米道都与徐淮地区渊源甚深。于吉在东海曲阳作《太平清领书》，创太平道。其弟子琅琊人宫崇到洛阳向顺帝献《太平清领书》，"其言以阴阳五行为家，而多巫觋杂语"[9]，朝廷以为妖妄不经，将此书封藏。则徐淮地区滨海道家之神仙方术思想，正是太平道教思想的重要来源。五斗米道的创始人张陵本西汉丰邑（今江苏丰县）人。其九世祖张良从高祖取天下，封留侯。西汉建立后，弃功名退隐，从赤松子游。陵父大顺，世号桐柏真人。陵七岁读老子书，即了其义。图书谶纬，咸贯通焉。可见张陵虽于蜀创五斗米道，其道家思想实来自徐淮楚风的熏染。

由于徐淮地区道风拂荡，方术盛行，而佛教初来，被视为道术之一种，故最易为徐淮接受。"在全国各地方、各民族中，唯江淮人对于佛教最易感受，对于佛学最易了解，固其所也。"[10]汤用彤认为佛教不盛于南阳荆襄或大河以北，而独盛于齐楚以及江淮之间的原因，是"其时方仙道盛行于淮济一带，佛教初来，被视为一种之道，因而彭城广陵间，亦盛行其教……东汉常并祀佛老。黄老之道以及方士托名于黄老之方术，其盛行之地，亦即佛教传播之处，为理之所应然。"[11]

明帝虽对佛教有所了解，洛阳已有译场，但并不像刘英那样推崇。原因应在于明帝作为帝国的最高统治者，以维护国家统治为首要任务，儒、法并用为其统治之道。在不影响统治的情况下，对一种外来宗教，可以容忍，甚至尊崇。这能够体现其宽仁的统治形象，归根结底是一种利用。一旦影响到其统治，就会毫不留情地加以镇压。而楚王刘英作为地方诸侯王，幼不受宠，本身性格具有较强的反叛因素。其做神龟图谶等，反映了其叛逆之心。"彭城之所以成为中国佛教的第一个传播重镇，除了该地区深厚的土著宗教土壤和很高的宗教情绪外，这里也有偶然因素，即楚王刘英之有为个性和异常之宗教热情，他在封国内无所施展个人抱负，所积郁的文化能量最终宣泄在皈依佛教的行为上。"[12]

后来明帝穷治楚王英案，遭牵连之党徒甚众，"坐死徙者以千数"[13]，其中当然包括方士、优婆塞和沙门，徐淮佛教由此受到打击。东汉时期地方诸侯国领地缩小，权力下降，佛教亦无有力倡导者，但东汉中期徐淮佛教仍当处于缓慢发展之中，才会成就东汉晚期徐淮佛教兴盛的局面。

二 佛风渐炽——东汉晚期

桓灵时期有关佛教的文献记载和遗存显著增多。这表明，东汉晚期的彭城，佛教进入一个新的发展阶段。

（一）关于佛教的文献记载

《后汉书·陶谦传》载：

（笮融）聚众数百，往依于谦，谦使督广陵、下邳、彭城运粮。遂断三郡委输，大起浮屠寺。上累金盘，下为重楼，又堂阁周回，可容三千许人，作黄金涂像，衣以锦彩。每浴佛，辄多设饮饭，布席于路，其有就食及观者且万余人。及曹操击谦，徐方不安，融乃将男女万口、马三千匹走广陵。广陵太守赵昱待以宾礼。融利广陵资货，遂乘酒酣杀昱，放兵大掠，因以过江，南奔豫章，杀郡守朱皓，入据其城。后为扬州刺史刘繇所破，走入山中，为人所杀。

《三国志·吴书·刘繇传》载：

笮融者，丹杨人，初聚众数百，往依徐州牧陶谦。谦使督广陵、彭城运漕，遂放纵擅杀，坐断三郡委输以自入。乃大起浮图祠，以铜为人，黄金涂身，衣以锦采，垂铜盘九重，下为重楼阁道，可容三千馀人，悉课读佛经，令界内及旁郡人有好佛者听受道，复其他役以招致之，由此远近前后至者五千余人户。每浴佛，多设酒饭，布席於路，经数十里，民人来观及就食且万人，费以巨亿计。曹公攻陶谦，徐土骚动，融将男女万口，马三千匹，走广陵，广陵太守赵昱待以宾礼。先是，彭城相薛礼为陶谦所逼，屯秣陵。融利广陵之众，因酒酣杀昱，放兵大略，因载而去。过杀礼，然后杀皓。

此两则材料正可互相验证补充。早在楚王英时，徐淮地区已经建造了最早的佛寺。而笮融所建佛寺则是正史中首次明确记载佛寺与佛像的资料。从佛寺的形制看，笮融所建浮屠祠具有明显的外来风格，所谓"上累金盘"即装饰具有印度风格的相轮塔刹的形象，"下为重楼"，刘志平认为这是地道的印度传来的多层楼阁殿堂制度[14]。《刘繇传》载"垂铜盘九重，下为重楼阁道"，两相参照，这就把塔庙以塔为中心，周围建以廊庑的建筑形制描绘的更具体了[15]。笮融所起佛寺，应该是融合了印度佛塔建筑与中国传统楼阁建筑风格。至于建寺的地点，《吴志·孙坚等传》注引江表传称笮融为下邳相，笮融所起之浮图祠应在其任职之下邳。

这也是史书所载最早的浴佛节材料。在社会动荡，民生凋敝的情况下，笮融利用免除徭役、供给酒饭等手段吸引了大批民众前来参加浴佛法会，客观上扩大了佛教在下层民众中的传播。如果说楚王英崇佛还是上层贵族个人喜好，属于宫廷佛教范围，则东汉晚期佛教已开始深入到民间层面。笮融不像桓灵那样佛老并祠，而是单独奉佛，说明佛教影响扩大，对道教的依赖减轻，有了某种程度的独立性，这正是佛教发展的结果。

徐淮地区东汉晚期已有佛寺，则必然亦有出家僧人。楚王英时彭城有一批外国沙门，但未见有汉人出家者。第一个可以明确的汉地出家人为临淮严佛调。临淮，西汉时设郡，东汉属下邳，可见佛调本为徐淮人。史载其"绮年颖悟，敏而好学。世称安侯、都尉、佛调三人，传译号为难继。调又撰《十慧》，亦传于世。安公称佛调出经，省而不烦，全本巧妙"[16]。《高僧传·安玄传》载严佛调与安玄合作译经事，"玄与沙门严佛调共出《法镜经》，玄口译梵文，佛调笔受，理得音正，尽经微旨，郢匠之美，见述后代。"[17]康僧会在《法镜经》序文中谓"骑都尉安玄，临淮严佛调，斯二贤者年在龆龀，弘志圣业，钩深致道，穷神达幽。愍世矇惑，不睹大雅，竭思译传斯经景模。都尉口陈，严调笔受。言既稽古，义又微妙。"[18]当代学者汤用彤对严佛调亦评价甚高，谓"夫调（佛调）能译，且以佛理著书，又为发心出家之最早者，则严氏者，真中国佛教徒之第一人矣！"[19]

余嘉锡在评点《牟子理惑论》时认为，"牟子所言之沙门，其中西域胡僧，波斯贾人，及中国人出家者，盖互有之。至于中国人出家，王度虽言汉、魏时有禁，但禁令之生，必因事而立制，所谓法律禁人于已然者也。使当时本无汉人出家，何为有此禁令？"[20]此论甚是，汉魏时必然已有汉族出家者。笮融以免役手段所招致的远近受道之五千余人户，应该是汉族沙门或居士。

除了正史中的笮融奉佛材料，地方志中亦有关于此时佛寺的记载。《（嘉庆）扬州府志》卷29载："禅惠寺。县北20里，汉太守陈登浚塘时，因塘有白黑二鼍，建寺，名曰鼍淙，宋治平中，改名禅惠。"据史载，陈登本为彭城下邳人，举孝廉，陶谦时为徐州牧，任陈为典农校尉（主屯田），后从吕布，与其父陈珪（沛相）合谋离间吕布与袁术关系，投于曹操。陈登任广陵太守是后汉建安三年事[21]，建寺概应在此后不久。笮融在彭城广陵间奉佛，被曹操打败后曾带一大批徐淮地区的百姓南徙丹阳，佛教自此流布于江南。陈登在仪征建寺大致也在同时，可见广陵受彭城佛教影响甚深。

《（嘉庆）海州直隶州志》卷29载："法起寺……在宿城山中，相传鹫峰石塔建自汉时。"又据旧迹罗汉墓称："系西域康居国焚修人灭度于此"[22]。连云港在汉末亦有佛寺及西域僧人，可见此时建寺奉佛已是较常见之事。诚如任继愈先生的《中国佛教史》所言，东汉末年"山东徐淮一带也曾一度成为佛教传播的中心"[23]。

从文献可以看出，东汉晚期徐淮地区建寺、僧人出家及民间信众增加的情况，但文献对民众佛教信仰之形态反映较少，而佛教遗存恰可弥补这一缺憾，为我们提供更鲜活的佛教传播信息，是了解早期佛教的重要依据。目前这方面的研究还比较薄弱，故本文全面搜集了这一时期徐淮地区的佛教遗存，分析其中所反映的佛教信仰情况。从载体上讲，徐淮地区的早期佛教遗存主要有画像石、铜镜、胡俑、鎏金佛像等。下面对这几类遗存逐一加以论述。

（二）画像石及铜镜显示的佛教传播情况

与佛教有关的汉画像石，主要是含有白象与莲花图案的画像石。中国本土在商周时期也曾出土过象牙，如四川金沙祭祀遗址中出土大量象牙，但随着环境的变迁，中国本土的白象已经绝迹了。汉代文物上的白象图像，应该是在西域或印度动物形象的影响之下产生的。在汉代，白象是外邦携带来的贡品，故在汉画像石中像通常也都是由中亚地区的胡人所驾驭。《修行本起经》记载能仁菩萨化乘白象来就母胎的降身事迹，说明白象与佛陀诞生相连。佛教由胡人骑象带来，而白象本身在佛教中具有重要的象征意义，故这一时期，具有非世俗品格的白象图案与佛教密切相关。

徐淮地区包含白象图案的画像石集中出现在东汉晚期。

铜山县苗山汉墓出土有一块门扉画像石，左上方为日内三足乌，右上方有一神怪人物，中部为有翼神马，下部刻一白象[24]。白象形象特别，体侧生有羽翼，背部刻有串珠，长鼻上方刻二支象牙，下方刻有一支象牙，前脚掌下刻有较为清晰的莲花图案。大象脚踏莲花的形象在连云港孔望山遗址亦有出现[25]。白象与莲花均为佛教象征事物，显示出与佛教的联系。该石刻采用平面透视，仅刻白象侧面，故所刻三颗牙齿应仅是半数，此白象应为六牙。这与山东滕县六牙白象相似，只是不如其刻画得清晰。六牙白象仅见于佛教传说。《修行本起经》卷上"现变品第一"载："白象宝者，色白绀目，七肢平，力过百象。髦尾贯珠，既鲜且洁。口有六牙，牙七宝色。若王乘时，一日之中，周遍天下，朝往暮返，不劳不疲；若行渡水，水不动摇，足亦不濡，是故名为白象宝也。""髦尾贯珠"正与图像中白象背部刻串珠的奇特造型相符，而体生羽翼很可能是其能够"一日之中，周遍天下"的原因。所以，推测此图中的白象为六牙白象当不误。六牙白象为佛教事物无疑，此时佛教本生故事在徐淮民间已有传播。

此石上方的神怪人物，耳作圆形，明显为一熊首，黄帝号有熊氏，这幅画像应是黄帝乘黄而仙的情景[26]。图案周边刻有云雾状图案，似也与升仙有关。黄帝升仙的故事见于史载，"黄帝采首山铜，铸鼎于荆山下，鼎既成，有龙垂髯下迎黄帝，黄帝上骑，群臣后宫从上者七十余人，龙乃上去。"[27]六牙白象与黄帝升仙图案一同出现，显示出佛教与道教神仙思想之间的联系。

铜山县洪楼汉墓出土一块画像石，描绘百戏场景的一部分。前有一人引导，有伎人表演，后有鱼车龙车等[28]。鱼车龙车以云气为轮，显然是仙车，中部有象奴戏象，图右下方有一人戏蛇。有学者对此图是否为"人物扮演的神仙灵异"表示质疑[29]。此图与云雨之神、水族有关没有疑义。此图的性质是否为表演，关键的因素是对象奴戏象进行解释。中国神话传说中是没有以钩象为特征的神灵的。那么，在中国的神灵世界中，为何突兀地掺入了象奴戏象这样带有异域色彩的内容？笔者认为此图与汉代流行的大型演出"鱼龙曼延"有关。

张衡《西京赋》对"鱼龙曼延"之戏有描述：

怪兽陆梁，大雀踆踆。白象行孕，垂鼻辚囷。海鳞变而成龙，状婉婉以蝹蝹。舍利飐飐，化为仙车，骊驾四鹿，芝盖九葩。蟾蜍与龟，水人弄蛇。奇幻倏忽，易貌分形。[30]

蔡质《汉官典职仪式选用》载新年朝贺典礼中的表演也有涉及：

作九宾彻乐。舍利从西方来，戏于庭极，乃毕入殿前，激水化为比目鱼，跳跃就水，作雾障日。毕，化成黄龙，长八丈，出水游戏于庭，炫耀日光。以两大丝绳系两柱中头间，相去数丈，两倡女对舞，行于绳上，对面道逢，切肩不倾，又蹋局出身、藏形于斗中。钟磬立作，乐毕，作鱼龙曼延。[31]

类似记载也见于艺文类聚六十三所引汉代李尤《平乐观赋》：

有仙驾雀，其形蚴虬，骑驴驰射，狐兔惊走。侏儒五人、戏谑为耦。禽鹿六驳，白象朱首，鱼龙曼延，山阜。龟螭蟾蜍、挈琴鼓缶。

由以上记载，可以看出神人仙车、水族、白象等是鱼龙曼延之戏的主要内容。这与该画像石是相符的，正好可以解释为何在这些中国神灵中出现钩象内容。在洪楼祠堂另一幅与此相似百戏图中，更是能直接看到仙雀、龟、鱼、戏蛇等内容，只是画像残缺，未见白象内容[32]。将这两幅画像对照看，正是文献所记鱼龙曼延之戏的图像表现。这种大型的演出盛行于首都洛阳地区，作为画像石的固定题材在彭城一带流行，表明徐淮地区民众是了解鱼龙曼延之戏所表达的意义的，"舍利从西方来"等佛的诞生与涅槃的本生故事，已在徐州下层民众中有一定的传播。根据文献对鱼龙曼延的记载，该画像石中虽然未画出舍利，可知持钩驯象表现的仍是与佛教有关的内容。白象口内似刻有三颗牙齿，应该也是六牙白象。这也说明了持钩驯象表达的是佛教内容。

除了以上两处较为特殊的白象画像外，徐淮地区东汉晚期还出土了不少刻有普通白象的人物骑象画像石。

铜山县茅村汉画像石墓出土有一块画像石、上刻引颈相对的双凤，踏节而舞的朱鸟，羽人和异兽，九头兽，驭象者和骑驼者[33]。九头兽即开明兽，是昆仑仙境的守门者。《山海经·海内西经》云："开明兽，身大类虎而九首，皆人面，东向立昆仑上。开明西有凤凰、鸾鸟，皆戴蛇践蛇，膺有赤蛇。"《山海经·海内西经》亦云："海内昆仑之虚在西北，帝之下都……面有九门，门有开明兽守之，百神所在。"开明兽所处之地为昆仑仙境，其内有凤鸟等仙禽异兽。王充《论衡·道虚篇》云"为道学仙之人，能先生数寸毛羽，从地自奋，升楼台之阶，乃可谓升天。"可见羽人也是仙境的象征事物。故此画像石描绘的为昆仑仙境之景象。画像石中的驭象者、骑驼者，也如同羽人一样为昆仑仙境中的人物。

徐淮地区民间散存有一块反映佛风东渐画像石，左一人持钩骑象，后为带翼天马，一胡人武士持剑随后，上有二飞鸟[34]。带有羽翼的天马，表明整幅画像内容的非世俗品格。此画像石为半圆形，应为门额画像石。汉人将宇宙分为从上至下的四个不同层次，即天上的诸神世界、昆仑仙境、人间世界以及地下鬼魂世界。不同题材内容的画像按照当时的宇宙方位观念有规律地配置在墓室内[35]。门额处于整个画像石墓的上方，表现的应是较高层次的神仙世界。那么，钩象胡人亦当是神仙之属。

徐州汉画像石艺术馆藏有刻钩象内容的建筑人物画像石，此石从上至下分四格，中部被层叠楼院隔断，楼院建筑左侧第一格刻翼龙、行龙及钩象人物，两高目深鼻戴尖顶帽的胡人骑在象上，前面一人手持长钩钩象，第二格刻五持节人物以及持刀剑人物等，第三四格刻乐舞人物，楼院右侧刻祥禽历史故事等。钩象人物与翼龙、行龙等异兽共处、显示出骑象胡人是仙人。

徐州地区还出土有多人骑象图，分两格，上格刻6个瑞兽，漫舞相戏，其下5人头顶巾帻，似光头，衣着长袍，骑在白象背上。下格残缺，仅存中间一熊与左右二人[36]。骑象人物有可能是僧侣。

临近徐淮的鲁南地区也发现了类似的多人骑象图。该石分四格，下格为两持戟及帚门吏，二格刻九头开明兽和铺首，铺首两侧还有持斧神人和猛兽，第三格是七个光头人物骑在白象上，前还有一羽人，最上格是羽人饲凤[37]。李立认为，汉画像从下至上的纵向多层构图形式体现着"一种由人间的世界向天上（神仙）的世界'趋向'的叙述轨迹"[38]。开明兽是把守昆仑仙境的神兽，其上应为天上的神仙世界，确切地说应是昆仑仙境，羽人也说明了这一点。这表明了骑象人物是属于仙境的。

与徐州的多人骑象画像石对应的是伎人骑象画像石。该石上格刻两瑞兽，翻转相对；中格刻一人，躺卧在象背上，右手托着面颊。象首坐一象奴，手持长钩。在象身下刻一鸟首；下格刻一枝叶茂盛的大树，树下一人在喂牛。树上立三只鸟，树丛间有一鸟窝，窝内两只雏鸟正嗷嗷待哺[39]。此块画像石显示出较强的世俗性，无法断定其与佛教有必然的联系，却可以体现出东汉晚期徐淮一带胡人较多、胡风渐炽的情况。文献也记载东汉末年有一大批乌桓胡人进入徐淮地区，中平四年（187年）"前中山太守张纯畔，入丘力居众中，自号弥天安定王，遂为诸郡乌桓元帅，寇掠青、徐、幽、冀四州。"[40]此画像石中的胡人即有可能是乌桓胡人。而这些与汉人杂居的胡人正是佛教传播的社会基础。

徐淮地区还有一类与神兽同时出现的白象图案。如徐州汉兵马俑博物馆藏有一块武库画像石，其上方残存有象、龙、虎等神兽漫游图案；淮北出土刻有象与龙、天鹿等漫游[41]。这些画像石中，象与神兽同处的情形，表明白象也具有神兽、瑞兽的品格。

此外，佛教重要的象征物莲花，在徐淮地区的汉代文物中也有所体现。泗阳打鼓墩樊氏墓第一石左起刻朱雀与福德羊相对，口衔仙果的瑞鸟，白虎、青龙张口对峙，后刻四瓣莲花[42]。徐州拉犁山二号东汉石室墓中室藻井中间刻有莲花。[43]百戏图中有吐火和莲叶鱼纹[44]。从这些莲花图案中亦可以感受到佛教传播的痕迹。

徐州博物馆收藏的"钵生莲花"铜镜，内区有二组汉式衣冠人物，似为结跏趺坐，两侧各有一人或立或跪，相对躬身而揖；另二组中部置一钵状物，其上盛开硕大莲花，莲花之上似有光芒，钵两侧各有一人相对作站立欢呼状。从该铜镜的形制特征看，其时代当在东汉至三国时期。"钵生莲花"的魔术见于《高僧传》卷九神异条，后赵石勒"召（佛图）澄问曰：'佛道有何灵验？'澄知勒不达深理，正可以道术为征，因而言曰：'至道虽远，亦可以近事为证。'即取应器盛水，烧香咒之。须臾生青莲花，光色耀目，勒由此信服。"[45]此记载已晚至后赵。根据徐州博物馆所藏之"钵生莲花"铜镜看，"钵生莲花"的魔术应提前至东汉三国时期。《高僧传》载有东吴时期康僧会曾为孙权表演礼请佛舍利的魔术，"洁斋静室，以铜瓶加几，烧香礼请……忽闻瓶中仓然有声，会自往视，果获舍利。名旦呈权，举朝集观，五色光炎，照耀瓶上。"[46]《魏书·释老志》也云魏明帝曾欲毁西浮屠，外国沙门乃以金盆盛水置于殿前，把舍利投于水，出现五色光。由此可以看出，三国时期南北方均有僧人以魔术作为手段来传播佛教。这种魔术与文献记载的钵生莲花魔术相似。很可能早至东汉就已经有一些不知名的佛教徒在汉地使用"钵生莲花"的魔术传播佛教。

徐州画像石艺术馆还藏有一块特殊的与佛教有关的传法画像石，分两格，上格刻三人，左侧为一光头人物，深目高鼻，衣摆张开，头上立一小鸟，中间人物着长袍，头戴花冠，高目深鼻，右侧一人矮小，光头，高鼻，右手似举一长杖形物，其上立两只小鸟相对，左手持一带双轮的奇特物件。下格刻鸡首、牛首人物。从人物相貌特征看，属于胡人无疑，而光头是僧侣的特征。最右侧矮小人物双手所持物件特殊，虽难以考证确切含义，但由此推断僧侣传法过程中利用了包括魔术在内的道术等手段当不误。

总的来看，徐州汉画像石中的白象多具瑞兽品格，往往与仙家思想相联系，而钵生莲花铜镜及传法画像石显示出东汉晚期佛教传播过程中经常利用道术手段，反映了在佛教初传时，依附本土传统思想文化传播的情况。

（三）缪宇墓金铜佛像及十里铺汉墓文物

自楚王英与神为誓、明帝显节陵图画佛像以来，人们对佛像已有了解。汉末笮融在徐淮大肆建立寺庙，供奉佛像，此时无疑已有用作供奉对象的佛像。缪宇墓所出金铜佛像为目前徐淮地区也是中国发现最早的金铜佛像，比后赵建武四年

（338年）的金铜佛造像早了近200年，是考察早期佛教造像弥足珍贵的材料。

该鎏金铜佛像造像为青铜铸造，通高7厘米，重560克，造像呈曲膝跪坐状，右手拇指分开，四指并拢向上举过耳，掌心向前，示无畏，长袖垂于腕下；左手轻轻放在右膝上。面阔耳硕，头发向后梳成一髻，上横插一簪，露出前额，面部静穆，双目圆亮；两眉宽长翘起，鼻圆凸，嘴巴抿起；下巴圆阔，胡须髯髯，梳成古月，整个面部神态严肃而又不乏慈善心态。鎏金铜佛身着长袍，袍上饰鎏金云气纹，襟边、袖口及后腰部饰鉴金带，长袍遮住双膝，后背露出双足（赤足），足底肉结高起；后背一竖向鎏金凹槽，其造型特异，铸工精湛。简报认为此鎏金铜像显示佛教造像的特征，应为佛的造像。并推断造像应属墓主生前拥有物，缪宇当时应是佛教的信徒无疑[47]。

缪宇墓的佛造像，在手印方面显示出明显的佛教仪轨。但其为跪坐姿势而非两腿相盘的跏趺坐，发髻束于脑后也不同于佛之头顶肉髻的形式，其服饰则为汉式长袍，唇上胡须显示出犍陀罗佛像的特征。而后赵建武四年佛造像明显规范得多，是典型的犍陀罗佛像，头顶肉髻，持禅定手印，通肩衣，呈U形褶皱，跏趺坐于方台上。两相比较，缪宇墓青铜佛像显示出不成熟性，是汉代人依据所知佛像知识以汉代人为摹本铸造出来的。

与徐州相邻的沂南画像石墓中室八角擎天柱上，南北两面刻有带项光童子立佛像，腰带垂流苏，衣裙作垂幛状装束，还有肩生羽翼，似持无畏印的坐佛像。沂南画像石中的佛像显示出自由浪漫的风格特征，与缪宇墓所出铜佛像的写实风格不同。为什么会出现这种情况呢？笔者以为，不同载体的佛造像功能有不同。作为供奉对象的鎏金铜佛像理当肃穆慈悲，如缪宇墓所出金铜佛像。而画像石本专为死后世界所造，其功能是使得死者能够顺利进入仙境，更好地在另一个世界生存。故画像石中的佛像则不必如所供奉之佛像那样具有写实风格，而是在创作时加入了想象因素，风格趋向浪漫。

佛像出土环境提供了更多的相关信息。缪宇墓中出土了一块赞颂缪宇品行的墓志，其文曰：

故彭城相行长史事吕长缪宇字叔异

岩岩缪君礼性纯淑信

心坚[明]□□□[备][循]京

氏[易]经□□□恭俭

[礼]让恩惠□□□□告

□远近敬茕少秉里（？）

□□府召退辟□□执

[念]闾巷□相□□□贤

知命复遇坐席要舞黑绯

君以和平元年七月七日物故元嘉

元年三月廿日葬。[48]

由此墓志可知墓主彭城相缪宇死于和平元年（150年），葬于元嘉元年（151年）。缪宇懂得《京氏易》，且"礼性纯淑""礼让恩惠"，具备儒家文化的修养和品德。而缪宇墓中出土的金铜佛像表明其对佛教的信奉。可见在彭城相缪宇身上儒、佛是相容不悖的。

《出三藏记集》卷5《喻疑》载："汉末魏初，广陵彭城二相出家，并能任持大照，寻味之贤，始有讲次"。国相的职责即是以儒家治国之理辅佐诸侯王，则他们必然是对儒学有一定修养的知识分子。这则材料表明，在汉末徐淮一带一些具有儒学修养的地方长官，同时也有较高的佛学修养，能够宣讲佛法。验之彭城相缪宇墓的情况，表明东汉晚期佛教在徐淮地区士大夫中有较大的影响，他们多具备儒学和佛学两方面的修养，将此两者看成是相通相容的。

此外，徐州十里铺汉画像石墓[49]中出土了胡人侍俑、堆塑大量胡人舞俑的塑像陶座，也与徐淮地区佛教有一定的关系。

据报道，十里铺画像石墓为砖石结构的多室墓，全长15.2米。在甬道、前、中、后室的横额及支柱上刻有画像，虽被盗仍出土了较为丰富的随葬品。该墓出土的胡人男侍俑"头带尖顶帽，帽后有一穿孔。形象似胡人，深目高鼻，颧骨突出。坐姿，全身涂朱。"沂南画像石刻中有类似的形象。《汉书·西域传》载："自宛以西至安息国，虽颇异言，然大同，自相晓知也。其人皆深目，多须髯。"带尖顶帽胡人可能是西域塞人或大月氏人。根据李刚的研究，"东南地区出土的汉晋胡俑多戴尖顶帽，束发或头上缠巾者数量不多，与中原地区出土匈奴胡俑以束发为主的情形有着明显的区别，这表明东南地区的胡人除部分来自北方外，主要来自西域各国。"[50]这些胡人与佛教应该具有较为密切的关系。

该墓中出土有塑像陶座，上部为喇叭形盘口，细腰，下部为覆盆形座。上部附有向上盘旋的坡道，其上坐有三俑。下部饰突起的瓣形山峰，峰巅有跨骑的舞俑，山涧间亦有各种姿态的舞俑，正面有一树，树后为一圆孔，似乎象征一口井泉，座的近底处四围有一层台阶，阶上立着有翼马和羊等。还有些人物、禽兽塑像，可能放于座上或座的周围。禽兽有青龙、白虎、朱雀、玄武四神，人物有抚琴俑、管弦俑、吹箫俑、舞俑等十四件，陶座上乐舞俑的形象均似胡人。陶座上口置有一磨，似原来就搁置于陶座内。整个陶座从其内容安排来看，四围乐俑、舞俑、神兽，上搁陶磨。

该陶座的塑像十分奇特，与陶灯座常塑飞鸟动物不同。陶座下部突起山峰，在高高的峰巅上跨骑着一个双臂张扬的陶俑，这显然不同于一般的乐舞表演，在四周的山涧中还有若干手舞足蹈的陶俑，那么，这些俑是否都是简报所说的乐舞俑呢？根据对萨满教的研究，萨满正是通过作为宇宙山的神山上天入地的[51]。故陶座上胡人俑的身份不是乐舞俑，而是以神山为中介，沟通天地的萨满。陶座下方塑有翼马和羊，应是萨满通天过程中具有神性的精灵伙伴。

陶座四周还有乐队和舞俑。在汉代的祭祀中歌舞依然扮演了重要角色。《后汉书·刘玄刘盆子列传》载，齐地一巫师曾用乐舞活动来拜祭城阳景王，以求福助。《汉书·礼乐志》也记载了在官方祭祀中演奏乐曲的歌词，乐舞乃是人与天沟通过程的重要组成部分。这仍是继承了萨满教的因素。塑像陶座表现的是萨满在动物和乐舞的帮助下进入迷狂状态，而通天祈福的情形。

值得注意的是陶俑的姿态。陶座上的陶俑及周围的乐舞俑均为深目高鼻形象，头上帽冠特殊，简报认为陶座上的乐舞俑形象均似为胡人。陶俑头顶大部分束成双角形状，陶座周围一出土陶俑帽冠高耸，应是身份较为特殊的人物。这些俑装束与出土的胡人侍俑亦不相同，可能是通天的特殊装束。尤其塑像陶座顶部的三坐俑，从其姿态看，与汉代一般坐姿不同。汉代通常的坐姿是臀部置于脚跟之上，双膝从前部看是平直的。而这三坐俑身后不露双脚，底盘平直，且前部双腿向内凹，应是双腿相盘的跏趺坐特征。盘腿坐显示出与佛教的某种联系。

该墓还出土了为数不少的画像石。除了少数装饰性图案和社会场景（前室横额的比武场面，后室东支柱的宴饮人物），大部分都是神话传说以及奇禽异兽等题材。需要说明的是后室东支柱的画像。该画像分上下两格表示前后进，下格（前进）刻垂檐双阙，阙顶立一鸟，阙旁有二个拥彗恭立的门吏。门阙中央为饰有铺首的"阘"。（《礼记·王藻》孔颖达疏："阘谓门之中央所竖短木也。"）上格刻宴饮场面，厅堂内有二人拱手对坐榻上，中置酒樽、耳杯。另外，在上格下方阴刻带提梁的樽形器两件。

温玉成推断此图为"维摩诘说法图"，谓上格表示后院之殿堂，下格表示前院及门阙。下格二门吏之间的地上，有一戴冠的人头涌出似为地神。厅堂内、帐幕下，二人相对踞坐于胡床上。二人之间设花瓶，有花盛开。左侧者头戴进贤冠，右手前伸按于几上；右侧者面部残，左手前伸按于几上，穿交领衫，似是维摩诘与文殊说法场面。费长房《历代三宝记》卷4云，迦叶摩腾来华前，游于天竺西北一小国，该国君臣讲习大乘经典，乃有地神王护持该国平安。因而，此图中的地神涌出，当本此传说。该图之作，当在献帝时或三国初[52]。

作为比较对象，温玉成还提到青海平安出土的维摩诘与文殊说法画像砖。该画像砖两人均带僧帽，身披袈裟，左边一人右臂下垂于股，左臂袒露，右边一人左臂垂直于膝，右臂袒露，两人相对禅坐于巨案上，中置一钵，头部置一瓶兰草，案下有小人，双手捧一侈口细颈圆腹罐，作跪伏侍奉状[53]。在构图方面，这与十里铺画像石具有一定的可比性。曾有学者根据对坐人物之间置有酒樽，是违反戒律的，以此否定这类图像是维摩诘说法图的可能性[54]。仅根据酒樽来否定维摩诘说法图是不合适的。佛教虽有五戒戒律，但维摩诘身份不同于一般的佛教徒，其为在家居士，经商立世，富甲一方，妻妾成群，道心不染，出入各种社交场所，以身说法，解惑于人。在《维摩诘所说经·方便品》中说"善于智度，通达方便"；"若在博弈戏乐，辄以度人"；"入诸淫舍，示欲之过。入诸酒肆，能立其志"；"能以无量方便，饶益众生"[55]。结合该墓中与佛教有关的文物，推断为维摩诘说法图大体是可信的。

通过对文献及考古材料的分析，可以看出东汉晚期徐淮地区的佛教有了突破性发展，在形态上，依附于本土传统文化而存在，与道教关系密切，被视为道术之一种，同时亦不拒斥儒学，为士大夫所接受。这与徐淮的地域文化有关。在上文中已分析了先秦西汉道家神仙思想的流行，为佛教在徐淮地区的传播创造了有利的思想条件，使得徐淮成为佛教最早的传播地之一。汉武帝以后，统治者尊崇儒术，儒学成为显学。而徐淮地区毗邻儒学的发源地邹、鲁地区，受到儒学影响甚深，"处于鲁文化辐射的泗水文化圈和儒风南渐的首当其冲之地"[56]，儒学较为发达，为全国性的儒学文化中心区。在这种情况下，人们很难接受佛教那一套独特的教义和组织形式。初入徐淮的佛教只能在形式和内容上攀附迎合道、儒，方可被民众理解。

东汉晚期佛教得到了极大的发展得益于哪些因素呢？笔者以为主要与以下几点有关。

其一，统治者的提倡。桓帝在宫中祠黄老浮屠。《后汉书·桓帝纪》载：桓帝"饰芳林而考濯龙之宫，设华盖以祠浮屠、老子"。《后汉书·西域传》也说："汉自楚王英盛斋戒之祀，桓帝又修华盖之饰"。上有所好，下必甚焉，帝王祠祀浮屠的行为扩大了佛教在社会上的影响。

其二，东汉晚期局势渐危，社会矛盾加深，天灾人祸并行，使得民生凋敝，民众渴望获得精神上的解脱和慰藉，从而为佛教的发展提供了空间。

其三，张角利用太平道组织和发动黄巾起义，"有徒数十万，连结郡国，自青、徐、幽、冀、荆、杨、兖、豫八州之人，莫不毕应。"[57]黄巾起义被镇压后，朝廷严禁道教。《历代三宝记》卷四载"诸事老子妖巫医卜，并皆废之，其有奉佛五戒勿坐。"同时，随着统治的动荡，儒家的影响亦降低。这些都成为佛教发展的有利条件。

其四，东汉末年，徐州在陶谦的控制下，经济得到发展，"是时，徐州百姓殷盛，谷米丰赡，流民多归之。"[58]这时一大批洛阳、关中的佛教徒避乱逃至徐淮，促进了徐淮地区佛教的发展，使之成为汉末佛教传播重镇。

但随后曹操攻打陶谦，"破彭城、傅阳，谦退保郯，操攻之不能克。乃还。过拔取虑、睢陵、夏丘，皆屠之。凡杀男女数十万人，鸡犬无余，泗水为之不流。"[59]建安三年（198年），曹操攻吕布，进至彭城，十月操屠彭城，获其相侯谐，进至下邳，逆击布，大破之。获其骁将成廉，追至城下。遂决泗、沂水以灌城[60]。战争极大地破坏了徐淮地区的社会发展。加之，史载东汉晚期天灾不断，如桓帝永兴二年（154年）彭城泗水洪水，逆流；延熹九年（166年）青徐炎旱，五谷损伤[61]；灵帝中平五年（188年）沛、彭城、下邳等七郡国，大水出[62]。徐淮人口大量减少，整个社会的发展趋于衰落，佛教的发展也受到很大影响。

三　佛教转型——曹魏西晋时期

自汉末陶谦、笮融败亡后，徐淮地区丧失了全国性佛教中心的地位。曹魏西晋时期，文献中已不再见有关于彭城的重大佛教活动的记载。我们只能从考古材料中考察佛教的踪迹。

相对于东汉末年，三国西晋时期，有关佛教的考古遗存大量减少，现具体分析之。

日本奈良新山古坟出土有三缘佛兽镜，内铸三尊禅定坐佛，着通肩衣，一佛有头光，饰细莲枝和莲座。该镜原应作自徐州，时代3世纪中叶[63]。波士顿美术馆及柏林国立艺术馆藏有飞天夔凤镜，其上铸禅定坐佛，莲弁座，通肩衣，圆头光，高肉髻。镜原产自徐州，时代4世纪[64]。比之前者，佛造像更加规范，而坐佛两侧带有头光的飞天显示出较晚的时代特征。丁明夷所论此两面古镜原产徐州，当有所据。但是根据王仲殊的研究，"在中国的三国时代，用佛像作图纹的铜镜只限于吴镜。在魏的领域内，既缺少用浮雕式的东王公、西王母等神仙像作图纹的神兽镜和画像镜，更绝无用佛像作图纹的画纹带佛佛兽镜和佛像夔凤镜。事实上，在魏的境内，用佛像作纹饰的其他器物亦为至今所未见。"[65]王仲殊所论甚为绝对。倘使丁明夷对铜镜的产地有所依据，我们推断徐州所产三角缘神兽镜和佛像飞天夔凤镜应是受到了东吴地区的影响当是可以的。神兽镜与夔凤镜所反映的佛教思想当也对徐淮地区有所影响。

淮阴市三树乡还发现了目前位置最北的魂瓶。该魂瓶罐口上方以重檐庑殿顶方亭作盖，罐颈部分二层，上层围成方形院墙，四面开门，四角建屋，下层四面开门，前门外两侧立双阙，后门两侧塑胡人吹奏。下部罐肩、腹贴塑兽头、持节仙人、骑兽仙人等[66]。魂瓶起源于江南的古会稽地区，魂瓶反映的佛教内容，学者已多有研究，"大江南北的大部分制作精美的青瓷魂瓶应该都是直接从会稽地区引进的。"[67]淮阴发现的青瓷魂瓶亦应从江南所引进，可以推断，魂瓶所体现的江南佛教信仰会对徐淮地区有所影响。

在东汉时期，我们往往看到徐淮地区佛教对江南佛教的辐射和影响。然至三国以后，这种情况却发生了变化。从此一时期发现的铜镜和魂瓶看，徐淮地区佛教倒是显示出受江南佛教影响的迹象。可见，随着政治经济的变迁，徐淮地区佛教的影响力和号召力已趋于削弱。

此外，《淮北汉画像石》收录了淮北地区出土的一块佛教画像砖。图中端坐四尊佛像，四周有头光，头顶似顶肉髻，双手似持禅定印，与南北朝石窟造像有相似之处。佛教造像砖在西晋墓中多有发现，盱眙即发现西晋年间佛像砖，砖面模印坐式佛像三尊，形态类同于发现较多的魂瓶上的坐式佛像[68]。但汉代尚未发现如此成熟的佛造像，故该造像砖时间应晚于汉代，定在魏晋时期似较为妥当。佛造像较为规范，且人物独立，不见有神仙像特征，也表明了此时徐淮地区佛教的继续发展和趋于独立。

三缘佛兽镜、飞天夔凤镜以及淮北的佛像砖中的佛像均持禅定印，不同于邳州缪宇墓所出鎏金佛像施无畏手印。禅定手印属于小乘佛教范畴，这种情况说明徐淮地区三国西晋时期流行小乘佛教。

《淮北汉画像石》还收录有一块礼佛画像石。该图像仅存一半画面，从上至下分三格。上格为羽人翼马，其后有鱼拉车，属于神话传说题材，中格刻阙门楼阁，阙门下有门吏，楼阁上站立展翅凤鸟，楼阁内众人拾梯而上，楼下院内是二人六博游戏场面。下格为官吏礼佛情形，礼佛的地点是在一个寺院某殿堂进行的，墙壁上有几尊半身佛像。礼佛的人，从左至右观之，第一、第二人皆手捧帐帏一类织物。第三人手撑华盖，华盖下有一少年，头戴太子冠，似为太子。第五、第六人为跽坐和站立的比丘或比丘尼，站立者和跽坐者皆双手合十施礼相迎礼佛的官吏[69]。汉画像石中还尚未发现对佛像的直接雕造。从画面描绘的情形来看，此图与汉代佛教题材的画像石有较大差别，应定为魏晋时期作品，反映了佛教趋于独立的事实。

连云港孔望山摩崖造像位于连云港市海州锦屏山南麓西端，依山势雕凿而成，分布在东西约17、高约8米的崖面上，是中国最早的大面积的佛教造像遗存，也是徐淮地区最重要的佛教遗存之一。造像群最上方为一人袖手盘坐；西端有一高大的捧盾人物，与汉画中常见的门亭长形象极为相似；造像群中部刻一人正襟危坐。此三人皆着汉式衣冠，体量和位置极为显著，被称为三大像。围绕中部正坐人物雕刻着众多体量较小的半身或全身人物造像，其中多有戴尖顶帽者。造像群前方山脚下还有圆雕大象、蟾蜍和石碣形碑座。

孔望山摩崖造像至少从清代以来就引起了人们的注意。《（嘉庆）海州直隶州志》卷十一即载孔望山"有诸贤摩崖像，冠裳甚古，如读汉画。"1980年中国历史博物馆的史树青研究员在实地考察后，指出孔望山摩崖造像中有佛教的内容，引发了一股研究热潮。有关孔望山造像的年代和内涵众说纷纭，造像年代主要有东汉说、魏晋说、唐代说。总的来说，多数学者还是倾向于汉晋时间段。

造像具有浓厚的汉画像风格。汤池在《孔望山造像的汉画风格》一文中，认为孔望山造像人物衣冠器用、装饰纹样、人物造型皆具有东汉晚期的艺术特色，孔望山造像年代为东汉晚期。王睿突出了造像服饰风格及雕刻技法的汉代特征，并探讨中国佛教艺术传播规律，认为先前的论证都过于强调了"经"对"像"的影响，这有悖于佛教传播的实际情况。佛教在中国的早期传播情况非常复杂，就物质载体而言应该是经、像并存的，并且越在早期并行情况应该越为突出和普遍。[70]从而反驳了从译经情况否定造像为汉代作品的观点。但是，造像中确实有一些晚于汉代的题材因素。另一方面，魏晋时期徐淮地区的画像石确实衰落了，但并不是一下子完全消失了。巫鸿认为孔望山石刻的出现不应该是一个孤立的现象，而应该是佛教和佛教艺术在中国传播的更大潮流的一个组成部分。他倾向于将孔望山石刻的年代确定在公元2世纪末至3世纪这样一个更宽泛的时间范围之内。[71]笔者认为此说较为妥当，孔望山造像反映了东汉晚期至三国西晋时期佛教信仰情况是可信的。

摩崖造像中大部分造像为佛教题材的内容。在十八组一百零五躯造像中，有不少头顶高肉髻、有项光、施无畏印、结跏趺坐的造型。如X71头顶高肉髻、有项光，袖手而立，腰间束带，第15组造像位于整个造像群最西端，长方形小龛内并刻五像，居中者形象略大，高肉髻，有圆形头光，东两像也有项光，西两像为光头人物。X65深目高鼻，头戴后面有翅的锐顶冠，身穿束带圆领长衣，右手持三瓣莲花，当为胡人供养人。这些都具有极其鲜明的佛教艺术造型特征。造像群中部第2组造像中间为高浮雕半身侧卧像，头有高肉髻，着圆领衣，显示出佛教特征，面前有灯碗两个，周围有五十余头像，表情悲戚，面向中间卧像，或光头，或戴冠。这显然是对一个有名场景的描绘，而在中国的本土宗教中没有可以与之相对应的事件。故将该图认定为"涅槃变"是可信的。

摩崖造像的左前方有圆雕石象，象身一侧浅浮雕一个象奴，头束椎髻，右手持钩，双足系链锁。石象足下雕刻仰瓣莲花。莲花与象皆为佛教事物。俞伟超认为，此石雕大象与摩崖石刻整体内容有关，应视为同时期作品[72]。石象也佐证了摩崖造像中的佛教内容。

此外，三大像是突出的造像。三大像下方或两侧凿出的香炉或灯碗，说明是礼拜的对象。三大像的具体身份，有的学者推断他们属道教人物，俞伟超认为，"它们既是礼拜对象，衣冠又都同于汉画像石中常见的世俗服饰，肯定不是佛像。东汉时代的宗教信仰是道、佛交糅，所以只能是黄老道信奉的尊神。"[73]

赵明诚《金石录》、洪迈《隶释》皆录有"东海庙碑"碑文，载东汉永寿年间至熹平年间，桓君、满君和任恭三任东海相，都曾在胸山修饰庙宇。丁义珍考证出山脚下的石碣形碑座即是《东汉庙碑》之座。摩崖石刻前方不远出土有汉代瓦当，当是东海庙故址所在地。"东海庙是东汉桓灵时期的一处庙宇，是人们'尊灵祇，敬鬼神'的场所，东海庙就是东海君庙，东海君是统辖东海一方的尊神、是老子五辅之一的'上相诸方宫青童君'，可见东海君是道教之神，东海庙是道教之庙。"[74]丁义珍还考证了造像群北侧山顶依天然大石加工雕凿的杯桚刻石是东汉晚期人们祭祀东海君留下的，是一处难得的早期道教活动遗迹[75]。

造像中道教因素虽然数量不多，但处于整个造像的突出位置，显示出其至尊地位。俞伟超先生认为，孔望山摩崖造像是一处以"道教为尊、佛教题材为多"[76]的摩崖造像群乃是较为客观的观点。佛、道造像并存的布局方式本身表明了当时佛道信仰相容的一面。佛教造像的大量出现，表明了佛道比重开始发生变化，佛教开始走向独立。摩崖造像这种"道教造像和佛教造像通过位置选取、体量对比产生主次，形成以道教造像为视觉中心，周围造像均围绕这个中心来铺排"[77]的整体构图方式，正是当时佛道存在状态的反映。

综上所述，可以看出魏晋时期徐淮地区的佛教在原来的基础上有了进一步发展。黄巾起义后，道教被镇压，而在社会危机日益深化的情况下，人们对儒学的信仰也已经动摇，这种情况为佛教的传播提供了空间。从徐淮地区的考古材料可以看出，曹魏西晋与汉代实为不同的佛教传播阶段，汉代佛教依附道教方术而存在，更多的是与本土文化的结合，而教团译经产生的影响不大。魏世以后，佛理渐明，佛教逐渐趋于独立，日益脱离于对道教的依附。

究其原因，东汉时期，徐淮地区政治地位特殊，经济文化发达，又有特殊的宗教背景，故在佛教初传的特定时段内，徐淮成为与洛阳并列的佛教重镇。而至魏晋，佛教逐渐独立，佛道之争开始，徐州的道教等本土信仰不再构成吸引佛教的优势。而佛教希冀扩大其影响，必往政治、文化中心靠拢。此时彭城居南北水陆交通枢纽地位，虽然仍不失为东南重镇，但其政治地位大大衰落，失去对佛教的吸引力。同时，玄学渐起，其代表人物如建安七子、竹林七贤皆在政治中心洛阳地区。玄学与佛学有相通之处，佛学渐依附玄学，名僧与士人合流，用老庄来解释佛学，玄学清谈的中心也成为佛教的中心。至此，徐淮地区不复为全国性的佛教中心了。

本课题组在田野调查过程中，得到徐州市汉画像石艺术馆武利华、徐州市博物馆盛储彬、连云港市文管会李洪波、连云港市博物馆刘政、贾庆华、南京博物院田名利诸位先生的大力支持与帮助，在此致以诚挚感谢！

附录　徐淮地区汉代佛教遗存一览表

序号	名　称	年　代	出　土　地	资料来源
1	百戏画像石	东汉晚期	铜山县洪楼汉墓	《徐州汉画像石》图85
2	昆仑仙境画像石	东汉晚期	铜山县茅村汉墓	《徐州汉画像石》图56
3	佛风东渐画像石	东汉晚期	徐州民间散存	《石头的史诗》60页
4	僧侣骑象画像石	东汉晚期	徐州民间散存	《文物》2007年2期；徐州汉画像石艺术馆馆藏
5	伎人骑象画像石	东汉晚期	徐州民间散存	《文物》2007年2期；徐州汉画像石艺术馆馆藏
6	维摩诘说法画像石	东汉晚期	徐州十里铺汉画像石墓	《考古》1961年2期
7	黄帝升仙画像石	东汉晚期	铜山县苗山汉墓	《徐州汉画像石》图91
8	神兽武库画像石	东汉	徐州民间散存	《汉画像石藏石》156页
9	神兽画像石	东汉	淮北市古城汉墓	《淮北汉画像石》89页
10	骆驼、大象与牛	东汉	徐州民间散存	徐州汉画像石艺术馆馆藏
11	画像石	东汉	徐州民间散存	徐州汉画像石艺术馆馆藏
12	建筑人物画像石	东汉	邳州	徐州汉画像石艺术馆馆藏
13	百戏画像石	东汉	徐州民间散存	《石头的史诗》81页
14	礼佛画像石	魏晋	淮北市宿县曹村	《淮北汉画像石》20页，49页
15	祥禽异兽画像石（第一石）	曹魏	淮阴市泗阳县打鼓墩樊氏墓	《考古》1992年2期
16	莲花藻井	东汉晚期	徐州拉犁山二号东汉汉墓	《中国考古学年鉴》1990年
17	鎏金铜佛像	稍早于151年	邳州彭城相缪宇墓	《东南文化》2000年3期
18	胡人侍俑	东汉晚期	徐州十里铺汉画像石墓	《考古》1961年2期
19	塑像陶座	东汉晚期	徐州十里铺汉画像石墓	《考古》1961年2期
20	钵生莲花铜镜	东汉至三国	徐州民间散存	徐州博物馆馆藏
21	三角缘佛兽镜	三世纪中叶	日本奈良新山古坟(镜原应作自徐州)	《佛教初传南方之路》图17；《试论孔望山摩崖造像》附表，《考古》1986年10期
22	飞天夔风镜	四世纪	(镜原产自徐州)	《试论孔望山摩崖造像》附表《考古》1986年10期
23	青瓷魂瓶	西晋	淮阴市三树乡	《佛教初传南方之路》图102
24	孔望山摩崖造像	东汉晚期-魏晋	连云港市	《文物》1981年7期
25	佛造像砖	魏晋	淮北祈集乡	《淮北汉画像石》113页

注释

[1] 巫鸿：《礼仪中的美术》，三联出版社2005年，第582页。

[2] 王志远：《佛教艺术内涵在中国佛教传播初期的重要价值》，《世界宗教研究》，2005年第2期。

[3]（南朝宋）范晔：《后汉书·西域传》，中华书局，1974 年。

[4]（北宋）司马光：《资治通鉴》卷四十五，中华书局，1956 年。

[5]王健：《汉代佛教东传的若干问题研究》，《宗教学研究》2004 年第 1 期。

[6]王健：《汉代佛教东传的若干问题研究》，《宗教学研究》2004 年第 1 期。

[7][日]木田知生：《江浙初期佛寺考》，《艺苑》1992 年第 3 期。

[8]参见陈寅恪：《天师道与滨海地域之关系》，《今明馆丛稿》，上海古籍出版社，1980 年。

[9]（南朝宋）范晔：《后汉书·楚王英传》，中华书局，1974 年。

[10]梁启超：《梁启超谈佛学》，长征出版社，2008 年，第 31 页。

[11]汤用彤：《汉魏两晋南北朝佛教史》，昆仑出版社，2006 年，第 78 页。

[12]王健：《汉代佛教东传的若干问题研究》，《宗教学研究》2004 年第 1 期。

[13]（南朝宋）范晔：《后汉书·楚王英传》，中华书局，1974 年。

[14]刘志平：《中国建筑类型及结构》，中国建筑工业出版社，1987 年，第 21 页。

[15]唐云俊：《东南地区的早期佛教建筑》，《东南文化》1994 年第 1 期。

[16]（南朝梁）慧皎撰，汤用彤校注：《高僧传·支楼迦谶传附严佛调传》，中华书局，1992 年，第 11 页。

[17]（南朝梁）慧皎撰，汤用彤校注：《高僧传·安玄传》，中华书局，1992 年，第 11 页。

[18]（南朝梁）僧佑：《出三藏记集·法镜经序》，中华书局，1995 年，第 255 页。

[19]汤用彤：《汉魏两晋南北朝佛教史》，昆仑出版社，2006 年，第 62 页。

[20]余嘉锡：《余嘉锡论学杂著》，中华书局，2007 年，第 126 页。

[21]参见（北宋）司马光：《资治通鉴》卷六十二，中华书局，1956 年。

[22]李洪甫：《连云港地方史稿》，上海社会科学院出版社，1990 年，第 80 页。

[23]任继愈：《中国佛教史》，中国社会科学出版社，1981 年，第 156 页。

[24]武利华、王黎琳：《徐州汉画像石》，江苏美术出版社，1985 年，图版第 6 页。

[25]参见连云港市博物馆：《连云港市孔望山摩崖造像调查报告》，《文物》1981 年第 7 期。

[26]参见武利华、王黎琳：《徐州汉画像石中的黄帝、炎帝象考释》，《文博通讯》1984 年第 6 期。

[27]（汉）司马迁：《史记·封禅书》，中华书局，1975 年。

[28]武利华、王黎琳：《徐州汉画像石》，江苏美术出版社，1985 年，图版说明第 5 页。

[29]钟宗宪：《汉画像石的文化诠释与商榷》，《汉唐文学与文化研究》，学林出版社，2004 年，第 102 页。

[30]费振刚等：《全汉赋校注》，广东教育出版社，2005 年，第 635 页。

[31]（清）孙星衍等：《汉官六种·汉官典职仪式选用》，中华书局，1990 年，第 210 页。

[32]武利华、王黎琳：《徐州汉画像石》图 84，江苏美术出版社，1985 年，图版说明第 5 页。

[33]武利华、王黎琳：《徐州汉画像石》，江苏美术出版社，1985 年，图版说明第 4 页。

[34]王洪震：《石头的史诗》，大中华文化出版社，2008 年，第 60 页。

[35] 信立祥：《汉画像石综合研究》，文物出版社，2000 年第 60、288 页。

[36] 杨孝军、郝利荣：《徐州新发现汉画像石》，《文物》2007 年第 2 期。

[37] 中国画像石全集编辑委员会：《中国画像石全集》（第二卷），山东美术出版社，2000 年，第 7 页。

[38] 李立：《汉画的叙述：结构、轨迹与层次——叙事学领域下的汉画解读》，《江西社会科学》2007 年第 2 期。

[39] 杨孝军、郝利荣：《徐州新发现汉画像石》，《文物》2007 年第 2 期。

[40] 范晔：《后汉书·乌桓鲜卑列传》，中华书局，1974 年。

[41] 高书林：《淮北汉画像石》，天津人民美术出版社，2002 年，第 89 页。

[42] 淮阴市博物馆、泗阳县图书馆：

[43] 耿建军：《徐州拉犁山二号东汉石室墓》，《考古学年鉴·1990》，文物出版社，1991 年。

[44] 王洪震：《石头的史诗》，大中华文化出版社，2008 年，第 81 页。

[45] （南朝梁）慧皎撰，汤用彤校注：《高僧传·神异》，中华书局 1992 年，第 346 页。

[46] （南朝梁）慧皎撰，汤用彤校注：《高僧传·康僧会传》，中华书局，1992 年，第 16 页。

[47] 陈永清、张浩林：《邳州东汉纪年墓中出土的鎏金铜佛造像考略》，《东南文化》2000 年第 3 期。

[48] 南京博物院、邳县文化馆：《东汉彭城相缪宇墓》，《文物》1984 年第 8 期。

[49] 江苏省文物管理委员会、南京博物院：《江苏徐州十里铺汉画像石墓》，《考古》1966 年第 2 期。

[50] 李刚：《从汉晋胡俑看东南地区胡人、佛教之早期史》，《东南文化》1989 年第 2 期。

[51] 参见汤惠生：《关于萨满教和萨满教研究的思考》，《青海社会科学》1997 年第 2 期。

[52] 温玉成：《1 至 3 世纪的仙佛模式》，《敦煌研究》，1999 年第 1 期。

[53] 青海省文物处、青海省考古所：《青海文物》，文物出版社，1994 年，第 60 页，图 94。

[54] 温玉成：《孔望山摩崖造像研究总论》，《敦煌研究》2003 年第 5 期。

[55] 李森、郭俊峰主编：《佛经精华·维摩诘所说经》，时代文艺出版社，2001 年，第 143～144 页。

[56] 王健：《儒道传播与文化地缘》，《中国历史地理论丛）2002 年第 1 期。

[57] （南朝宋）范晔：《后汉书·皇甫嵩传》，中华书局，1974 年。

[58] （西晋）陈寿：《三国志·魏书·陶谦传》，中华书局，1959 年。

[59] （南朝宋）范晔：《后汉书·陶谦传》，中华书局，1974 年。

[60] （北宋）司马光：《资治通鉴》，中华书局，1956 年。

[61] （南朝宋）范晔：《后汉书·五行志》，中华书局，1974 年。

[62] （南朝宋）范晔：《后汉书·灵帝纪》注引《袁山松书》，中华书局，1974 年。

[63] 丁明夷：《论孔望山摩崖造像》附表，《考古》1986 年第 10 期。

[64] 丁明夷：《论孔望山摩崖造像》附表，《考古》1986 年第 10 期。

[65] 王仲殊：《关于日本的三角缘佛兽镜》，《考古》1982 年第 6 期。

[66] 贺云翱：《佛教初传南方之路文物图录》，文物出版社，1993 年，图版说明第 184 页。

[67] 仝涛：《长江下游地区汉晋五联罐和魂瓶的考古学综合研究》，四川大学 2006 年博士论文，第 67 页。

[68] 贺云翱：《佛教初传南方之路文物图录》，文物出版社，1993 年，图版说明第 160 页。

[69] 高书林：《淮北汉画像石》，天津人民美术出版社，2002 年，第 20 页。

[70] 中国国家博物馆田野考古研究中心等：《连云港孔望山》，文物出版社，2010 年，第 213～218 页。

[71] 巫鸿：《礼仪中的美术》，生活·读书·新知三联书店，2005 年，第 338 页。

[72] 俞伟超、信立祥：《孔望山摩崖造像的年代考察》，《文物》1981 年第 7 期。

[73] 俞伟超、信立祥：《孔望山摩崖造像的年代考察》，《文物》1981 年第 7 期。

[74] 丁义珍：《汉东海庙今地考》，《文博通讯》1983 年第 4 期。

[75] 丁义珍：《孔望山杯槃刻石考》，《文物》1984 年第 3 期。

[76] 俞伟超、信立祥：《孔望山摩崖造像的年代考察》，《文物》1981 年第 7 期。

[77] 骆琳：《孔望山摩崖造像艺术风格及文化精神分析》，《艺术百家》2008 年第 8 期。

原载《廿五年——徐州汉兵马俑博物馆成立二十五周年纪念文集》，南京出版社，2011 年（本文为2009年度江苏省"333工程"科研项目成果，与张玉、滕雪慧、贾飞合作）

徐州楚王陵墓开凿技术综合研究

　　西汉时期以徐州为中心的楚国，世代相传12代楚王，虽然中间略有变化，但这两支12代楚王是西汉楚国的同姓封王，按照汉代制度，诸侯有封地者，死后葬于封地，因此这些分封于徐州境内的诸侯王，应该葬于今天徐州地域范围内，当然谋反者可能例外。近年来，徐州地区西汉楚王墓发现和发掘的较多，自1972年正式发掘第一座楚王墓以来，到目前为止，徐州地区累计已发现和发掘8处17座西汉楚王（王后）墓，它们分别是：楚王墓2座[1]、狮子山2座[2]、驮篮山2座[3]、北洞山2座[4]、龟山2座[5]、东洞山3座[6]、南洞山2座[7]、卧牛山2座[8]。以上墓葬除楚王山2座汉墓和狮子山之王后墓未经发掘，其余7处13座皆经过正式或非正式发掘。这些墓葬均分布于徐州周围的山上，一般与徐州市距离不超过10千米。其在山中营建墓葬的独特方式，一般均称之为崖洞墓[9]，营建方法是选择山腰或山麓面对山岗横向腹内开凿，在山体里营造洞室，模仿地面建筑布局及结构的埋葬方式。目前在江苏、山东、河南、河北等地皆有发现，但徐州地区持续时间较长，贯穿西汉一代，无论是数量还是质量在国内都是首屈一指，是我国汉代诸侯王陵中保存最完整的一个系列，出土文物丰富精美，代表西汉诸侯王国的最新生产力发展水平和文化水准，全面反映西汉时期徐州政治、经济、文化和社会发展的诸方面，被评定为中国20世纪100项考古重大发现之一。

　　徐州楚王陵墓一般依山开凿，一二墓居多，墓上或有封土或无封土，墓葬规模庞大，墓室面积多在100平方米以上，有的几乎掏空了整个山体，且墓室凿刻规整，布局合理，形成多间墓室组成的地下建筑群，犹如埋在地下的宫殿，此种形制的墓葬，在生产力不发达，在工具极为落后的汉代，究竟是如何开凿的已不得而知，为了探明楚王陵墓的科学内涵，有必要对开凿技术进行综合研究。

　　尤其是近年来，由于部分楚王陵墓已经被发掘和打开，墓壁局部正逐渐风化和剥落，一些残留的施工痕迹正逐渐模糊，甚至有的已经消失，因此，开展这项研究就具有"抢救性考古发掘"一样的重要现实意义。长期以来，学者们侧重从出土文物和墓葬形制进行研究[10]，但是对于这样墓葬是如何开凿的，则缺乏足够重视，更没有人进行专门研究。事实上，通过对徐州楚王陵墓开凿技术科学研究，有助于墓葬开凿时间的准确判断，进而从科技角度解决长期以来悬而未决墓主归属及排序断代等问题。籍于此，本课题通过对西汉楚王陵墓墓室四壁残存的凿痕、凹槽、小龛等施工痕迹的方向、深浅、疏密等规律的归纳分析，结合墓内出土开凿工具的形制和种类，对徐州楚王陵墓开凿技术进行综合研究，以求彻底搞清楚西汉时期开凿技术发展的真实面貌。

一 徐州楚王陵墓开凿技术兴起的社会背景

西汉初年，刘邦以韩信谋反为由，"（汉六年春）废楚王信，囚之，分其地为两国……立刘贾以为荆王，王淮东五十二城；高祖弟交为楚王，王淮西三十六城。"[11]高祖六年（公元前201年）封刘交为楚王，都彭城，辖彭城、薛郡、东海三郡三十六县[12]。西汉楚国位于黄河下游，与中原地区相比邻，经济文化十分发达，冶铁业更是处于全国领先地位，为徐州地区崖洞墓产生提供了必要的技术支撑和物质保证。发达的冶铁业是当时关系国计民生的一个重要的手工业部门，汉代为了有效经营和管理冶铁业，实行盐铁专营政策，专门在产铁的郡设置铁官，主持冶铁手工业事物，据《汉书·地理志》记载当时全国共有40个郡国设置铁官，而"彭城、沛县、下邳有铁官"。彭城即为今日徐州，下邳在今日睢宁境内，沛县为徐州郊县，三地都在西汉楚国范围之内，这说明西汉时期徐州地区是我国重要的铁矿产地。后来史书中关于徐州出产铁矿的记载也很多，《明史·地理志》云"（徐州）东有盘山，产铁……""磨山，驿路有铁牛，实铁矿也。"利国境内象牛形的铁矿山，至今仍叫磨山，其山色皆呈赭红色，《管子·地数篇》云"山，上有赭者，其下有铁。"现在利国镇仍然盛产铁矿，是徐州市重要的钢铁生产基地。

近年来考古工作者在徐州发现了铜山利国驿[13]和睢宁冶铁遗址[14]，根据南京博物院1954年对利国驿铁矿场调查可知，当时已经懂得按照矿产地质构造的不同而科学地运用不同的采掘方式，大大提高了铁矿石的产量，表明徐州地区汉代采矿技术已达到相当高的技术水平。通过对利国驿遗址残存的炉渣分析，所用铁矿石为含铁量高的平炉铁矿，可见徐州汉代采矿业已经掌握铁矿石鉴别能力。在利国驿铁矿场以北400米还发现炼铁炉遗址，炉体形状为立式方形，炉身高度在1.78米以上，炼铁炉的基础和炉体部分采用石英砂与黏土粘结而成，石英砂与黏土配合成的耐火材料，具有耐压度高和抗渣防蚀的稳定作用，炉膛剖面呈椭圆形凹坑状，可以增加炼炉的容量，提高生铁冶炼的质量，标志着汉代徐州地区铁矿冶炼业十分发达，应处于当时世界先进水平。

在北洞山汉墓、狮子山汉墓、驮篮山汉墓出土大批铁器，其中有成套的凿、錾、锤等开山凿石工具，北京科技大学冶金与材料史研究所通过对出土铁器的金相组织测定分析发现，北洞山汉墓三件不同式样的铁錾，其制作技术各异，Ⅰ式錾是脱碳钢锻打而成，Ⅱ式錾是块炼铁锻打而成，Ⅲ式錾则是高碳钢淬火，强度与硬度较高，可满足加工石料的要求[15]，狮子山汉墓有四件凿子使用局部淬火工艺，3件铁甲片使用了冷锻技术，多件铁器是经过渗碳处理的炒钢制品[16]，这是迄今为止发现最早的炒钢制品，表明当时工匠对钢铁制品的认识达到了较高水平，开山凿石工具制作技术有了新的进步。在山体岩石上开凿和修建规模庞大的墓室，钢铁技术的发达和钢铁工具质量的提高起到巨大作用，没有高质量的钢铁工具，完成这些大规模的工程几乎是不可能的。

二 徐州楚王陵墓开凿方法的研究

墓葬规模形制是墓主人身份等级的象征，修筑陵墓是历代帝王政治生活中的一件大事。在修筑陵墓时，帝王本人一般亲自过问，委托重臣主持，从选址到施工营建都有一整套的严格规章制度，《汉旧仪》即有记载："（始皇）使丞相李斯将天下刑人隶徒七十二万人作陵""凿以章程"（即按照一定的规划设计蓝图施工）。在施工前要设计出图纸，图纸反映的墓室结构布局，充分体现墓主本人的意志，图纸具有法律效力，施工人员不能随意更改。河北省平山县中山王陵中即出土一块刻有陵园建筑规划设计方案的铜版，其上所刻诏令铭文曰"王命为兆乏（法）阔狭大小之制，有事者官图之，进退（违）法死如赦，不行王命者殃连子孙。其一从，其一藏府。"[17]帝王陵墓修筑要求之高，由此可见一斑。徐州地区楚王陵墓的修筑程序当亦如此，在开凿墓室过程中有规范的施工管理方法，有严密的质量监督体系，下面我们结合墓内遗留的施工痕迹作初步探讨。

狮子山楚王陵有三段墓道，内墓道位于中墓道和甬道之间，长19、宽2、深5.5米，开凿的规矩平整，底部与中墓道在同一平面上，其中在内墓道的东、西两壁上各留有一条明显的南北向直线痕迹，且从中墓道后端一直到甬道口，贯穿整个内墓道。有人认为通常情况下，在开凿墓壁的时候，平面上是不可能形成这样的痕迹的，认为这两条直线是原来甬道顶部转角处的遗留[18]。但是我们注意到这两条直线在同一水平面上，距墓底部的高度都是3.46米，实际上是在两个墓壁上形成的两条完全对称的直线，因此我们认为这两条直线其实是开凿墓室过程中顶壁的控制线。

事实上，在北洞山楚王墓、狮子山楚王墓、驮篮山楚王墓等墓室内多处发现开凿的遗留痕迹，而且在较为平整的壁面上还有用朱砂绘制的标准线。狮子山楚王墓E5在南墙壁距地表0.9米有一条横贯的朱砂水平线，在距门口0.5米及2.4米处还各有一条朱砂水平线，北壁与此相似。在W5侧室的墙壁上，有一条水平线和两条垂直线，系用来指示墙壁打磨情况的，经仔细测量，这几条线均十分标准，夹角恰好为90°。

另外，在狮子山楚王墓墓室内，我们还发现这样一个现象，除E2外各室的墙壁上，均有开凿示范，由外向内分别为毛碴层、较平整层及光滑层等三层蓝本，一般面积不大，长约50、宽20厘米左右，这实际是督工者设置的施工图样。遗憾的是由于某种原因，除E5勉强达标外，其他没有一间墓室达到规定的要求，不过正是如此，狮子山楚王墓遂留下开山凿墓的完整过程。

结合其他楚王陵墓墓室内的遗迹，我们对楚王陵墓开凿过程有全面了解，开凿工序大致有5个步骤。第一步是将山体按照要求开凿出雏形，形成一定的空间，但是这个空间仅仅是一个轮廓，严格地说仅仅是洞而不是室，这一步目的是去石，一般使用工具是大锤和铁钎、錾子；第二步是将洞室修整成室的形状，一般用粗錾子将多余的岩石凿掉，錾痕粗大，錾痕外口宽1、里口宽0.5厘米，间距一般是4～8厘米，方向基本一致，一般在1.6米以下为竖向开凿，以上为横向开凿，这样的毛坯墙壁由于凿子经过的地方的低，中间间隔部分高，形成轮状石碴，很像古民居屋顶覆盖的小瓦垄；第三步是用中錾将錾痕之间的坚硬的毛碴凿平，其效果如同平整过的田地，轮状石碴消失，但光洁度远远不够；第四步是用细錾和手锤进一步修整，錾痕模糊，间隔小，錾痕细浅，不仔细分辨，容易误认为是打磨而成；第五步是打磨，一点一点地将墙壁磨平。徐州驮篮山楚王墓墓壁平滑光洁，有特制刹斧的使用痕迹。另在该墓墓道南不远处，还发现一块砺石，从使用痕迹判断，也应该是用来打磨墓壁的重要工具[19]。

这几个环节并不是按顺序进行的，而是相互交叉，只要作业面允许，可以同时进行，这从同一座墓葬的墓室光滑程度不一中可以体现。对于每一间个体墓室而言，一般是从外向里、由底向上开凿，先是开凿一个小龛，然后再逐步向里延伸扩大，龟山汉墓侧室、狮子山楚王陵后室均发现未完成的小龛，表达进一步开凿的倾向，恰好展示了一个墓室开凿之初的情况。另外，在狮子山楚王墓天井上部和南壁同一平面上凿有一周大小相似的小长方形石龛，北壁5个，东壁4个，西壁4个，四角处各1个。一般宽25、高35、进深30厘米。底面平整，内壁斜刹，个别方洞内发现垫铁。过去人们对上述现象一直无法理解，笔者一度也产生误解，如果我们结合驮篮山楚王墓墓道石凹槽来联合考察，便发现可能与施工有关。狮子山楚王墓的天井垂直高度南端8.45、北端10.9米，如此高的落差，又要求几乎垂直，施工难度很大，其开凿的过程应从上向下开凿，当到达一定高度时，必须搭建脚手架，否则根本无法施工。这如同过去垒泥墙，每隔0.5米左右就留有一定数量的小孔，用来搭建脚手架，在驮篮山楚王墓墓道两侧的墙壁上，也发现有规律的石凹槽，恰如垒泥墙时留下的小孔。区别为垒泥墙是平地砌墙，从下向上，逐步升高，在山体上开凿墓室是从上向下，逐步降低。

由于山体岩石质地较差，部分裂隙，影响壁面的美观和整洁，为此施工人员还要在裂隙处镶补石块，先将裂隙清理凿成槽状，根据裂隙形状选用大小不一的石块作为补石，将补石加工打磨，与裂隙凹槽完全一样，嵌入后严丝合缝，历经千年仍不坠落。北洞山还在裂隙较深处，先填充黄泥和碎石子的混合物，抹上具有黏合作用的砂浆，再嵌入补石，一些重要部位，还在补石四周嵌入铁楔子，利用铁受潮生锈膨胀原理，将补石牢固镶嵌在石壁上。还有的为增加附着力，在凹槽底部凿出圆坑，还有的在镶嵌补石前，在裂隙里凿出水槽，镶嵌补石后里面形成排水暗道，十分科学巧妙。有的还进行装修。北洞山汉墓墓壁经过内部装修，先用碎石粉、精细的黏黄土等搅拌成糊状，涂抹于墓室墙壁表面，起到找平的效果，作为髹漆涂朱的"地子"，然后在外层涂朱砂或髹朱漆，北洞山主体墓室部分的两耳室髹厚0.01～0.24毫米的生漆，侧室、前后室和侧间、廊的四壁、顶部涂厚0.01～0.22毫米厚的朱砂。朱砂的主要成分是硫化汞（HgS），又名丹砂，具有杀菌防潮的作用，古时极为名贵，这样大面积涂抹在墓室内部，营造出一片红彤彤的世界，既起到防朽防蛀的作用，又增加了庄严豪华的神秘气氛。另外，像龟山汉墓在室内有搭建建筑的现象，其实也是一种装修，在徐州楚王陵墓中是个孤例。

为了加快施工进度，在开凿过程中，还采用预制石板技术。预制的材料包括塞石、券顶石，在龟山汉墓、北洞山汉墓、驮篮山汉墓的塞石上发现刻铭文字和朱书文字，文字内容有塞石大小尺寸，塞石的摆放位置，并说明塞石的榫卯是牡还是牝，以及牡还是牝口的宽度是多少。北洞山汉墓附属建筑各种构件都是提前预制，在主要构件上朱书拼装序号，再室顶和墙壁上有指示方向、数目与排列顺序的朱书文字，又在门楣石和隔墙等立面画有水平或垂直方向的组装定位线，指示石条上墙的方向和位置。这说明整个墓室规模形制是预先设计的，确保施工开凿进度科学合理。

在山体中开凿陵墓，还要对地形地质、山体力学有充分的了解。徐州楚王陵墓多选择在抛物线状的独立山体，山体的岩质多为石灰岩，墓道入口多取山坡，龟山楚王墓露天墓道石质为黏土结构胶结的岩石，质地松软，粘接力差，选择在此处开凿，既节省劳动力，又能加快掘进速度，说明当时施工人员对岩石结构已有科学认识，并能运用于开凿实践。向山体内部横向掘进时，一般穿凿于15°左右的板状岩层面，逐渐向楔状结构岩层开凿，形成甬道和墓室，这样山体结构强度未被完全破坏，仍是一个完整载体，稳定性强。当墓室空间较大时，为了增加承载力，还在墓内设置石柱，起到支护作用。北洞山楚王墓的主入口的梯形拱顶和附属建筑的人字形拱顶，压力分配也十分巧妙，虽然历经千年，但未有坍塌迹象，体现建筑技术的高度发展。

三 与开凿相关的技术问题讨论

汉代厚葬现象突出，修建陵墓规模庞大，尤其是在山体内开凿墓室，更是一个复杂的系统工程，它需要解决排水、通风、照明等一系列的技术问题，笔者拟结合墓内遗迹及相关文献略做讨论。

我们知道古代帝王一般即位后便开始修筑陵墓，所用时间很长，《晋书·索琳传》云"汉天子即位一年而为陵……"，秦始皇为自己修建陵园，征集七十多万民工，前后延续了三十余年[20]，始皇陵尚且为竖穴土坑墓的葬制，而开凿于山腹中崖洞墓更是费时费力，在生产力水平低下的汉代，绝非短期内所能完成的浩大工程。在长期的施工过程中，天上雨水、岩隙渗水无疑常常会给施工带来极大不便，严重影响工程进展速度，为保证顺利施工，施工人员会想方设法排除水的干扰，在这种情况下，各种各样的防排水设施便次第出现于崖洞墓中。

崖洞墓开凿在山体中，一旦施工就形成洼地缺口，必然会成为降水汇聚地，因此首先考虑阻止水的流入，于是在外围设置阻水沟。阻水沟一般位于墓室外部的封土附近，主要功能还是阻止雨水冲刷墓室建筑，一般在山体上开凿而成，凿痕粗细不等，沟壁也不规整，沟形有"一"字型和倒"L"型，长宽不固定，一般中间窄，近排水口宽，犹如河床上游窄下游宽，已经发现的有楚王山一号墓[21]，驮篮山二号墓[22]。

楚王山一号墓的阻水沟位于一号墓的封土与主峰之间，有效阻止主峰流下的洪水对楚王山一号墓封土的冲刷，下凿岩石而成，呈东西向，长46、宽3.8～4.2米，中间高两侧低，沟底平坦，沟形呈喇叭状，利于洪水下泄。

驮篮山二号墓的阻水沟位于墓道的北侧和西侧，在墓道的西北部交汇，北侧沟长约26、宽1米，大致呈东西向，稍偏东南；西侧沟长约22、宽1.5～2、最深1米，大致呈南北向，稍偏西南。二沟底部低平，依山势自然下降，便于雨水分流。北沟向东延伸较长，几乎也连带阻止东侧雨水进入墓室，因此倒"L"型阻水沟犹如一个大屋顶两个坡面，有效阻止西、北、东三个方向的雨水进入墓室，保证施工现场不受雨水的淹灌。因此阻水沟完全是特意设置的防水设施，是防止雨水进入施工现场的第一道防线。

当墓道修好，墓室形成后，水成为施工现场必须解决的重要问题。虽然阻水沟能够阻止雨水进入，但是不可避免的还有部分雨水汇集于墓道，造成施工不便，于是施工者在开凿过程中，有意开凿一些凹槽来处理水的问题。我们以驮篮山汉墓凹槽为例作进一步论证，当工程开工一段时间后，斜坡墓道已经形成，况且斜坡墓道是在山坡上向墓室内倾斜，这时再进一步向里开凿时，外高内低的地理环境使积水时时汇集在施工人员附近，施工人员为解决水的困扰，在斜坡底部挖一个凹槽，导引降水及渗水收拢汇集于凹槽内，并沿裂隙渗流出墓室，如果积水太多，则可以使用汲水工具外排，这样便能够有效阻止进入墓室的积水到处渗流，保持作业面整洁干燥，极大方便施工，即使汛期也不影响。

当开凿工程进入墓室后，山体渗水又成为问题，为此在墓内设置排水沟、聚（排）水池和渗水井，以解决墓内积水的问题。排水沟是墓室内主要的排水设施，常见于具有一定空间的墓葬中，排水沟大小不一，深浅不同，分布于墓室的各个部分如甬道、墓道、墓室中，首尾相连，支系发达，犹如一条河流，将整个墓室连贯起来，一般里高外低，巧妙利用坡度形成排水系统，将墓室内积水汇集到一起，再利用山间的裂隙或墓口向外排出。排水沟在徐州多处楚王墓内均有发现，排水沟形制多样，横剖面呈倒三角形，倒凸字形，或梯形，宽窄大小不等，上宽10～60、底宽10～20、深10～40厘米，长短不一，分连续和不连续两种，徐州龟山汉墓墓内排水系统则首尾相连，沟井相通，如同一条支系发达的河流，聚集后流入一个集中的深水井，然后排出墓外。排水沟开凿有的沿室内地面自然裂隙凿出排水道，排水道在墓内位置不固定，主要根据室内位置确定，有的室内地面情况单一，则直接在室内地面与侧壁相连处开凿，形制较为规整。这又可分为明沟和暗沟两种情况，暗沟开凿后上面用石板覆盖，同一座墓室内经常明沟和暗沟并存。总之，所有排水道均利用地势高差形成，使水流向裂隙，然后沿裂隙排出墓外，一般一座墓内连续性的排水沟是里高外低，不连续性的排水沟是中间低两侧高。

聚（排）水池和渗水井是与排水沟配套使用的排水设施，一般设置在墓道、甬道、墓室内，多处于墓室最低处，是整个排水系统的中心，墓内各室的渗水以及从岩石裂隙灌进的雨水，通过排水沟排入渗水井，沿渗水井的裂隙排出墓外。聚（排）水池是人工开凿于墓室低洼处的凹槽，凹槽底部没有裂隙，仅仅起到收集、贮存、中转渗水的作用；凹槽底部有裂隙的为渗水井。聚（排）水池在龟山汉墓、驮篮山汉墓墓道有所发现；渗水井发现较多，几乎在所有崖洞墓中均有发现，呈现出形制多样、特点不同的风格。一般可分为修筑中使用和建成后使用两种，前一种仅在墓室修筑过程中，为保持作业面干燥，保证施工顺利进行，开凿出渗水井用于排放施工过程中积水，一旦墓室修筑完毕，便人工进行回填，并层层夯打，以保持整个墓室的整洁。后一种从墓室修筑开始到完工都一直发挥作用，是整个墓室排水系统的中心，呈规则或不规则两种形状，驮篮山汉墓、龟山汉墓皆凿刻成工整的长方形或正方形，以保证较好的视觉效果；不规则的渗水井有椭圆形、三角形，还有的干脆以自然裂隙作为渗水井，不加任何修饰。为加快排水速度，有的墓葬还在渗水井底端再凿渗水洞，如龟山汉墓在井的底部南北两端，各凿一个近椭圆形的渗水洞，还有的在渗水井上部加盖石盖板。另外北洞山汉墓将渗水井巧妙地与墓室中的厕所、水井结合起来，渗水井象征厕所、水井，同时又起到排泄积水的作用，是审美和使用的统一，体现出高度成熟的设计理念。

聚（排）水池和渗水井功能与驮篮山汉墓凹槽完全相同，区别是前者收集室内岩隙渗水，而后者在收集室内岩隙渗水同时还能阻止天上降水由斜坡墓道进入墓室。至于驮篮山汉墓凹槽的独特形状，则是为适应其所处位置（墓道宽、甬道窄）的灵活变通，因此，我们认为聚（排）水池和渗水井等凹槽是在墓葬修筑过程中起到辅助作用的防排水设施，犹如盖楼需要搭脚手架一样，在岩层里开凿施工，必须有计划地提前处理好水的问题，一如兴修农田水利，欲将河床加宽加深时，常常在河床一侧挖一个蓄水池，将水汇到一起，再想法集中排除，以保证整个作业面的干燥，为施工提供方便。这种斜坡墓道在开凿过程中，雨水极易淌入墓室，影响施工，于是在斜坡墓道的最下方，开凿出与甬道等宽的凹槽，凹槽前端也凿出斜坡，利用槽底岩石裂隙排除积水。

开凿中的照明问题和通风问题。由于楚王陵墓均是修在山体内部，仅有一条狭窄甬道与外界相通，即使阳光明媚的白天，墓内也基本处于黑暗状态，因此墓内照明成为排水之后施工中必须解决的问题。《史记·秦始皇本纪》有"以人鱼膏为烛，度不灭者久之"记载，在河南永城保安山二号墓即发现有交错开凿在甬道、回廊、隧道的两壁下方的照明设施灯龛[23]，但是徐州楚王陵墓内却未发现任何的照明设施，我们推测可能由于施工者为保持墓室壁面的整洁（这从墓室内多处发现的补石可以证明），并未设置专门照明设施，其次楚王陵墓墓内空间较大，因此楚王陵墓在开凿的过程中，可能使用烛台、铜灯、火把等移动灯具来照明。

至于开凿中的通风问题，我们认为由于墓内与墓外的空气湿度、温度的不同，导致两者密度的不同，无论春夏秋冬，墓室内外空气时刻都能自然形成对流，新鲜的空气会源源不断输入，保持墓室内氧气的充足。即使是现在已开放成为旅游景点的狮子山楚王陵、龟山汉墓，在黄金周期间，墓室内游人数量很多，也并不需要安装专门的通风设备，但空气也不污浊，说明通风在当时开凿的过程中根本不是问题。

另外，关于在墓室开凿过程中的测量和校正等问题，由于墓内已无任何痕迹可以寻找，我们查找汉代及以前的典籍，并结合当今边远落后的农村在生产生活中的一些实践去略作推测。古代测量工具有规矩准绳，汉代以前就有使用，史书上多有记载，《史记·夏本纪》还记载禹携带规矩准绳，进行治水的情景，"左准绳，右规矩，载四时，以开九州，通九道，陂九泽，度九山。"关于其使用方法记载也很多，《吕氏·似顺论·分职》云："为圆必以规，为方必与矩，为平必以准绳。"《汉书·律历志上》："准者，所以揆平取正也。"准由竖和横类似两尺部件构成，竖尺立在地面，横尺用于观测。观测者在一端用眼瞄准，沿横尺望去，可确定观测目标的平直。这种准应该是后来水准仪的雏形，说明初步的水准仪已经出现了，由于其灵活方便，在生产和生活中经常使用，《庄子·天道篇》云："水静则平中准，大匠取法焉。"《周礼·冬官考工记》云："水地以悬，置臬以悬（臬即表）。"规矩准绳的实物虽然在徐州楚王陵墓中没有发现，但是徐州地区发现数量较多的带规矩纹饰的铜镜，表明规矩准绳在当时的生活中已经广泛运用，龟山汉墓的两条甬道几乎平行，水平误差很小，推测应该是使用这些测量矫正工具的基础上，然后在严密质量监督下的施工结果。徐州地区曾出土过"楚内官丞"的封泥，《汉书·律历志》载："度者，分寸、尺，丈引也……职在内官，"说明当时已设置有专司测量的官员，来负责工程质量问题。

综上所述，根据墓内出土的工具和墓壁的凿痕进行初步研究，我们认为徐州楚王陵墓开凿是在冶铁业高度发达基础上的复杂劳动，在此过程中有专门管理和组织机构，同时对与开凿相关技术问题进行了很好的研究与实践，由于条件限制，有些问题我们尚未清楚，诸如在陵墓开凿过程中，在工具十分简陋的情况下，为了加快工程进度，提高工作效率，是否已经开始使用简单的手工机械，这是我们以后研究中应该注意的问题。

注释

[1] 刘照建、梁勇：《徐州市铜山县楚王山汉墓群考古调查》，《汉代考古与汉文化国际学术研讨会论文集》，齐鲁书社，2006年。

[2] a.狮子山楚王陵考古发掘队：《徐州狮子山西汉楚王陵发掘简报》，《文物》1998年第8期。b.韦正、李虎仁、邹厚本：《江苏徐州市狮子山西汉墓的发掘与收获》，《考古》1998年第8期。c.羊龟山汉墓在狮子山以北150米。2004年该墓被盗后，考古工作者进入墓室，对羊龟山汉墓有较为全面的了解。该墓坐北朝南，南北长20、东西宽18、高3.5米，有9间墓室，面积150余平方米，结构与驮篮山汉墓相似。从该墓的形制和规模看，其墓主很可能是狮子山汉墓所葬楚王之王后。

[3] 邱永生、徐旭：《徐州市驮篮山汉墓》，《中国考古学年鉴·1991》，文物出版社，1992年，第173页。

[4] a.徐州博物馆、南京大学历史系考古专业：《徐州北洞山西汉墓发掘简报》，《文物》1988年第2期。b.徐州博物馆、南京大学历史系考古专业：《徐州北洞山西汉楚王墓》，文物出版社，2003年。

[5] a.南京博物院、铜山县文化馆：《铜山龟山二号西汉崖洞墓》，《考古学报》1985年第1期。b.尤振尧：《〈铜山龟山二号西汉崖洞墓〉一文的重要补充》，《考古学报》1985年第3期。c.徐州博物馆：《江苏铜山龟山二号西汉崖洞墓材料的再补充》，《考古》1997年第2期。

[6] a.徐州博物馆：《徐州石桥汉墓清理报告》，《文物》1984年第11期。b.徐州博物馆：《徐

州东洞山三号墓的发掘——兼谈对东洞山汉墓的再认识》，《东南文化》2003 年第 7 期。

[7]南洞山汉墓位于徐州市云龙区段山南麓，徐州博物馆于 20 世纪 80 年代初和 1985 年 7 月曾两次进行考古调查，资料现存徐州博物馆。

[8]卧牛山汉墓位于徐州市九里区火花村南卧牛山，分别于 1982 年春和 2010 年夏由徐州博物馆清理发掘，资料现存徐州博物馆。

[9]崖洞墓最早是指西南地区分布在江河岸边的山崖的墓葬，而徐州及周围地区发现的墓葬，虽然也是在山上，但是特点与西南地区有很大不同，称之为岩洞墓较为恰当，如无洞室，称为岩坑墓（与土坑墓相对应），但是长期以来，人们已经习惯崖洞墓的称呼，为避免混淆，本文姑且也称为崖洞墓。

[10]a. 梁勇：《从西汉楚王墓的建筑结构看楚王墓排列顺序》，《文物》2001 年第 10 期。b. 刘照建：《徐州地区大型崖洞墓初步研究》，《东南文化》2004 年第 5 期。c. 周保平、刘照建：《徐州楚王陵墓形制研究》，《中国历史文物》2005 年第 6 期。

[11]（汉）司马迁：《史记·荆燕世家》，中华书局，1975 年。

[12]（东汉）班固：《汉书·楚元王传》，中华书局，1962 年。

[13]南京博物院：《利国驿古代炼铁炉调查及清理》，《文物》1960 年第 4 期。

[14]南京博物院：《1991 年徐州考古调查简报》，《东南文化》1997 年第 4 期。

[15]徐州博物馆、南京大学历史系考古专业：《徐州北洞山西汉楚王墓》第 200 页，文物出版社，2003 年。

[16]北京科技大学冶铁与材料史研究所、徐州汉兵马俑博物馆：《徐州狮子山西汉楚王陵出土铁器的金相实验研究》，《文物》1999 年第 7 期。

[17]河北省文物管理处：《河北省平山县战国时期中山国墓葬发掘简报》，《文物》1979 年第 1 期。

[18]中国国家博物馆、徐州博物馆编：《大汉楚王——徐州西汉楚王陵墓文物辑萃》，第 48 页，中国社会科学出版社，2005 年。

[19]梁勇：《徐州汉代石工技术初探》，《沛具汉文化研究》，1999 年。

[20]（汉）司马迁：《史记·秦始皇》，中华书局，1975 年。

[21]刘照建、梁勇：《徐州市铜山县楚王山汉墓群考古调查》，《汉代考古与汉文化国际学术研讨会论文集》，齐鲁书社，2006 年。

[22]资料存徐州博物馆。

[23]河南省文物考古研究所：《永城西汉梁国王陵与寝园》，第 140 页，中州古籍出版社，1996 年。

原载《廿五年——徐州汉兵马俑博物馆成立二十五周年纪念文集》，南京出版社，2011 年（本文为2002年江苏省文博事业人文社会科学研究基金课题成果，与刘照建、张玉合作）

徐州狮子山西汉楚王墓墓主新考

徐州狮子山西汉楚王墓规模庞大，出土文物数量众多，学术价值重大，对于研究汉初诸侯王国政治经济文化具有重要意义。近年来，狮子山墓主问题已成为学术研究热点，目前该墓正式发掘报告尚未整理出版，关于墓主归属问题的研究文章已经达20余篇，然而迄今为止墓主问题仍然不清晰，严重制约相关研究的深入开展。为此，笔者在学习诸多已发表研究成果的基础上，结合当前对徐州西汉楚王墓葬形制发展规律和随葬器物的新认识，重新考证狮子山楚王墓墓主和时代，以求进一步推进墓主问题的解决。

一　关于墓主二、三、四、五代说的讨论

徐州狮子山西汉楚王墓墓主归属一直聚讼纷纭，有的学者认为是第二代楚王刘郢（客）[1]，有的认为是第三代楚王刘戊[2]，还有的则认为墓主应是第二代楚王刘郢（客）或第三代楚王刘戊[3]，甚至还有学者认为是第四代楚王刘礼或第五代楚王刘道[4]。四代或五代之说固然新颖，但是不具有颠覆性，因为立论证据不足，所谓铁证根本站不住脚，几乎该论一经提出，便受到学者们一致反驳[5]，基本不被认同，以后研究者多在究竟是二代还是三代上讨论。

其实仔细梳理关于狮子山墓主断代的研究过程，就会发现从发掘开始，研究方向就已经出现偏差。在发掘之初，参与发掘的专家根据1984年在狮子山西侧兵马俑坑的发现情况，在主墓尚未发现和发掘的情况下，初步断定墓主为起兵造反的第三代楚王刘戊[6]。在发掘过程中，墓内随处可见的粗糙凿痕和未完工的建筑结构，以及仓促下葬的诸多异常现象，又加剧了这一"先入为主"的理念，一些发掘者于是将墓主与兵败自杀联系起来，遂将狮子山墓主确定为参与"七国之乱"的第三代楚王刘戊[7]。发掘结束后，一些学者又进一步进行了论证，认为狮子山楚王墓规模庞大，开凿时间长，至少得10年以上，其他楚王在位时间短，无法完成如此巨大的石方开凿量[8]。另外，徐州医学院的医学专家根据狮子山楚王墓内出土头骨和股骨分析，认为墓主人为男性，年龄37～40岁，与叛王刘戊年龄较为接近，似乎又进一步锁定墓主为第三代楚王刘戊。发掘简报也将刘交排除在

墓主之外，进而推断墓主应为刘交的子孙，应是第二代楚王刘郢（客）或第三代楚王刘戊[9]，同时参加发掘的一些学者在另文中则认为"以刘戊为狮子山陵主的可能性较大"[10]。

但是当该墓简报材料公布后，狮子山墓主为第三代楚王刘戊的观点，却受到越来越多学者的质疑。墓室开凿粗糙，可能是未完工，也可能是这种形制的墓葬刚出现，技术不成熟所致；仓促下葬的原因，固然可能是墓主突然死亡，但突然死亡的原因并非只有兵败自杀一种，还有因病死亡等多种因素，所以兵败自杀与墓葬未完工并没有理论上的必然联系。尤其是墓室内大量高档精美的玉器、金器、银器和铜器的出土，更是引起学者们普遍怀疑，作为叛王的刘戊能否享受如此规格的礼遇？在争论过程中，学者们从墓葬结构形制、随葬器物、开凿时间、墓主年龄等多层次多角度，深入全面探讨了该墓墓主问题，澄清了一些模糊认识，多数学者考虑第三代楚王刘戊谋反自杀的历史，倾向于认同墓主是第二代楚王刘郢（客）[11]。

然而，"二代说"虽然说者甚众，发表论文很多，但也并非无懈可击，至于"二代说"，庞大的墓葬规模与第二代楚王在位仅仅3年多的历史就自相矛盾；"三代说"更是疑问重重，该墓随葬器物规格与第三代叛王的身份极不相符。总之，无论是"二代说"还是"三代说"，都不能圆满解释墓主与墓葬形制及随葬器物之间关系。时至今日，当初坚持"二代说"的学者仍然坚持[12]，认为"三代说"的学者也一直未改变观点[13]，但双方都提不出有力的证据来说服对方，彼此之间缺乏讨论和交锋，长期以来关于墓主问题研究一直没有新进展。目前笔者在发现和发表诸多新材料的基础上，经过多年思考和细致研究，认为墓主既不是第二代楚王刘郢（客），也不是第三代楚王刘戊，而应该是第一代楚元王刘交。

二　狮子山在前期楚王墓中的顺序

徐州地区楚王墓自成序列，演变轨迹清晰，狮子山楚王墓形制独特，时代特征明显，对于确定墓主身份和时代具有重要参考价值，如果将狮子山放在楚王墓序列中进行比较研究，准确排出先后顺序，墓主身份和时代自然不难确定。已经发掘的楚王墓中，与狮子山形制较为接近的有北洞山和驮篮山，学界一般以墓主身份明确的第六代龟山楚王墓为界，均认同这三座墓葬为西汉前期楚王墓。正确排定三墓的顺序，对于墓主研究具有十分重要的意义，但是目前对于三墓先后顺序学者们意见不一，为此本文拟从墓葬形制布局和开凿技术等方面对三墓的排列顺序作进一步比较研究。

狮子山楚王墓平面布局比例失调，整体上缺乏规划，突出特点是"大天井，小洞室"。其次墓室开凿粗糙，除天井及外墓道经过打磨外，内墓道、耳室、侧室及后室等多处可见清晰的凿痕；墓室顶部结构单一，皆为平顶结构，顶部与侧壁呈弧形连接，墓室给人的感觉是"洞"而非"室"，且仅在中轴线两侧开凿洞室，开凿的随意性较大，说明在开凿技术上尚缺乏经验，在"室"的营建中技术尚不成熟。另外，虽然狮子山楚王墓墓室众多，但各室功能尚不完全清晰，除庖厨、仓储、武库、钱库等功能有所体现外，没有乐舞、厕间、沐浴等配套生活设施。种种情况表明，狮子山楚王墓设计理念尚不清晰，正处于横穴崖洞墓的肇始阶段[14]。

相比较狮子山楚王墓，北洞山和驮篮山两座楚王墓则布局严谨，墓室分布疏密有致，除规模略小于狮子山外，规模庞大的天井已不再出现，墓室功能齐全，在狮子山原有各室的基础上，又新增加生活配套设施，如浴室、厕所、乐舞厅、水井等，几乎完全模仿现实生活中的地面建筑，充分表达墓主人"事死如生"理想，说明两墓在设计上已很成熟，彻底摆脱了狮子山楚王墓的窠臼，发展成为典型的横穴崖洞墓。其次，驮篮山和北洞山两座楚王墓开凿技术也较为成熟，墓室墙壁及顶部皆经过打磨，并以石粉、黄泥或澄泥等拌成的黏合土涂抹平整，外涂髹漆或朱砂；墓顶形状多样，有平顶、两面坡顶、四面坡顶等式样，突破狮子山墓室单一平顶的形式，两墓墓室更具有"室"的概念和特征，显示出开凿及装饰技术的发达，崖洞墓的开凿和营造理念更加成熟，这是崖洞墓发展到更高阶段的生动写照。

通过对三墓比较研究，表明狮子山楚王墓时代较早，而北洞山和驮篮山两座楚王墓时代偏晚，但是也有一些学者将北洞山排在狮子山楚王墓之前，主要是结合北洞山楚王墓采取半凿半砌相结合的建筑形式和狮子山独特的天井展开讨论[15]。笔者认为，北洞山的凿砌结合的附属建筑和狮子山规模巨大的天井，都是早期楚王墓发展中的特例，孰先孰后断代意义不强。在比较早晚的研究中，不能以特例作为标准，更不能另立标准，而应该选择共性的标准。如陶器分型分式时，一般采用口、沿、腹部、底、足等器物共有特征的发展变化，来区分时代早晚演进之关系；对于修筑在山体内部的崖洞墓，其可供参考的共同特征是平面布局、开凿技术等，从其发展变化趋势来辨别早晚进化之关系。从上文对狮子山与北洞山两墓的比较中，狮子山楚王墓无论形制结构还是开凿技术都具有诸多早期特征，时代上显然早于北洞山。事实上，北洞山楚王墓的凿砌结合形式，较之狮子山工艺技术更加发达，是追求墓室更加完美的表现。

至于北洞山与驮篮山两座楚王墓时代之先后，我们从以下几个方面进行比较研究。驮篮山楚王墓结构复杂完整，整体设计严谨合理，与北洞山不同的是，在墓道两侧不再设置耳室，耳室全部收缩到甬道以内，耳室几乎是完全对称分布，耳室的设置也不再仅限于中轴线两侧，开始向甬道两侧横向发展，出现布局更为复杂的"套间"；北洞山仅在前堂东北角开凿出廊和厕间，而驮篮山前堂周围侧室显著增多，侧室多达5间，但二者均开口在前堂后壁或东壁的做法相同，驮篮山显然是在北洞山楚王墓基础上的发展。其次，驮篮山墓室顶部形式更加复杂多样，在平顶、两面坡顶、四面坡顶的基础上，又出现新的盝顶式屋顶；墓室功能更加多样，首次出现带有水池的浴室，厕所设计与制作更加完善与精致；与狮子山、北洞山两墓不见防排水设施相比，驮篮山墓内还首次出现了主次分明、深浅有序、明暗结合的防排水系统，体现高度发达的工艺水平。以上情况表明，驮篮山楚王墓的时代要晚于北洞山。

过去在北洞山和驮篮山两座楚王墓的比较中，学者们根据北洞山墓道底部低平，墓室中出现立柱、左前方出现附属建筑等特征，一度认为北洞山时代偏晚，而将北洞山排在驮篮山之后，其实是对楚王墓的演变规律缺乏整体认识，忽略了驮篮山楚王墓的后期因素。通过对三处楚王墓形制布局和开凿技术综合比较研究，三墓的发展脉络基本清晰。另外，从三墓彼此之间比较可知，狮子山与北洞山共同之处颇多，与驮篮山相同之处较少；但是北洞山既与狮子山有许多相似之处，同时与驮篮山相同之处也颇多，体现北洞山具有承上转下的特点，说明北洞山是处于狮子山、驮篮山之间，进一步佐证三墓排列先后顺序是狮子山、北洞山、驮篮山[16]。

一旦正确排定三墓顺序，那么狮子山楚王墓墓主问题也渐趋明朗。狮子山、北洞山、驮篮山三墓时代在第六代龟山楚王墓之前，墓主可能为西汉前期五代楚王中的三位，按照三墓排列的先后顺序，狮子山排在三墓之首，其墓主只能是一、二、三代中选择，但是由于二、三代皆有可能，无法使用排除的方法，为此我们转变思路，采用逆推的办法来确定墓主。驮篮山楚王墓在三墓中排序在最后，墓主只能是第三、四、五代楚王中的某一代，只要确定驮篮山楚王墓墓主，向上即可递推出狮子山楚王墓墓主。如果定驮篮山为第四代楚王墓，然而第四代楚王在位时间只有两年多（三个年头），驮篮山精雕细凿的营建方式，显然不是在如此短时间能够完成的。如果定驮篮山为第五代楚王墓，其墓葬形制与第六代龟山楚王墓悬殊太大，中间明显缺乏过渡，驮篮山墓主为第五代楚王的可能性不大。另外，据耿建军先生在《徐州狮子山楚王陵墓墓主是刘戊还是刘郢（客）》附记介绍，2010年徐州博物馆抢救发掘了已被盗掘过的西卧牛山汉墓，墓葬总体上与龟山汉墓类似，规模宏大，从墓葬形制和出土文物判断，时代较龟山汉墓为早，并在序列上认定西卧牛山汉墓为第五代楚王墓[17]。诚如是，驮篮山墓主为第四代或第五代楚王的可能性基本排除，其墓主只能为第三代楚王刘戊，根据三墓的先后排列顺序，依此向上逆推，北洞山墓主为第二代楚王，狮子山墓主则是第一代楚元王刘交。

三 从出土器物再看墓主问题

狮子山楚王墓出土随葬器物达2000余件（套），但是明确纪年的器物尚未发现，由于学者们对于器物时代特征早晚认识不一，以致对墓主归属出现不同解读，笔者拟对出土器物再认识的基础上，重新讨论墓主归属问题。

1.钱币

狮子山楚王墓出土了数量众多且时代特征明显的半两钱，如果能将这批半两钱时代准确界定，对于确定该墓时代和墓主归属，将具有十分重要意义。过去学者一般认为狮子山出土钱币有文帝四铢半两，据此认定该墓上限不超过公元前175年[18]，这几乎是所有研究狮子山楚王墓学者的一致认识。但是仔细观察这批钱币，事实并非如此。狮子山楚王墓的正式发掘报告尚未出版，关于钱币信息较少，仅在简报中有简单介绍：狮子山楚王墓钱币主要出土于东二耳室的钱币库中，数量多达17.6万余枚，全部为"半两"铜钱，其中榆荚半两约占总数的85%，一部分为四铢半两，少数为秦半两及八铢半两。从简报公布的10枚钱币来看，第1、2、3枚应为秦半两及八铢半两，第4、5枚是榆荚半两，第6至10枚与编者认为的文帝四铢半两最为接近。然而这几枚钱币没有外郭，穿口巨大，钱文纤细，结体不规整，与标准四铢半两形制悬殊较大。1996年发现于徐州北郊的火山西汉刘和墓，为正确认识徐州地区文帝四铢半两形制特点提供了重要实物资料，据考古推断该墓的时代应为西汉文景时期（公元前179～前141年）[19]，墓内出土2000余枚钱币，其中300余枚四铢半两，制作十分规整，为历年来发掘所仅见，钱径约2.4、穿径约0.7厘米，重量2.8～3.25克，均重2.98克左右，半两的两字以双人为主，也有十字连山式，钱文整齐，字体较粗，这与标准四铢半两较为接近，但与狮子山出土半两相比差异较大。该墓发掘表明，徐州地区确实存在标准文帝四铢半两，反证狮子山是否出土文帝四铢半两则值得怀疑。

其次，关于狮子山出土钱币的性质，还可以通过与北洞山出土钱币相比较来进一步确认。长期以来，学界对北洞山半两钱一直认识不清，北洞山楚王墓报告整理者将其墓内出土的半两钱分为A、B、C三型，细致研究后认为这些钱币包括战国半两、秦半两、吕后半两、文帝半两、武帝半两、榆荚钱[20]。但是刘瑞先生后来对该墓出土的钱币重新考证研究，认为该报告对钱币分型分式不具有考古类型学意义，分型标准不具备排他性，该墓的A、B、C三型钱币，在大小、轻重和钱文特点上均有着较高的一致性，指出该墓并不存在文帝和武帝四铢半两[21]，这对于狮子山出土钱币断代研究起到重要借鉴作用。据狮子山楚王墓简报介绍：该墓钱币形式多样，其大小、厚薄、轻重不一，钱文字形各异，钱穿大小不一，背皆平素，内外无郭，如果分型分式，多达百种以上。与北洞山出土钱币相比较，两墓钱币总体特征几乎相同，如果将狮子山出土的类似文帝四铢半两与北洞山出土的被定为文帝四铢半两的C形钱币比较，便进一步发现两者钱文基本相同，形制特点也极为相似。因此根据刘瑞先生的考证，我们认为狮子山也并没有文帝四铢半两出土，两墓出土钱币其实均是文帝五年（公元前175年）之前铸币情况的真实反映，这说明两墓时代都在文帝五年之前。

另外，考虑狮子山楚王墓出土钱币最多的为榆荚半两，占总数85%以上，说明墓主人生活时代榆荚半两普遍使用，而榆荚半两使用时代主要是汉初高祖和吕后时期，如《汉书·食货志》记载："汉兴，以为秦钱重难用，更令民铸荚钱。"《汉书·高后纪》记载："（高后六年）行五分钱。"此种五分钱钱面文字为半两，而其重只有半两的五分之一，实际也是一种荚钱[22]，第一代楚王刘交在位时间是高祖六年至文帝元年，恰与荚钱流行时代相吻合。

2. 印章

与钱币一样，印章断代意义的重要性不言而喻，过去学者们主要就是通过对印章的研究，得出墓主可能是二代或三代、抑或四代或五代的结论。应该说，这些研究加深了对印章性质、来源、时代的认识，但遗憾的是，由于过分注重对印文的讨论，忽略了印章自身携带的重大信息，以至关于印章与墓主关系的讨论长期陷入误区，始终没有解决墓主的归属问题。其实，如果我们不仅仅局限于印文的研究，将出土印章放在楚王墓的框架中考量，并结合西汉前期诸侯王国的官吏任免权演变特点分析，其墓主归属和时代问题将十分清晰。

西汉初年，高祖刘邦出于"镇抚四海，承卫天子"目的，将大批同姓子弟分封为诸侯王，诸侯王在王国内享有官吏任免权，据《汉书·百官公卿表》记载："诸侯王，高帝初置，金玺盭绶，掌治其国。有太傅辅王，内史治国民，中尉掌武职，丞相统众官，群卿大夫都官如汉朝。"《汉书·高五王传》："时诸侯得自除御史大夫群卿以下众官，如汉朝，汉独为置丞相。"但是，随着诸侯权力的增大，出现枝强干弱的局面，诸侯王权力随即也被不断调整，"景帝中五年令诸侯王不得复治国，天子为置吏，改丞相曰相，省御史大夫、廷尉、少府、宗正、博士官、大夫、谒者、郎诸官长丞皆损其员。"在这个时间段内，楚国时任楚王有交、郢（客）、戊、礼等四代楚王，当时楚王享有官吏的任免权，国中既有如同中央的百官，又有大量属地的职官，为了行使对这些官吏任免权，需要铸造象征权力的印章，用来对官吏的任免。同时在"事死如生"观念的支配下，楚王期望在地下能够继续统治所属的郡县和军队，其可能多铸造一批印章放入自己墓葬，有的学者就认为这些放在墓内官印代表的乃是诸侯王的官吏和国土，是诸侯王陵墓"百官藏"的具体表现[23]。但是第三代楚王刘戊参加"七国之乱",兵败自杀且除谥,其死后不可能再以属官印章随葬,第四代楚王刘礼复国,虽然官吏任免权是否已收归中央尚不确定,但是属地被削史书则有明确记载,景帝二年(公元前154年),楚国东海、薛郡被削,仅余彭城一郡。由此可知,至少楚国已不可能再享有和制作东海和薛郡的印章,楚国"百官藏"范围进一步缩小,只能发生在第一、二代楚王在位时期。

考察印章的内容,与西汉前期楚国历史相比较,则能够进一步确认两墓之时代。狮子山所出地方职官印中既有东海郡的"缯之右尉""兰陵之印",也有薛郡的"文阳丞印"等;北洞山楚王墓出土的"凌之左尉""襄贲丞印""兰陵丞印"反映的县名属汉初东海郡,与楚国初立时所辖郡县名称相吻合。《汉书·楚元王传》载:"交为楚王,王薛郡、东海、彭城三十六县。"这说明狮子山和北洞山两座楚王墓的墓主生活时代尚拥有东海、薛郡。考虑"七国之乱"后,中央对诸侯王国加强控制,这些印章只能是汉初楚国管辖这些属国时所制作,狮子山和北洞山楚王墓墓葬年代当在景帝二年以前,两墓墓主归属分别应为削藩之前的一、二代楚王。

到目前为止,徐州地区共发现九处楚王墓,但是只有狮子山和北洞山出土属官印章,其他楚王墓皆未发现以属地官员印章随葬现象,即使考虑盗掘因素,但是以印章之微小,如果有随葬,不可能一枚也未留下。两座同为西汉前期的楚王墓,都出土夺郡削地之前属官印章,这显然不是巧合,这实际反映了西汉初年诸侯治国的历史事实。当楚国官吏任免权被取消后,这种以属官印章随葬的制度也随之消失,在狮子山和北洞山之后楚王墓,再也没有发现随葬属官印章的现象,两者呈现出相吻合的变化规律,恰恰说明狮子山、北洞山出土印章,其实就是西汉初年诸侯王治国在墓葬中的深刻反映。钱币随葬原因同样是王国享有铸币权的写照,一旦铸币权收归中央,大宗铜钱随葬的现象也不再出现,与之相对应的是,徐州地区楚王墓中只有狮子山和北洞山出土数量较多的钱币。因此从西汉楚国历史变化来看,出土大量印章和钱币的楚王墓墓主只能是第一或第二代楚王。结合狮子山在前期楚王墓中的顺序排在北洞山之前,从印章能够推断出该墓墓主就是西汉前期的第一代楚王刘交。

3.玉器

狮子山楚王墓虽被盗掘,但是仍然出土玉器200余件(套),较有代表性的有玉衣、玉棺、玉龙、玉璧、玉璜、玉戈、玉饰、玉杯、玉卮等,尤其是精美的金缕玉衣和与之配套使用的奢华玉棺,堪称玉器之上品,这些精美的玉器为同时代诸侯王墓所罕见。规格如此之高、数量如此之多,有些甚或为孤品的玉器群,代表西汉一代制玉技术最高水平,这强烈暗示墓主身份之尊崇,反映墓主人特殊身份和地位。在对墓葬科学排序的基础上，审视规格如此之高的殓葬玉器，显然与第一代楚王刘交的身份和地位更为相称。

第一代楚王刘交，系高祖刘邦同父异母少弟，先被封为文信君，与高祖刘邦关系密切，《汉书·楚元王传》记载："交与卢绾常侍上，出入卧内，传言语，诸内事隐谋。"汉六年被高祖封为西汉楚国第一代楚王，同时高祖还封其从父弟刘贾为荆王，后封其次兄喜为代王。然而，汉高祖七年匈奴攻代，代王喜弃国自归，废为郃阳侯，孝惠二年薨；荆王贾立六年，被谋反的淮南王黥布军队所杀，唯有刘交一直平安无事，任楚王二十三年之久。期间每次入朝，都受到高祖刘邦宫中设宴款待，享有崇高威望，在朝中地位显赫，以致代王刘恒即位时，还辞让说："奉高帝宗庙，重事也。寡人不佞，不足以称。愿请楚王计宜者，寡人弗敢当。"[24]楚王刘交在其二十三年的经营中，一定得到皇帝不少赏赐，狮子山楚王墓出土的玉器有些可能即为宫中之物。第二代楚王刘郢（客）仅在位三年多，在长安时任九卿之一的宗正，其分量与第一代楚王刘交显然不能相提并论。根据狮子山出土的玉器的数量和质量，考虑玉器早期因素，结合刘交在西汉初年的尊崇地位，定狮子山墓主为第一代楚王刘交更为合适。

综上所述，在对狮子山楚王墓出土钱币、印章和玉器重新认识的基础上，基本能够认定该墓墓主应为第一代楚王刘交。另外，狮子山楚王墓陵园规模庞大，除去陵区西部6条兵马俑坑外，在陵园东北部大范围区域，尚埋藏有数十座排列整齐、种类丰富的器物坑，目前已发掘车马坑、乐器坑、钱库坑、陶器坑、陶俑坑等十余座[25]，充分说明墓主人显赫身份和雄厚财力，在西汉前期楚王中，唯有第一代楚王刘交与之相称。尤其值得一提的是，最近公布的地属狮子山楚王墓陵园内的羊龟山丛葬坑出土的铜鼎铭文，则进一步支持本文的结论。2004年，徐州博物馆发掘了位于狮子山楚王墓东北部的羊龟山陪葬坑，坑内出土14件铜鼎，其中一件铭文为"元园重十五斤十两"[26]。西汉诸侯王一般都设有陵园，陵园的名称多以诸侯王的谥号为园名，这在西汉梁、齐等国均有发现。徐州地区已经出土了第二代楚夷王"楚夷园印"和第四代楚文王的"楚文园丞"的封泥，这表明徐州地区楚王陵园命名方式与其他诸侯王国相同，而作为第一代的楚王刘交谥号是"元"，其陵园的名称应为"元园"。羊龟山陪葬坑出土带有"元园"铭文的铜鼎，无疑是确定狮子山楚王墓墓主为第一代楚王刘交的又一力证。

四　墓主是楚元王刘交的余论

长期以来，没有将狮子山楚王墓墓主定为刘交，主要是因为文献记载的言之凿凿，无论坚持狮子山墓主是哪一代楚王的学者，对《水经注》记载"山阴有楚元王冢"这条文献都高度认可，深信不疑，进而导致误判的连锁反应。事实上，楚王山上有楚元王刘交墓的记载并不准确，楚王山汉墓具有西汉晚期墓葬的诸多特征，结合西汉楚国晚期历史分析，墓主确实不是第一代楚王刘交，而可能是第九代楚王刘嚣[27]。楚王山汉墓的墓主真相廓清后，为在新的视角下重新认识狮子山墓主成为可能，结合前文对西汉前期楚王墓重新排序，以及狮子山随葬器物规格之高、数量之多的特点，定该墓墓主为第一代楚王刘交应无疑义。

就选址而言，第一代楚王刘交在葬地选择上有绝对优先权，考察已发现诸座楚王墓，狮子山所在环境最为优越，与楚王都城距离最近，在地形地貌上也与汉代"藏风聚气"的墓葬选址理念相吻合，是一处不可多得的风水宝地，因此狮子山的地理历史环境与刘交作为首代楚王的生活时代背景最为相符。至于狮子山楚王墓凿制粗糙，多处未完工，且平面比例失调，墓室顶部结构单一，各室功能尚不完全清晰，开凿上呈现出较大的随意性，主要原因是西汉楚国的第一代楚王刘交时期横穴崖洞墓刚刚产生，由于开凿大型崖洞是前所未有的创举，所以设计理念尚不够清晰，开凿技术亦不够成熟，处处体现探索的特点，具有肇始阶段的诸多特征，符合第一代楚王刘交创新葬制的历史事实。

当然，定狮子山楚王墓墓主为第一代楚王刘交，与有关部门当初鉴定狮子山墓主年龄不相吻合，因此还需要重新启动墓主头盖骨和股骨的鉴定，以期得到科学数据支持。另外，随着狮子山楚王墓考古报告的编写，以及近年发掘的十余座从葬坑材料的整理，必将会发现越来越多有关墓主的信息，狮子山楚王墓墓主问题终有一天将会得到彻底解决。

附表　西汉楚国前期五王世系年表

序号	楚王	在位年限	在位时间	谥号
1	刘交	23年	高祖六年至孝文元年（公元前201～前179年）	元王
2	刘郢 （客）	4年	孝文二年至孝文五年（公元前178～前175年）	夷王
3	刘戊	21年	孝文六年至孝景三年（公元前174～前154年）	无
4	刘礼	3年	孝景四年至孝景六年（公元前153～前151年）	文王
5	刘道	22年	孝景七年至元光元年（公元前150～前129年）	安王

注释

[1]耿建军：《试析徐州西汉楚王墓出土官印及封泥的性质》，《考古》2000年第9期。刘照建、张浩林：《徐州狮子山汉墓墓主考略》，《东南文化》2001年第7期。刘瑞：《狮子山楚王陵墓主考略》，《文博》2002年第2期.孟强:《从墓葬结构谈狮子山西汉墓的几个问题》,《东

南文化》2002 年第 3 期。刘尊志：《徐州狮子山楚王墓墓主再探》，《徐州师范大学学报》2005 年第 2 期。孟强：《从随葬品谈徐州狮子山汉墓的墓主问题》，《考古》2006 年第 9 期。梁勇：《徐州狮子山楚王墓出土印章与墓主问题的再认识》，《考古》2006 年第 9 期。冉如波、陈海霞：《徐州狮子山楚王陵墓主身份及相关问题的初步研究》，《江汉考古》2007 年第 2 期。

[2] 韦正、李虎仁、邹厚本：《江苏徐州市狮子山西汉墓的发掘与收获》，《考古》1998 年第 8 期。王云度：《狮子山汉墓墓主刘戊说释疑》，《陕西历史博物馆馆刊》（第五辑），西北大学出版社，1998 年，第 45～49 页。葛明宇：《狮子山楚王墓墓葬年代与墓主初考》，王云度：《试析叛王刘戊何以能安葬狮子山楚王陵墓》，《两汉文化研究》（第二辑），文化艺术出版社，1999 年，第 205、248 页。赵平安：《对狮子山楚王陵所出印章封泥的再认识》，《文物》1999 年第 1 期。郑刚、李春雷：《楚天汉韵——徐州狮子山楚王陵发掘纪实》，中国三峡出版社，2000 年，第 46～50 页。宋治民：《狮子山西汉楚王陵的两个问题》，《考古与文物》2001 年第 1 期。韦正：《江苏徐州狮子山西汉墓墓主的再认识》，《考古》2002 年第 9 期。王恺、葛明宇：《徐州狮子山楚王陵》，生活·读书·新知三联书店，2005 年，第 139 页。李春雷、李红：《徐州狮子山汉墓墓主及相关问题研究》，《徐州工程学院学报》2007 年第 5 期。葛明宇：《徐州狮子山楚王陵墓主为刘戊考》，《东南文化》2012 年第 4 期。

[3] 狮子山楚王陵考古队：《徐州狮子山西汉楚王陵发掘简报》，《文物》1998 年第 8 期。

[4] 黄盛璋：《徐州狮子山楚王墓墓主与出土印章问题》，《考古》2000 年第 9 期。

[5] 韦正：《江苏徐州狮子山西汉墓墓主的再认识》，《考古》2002 年第 9 期。梁勇：《徐州狮子山楚王墓出土印章与墓主问题的再认识》，《考古》2006 年第 9 期。

[6] 郑刚、李春雷：《楚天汉韵——徐州狮子山楚王陵发掘纪实》，中国三峡出版社，2000 年，第 46～50 页。

[7] 王恺、葛明宇：《徐州狮子山楚王陵》，生活·读书·新知三联书店，2000 年，第 139 页。

[8] 王云度：《狮子山汉墓墓主刘戊说释疑》，《陕西历史博物馆》馆刊第五辑，西北大学出版社，1998 年，第 45～49 页。《试析叛王刘戊何以能安葬在狮子山楚王墓》，《两汉文化研究》（第二辑），文化艺术出版社，1999 年，第 205 页。

[9] 同 [3]。

[10] 韦正、李虎仁、邹厚本：《江苏徐州市狮子山西汉墓的发掘与收获》，《考古》1998 年第 8 期。

[11] 同 [1]。

[12] 耿建军：《徐州狮子山楚王陵墓墓主是刘戊还是刘郢（客）》，《徐州文物考古文集》，科学出版社，2011 年，第 237 页。

[13] 徐州汉文化风景园林管理处、徐州楚王陵汉兵马俑博物馆：《狮子山楚王陵》，南京出版社，2011 年，第 221 页。葛明宇：《徐州狮子山楚王陵墓主为刘戊考》，《东南文化》2012 年

第 4 期。

[14] 刘照建：《江苏徐州市狮子山西汉楚王墓天井成因考——兼谈西汉横穴崖洞墓的起源》，《考古》2006 年第 3 期。

[15] 葛明宇：《徐州北洞山楚王墓年代与墓主探讨》，《考古》2009 年第 9 期。《徐州狮子山楚王陵墓主为刘戊考》，《东南文化》2012 年第 4 期。

[16] 2007 年夏晓伟先生通过对前期楚王墓形制结构的比较研究，已认识到狮子山早于北洞山，而北洞山又早于驮篮山，并将前期三墓排序为狮子山、北洞山和驮篮山。见徐州博物馆：《徐州文物考古文集》，科学出版社，2011 年，第 41～46 页。

[17] 同 [12]。

[18] 同 [10]。

[19] 耿建军、盛储彬：《徐州汉代考古又有重大发现——徐州汉皇族墓出土银缕玉衣等文物》，《中国文物报》1996 年 10 月 20 日。耿建军、盛储彬：《徐州火山汉墓》，《中国考古学年鉴·1997》，文物出版社，1999 年，第 132～133 页。

[20] 徐州博物馆、南京大学历史系：《徐州北洞山西汉楚王墓》，文物出版社，2003 年，第 171～172 页。

[21] 刘瑞：《徐州北洞山楚王墓墓主考》，《考古》2008 年第 10 期。

[22] 施廷镛：《中国货币沿革讲义》，天津古籍出版社，2006 年，第 73 页。

[23] 同 [21]。

[24] （东汉）班固：《汉书·文帝纪》，中华书局，1983 年，第 108 页。

[25] 徐州汉文化风景园林管理处、徐州楚王陵汉兵马俑博物馆：《狮子山楚王陵》，南京出版社，2011 年，第 140 页。

[26] 徐州博物馆：《古彭遗珍——徐州博物馆馆藏文物精选》，国家图书馆出版社，2011 年，第 225 页。

[27] 刘照建：《徐州楚王山汉墓时代和墓主考》，《中国国家博物馆馆刊》2012 年第 10 期。

原载《南京博物院八十周年纪念文集》，生活·读书·新知三联书店，2013年（与刘照建合作）

徐州汉文化景区"石阙"铭文画像石考释

　　汉画像石是中国汉代具有独特表现性的艺术形式，被称为"绣像的汉代史"。现今发现的两汉时期汉画像石分布极为广泛，长江以北的大部分省份都有发现，其中以黄河中下游地区的河南、山东两省以及长江上游的四川与重庆发现较多。徐州地区所处的苏北地区与相邻的鲁南、皖北、豫东地区，是汉画像石遗存较多的地区之一，信立祥先生称之为"第一分布区"。本区内汉画像石表现形式多样，除出自画像石墓之外，地上石阙与石祠上亦有较多的画像石刻。徐州汉文化景区收藏有几块独特的画像石，虽然由于历史原因已残缺不全，但石上刻有的"石阙"二字却表明，这几块画像石可能并非出自画像石墓，而是出自石阙。

—

　　"石阙"铭文及同批画像石共有4块，以下是对其图像的描述及分析。

　　石一（图一、二），图一、二互为正反面，纵长193.5、宽75、厚27.5厘米。（以图一为正面）上口平，下口收分。图一为车马出行·刺虎画像。阴线刻。图像自下而上（以下同）分为十层，第一层与第二层皆为十字穿环图像，其中第二层为穿双环。第三层与第八层有密集的菱形纹。第四、五、九、十层皆为二方连缀菱形纹。第六层刻一武士刺虎，左侧一虎呈咆哮状，右侧一武士手持一戟刺向猛虎后腿。第七层为车马出行，从右向左驰行，左侧为一骑吏导从，后随一车，车后跟有一骑吏。图二为车马·比武画像。阴线刻。图像分为十层，除第六、七层之外，其余层图像同图1。第六层比武图，左侧刻两人比剑，右侧有三人观看。第七层为车马出行，骑吏、车、骑吏的组合与图1相似，但骑行方向则自左向右。

　　石二（图三、四），图三、四互为正反面，纵长132、宽74、厚29厘米。图三为神树·瑞兽画像。阴线刻，右上角残。图像分为七层，第一、二、六、七层为二方连缀菱形纹。第三层为神树瑞兽图，图像中央刻神树，树下有马、仙鹤各一对。此外，图像两端各刻有一株常青树。第四层刻有铭文，"石阙"二字就出自铭文结尾处。铭文字数较多，自右向左竖行排列，大部分已漫漶不清。目前可以释读的是结尾处"……石阙以永元元年……□已大增王父为□□□□……"

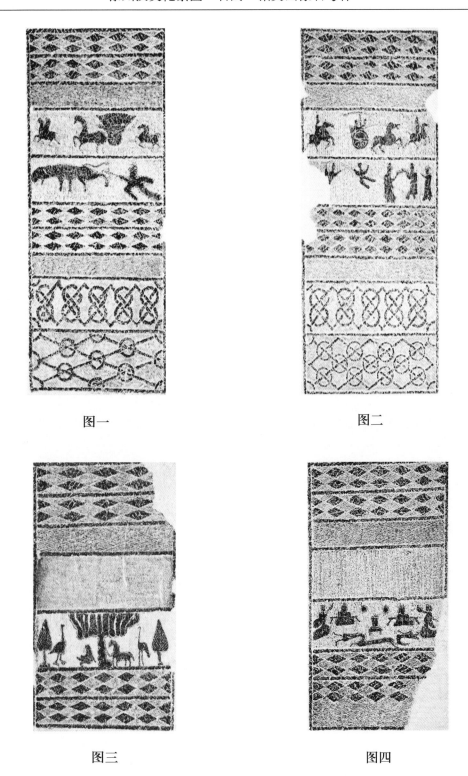

图一　　　　　　　　　　图二

图三　　　　　　　　　　图四

十三字。第五层为密集的菱形纹。图四为东王公西王母画像石。阴线刻，右下角残。图像分为七层，除第三、四层外，其余层同图三。第三层刻东王公西王母图像，画面两端各有一长裾侍女持物而立，东王公西王母并排凭几而坐，中有案，案上有樽型器，案旁有一条飞龙游走。第四层相同于图三的铭文层，但未刻铭文，只有竖条阴线刻底纹。

石三（图五、六），图五、六互为正反面，由上、下两块残石拼对而成，纵长205、宽70.6、厚24厘米。图五为比武·车马·乐舞画像。阴线刻。图像分为五层，第一层为车马图，刻有四马拉一车。第二层刻有两人相互争执，左侧一人右手举起一物做攻击状，右侧一人则挥臂相挡，同时放出一犬攻击左侧之人，两人之间有一小人，似正从远处赶来。第三层为变形十字穿环图像，特别之处为整幅画面由一条线贯穿始终。第四层为乐舞图，画中两人相舞，另外两人驻足观看。第五层为竖刻阴线。画像石顶部刻有一排垂幛纹。图六为车马·训犬·瑞兽画像。阴线刻。图像分为五层，第一层为车马图，刻有四马拉一车。第二层为训犬图，图中一人正抬手训一犬，犬则做跳跃状。第三层为十字穿环图案，斜十字相交之处为双环连结。第四、五层刻有飞龙、飞马等瑞兽。石顶边框内刻有垂幛纹。石三左侧面（以图五为正面）自上而下刻画有十字穿环、铺首衔环与常青树，右侧面刻有竖条纹。

图五

图六

　　石四（图七、八），图七、八互为正反面，较残，纵长113、宽70.6、厚25厘米。图七为马厩·斗兽画像。阴线刻，上段残。图像分为两层，第一层刻有三人斗虎图像，第二层刻有马厩一座，厩中有马两匹，马旁各有一人守卫。图八为飞龙·瑞兽画像。阴线刻，上段残。图像分为三层，第一层刻有一只鹿驻足神树之下，上似乎有猴四只。第二层刻有三条飞龙与鸟衔鱼图案，飞龙呈变形"S"型，以相同姿势相互叠加。第三层残余部分刻有十字穿环图像。石四左侧面（以图七为正面）自上而下刻有铺首衔环与常青树纹饰，右侧面图像不清。

图七

图八

　　这批画像石图像题材丰富，纹饰精细，从整体上可以分为以下几类。

1. 车马出行类

　　车马出行是画像石常用的表现题材，在这批画像石中也多有反映。不同于传统的长幅的多车马表现形式，图一、二、五、六中的车马图像画幅较小，车不超过一辆，马亦不超过四匹。图五、六车马形象相似，皆为四马拉一车，马呈停顿或缓步前进状。图一、二中皆为一马拉一车，马蹄抬起呈飞奔状，车前后还各有一马。

2. 比武斗兽类

　　此类题材在画像中的表现主要分为比武图与斗兽图，形象地反映了汉代的体育与百戏活动。图二第六层描绘了两人比武的场景。图一、七皆有斗虎场景描绘，斗虎是汉画像中常见的斗兽形式。

3. 神话祥瑞类

　　此类题材在画像中的表现主要分为：瑞兽类，如飞龙、神马、仙鹤等；神树类，如扶桑树、长青树等。图八第二层刻有飞龙三条，呈变形"S"型。龙是中国传统的四灵瑞兽之一，古人认为龙有驱邪避害之用，故多将其刻画于墓室内。

图三刻有扶桑树、长青树两种神树图像。长青树的形象与现实中的松、柏一类树木相似，古人认为"松柏为百木长，而守门闾"，故多在墓地种植松柏。扶桑传说诞生于东方汤谷，神树与若木分别立于仙界的东西两端，是去往仙界的指引。

4.历史故事类

历史故事是画像石经常使用的题材，孔子见老子、两桃杀三士等故事在汉画像石上屡见不鲜。图五刻画的比武图很可能就是历史故事"狗咬赵盾"。赵盾是春秋晋国赵氏集团的代表人物，在晋国执政时权势很大，于公元前607年刺杀晋灵公，史称"赵盾弑君"。《公羊传·宣公六年》载："赵盾已食，灵公谓盾曰：'吾闻子之剑，盖利剑也，子以示我，吾将观焉'。赵盾起将进剑，祁弥明自下呼之曰：'盾食饱则出，何故拔剑于君所？'赵盾知之，躇阶而走。灵公有周狗，谓之獒，呼獒而属之，獒亦躇阶而从之。"这一段历史记录与图5中左侧一人举剑做攻击状，右侧一人则挥臂相挡，同时放出一犬攻击左侧之人的画面极为吻合。

5.几何纹饰类

这批画像石中几何纹饰所占比例极高，主要是菱形纹与垂幔纹。

菱形纹是我国传统的装饰性纹饰，起源于对编织纹、鱼纹等具象纹饰的模拟和抽象。本画像石中主要是以二方连缀形式表现。

垂幔纹多运用于边缘的装饰，呈半月状。垂幔纹在苏鲁地区的汉画像中多有表现。嘉祥县宋山出土的《许安国祠堂画像石题记》："琢砺磨治，规矩施张，襄帷及月，各有文章，调文刻画……"载文中"襄帷及月"便是对垂幔纹的描述，形象地展现了垂幔纹半月状的形象。襄帷是指围在床、车、房等四周的帐幕，故在汉画像石上，垂幔纹亦多围绕四周边框而饰。

6.铭文内容

石2第四层所刻铭文大多漫漶，目前仅可以释读"……石阙以永元元年……□已大增王父为□□□□……"十三字。永元元年即公元89年，是东汉和帝刘肇的第一个年号，这应该反映了石阙建立的时间。永元元年属于东汉前期，此时的汉画像石正处于发展期，刻画内容较为简练，不似后期图像的繁杂与华丽，正与这批画像石多几何装饰纹饰、少故事图像的特点相吻合。王父在古代多指代祖父，《释亲》云"父之考为王父"，反映出此石阙是立阙人为其祖父所作。

二

关于四块画像石之间的组合与位置关系，我们认为，四块画像石可分为两类：石一与石二为一类，画幅较宽，没有内外框，人物图像较多，表现内容较为丰富，画面多用菱形纹装饰；石三与石四为一类，画幅较窄，有内外框分割。图五与图七、图六与图八的内外框分割尺寸吻合，可推断石三与石四应是一组的两块石材，由于石四残缺造成现状有差。从画像组合看，石一与石二画面上下为纹饰，中间为图案，石三与石四中间为纹饰，上下为图案，有明显不同。因此我们可以确定，石一、二与石三、四之间从图像上看并没有连续性。此外，石一与石二侧面没有刻画图像，石三与石四侧面则刻画了较为简单的图像，这也反映出石一、石二与石三、石四之间没有水平拼接的可能。同时，由于四块画像石正反两面皆刻有图像，亦可排除相互正反贴合的组合关系。

而单看图像整体形制接近的石一与石二，石一纵长193.5、宽75、厚27.5厘米，石二纵长132、宽74、厚29厘米，二者宽、厚度非常接近，纵长差为60厘米左右，十分有利于组成以石一为母阙、以石二为子阙的子母阙。尽管两石的侧面并未发现连结结构，但侧面未刻画像与残留有石灰状粘合痕迹，说明了两者相互拼接的可能性。而石一底部残存的锥状结构或许说明此处为阙身与阙基座的连结处。

由于石四残缺较为严重，因此较难直接判别石三与石四之间的组合关系。值得注意的是，石三与石四的宽度与厚度几乎完全一致，而根据石四残缺画面宽度所占比例推测，石三与石四的纵长也相差不大，应是同一遗存遗物。同时，石三与石四四面皆有刻画，因此在这四面上进行拼接的可能很小，这就决定了不会形成类似石一与石二组成子母阙的可能。另外，由于石三、石四在整体图像布局上与石一、石二存在一定差异，因此石三、石四与石一、石二应无直接的联系。我们认为石三、石四并非是墓室或石祠构件，而很有可能是一对单体石阙构件。

三

阙是中国古代的重要建筑形式，通常设置在宫殿、城垣、陵墓、祠庙等大门两侧，属于标示性建筑物。阙的种类繁多，根据用途的不同，可以分为宫阙、城阙、宅第阙、坞壁阙、陵阙、墓阙、祠庙阙等七类。徐州汉文化景区所藏"石阙"铭文画像石，从规模上看，与宫阙、城阙、宅第阙、坞壁阙、陵阙相比明显较小，应是祠庙阙或墓阙中的一种。下文分别将该石与现存祠庙阙与墓阙相对比，以判究竟。

1.是否为祠庙阙

本文中祠庙阙特指单纯建于宗庙处的祭祀阙。我国现存祠庙阙主要有山东泰安泰山阙与河南登封嵩山三阙。通过现存的祠庙阙我们可以看出，祠庙阙的建立与大型的祠堂宗庙有关，通常有一定的官方色彩，不为私人所立，这在一定程度上决定了祠庙阙拥有较高的规制。观察这批画像石，纵长最长约在2米，侧面厚度不足30厘米，且画像内容较为简单，虽形制与嵩山三阙有一定相似性，但规模远逊，与官立祠堂宗庙阙的规模不相匹配。因此我们认为，这批画像石为祠庙阙的可能性较小。

2.是否为墓阙

与其他类型的阙相比，墓阙的表现形式较为多样，大致可分为墓前实体阙、画像砖、画像石墓和壁画墓中所刻画或描绘的门阙、崖墓墓室雕刻门阙等。保存至今的汉代实体墓阙主要分布于川渝及山东苏北两地，通过对这两个地区代表性墓阙的分析，有利于判断这批画像石所属的地区。

从阙身画像的刻画方式上看，这批画像石与西南诸型阙有较大差异。西南诸型阙之阙身多采用竖式刻画法，且刻画图像较为单一，多为朱雀、青龙白虎衔环或铺首衔环，车马出行或历史故事题材的画像多刻画于楼部而不是阙身，也没有如菱形纹、穿环纹这样的大面积纯纹饰刻画。除此之外，在阙身上雕刻有高大的立柱形象是西南汉阙区别于北方汉阙的显著特点，这一点在这批画像石上并没有体现。通过以上分析，我们认为这批画像石不是西南汉阙的构件。

北方地区汉阙遗存主要分布在山东、苏北地区，这其中以平邑县皇圣卿阙、功曹阙两阙与嘉祥县武氏阙最具代表性。徐州汉阙材料发现较少，且多残缺，阙身上部多呈圆弧状，与本文所述四石差异较大。

皇圣卿阙与武氏阙阙身与这批画像石在结构上有一定的相似性。石三、石四在规格上大致接近皇圣卿阙阙身，整石雕构，内外双框，分层刻画，边框间细密菱形纹等特征相似度较高，但皇圣卿阙阙身长宽比例几乎一致，与石三、石四长度明显大于宽度的形制有一定差别。武氏阙阙身采用的母阙堆叠结构虽与石一、石二明显不同，但子母阙的整体形制与石一、石二所组合而成的子母阙形制十分接近，同时武氏阙阙身长宽比例更为接近石一、石二。

总体上看，这批画像石与苏鲁地区墓阙在结构上有一定的相似之处，同时兼具了皇圣卿阙、武氏阙等不同类型墓阙的部分特点。石一、石二在整体结构与长宽比例与武氏阙所呈的子母阙相似，长宽比例也较为相近。石三、石四则在结构及图像的表现形式上与皇圣卿阙相似。因此，我们推断这批画像石均应是苏鲁地区墓阙阙身构件。

原载《汉朴集》，南京出版社，2014年（与朱士麒合作）

考古生平与狮子山楚王陵发掘的肇始

一

提问：我们先了解一下您的个人经历，您是怎么一步一步走上考古这条道路的。

邱永生：其实很简单。我的老家是在盐城射阳，我的小学、中学都在射阳，1980年考上南京大学历史系考古专业。因为我们那个时候就是填到系，专业都是学校来分配的。记得上小学的时候，家中屋梁上吊着两网兜书，分别是我父母的初中教材，有世界历史、中国历史、地理学、动物学等等，抽空时看了几遍，渐渐对知识，尤其是文科产生了兴趣。当年，我是射阳县文科状元，历史这一门考得比较高，就填报了历史系。入学时，老师一看是农村来的，身体还不错，就分入考古专业。1984年毕业，分配供我选择的有黑龙江省、山东省、江苏省徐州市，前两者都是省考古所的。考虑到家父身体欠佳，我是长子，他希望我不出省，就定在徐州了。

从1984年开始做考古工作，从市博物馆考古部直到徐州汉兵马俑博物馆，共28年，到2012年的3月份调到南京博物院，一直都在做考古工作和文博管理工作。这与徐州地区的两汉文化资源比较多有很大的关系，实际上，刚开始的时候，父母也希望我回老家，回盐城工作。但在1984年第一次全国文物普查时，我们在1984年12月1日发现了徐州汉兵马俑。发现地点在徐州第一砖瓦厂，推土机在平整取土坑底部作鱼塘时发现的。现场有一个热心人，跑到市博物馆里提供线索，那时是礼拜天一天休息制。我当时是单身汉，住在馆里的临时宿舍，于是，第二天我和同事骑着自行车就过去了。

门卫转述报告人说，在市东郊砖瓦厂发现了一些小泥人，把大概的方位说了一下，当时该区域有两三个砖瓦厂，地方很荒凉。一路坑坑洼洼，推着车子转来转去，当时天很冷，零下11度，找了两三个小时，最后找到那个地方。当时十几个人在刨土，有两个人在收，10块钱一个，但是当时土是冻着的，挖了七八个兵马俑，缺腿少胳膊。更多的是一大摊刨碎的陶俑残片，一片狼藉，我们赶到现场，喝令住手，并定义为很珍贵的文物，而且有一定的规模，我们即刻向市文化局汇报，并请当地派出所协助，把现场保护起来。用了一年多的时间，我们考古队发掘出了震惊中外的徐州汉兵马俑一、二号坑，出土了兵马俑2100多件。随着改革开放越来越深入，大量的基建，比如说高铁、高速公路、水利工程等建设不断，出现的汉代文物也越来越多，我们就像救火队一样，满徐州跑。回老家工作的事，从此未再提及。

大的事件一个是1984年底发现、1985年挖的兵马俑，1986年挖的北洞山的楚王墓，1989～1990年挖的驮篮山楚王夫妇墓，1991年挖的城下城等等。中间穿插着的楚王陵墓群的考古调查，还有其他的墓葬遗址不断地出土。这20多年一直是非常忙碌的。

回过来说徐州汉兵马俑一直得到大家的关注问题。兵马俑不是孤立的，我们在发掘兵马俑的时候也在做一些调查和研究。整个调查之后，我有一些思考与研究。在1988年，江苏师范大学（前徐州师范学院）学报给我发了1.1万多字的徐州汉兵马俑研究文章。1987年，我对狮子山及周边做了很多的探掘和考古调查，发现了一些汉代瓦当、排水沟等等，从这些情况来看，应该是有兵马俑的主人墓，根据种种迹象推断，得出这个楚王墓应该是在狮子山上的结论。现在看来，这个推断是完全正确的。1993年年初，当时市文化局领导找到我，跟我谈话，说你年轻，又是专业出身，希望你到兵马俑博物馆主持工作。把主墓挖好，把文物保护好。当时是任副书记、副馆长主持工作。我们找到国家文物局，找到考古处关强处长，一直找到张德勤局长，他们也非常支持我们的计划。因为当时在汉兵马俑主墓——狮子山上有很多开山采石的厂子，对墓体破坏很严重，而且有老百姓住在上面，不安全，有塌方现象。所以，我们向国家文物局汇报并申请抢救性考古发掘。按照国家文物局的指示，于1994年6月，成立了徐州狮子山楚王陵考古专家组，组长是时任国家历史博物馆馆长的俞伟超先生，我是专家组六成员之一。同年11月4日，国家文物局颁发考古证照，正式批准发掘狮子山楚王墓，由徐州汉兵马俑博物馆和南京博物院联合组成狮子山楚王陵考古队。正式发掘是1994年11月，一直到1995年的3月底，跨了一个年度，用时106天。

在发掘兵马俑和发掘狮子山的前后，我们对周边地区了做了大量的考古调查，因为既然有兵马俑出土的话，就应该有主人陵墓，周边应该有和它相关的遗迹或者是遗物。从过去发掘的汉代的帝王陵情况来推断，肯定是有一个陵园的结构。比较重要的一个发现就是1990年发掘的绣球山，那是一个采石厂，我们做了发掘，出了"薛毋伤"印章。这是一个贵族陪葬墓，出了一些玉器、兵器、铜器和陶器。靠兵马俑坑很近，位于其东北七十米左右。绣球山东侧就是羊龟山。羊龟山，在狮子山的正后方约200米处，调查过程当中发现了很多汉代的瓦片和其他陶片，再加上山上有人工夯土层，推断该山应是一座汉代大型贵族墓葬。2004年

3～5月，我特邀了南京大学遥感考古中心的黄建秋教授来，用科学手段进一步确认了羊龟山是一座大墓。终因该地荒凉，被盗墓贼盯牢，在2004年秋被盗掘，我和公安人员一起勘验了现场。我们看到了有9间墓室，大概有150平方米左右。也是以山为陵，墓也是南向，可能还会有两间墓室未被盗掘。该墓涂饰鲜艳，非常精细，精致程度远远高于狮子山楚王墓，当然这两个墓之间应该是有密切关系。是王后墓的可能性较大，时间较狮子山楚王墓要晚些，所以这个墓更精致，做得很成熟。看上去接近北洞山楚王墓和驮篮山楚王墓。

从羊龟山大墓内取出的部分样品看，应随葬有编钟编磬，墓的规格是很高的。它是在楚王陵的后方，墓道也是朝南，很可能是王后墓，我也写了相关的论文论证过。

再一个大的发现就是在狮子山的顶上发现有一个建筑基址和坐缸，证实它是竹林寺的原址。是为纪念中国第一个出家的比丘尼净检法师而建。距今已有1600年历史。历史上狮子山竹林寺屡建屡毁，2006～2009年，我们在骆驼山上重建了竹林寺，于2009年竣工并开光。该寺占地350亩，总投资1.5亿元。骆驼山海拔约80米，所以竹林寺是典型的山上寺，其主要建筑包括南北山门，天王殿，大雄宝殿，观音阁及净检法师纪念堂等。

我在当博物馆馆长的同时还兼任楚王陵管理处处长，后来改名徐州汉文化景区管理处，是两块牌子一套班子。我去兵马俑博物馆上任时仅13个人。2012年春赴宁任职的时候，管理处共118个人。因其重要，行政级别从正科级提升到副处级，在徐州地区的影响力是很高的。先后接待了十余位党和国家领导人，是徐州汉文化的一张金名片。

狮子山考古发掘队的人员构成主要有三块，一块是兵马俑博物馆的业务人员，约15人；一块是南京博物院的邹厚本先生和韦正、李虎仁；一块是徐州汉兵马俑博物馆的人员；另一块是徐州市的相关业务人员，有市博物馆孟强，还有汉画像石馆的周宝平。当时我们组成了一个联合考古队。领导单位是市政府，具体落实的是市文化局，发掘主体单位是徐州汉兵马俑博物馆，当时应该说是全馆动员，业务人员不用说了，后勤人员、保卫人员等等全部上了。发掘的前期准备时间不算，正式发掘时间是106天。我们发掘之后，被评为1995年中国十大考古新发现，在新闻联播当中也播出了。在1995年年底，由所在地云龙区筹资，在楚王陵原址上建了一个保护建筑，作为楚王陵的陈列馆，并于1995年9月正式对外开放。1996年11月份，狮子山楚王陵和兵马俑一起列入第二批国家重点文物保护单位。2001年，国内评选中国20世纪百项考古大发现活动中，汉兵马俑和狮子山楚王陵入选。

这一次的发掘很成功，影响很大，因为种种原因发掘报告到现在还没有出版。迄今我们做了多年整理与研究工作，正式发掘报告拟出三本，由科学出版社出版，可期可待。时间长的主要原因是当时发掘人员发掘完之后，文物的使用权有调整，文物就散开了。考古队人员也散了，南京博物院当时去了一个考古队员叫韦正，现在在北大当教授，另外一位考古队员李虎仁，原来是我们南京博物院的人事处处长，现在在省文物局当文保处处长等等。我这个挂职秘书长要牵头把这个事情做完。因为20多年了，社会关注度很高，大家都希望看到公开发表的全面考古史料。现在我们在紧锣密鼓地进行中。

二　意外的考古影像

提问：当时发掘狮子山汉墓的影像记录过程能不能给我们详细说一下。

邱永生：当时我们发掘的时候，每天的实况都被记录下来，剪辑了一个完整的系列《楚王墓揭秘》，当时定期在徐州电视台一个有名栏目叫《社会大观》上播出，收视率非常高，前后采播了七集。随之各方面的关注度也越来越高。

邱永生：1995年被评为全国十大考古发现之后，中央电视台社教频道在2002年到徐州来专题选点，因为徐州不仅是狮子山楚王陵一个楚王墓，还有龟山、南洞山、北洞山很多的楚王墓。当时选题会在花园饭店召开，市政府、市人大的领导及方方面面的专家与会，我作为馆长也参加了，跟央视导演组将狮子山兵马俑和楚王陵的整个故事讲了。他们认为这个故事性很强，遂拍板了狮子山。从2003年开始拍，拍着拍着非典来了，导演和摄像原计划半个月内拍完，结果非典肆虐，就回不去北京了。共拍了两个多月，慢慢推敲，所以做得很精很细。最后在央视一套以四集《狮子山之谜》播出，社会上普遍觉得，该片在考古发现的纪实片题材方面起到了典范作用。从镜头、编排、史料编辑、采访、配音可以称之为经典。收视率很高，直到今天他们还在播。中央电视台一套、二套、四套、九套、十套、十二套都播过不止一遍。有的时候是三集，有的时候是四集。我们不掏一分钱，因为它是社教频道，有公益性质。最后我们用车子把导演和摄像送到天津，中央电视台派车到天津把这两个人接回北京中央电视台。这个也是很巧的一件事情，机缘巧合，最终把这个片子做得很好，很精致，很到位，做成了经典。

1997年到2005年，我领衔花了8年时间，做了一个国家的课题。1997年立项，即狮子山楚王墓出土的铁甲胄复原研究。在锈蚀得很厉害的一万余件残破铁片当中，复原了两件铁胄，四件铁甲衣。过程中，我们和一些科研单位，如北京科技大学（原北京钢铁学院），他们当时在全国是非常有影响的，和他们合作又做了一些分课题。其中发现了炒钢技术，得出的结论是中国的炒钢技术比西方早了1800多年。过去认为是领先300~400年。该研究成果弥补了中国科技史的重大空白。

在徐州市大规模建设过程当中，我们及时做了一些考古调查，在狮子山的东侧发现了很多祭祀坑、陪葬坑，都是非常有规律的，这说明当时陵园有很好的规划。在山的北侧又发现了大量的墓地，可能和汉代楚王墓的建设者有很大关系。在我们做景区二期梳理的时候，在骆驼山西侧主峰发现了有一个完整的汉代的竖穴墓，是一个贵族墓，因为当时在山顶上。我认为汉代陵园是有管理组织的，该墓主人可在山顶上俯瞰整个陵园，俯瞰楚王墓，墓主人应是管理汉代楚王陵园的官史。该墓出了80多件文物，墓室非常的讲究。为了保护这个墓，我动议调整了建设规划，把整个净检法师纪念馆往西推了将近20米，把这个墓完整保护并展示出来。这样，就成了汉文化景区的有益补充，更具完整性。

三　考古现场与奇闻异事

提问：发掘期间有什么奇闻轶事吗？

邱永生：还是比较多的。其中比较大的关注就是：挖的是王墓，那么王后墓在什么地方呢？楚王陵在挖到西侧第四个墓室的时候，发现墙上有一个像拱门形一样的东西，很像是封门，大家觉得有可能是一个门，或许通向王后墓，大家非常的兴奋，这样一个弧形门，而且高度有一米多，并且在西墙，因为我们在考古现场勘探时，推测王后墓可能在狮子山楚王墓的西侧羊龟山中。因为我们看龟山的楚王墓，楚王和王后墓之间是有门相通的，而且在没有发现这个"门"的时候，有很多人闻到一股异香，有考古队员调侃说是不是王后墓飘过来的。最后一层一层打开了，发现不是。狮子山是一个石灰岩的山，有很多的溶洞，那个地方就应该是一个大的溶洞，在修墓的时候，工匠考虑到整齐美观，用石块把它补齐了。灵魂之门虚惊一场。

再一个是发掘前面三个耳室的时候，发现封门完整，没被盗墓人发现。因为这个墓结构非常的奇特，盗墓的人居然没有发现耳室。当然，盗墓人主要关注点是后室的棺椁，主要是金银珠宝。但是因为墓室比较奇特，盗洞打下来之后，实际上也就差了三十厘米左右，差一点就发现了包括御府库在内的三个耳室，其中出土很多金带钩、金带扣，还有大量的玉器和铜器。因为我们发掘的时候发现这个墓是被盗了一次之后就回填。从出土物的情况来看，盗墓时间应该在西汉晚期或王莽时，是乱世的时候盗的。我们看到墓内后室地上有很多的铜容器痕迹，但是铜器都被盗走了，因当初铜还是比较值钱的，可以去熔化再铸。盗墓者将铜器、金银器一律带走，玉器一概不要。这是我们断定这个时代很重要的根据。如果说是更晚一点的盗墓，那玉器是很好的。宋代之后这个玉器还得了？那时就当是古物宝贝了，更不要说明清和近现代了。我们看到狮子山当中的玉器都是规格非常高的，非常多，盗墓人都没有拿，盗墓人拿出来是非常危险的事情。那个时候有杀头的危险，因为这个一看就是皇（王）家的东西。金属器可熔铸变现，玉器是没有办法处理的，且会带来杀身之祸。这和时代背景有很大的关系。

提问：在发掘期间，发掘人员住在哪里？

邱永生：租住在附近老百姓的房子里，因为要及时整理发掘资料，都是就地租的，方便生活和工作。

提问：伙食和补助的情况怎么样？

邱永生：当时市政府给了专项费用，当时常务副市长叫刘瑞田，他有30万块钱的审批权限，他现场看到了工程量大且发掘工作条件简陋之后非常震惊，说可以给追加30万，前后发掘费用共花了80万左右。因为要施工，施工是要给人家现钱。考古队伙食中有两样不能少，一是红烧肉，二是晚上收工聚餐的高度白酒，一可消解一天的疲惫，二可助眠，以利明天再干。

提问：都是市政府拨款？

邱永生：对，当时都是市政府拨款。因为发掘单位主要是徐州汉兵马俑博物馆，隶属市文化局，是全民事业编制，全额拨款单位。

从地理上来说，属于云龙区政府范围。业务上对文物的保护、展览等还是市文化局的。1996年市政府下了一个文，将兵马俑博物馆整建制划归到云龙区政府，就是考虑到当时狮子山楚王陵后期建设的投入主要是区政府，包括划拨的土地。否则，从2003年开始的建设也不会有那么高的效率，那么快的速度。包括老百姓的拆迁，工厂的征地，这些事情文化口是非常难做的，但是从地方政府来说就容易得多。我们当时拆迁工厂就有20多家。当时山上都是老百姓住家，为什么迟迟找不到楚王墓具体的位置呢？因为在狮子山地区，老百姓是一个院子挨着一个院子，要动的话先要谈赔偿，你要挖人家院子，你要给人家房子的，一套房子多少钱呀。所以拖到1991年，因一个红薯窖发现而彻底解开了死结。我们知道兵马俑的主人墓就在狮子山上，但是没有办法动。当时汉兵马俑博物馆隶属于市文化局，与市博物馆平行。后来又从市博物馆的业务人员分去一部分建了汉画像石艺术博物馆，一个馆变成三个馆，但是都属于市文化局的。

四 保护规划与考古学地位

提问：当时狮子山汉墓发掘完之后就考虑要保护下来，建立汉文化景区？

邱永生：是的。两千多件套珍贵文物出土了，又被国家评为年度十大考古新发现，我们希望就地建立一个珍宝馆。当时我们有一个规划，在狮子山边上，在楚王陵和兵马俑之间，找一个空地建一个珍宝馆。把这些文物保护好，展示出来，这是非常重要的。我记得和设计院和规划部门也做了很多工作，但市领导最后决定把文物主体交给市博物馆，分了一部分给南京博物院，因为南京博物院那个时候也派人参加了。

建徐州汉文化景区的动议是在2002年，当时区里面来了两个新的领导，一个书记，一个区长。当时我当处长和馆长，就提出这个动议，他们很重视，现场看了之后，不到一个月，就托我做了发展规划。接着向市委市政府进行争取，将该项目立项了，列入徐州市重大工程项目。做了汉文化景区一期，一期是2006年5月建成的。大概是花了三年时间，一期包括兵马俑新馆、水下兵马俑、汉文化广场及拆迁、绿化，环步道等等，花了3亿多。一期做完之后，我感觉景区没有背景，没有依靠，就提议做二期——骆驼山竹林寺。因为我们在挖楚王墓的时候，挖到了狮子山顶上竹林寺的石头基础，证实是当时的竹林寺建在狮子山。但在狮子山复建竹林寺是不现实的，因为那里是文物保护单位。我们就和清华大学一起策划了在骆驼山上复建竹林寺这个景区二期工程，这样将350多亩林地都征过来，迁了2000多座现代坟墓，完成了景区的二期工程，总投资额1.5亿元，2009年9月竣工并开光。

这样做的好处是把历史和考古现场结合得比较好。徐州在古代，尤其是在南北朝的时候，也是一个佛都，北朝的皇帝常跑到徐州拜佛。当时徐州的香火很旺盛，在中国佛教史上很有名，地位很高。

做完之后我们又策划了三期，叫汉画大道。前后做了三年时间，在建设之前我们就想好要做什么，征集哪些汉画像石，如何可以接地气。徐州有专门的汉画像石馆，他们什么都收，我们当时选择的是四个文化板块，和他们做区分。三个展厅分别是：大汉万象，舞动汉画和汉韵传承，从包罗万象的汉画像中精挑细选了神仙世界、战争比武、生产生活、历史故事等经典石刻，再现了两千年前的汉代辉煌历史。我们在如意湖边上还做了一个汉文化演艺的小剧场，把徐州的一些非遗跟这里融合起来。2012年，徐州汉文化景区的三期工程竣工。该景区从2002年规划，2003年正式动工，历时10年，总投资5亿余元人民币，占地1200亩，建成了集历史文化博览，旅游休闲，园林景观于一体的国家考古遗址公园。

提问：那你对狮子山考古学地位的评价是怎么样的？

邱永生：狮子山汉墓是很重要的。徐州西汉时期有12个楚王，狮子山出来有一个排序的问题，因为有兵马俑的诸侯王墓葬到目前为止还是唯一一处。有兵马俑出土的共三批，第一批兵马俑是陕西咸阳杨家湾的，是周勃或周亚夫的墓，周勃、周亚夫是西汉的军事统领。第二批就是秦始皇兵马俑，是秦代中央政府的，地方的诸侯王墓，狮子山还是唯一一处带兵马俑的，对研究西汉诸侯王的葬制、礼制和兵制是非常重要的。

至于楚王的排序。目前大家的观点不完全一致，这个问题还是要探讨、研究，不怕意见分歧。我个人比较倾向于狮子山楚王应该是第一代楚王的，即楚元王刘交的。这个观点也是我首先提出来的。发表在1999年由西北大学出版社出版的《收藏轶事》一书中。文章的题目是《红薯窖揭开狮子山谜团——西汉楚王陵地宫侧记》。这是从他的葬制、出土的陪葬兵马俑，玉棺，金缕玉衣等诸方面推断的。

其实汉兵马俑是狮子山楚王陵的一个组成部分，包括王后墓、陪葬坑、贵族陪葬墓等等都是陵园的组成部分。从1984年发现兵马俑，30多年的时间了。整个狮子山包括楚王陵兵马俑呈现了几大特点。一个就是布局，我们叫依山为陵。刚刚讲到兵马俑主墓是狮子山楚王墓，附属的像兵马俑坑，包括水下兵马俑坑，包括绣球山陪葬墓，以及陵园东侧的很有规律排序的祭祀坑。它的布局很特别，应该是一个很完整的陵园。有很多设置是其他地方没有见到过的，比如说兵马俑就是一个典型。

还有狮子山的天井，这是其他汉代王墓没有的。外墓道、内墓道、天井、甬道。应该说这个墓本身是西汉早年的一种过渡形制，或者说战国到汉代的一种过渡形制。为什么我们后面没有发现类似的墓葬，第一个是它的时代特征，它是偏早的，这是我个人推断，它是第一代楚王的依据之一，是从竖穴向横穴过渡的一个案例，这对楚王谱系的研究有着独特的意义。

文物的出土也是非常丰富的。我只讲独特的地方。比如说金缕玉衣，5000多片，那么小，那么精细。这个玉衣到法国，到香港，到奥地利都展示过。我记得是三年前，是中法文化年，在法国举办了一个大型的汉代的展览，玉衣是其中的镇展之宝。我曾在《人民日报》海外版发了篇专文，讲这是世界上迄今为止发现的最复杂、最精密的西汉玉衣，时代很早，玉片又那么多，玉料又那么好。大量的玉器出土也是亮点，包括玉棺、玉枕、玉龙非常多。整个玉器加起来，有200多件（套），非常罕见。

有三类文物值得重点关注。一类是玉器，是楚王死后带到地下的，包括早年的。楚王和皇帝一样都有府库，有早期流传下来使用的以及皇帝奖赏给楚王的，因为第一代楚王就是刘邦的弟弟刘交，是汉文帝的叔叔。他不仅武功好，文采也非常突出，著有诗集，是文武兼备的一个楚王。所以刘邦把老家徐州这个地方交给他来坐镇，是很特殊的。所以有一些特殊的文物，比如说有最精美的玉衣，很多礼仪性的用品，很多玉器都是其他地方见不到的。

第二类是铁甲胄。虽然我们在其他墓有发现，但是做的这么精美，可以做的这么好的铁甲衣和铁胄，非常独特。同一时期来说，在世界上也是唯一性的。技术非常的先进，其中反映的炒钢技术就领先同期的欧洲达1800余年。

再一类是印章。出的比较多，这些印章出土对楚王的断代和西汉早期的印章制度，包括书法艺术，是有意义的。我们现在的整理研究，不是零打碎敲，是全部的如实公布出来。对楚王墓的发现和研究都会起到推动作用。

提问：狮子山兵马俑和楚王陵的发掘对您的学术生涯有什么样的影响？

邱永生：因为我在大学实习时期，关注的主要是六朝的多一些。唐代的东西、宋代的东西也有，但是不多。毕业后工作，主体部分都是两汉，尤其是西汉。西汉诸侯王的陵墓占了更大的部分。包括挖的北洞山、驮篮山，20世纪90年代初期，还挖了龟山的第二个墓道（北墓道）。就是你们进去首先参观的墓道，是当时我带队发掘的。那个墓以前没有打开，打开后又发现了三间墓室。80年代还挖了东汉的拉犁山汉墓。是画像石的，级别达到诸侯，很高。80年代，市政府提出徐州文化特征是汉代三绝，汉墓、汉兵马俑和汉画像石。相对来说较完整地的呈现徐州古代文化突出的地方。通过考古发掘、历史研究，其实第一个是可以弥补文献的不足，第二也可以从中感受到大汉的精神。我们叫汉族，字我们叫汉字，语言叫汉语，可见汉代的影响非常大。

就个人而言，1984～1985年发现发掘的狮子山兵马俑是我学术生涯的起点，而1994～1995年发掘的狮子山楚王陵，是我田野考古生涯的分号，它们都是我考古生涯的重要节点，成为我学术生涯永远绕不过去的主角！

我曾经说过，就是看过汉代的东西，你再去看其他的比如说明清的东西感觉完全是不一样。你看汉代的小狮子，很小很小的，而故宫门口的狮子是硕大的。但如果把两只狮子拉到一起打架的话，大的是绝对打不过小的。为什么呢？汉代的，它有一种张力，因为汉代的强盛表现在文化和艺术上面。你看汉代的特别有精气神和张力。大汉时期的朝气、胸怀、力度是其他朝代难以比拟的。

按照国家现有的制度，搞两汉考古是很难有这样的机会的。帝王陵墓现在国家原则上是不允许挖的。除非有特殊情况，开山炸石，炸出来了。如果说再不挖掘，墓就完了，必须抢救性考古发掘。通过这20多年的考古挖掘，将出土文物做成公共教育展览，对百姓的历史文化和知识教育以及历史传承起到十分重要的作用，自己感觉很幸运。通过考古和博物馆的结合，把汉代的知识，汉代的精神传达给社会大众，让人们有更强的文化自信。回过头来看，在徐州28年，我就完成了一件作品——这就是徐州汉文化景区的发掘、保护、研究与利用。如果说有第二件作品的话，就是当下在南京博物院从事文创开发与研究工作，希望能为我国文物博物馆界的文创事业做点有意义的探索。我的一辈子大概就做了这两件事。

采访时间：2016年10月5日

采访地点：南京博物院

采访对象：邱永生

主访人：陈海霖（北京市大葆台西汉墓博物馆工作人员，北京市文物局《汉代诸侯王墓发掘亲历者口述史》项目组成员）

摄像：徐超

本文为北京市文物局科研项目"汉代诸侯王墓发掘亲历者口述史"内容，根据当时的访谈记录整理

徐州狮子山楚王墓的考古新得

狮子山楚王墓为大型横穴崖洞墓，南北总长117、东西最宽处13.2米，中间部分有一个南北长18.45、东西宽13.2、深约11米的竖穴（为便于研究，我们称之为"天井"），天井底部沿中线向下开凿深5米处为内墓道，内墓道向外连接外墓道，向内则连接主墓室。该墓规模庞大，出土文物数量众多，学术价值重大，对于研究汉初诸侯王国政治、经济、文化具有重要意义。最近，笔者在整理狮子山考古资料基础上，结合历史文献和相关研究成果，对狮子山楚王墓有几点新的认识。

一　对出土器物的新认识

狮子山楚王墓出土随葬器物约2000件（套），但有明确纪年的器物尚未发现。笔者拟从钱币、印章、玉器等几个方面，对狮子山楚王墓的一些问题进行重新探讨与思考。

1.钱币

由于狮子山楚王墓早年曾失盗，钱币的出土位置较为零散。其中，盗洞中部有零散出土，盗洞底部较多出土，主墓室内，从塞石至甬道东侧第一间侧室（E3侧室）门前有少量出土，E3侧室内地表及墙壁上亦有零散出土。

从出土痕迹分析，狮子山汉墓所有出土钱币原应储藏于E3侧室，盗墓者进入主墓室后，将其拖拽至墓门外的盗洞底部分拣，确认其因时代变迁已经作废后随意丢弃，但仍不能排除部分钱币被盗走的可能。

这些出土钱币数量多达17.6万余枚，全部为"半两"铜钱。其中，榆荚半两占总数九成以上，其余形制较大的半两钱约有9000枚。除个别为秦钱外，涵盖了汉初高祖刘邦、惠帝及吕后时期、文帝前期所有的流通钱币种类。

秦末汉初，半两钱历秦末小半两钱、刘邦小半两钱、吕后八铢半两钱、吕后五分钱、榆荚半两钱及文帝四铢半两钱，钱文复杂多变，官铸私铸混杂，钱径忽大忽小，毫无章法可循，给钱币研究者带来极大的困扰，而上述这些钱币除四铢半两外，在狮子山楚王墓中都有出土，而该墓的时代又有迹可循，这就为研究秦末汉初的钱币问题提供了极其丰富而详实的材料。

所谓"榆荚半两"之名，并非法钱称谓，而是民间的俗称。狮子山汉墓出土钱币以榆荚半两最多，占总数九成以上，说明墓主人生活的时代是榆荚半两普遍使用的时期。而这一时期主要是汉初高祖和吕后执政期间。《汉书·食货志下》载："汉兴，以为秦钱重难用，更令民铸荚钱。"[1]又，《汉书·高后纪》载："（高后六年）行五分钱。"[2]"五分钱"，颜师古注引应劭曰："所谓荚钱者。"[3]现代学者也有人指出，"此种五分钱钱面文字为半两，而其重只有半两的五分之一。实际也是一种荚钱。"[4]这就是说，榆荚半两是吕后五分钱颁行之后、文帝四铢半两颁行之前的过渡钱型，其法定称谓仍应是"五分钱"。而第一代楚王刘交在位时间是高祖六年（公元前201年）至文帝前元元年（公元前179年），该时间段与榆荚半两的流行时间正相吻合。

另外，狮子山楚王墓内墓道入口处"食官监"陪葬墓中亦出土约3000枚半两钱，约有16串，其中4串以八铢半两为主，其特征为狭肉、广穿、轻薄，并全部以索贯穿，独立成串，每串100枚至200枚不等，串与串之间首尾相连，成堆堆放。有研究者认为这些钱币为文帝时期的四铢半两，但通过整理，笔者发现这些钱币与四铢半两在钱文上具有明显差异。任何钱型的衰败绝非一蹴而就，而是有一个逐渐发展的过程，八铢半两钱径从2.4～2.6厘米左右，骤减至2.2厘米以下乃至于2厘米左右，显然是有违常识。因此，笔者认为这些钱币并非四铢半两，而是吕后时期的减重八铢半两。这一认识与发现同时也印证了狮子山楚王墓的墓主人应为第一代楚王刘交。

2.印章

与钱币一样，印章在断代方面的重要性不言而喻。以往对狮子山楚王墓的研究表明，学者们过分注重对印文的讨论，忽略了印章自身携带的重大信息，致使关于印章与墓主关系的讨论长期陷入误区，墓主的归属问题始终没有得以解决。在整理狮子山楚王墓的考古资料时，笔者认为应该将出土印章回归到西汉楚国的王国制度之中，并结合西汉前期诸侯王国的"削藩"与官吏任免权等问题来探讨，只有如此，一些问题才会得以廓清。

西汉初年，高祖刘邦出于镇抚四海、承卫天子目的，将大批同姓子弟分封为诸侯王，诸侯王在王国内享有官吏任免权。《汉书·百官公卿表》载："诸侯王，高帝初置，金玺盭绶，掌治其国。有太傅辅王，内史治国民，中尉掌武职，丞相统众官，群卿大夫都官如汉朝。"[5]又，《汉书·高五王传》载："时诸侯得自除御史大夫群卿以下众官，如汉朝，汉独为置丞相。"[6]。

在这一时间段里，西汉楚国有交、郢（客）、戊、礼四代楚王。当时楚王既有如同中央的百官，又有大量属地的职官，为了行使对这些官吏的任免权，需要铸造象征权力的印章。同时，在"事死如生"观念的支配下，楚王也可能希望在地下能够继续统治所属郡县和军队，那么他可能会多铸造一批印章放入自己的墓葬，因此，有学者认为这些放入墓葬中的印章，代表了诸侯王的官吏和国土范围，是诸侯王墓葬中"百官藏"的具体表现[7]。但是第三代楚王刘戊参加"七国之乱"，兵败自杀且除谥，其死后不可能再以属官印章随葬；第四代楚王刘礼复国，虽然官吏任免权是否已收归中央尚不确定，但是属地被削，仅余彭城一郡数县，史书有明确记载[8]，故景帝二年（公元前154年），楚国已不可能再享有制作东海和薛郡印章的权力，楚国"百官藏"的范围进一步缩小。

与西汉前期楚国历史相结合，狮子山楚王墓印章能够进一步说明一些问题。《汉书·楚元王传》载："交为楚王，王薛郡、东海、彭城三十六县。"[9]而狮子山楚王墓所出地方职官印章中既有彭城郡的"僮令（相令）之印""谷阳之印"，也有东海郡的"缯之右尉""兰陵之印"，还有薛郡的"文阳丞印"等，"彭城""东海""薛郡"，这些都与楚国初立时所辖郡县名称相吻合，说明在狮子山楚王墓墓主的生活时代，尚拥有东海、薛郡。结合"七国之乱"后，中央对诸侯王加强控制，楚国东海、薛郡被削这一史实，狮子山楚王墓出土的这批印章只能是"七国之乱"前所制作，其墓主也只能是削藩前的楚王。

3. 铜鼎

2004年，徐州博物馆在羊龟山王后陵东侧的祭祀坑中发掘出一批铜鼎，其中4号鼎铭文为"元园重十五斤十两"。西汉诸侯王一般都设有陵园，多以诸侯王的谥号为园名，这在西汉梁、齐等国均有发现。徐州地区已经出土了第二代楚夷王"楚夷园印"和第四代楚文王的"楚文园丞"封泥，表明徐州地区楚王陵园的命名方式与其他诸侯王国相同。而第一代楚王刘交的谥号是"元"，其陵园名称应为"元园"，故羊龟山陪葬坑出土带有"元园"铭文的铜鼎，无疑是确定狮子山楚王墓墓主为第一代楚王刘交的又一力证。

4. 玉器

狮子山楚王墓虽被盗，但仍出土玉器200余件（套），较有代表性的有玉衣、玉棺、玉龙、玉璧、玉璜、玉戈、蟠龙玉饰、玉杯、玉卮等，尤其是殓葬玉器中精美的金缕玉衣和与之配套的奢华玉棺，规格之高，为同时代诸侯王墓所罕见，代表西汉一代制玉技术的最高水平，强烈暗示着墓主人尊崇的身份与地位。在钱币、印章的分析基础上审视这批规格如此之高的殓葬玉器，其显然与第一代楚王刘交的身份和地位更为相称。

楚王刘交，为汉高祖刘邦同父异母的少弟，先被封为文信君，与刘邦关系密切。汉高祖六年（公元前201年），刘交被封为西汉楚国第一代楚王，在位23年之久。期间每次入朝，都受到高祖刘邦的设宴款待，在朝中地位显赫，以致代王刘恒即位时，还辞让说："奉高帝宗庙，重事也。寡人不佞，不足以称，愿请楚王计宜者，寡人弗敢当。"[10]在23年的王位经营中，刘交应该得到不少朝廷的赏赐，因此笔者推断，狮子山楚王墓出土的玉器有些可能来自宫廷。而第二代楚王刘郢（客），在位仅3年多，在长安时任九卿之一的宗正，其地位与第一代楚王刘交显然不能相提并论。根据出土玉器的数量与质量，再结合刘交在西汉初年的尊崇地位，笔者推断狮子山楚王墓的墓主应该为第一代楚王刘交。

二 对狮子山楚王墓周边环境的新认识

1. 兵马俑五号坑

1987年10月，徐州汉兵马俑博物馆对狮子山汉墓兵马俑的五号坑进行了清理。五号坑位于一号坑西北约125米，平面呈长方形，与六号坑毗邻，东西并列，相距8米。东西长13.5、南北宽3.5米，南北两侧各留有石柱础。坑内成组分布陶马俑的组件，坑西、南部为两组马身，中部为一组马腿，中部偏北为一组马耳，东部为两组拼合完整的陶马及一件骑马俑（"飞骑"）。另出土有完整的板瓦与筒瓦，由此可以断定，此坑当时存在木构的房屋类建筑，并非单纯的陪葬俑坑。结合2003年济南危山汉墓兵马俑坑附近发现烧制陶俑的窑址情况，我们有理由推测徐州狮子山兵马俑五号坑也应是窑址及组装作坊的一部分。

2. 王后墓

早在徐州汉文化景区建设初期，笔者就已重点关注狮子山楚王陵后侧的羊龟山。"羊鬼山"中的"鬼"应为"龟"之讹变，当为羊龟山。在早年的勘查中，我们得知其是石灰岩山体，海拔55.7米，山顶上有大量人工封土堆积，夯层较为明显，且在山顶发现有汉代绳纹瓦片，推测应是一座汉代大墓。

2004年2月，我们与南京大学遥感考古中心的黄建秋教授签订了遥感考古合作协议，用一个夏季的时间对羊龟山区域进行了科学勘察与研究，得出了羊龟山系大墓的结论，以下是羊龟山大墓的基本情况。

（1）羊龟山大墓南距狮子山楚王陵270米，与狮子山楚王陵东西轴距118米。

（2）石灰岩山体上有三层台式封土，类似于公元前三千年古埃及昭赛尔金字塔的外形。

（3）墓葬形式为横穴崖洞，凿山为藏，有斜坡墓道，正南北向。整个墓葬由前堂、后室、侧室、浴室、厕间等9室组成（因甬道前端堆积塞石，尚难断定是否有其他侧室），面积约150平方米以上。前堂、后室为四面坡顶，东三（E3）侧室为盝顶，余皆为平顶。墓道、甬道、墓室满涂朱红、石绿等色彩，明艳富丽。该墓葬规格高，时代特征明显，我们推断其应系狮子山楚王王后陵，开凿年代较狮子山略晚。

（4）该墓葬整体风格更接近1998年发掘的驮篮山楚王陵，时代应为西汉早期稍晚。

（5）遗物标本有彩陶俑、铁削、石磬、鎏金铜泡钉、半两铜钱等。

（6）对于羊龟山汉墓的保护与利用建议：以往大揭盖的考古发掘方式不利于陵墓的保护，考虑到陵体及墓室彩绘的情况，应采用"坑道式"发掘方法。在对岩体和彩绘科学加固后，每年仅在温湿度相对恒定的春秋两季控制性地对外开放，在夏冬两季采取专用的内置轨道及成像技术，"现场直播"至地面展示厅。同时采用预约登记的方法，实时控制参观流量，确保陵墓彩绘的安全。

三　对狮子山楚王墓的新认识

长期以来，之所以没有将狮子山楚王墓的墓主定为刘交，主要是因为学者对《水经注》"山阴有楚元王冢"记载的高度认可和深信不疑，进而导致误判的连锁反应。事实上，楚王山上有楚元王刘交墓的记载并不准确，楚王山汉墓具有西汉晚期墓葬的诸多特征，结合西汉楚国晚期历史分析，墓主很可能是第九代楚王刘嚣[11]。而楚王山汉墓墓主真相的廓清，为我们在新的视野下重新认识狮子山墓主提供了可能。

就选址而言，第一代楚王刘交在葬地选择上有绝对优先权。考察已发现的诸楚王陵墓中，狮子山所在环境最为优越，与楚王都城的距离也最近，在地形地貌上也与汉代"藏风聚气"的墓葬选址理念相吻合，是一处不可多得的风水宝地，该选址与刘交作为首代楚王的身份地位最为相符。

就墓葬形制而言，首先，狮子山楚王墓平面布局比例失调，整体缺乏规划，突出特点是"大天井、小洞室"；其次，凿制粗糙，多处未完工，除天井及外墓道经过打磨外，内墓道、耳室、侧室及后室等多处可见清晰的凿痕；再次，墓室顶部结构单一，皆为平顶结构，顶部与侧壁呈弧形连接，墓室给人的感觉是"洞"而非"室"；最后，墓葬仅在中轴线两侧开凿洞室，各室功能尚不完全清晰，除庖厨、仓储、武库、钱库等功能有所体现外，未见乐舞、侧间、沐浴等配套生活设施，墓室开凿上有较大的随意性。种种情况表明，这可能是由于西汉楚国第一代楚王刘交在位时，横穴崖洞墓刚刚产生，"室"的营建技术尚不成熟，而开凿大型崖洞是前所未有的创举，所以设计理念不够清晰，技术亦不够成熟，具有肇始阶段的诸多特征，这也符合第一代楚王刘交创新丧葬礼仪的历史事实。

四　结语

结合狮子山楚王墓出土随葬器物的分析和其周边环境的重新认识，笔者得出以下几点认识。

首先，就出土钱币而言，从狮子山汉墓出土钱币九成以上为榆荚半两，没有四铢半两，说明墓主人生活的时代是吕后至文帝期间榆荚半两普遍使用的一个时期；就出土印章而言，狮子山楚王墓出土的这批印章只能是"七国之乱"前所制作，其墓主只能是削藩前的楚王；就出土铜鼎而言，考虑到西汉诸侯王陵园多以诸侯王的谥号为名，而第一代楚王刘交的谥号是"元"，其陵园名称应为"元园"，故羊龟山陪葬坑出土带有"元园"铭文的铜鼎，无疑是确定狮子山楚王墓墓主为第一代楚王刘交的力证；就出土玉器的数量与质量而言，结合刘交在西汉初年的尊崇地位，我们推断狮子山楚王墓墓主应该为第一代楚王刘交，换言之，狮子山玉器的下限应断定在第一代楚王刘交下葬的时间，即文帝前元元年（公元前179年），距今2197年。

其次，羊龟山大墓南距狮子山楚王陵270、与狮子山楚王陵东西轴距118米。该墓墓葬形式为高规格的横穴崖洞墓，凿山为藏，时代特征明显，我们推断其应系狮子山楚王王后陵。

最后，从狮子山楚王墓的选址、墓葬形制、平面布局等方面来看，狮子山楚王墓具有肇始阶段的诸多特征，符合第一代楚王刘交创新墓葬方式的历史事实。

注释

[1]（东汉）班固撰、（唐）颜师古注：《汉书》，中华书局，1962年，第1125页。

[2]（东汉）班固撰、（唐）颜师古注：《汉书》，中华书局，1962年，第99页。

[3]（东汉）班固撰、（唐）颜师古注：《汉书》，中华书局，1962年，第99页。

[4]施廷雍：《中国货币沿革讲义》，天津古籍出版社，2006年，第73页。

[5]（东汉）班固撰、（唐）颜师古注：《汉书》，中华书局，1962年，第741页。

[6]（东汉）班固撰、（唐）颜师古注：《汉书》，中华书局，1962年，第2002页。

[7]刘瑞：《徐州北洞山楚王墓墓主考》，《考古》2008年第10期。

[8]（东汉）班固撰、（唐）颜师古注：《汉书》，中华书局，1962年，第1924页。

[9]（东汉）班固撰、（唐）颜师古注：《汉书》，中华书局，1962年，第1922页。

[10]（东汉）班固撰、（唐）颜师古注：《汉书》，中华书局，1962年，第108页。

[11]刘照建：《徐州楚王山汉墓时代和墓主考》，《中国国家博物馆馆刊》2012年第10期。

原载《汉代玉文化国际学术研讨会论文集（2018中国·徐州）》，科学出版社，2019年（与卢小慧合作）

江苏徐州狮子山汉兵马俑五号坑的发现与认识

　　江苏徐州狮子山楚王陵自发现以来备受学界关注，经过多年调查与研究，确定其为西汉早期某代楚王的陵园。自1984年发现兵马俑陪葬坑以来，先后发现了狮子山楚王墓、羊龟山王后墓、陪葬墓群、丛葬器物坑群及建筑遗址等[1]（图一）。兵马俑坑主要分布在狮子山西麓，计六条。一至四号坑为步兵俑和车兵俑坑，五、六号坑则被定为骑兵俑坑，目前已进行复原展示[2]。但是根据五号坑的发掘情况及对六号坑的相关记载，我们认为五号坑实为兵马俑的"组装场所"，试将观点简述如下，不正之处敬请方家指正。

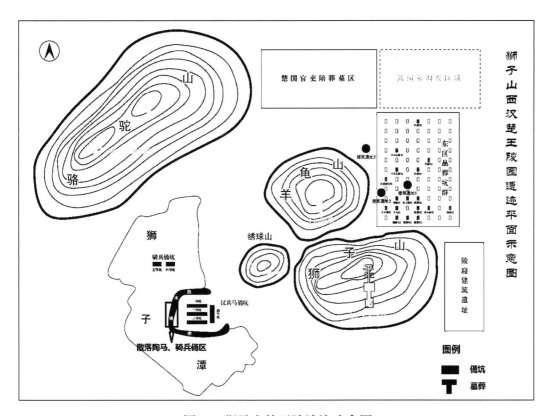

图一　狮子山楚王陵遗迹分布图

一　五号坑的清理发掘

　　五号坑位于狮子山西麓，在一号俑坑西北约125米处，西距古泗水（今黄河故道）约800、南距古泗水约500米，为黄泛区。根据周围地层判断，坑上原有4.5米左右的淤土层，后大量取土时发现。1985年狮子山汉兵马俑第一次发掘后五号坑未能及时清理，由于雨季山洪爆发被淹没在潭水中。1987年10月，骆驼山村清理水塘，徐州汉兵马俑博物馆对塘底暴露的五号坑进行清理发掘[3]。

　　五号坑平面呈长方形，与复原后的六号坑毗邻，相距8米，两坑东西平行排列。五号坑东西长13.5、南北宽约3.5米[4]，坑底略加铲平，南北两侧各有6个石柱础，坑内成组分布陶马俑的各个组件，俑坑西部、南部为两组马身，中部为一组马腿，中部偏北分布一组马耳，东部为两组拼合完整的陶马。除陶马俑及其组件外还发现完整板瓦2件，筒瓦1件以及一定数量的瓦片（图二）。

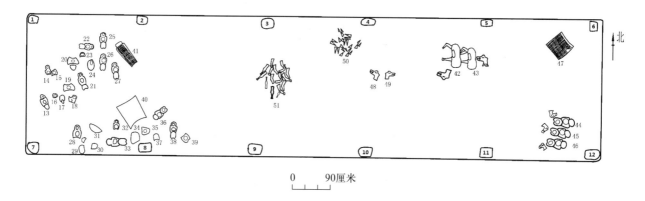

0　　　90厘米

图二　狮子山楚王陵五号坑平面图
1～12.柱础石　13～39.陶马身　40、47.板瓦　41.筒瓦　42～46.陶马　48、49.马头　50.马耳一组　51.马腿一组

　　柱础石　12件（编号1～12）。平面形状为不规则方形，大小略有差异，直径在15～25厘米之间。平均分布于遗址南北两侧，间距基本相同。

　　马头　2件。H5：48，通高22.8厘米（图三，1）。

　　马耳　1组。清理时采集，较完整的有十数件，另有部分残损严重。H5：50－1、2，长4.8、最宽处1.8、最厚处1.2厘米（图三，2；彩插一，1）。

　　马身　27件。分两组摆放。一次模制成型，中空，由前至后可分胸、腹、股三部分。中间为腹部，开一大圆孔。H5：27，通长40.8、高14.4、最宽处16厘米（图三，3；彩插一，2）。

　　马腿　1组。清理时采集，较完整的有十数件，另有部分残损严重。前后腿高度相同，前腿较后腿略直，后腿曲度略大。马腿通长20.4厘米（图三，4、5；彩插一，3）。

　　板瓦　2件。标本47，曲面，外饰绳纹，内为素面。在清理过程中采集板瓦碎片若干。长50.53、宽46.11、厚2厘米（图四，2）。

　　筒瓦　1件。标本41（图四，1），由瓦头及瓦身两部分组成，曲面呈长半筒状，外侧饰绳纹，内素面。另在清理过程中采集了一定数量的筒瓦残片。

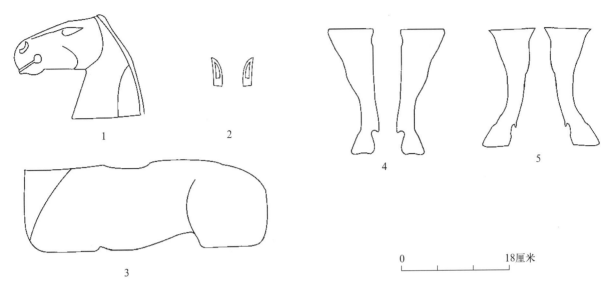

图三　狮子山楚王陵五号坑陶马组件分解图
1.马头　2.马耳　3.马身　4.马前腿　5.马后腿

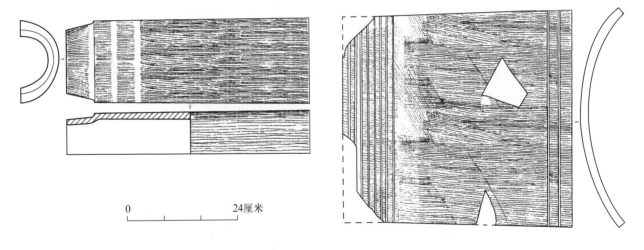

图四　狮子山楚王陵五号坑出土筒瓦、板瓦

二　当前对五号坑的认识

　　准确判断五号坑的性质，有助于通过兵马俑研究汉代军队构成和军阵的组成，学者们显然对此有明确认识。五号坑发现后，虽然未有专文研究，但是在相关文章中一些学者对于五号坑的性质提出了自己的看法，主要有以下几种观点。

　　在发掘之初，发掘者依据到处堆放的马俑部件，初步认定为马俑坑，这是比较笼统的称谓[5]，后来经过进一步研究认为其是未最终建造完成的骑兵俑坑[6]，多数学者认同这一观点[7]，在此基础上，还有学者对这支部队性质做了研究，指出从其位于主力部队西北前方百余米位置来看，这支骑兵部队可能是主力部队的先锋部队"兴军"[8]。然而，尚未组装的部件只能说明陶马俑尚未装配完成，不能说明骑兵俑坑未建造完成；这个坑南北两侧各平均分布六个柱础，以及建筑材料板瓦、筒瓦等，显然原本搭建有地面建筑，而即使修好的俑坑也没有类似特征，因此判断它为未修好的骑兵俑坑的说法值得重新讨论。

其次，1987年清理时，由于早年取土破坏，发掘者仅发现数件马俑和骑兵俑，更多的是焙烧变形的马俑部件，成堆堆放，无排列规律。后来有学者曾推测"更像是被弃用的废品坑"[9]，此说有一定道理，然而，仔细观察可知，马俑部件虽然没有组装，放置却有一定规律性，马身、马腿和马耳均是分门别类地摆放，组合完成的马俑则堆放在一起，在有限的空间内排列有序，并非杂乱无章。

三　五号坑实为兵马俑的"组装场所"

对于五号坑的性质，近年来学者们从不同角度进行了研究，但是坑内出现的异常现象没有得到合理的解读，尚未形成一致结论。事实上，如果将坑内遗存综合分析，则可以看出五号坑既不是未完成，也不是废品坑，实为狮子山兵马俑的"组装场所"。

第一，五号坑为一建筑遗址，当时应有地面房屋建筑，与其他俑坑情况不同。坑体南北两侧各平均分布六个柱础（柱础石），是承受屋柱压力的基石；这些柱础石还可有效防止木柱腐烂，是木构房屋建筑不可缺少的部分。五号坑发现保存完好的柱础且分布均匀，平均间隔2.7米，南北两侧各六组（图二，1～12）。加上坑内发现的板瓦、筒瓦，可以断定当时存在木构房屋建筑。狮子山西麓所发现的其他五个俑坑，六号坑因破坏严重无法得知俑坑原始面貌，一至四号坑未发现存在房屋建筑的痕迹[10]；其他同时期或时代相近的兵马俑坑，除秦俑俑坑使用棚木搭建成框架结构形成一定的空间外，均未发现类似现象[11]，而秦俑搭建的木构框架也并非房屋。可见五号坑与其他俑坑不同，并非单纯的陪葬俑坑。

第二，兵马俑并非一次模制成型，而是分模合制而成[12]，必然存在对兵马俑进行拼合的"组装场所"，五号坑的整体面貌符合这一条件。狮子山发现的兵马俑主要包括人物俑和马俑，人物俑的头、身、足分模制作后插合，陶马的耳、头、胸腹、四肢分模制作（图三），最后进行统一拼合组装。发掘情况表明，五号坑为骑兵俑的组装场所。五号坑内存放着组装前陶马的各个部件，且分组明显，自西向东分布马身两组、马腿一组、马耳一组，马头两件，组件齐全的陶马两组。并于附近采集到刻铭"飞骑"的骑兵俑一件，骑兵俑包括陶马及骑俑，骑俑缺失两手。陶马的各个部件分布极有规律，加上组装好的陶马两组，比较完整的骑兵俑一件，可以证明五号坑为组装骑兵俑的场所。

第三，六号坑与五号坑相邻。1981年骆驼山村砖瓦场取土烧砖时发现一条俑坑，即为现在的六号坑，坑内出土了陶马和骑兵，由于发现时俑坑面貌已被破坏，无法准确判断俑坑的位置、大小及形态[13]。根据其发现的大量陶马及骑兵，可以判断在五号坑附近存在一个或数个骑兵俑坑，而五号坑即为组装骑兵俑的场所。

第四，目前已发现的西汉兵马俑中，陕西咸阳杨家湾汉墓[14]陪葬俑坑出土骑兵俑583件；步兵俑1965件。整个军阵作五列四行排列，前三列六坑为骑兵俑，后二列四坑为步兵俑。山东济南危山汉墓一号兵马俑坑[15]共出土兵马俑200余件，整个队伍的排列安排如下：队伍的两侧及后侧共由24名步兵俑面向队伍分立拱卫，队伍的最前侧为一排骑兵俑，共5名，其后为四辆陶质战车[16]。杨家湾汉墓与危山汉墓陪葬俑坑的骑兵俑均在步兵俑前方，而狮子山兵马俑的骑兵俑坑也在军阵前方，根据参与发掘的考古人员回忆在1~3号坑西侧约30米处也发现大量陶马与骑兵，应存在骑兵俑坑（图一）。

第五，济南危山汉墓兵马俑坑附近发现烧制陶俑的窑址。2002年危山汉墓一号兵马俑坑发现陶俑、陶马及陶车共200余件，2003年考古队对危山北麓进行大面积勘探，发现并清理了三座窑址，出土了大量陶制车、马、人俑等，与俑坑发现的陶俑一致[17]。这一发现说明危山汉墓兵马俑为就近烧制；由于窑厂距俑坑较近，陶俑极有可能在窑厂完成组装后放入俑坑。而窑厂本身可能就是为了烧制这批随葬陶俑而建，在完成烧造任务后废弃。俑坑与窑厂距离近，可以有效解决陶俑在运输过程中的损坏问题，这从某种程度上说明在俑坑附近进行烧制或组装陶俑是必要的。

至于为何五号坑内仅发现陶马俑及其组件，并未发现其他种类兵马俑，有以下三种可能性：一是其他种类兵马俑的"组装场所"不在陵园范围内，而陶马俑体积大、四肢较长，极易在运输过程中断裂，因此就近选址组装；二是其他种类兵马俑的"组装场所"在俑坑附近但尚未发现；三是不同种类兵马俑分批组装，陶马俑为"组装场所"五号坑停止使用前的最后一批。

四　结论

从五号坑发现的建筑遗迹、坑内大量的兵马俑部件以及骑兵俑坑的方位，结合济南危山汉墓兵马俑坑附近发现烧制陶俑的窑址等因素考察，我们认为五号坑实为兵马俑的"组装场所"，这在已发现的几处汉代兵马俑遗址中属首例，对于兵马俑烧造地点、运输和组装以及兵马俑坑的营建过程研究具有十分重要的学术价值。济南危山发现的兵马俑附近发现了烧制陶俑的窑址[18]，解决了危山兵马俑的制作来源问题；而徐州狮子山发现的兵马俑数量巨大，种类繁多，周围一定也有配套的制作场所。但遗憾的是，狮子山兵马俑发现年代较早，周边环境已发生较大的改变，短期内难以进行更深层次的考古调查与发掘，是否也存在此类现象已很难得知，只能期待更多考古材料的发现与公布。

注释

[1] 徐州汉文化风景园林管理处、徐州楚王陵汉兵马俑博物馆：《狮子山楚王陵》，南京出版社，2010 年，第 140～141 页。

[2] 需要特别指出的是，今天当地旅游部门为了提高旅游影响力，复原陈列展示了一批兵马俑，但是兵马俑的规格与原兵马俑不同，大小约为原兵马俑的 2 倍。复原展厅在原俑坑遗址附近。

[3] 葛明宇：《狮子山楚王陵考古工作回顾》，《徐州汉兵马俑博物馆 25 周年纪念文集》，南京出版社，2011 年，第 12～18 页。

[4] 王恺：《徐州狮子山兵马俑研究》，《王恺考古文集》，黑龙江科学技术出版社，2015 年，第 145～161 页。

[5]a. 徐州博物馆：《徐州狮子山兵马俑坑第一次发掘简报》，《文物》1986 年第 12 期。b. 邱永生：《徐州汉兵马俑研究》，《徐州师范学院学报》1987 年第 2 期。

[6] 同 [4]。

[7] 同 [3]。

[8] 刘照建：《徐州狮子山兵马俑坑出土跪坐俑名实考》，《中国国家博物馆馆刊》2013 年第 12 期。

[9] 邱永生：《徐州狮子山楚王陵园初步研究》，《南京大学历史系考古学专业成立三十周年纪念文集》，天津人民出版社，2002 年。

[10] 同 [5]a。

[11] a. 房道国、王善荣、孙涛：《济南危山汉兵马俑坑发掘纪实》，《大众考古》2015 年第 5 期。b. 陕西文管会、咸阳市博物馆：《咸阳杨家湾汉墓发掘简报》，《文物》1977 年第 10 期。c. 刘晓东：《咸阳杨家湾兵马俑及相关问题初探》，《文博》2009 年第 4 期。

[12] 同 [5]b。

[13] 同 [3]。

[14] 同 [11]c。

[15] 同 [11]a。

[16] 王晨仰：《秦、西汉时期兵俑研究》，西北大学 2015 年硕士学位论文。

[17] 同 [11]a。

[18] 同 [11]a。

原载《东南文化》2019 年第 4 期（总第 270 期）（与周波、刘聪合作）

文化遗产保护与利用

徐州文物精品赴澳大利亚展览

　　1988年，澳大利亚200周年国庆之际，徐州市应澳国维多利亚州的邀请，组成"徐州市赴澳文物展览暨文化交流团"，由曹传仁任团长、吴敢任副团长，率团于1988年1～5月赴澳举办文物展览和开展其他文化交流活动。

　　此次展览的主办地在维多利亚州的首府墨尔本市，具体承办单位是澳大利亚华人历史博物馆，该馆坐落在市中心繁华的"唐人街"上。

　　整个展览布置在澳华博物馆的三层展厅内，共展出两汉各类文物45件及汉画像石艺术拓片30帧。共分"徐州狮子山汉代兵马俑""楚王、彭城王陵出土文物精品""汉画像石拓片艺术"3个专题，荟萃了徐州市近年来的考古科研成果。主要有狮子山汉兵马俑军阵、北洞山楚王陵、龟山楚襄王刘注夫妇墓及贵族陪葬墓、土山一号彭城王墓及睢宁九女墩的东汉王侯墓等处出土的文物精品。

　　在布展方面，中澳双方通力合作，匠心独运。展室迂回多变，引人入胜，其中的3个独立展柜最为引人注目。内中分别陈列着徐州龟山一号墓出土的鎏金熏炉、睢宁的东汉铜牛灯和土山的鎏金兽形砚，3件珍品皆属国家一级文物，堪称稀世珍宝。整个展览的背景以深红和暗红为主基调，加之灯光的映照，使得瑰宝益发古朴华贵、熠熠生辉。该展厅通过一道盘旋的宽阔走廊，向另一展室蜿蜒而去，在走廊西侧陈列着我市历年收集珍藏的汉画像石艺术拓片精品，它们似一部活生生的中国文明史教科书重现在观众面前。那神话中的《伏羲女娲图》，祥云瑞霭掩映下的《车马出行图》，载歌载舞、觥筹交错的《宴宾图》，惊险至绝、扣人心弦的《杂技表演图》，"力拔山兮气盖世"的《力士图》，无一不真实而生动地反映了我国汉代各阶层人士的活动情况，是我国历史画卷中不可分割的重要组成部分。

　　走过30多米的长廊，转入汉兵马俑和汉代王陵出土精品展厅，首先扑面而来的是两匹精神抖擞、正在嘶鸣的战马，其两侧陈列着8件气宇轩昂的兵士俑，接着的是北洞山楚王陵中的4件彩绘陶俑。玉石器中大到圆雕的玉熊、小到微雕的翡翠玉鸽，皆可谓精妙绝伦，巧夺天工，更何况它们是两千年前的制成品！这就给仅有200年国史的澳大利亚朋友增添了更浓厚的历史神秘色彩。我们也深知：中国灿烂的古代文明是世界文明史中重要的一页，它不仅属于中国人民，也属于全世界。

徐州两汉王陵精品陈列室是仿照地下汉墓的场景布置的。设计师们在平整的木板墙上贴上许多不规则的纤维、木质碎屑等，再以褐色涂料平抹，将木板拼成两进幽深的地宫"院落"，再在"院落"之内点缀银缕玉衣、各类精美的楚王陵随葬品，配以汉王陵的外景和庞大而复杂的内部结构巨幅照片，相互映照、主题鲜明，给人以强烈而深邃的历史感和现实的完整感。

展览的开幕式选在中国传统的春节，这天宾客满堂。我国驻澳大使馆文化参赞张照华先生等人从首都堪培拉长途驱车赶来祝贺。出席的贵宾还有驻墨尔本总领事馆的胡传忠总领事，维多利亚州长、艺术部长，博物馆协会主席、莫乃斯大学教授沃沧先生，澳华历史博物馆董事会主席王兴乡先生等，还有各界华侨社团的代表共200余人。由于澳华历史博物馆独到的宣传营销战略和精心的组织，在展览期间，还相继举办了多项中国文化活动，在墨尔本市乃至澳洲掀起了一次空前的中国文化热潮。

由于上述种种努力，从开展之日起，参观人群便络绎不绝，许多人不远千里从堪培拉、悉尼、柏斯、塔斯马尼亚等地赶来，争相以先睹为快事。其间共接待观众5万余人，其中不乏台湾地区、香港特区同胞及东南亚辗转而来的海外赤子，场景令人十分感动。该馆克里斯汀·廖伊丽斯总馆长对新闻界宣称，这是澳华历史博物馆历史上举办的最成功的一次展览。

原载《徐州文化大观》，文汇出版社，1995年

赴澳札记

上

徐州汉代文物精品展览，于1988年2月至5月在澳大利亚墨尔本市展出。作为展览团的一名工作人员，我自始至终随同，在澳大利亚生活了4个月之久，曾先后辗转澳大利亚墨尔本、悉尼、吉朗及中国香港等地，所见所闻，自觉颇多新知异趣，这里谨将其中的几个片段，杂识如下。

1. 大洋两岸 襟水邻邦

澳大利亚属大洋洲，而当地人更喜欢称澳洲，这是因为大洋洲主要由澳大利亚、新西兰及几个太平洋岛屿国家所组成，而澳大利亚的面积为768.23万平方千米，占大洋洲的85%以上。澳大利亚有人口1700万，城市人口占80%以上，三分之二以上的人口集聚于东南沿海地区。

澳大利亚是中国的友好邻邦，在70年代，霍克总理曾多次访华。近年来我国政府首脑亦多次赴澳访问、随着我国经济的对外开放，改革步伐的加快，两国的经济、文化交流日益增多，江苏省已与维多利亚州缔结为友好姊妹省（州）。而且今年又是澳大利亚建国两百周年。正是在这样一个背景之下，应维多利亚州政府和有关社团的邀请，徐州市人民政府决定以汉代文物为特色的文物展览为主体，组成"徐州市赴澳文物展览暨文化交流团"，由市委宣传部长曹传仁同志任团长，于1988年1月赴澳访问。

一月十七日，为了布展工作，我先期赴澳，作布展工作，在香港国际启德机场，换乘香港国泰班机，横跨太平洋，航时近十小时，航程达万余里，直抵墨尔本市。墨尔本为东南滨海城市，1851年近郊发现金矿后，迅速发展为全国经济贸易，交通的重要中心，1901年至1927年曾为首都，是世界著名的文化名城之一。在临近机场时，顿觉周身燥热起来，原来澳大利亚联邦位于太平洋西南部与印度洋之间，地处南半球，故而虽时值一月，我国大地正冰天雪地、寒风凛冽，而这里却正是炎热盛暑时节，气温高达摄氏38℃。透过机窗，但见墨市上空云层密布，时晴时雨，变幻莫测。随同的澳方博物馆代表渥沦先生及罗清奇女士便主动介绍，墨尔本属亚热带地中海气候，但因临近大洋，晴雨之变，只在瞬息之间，一如海上狂风暴雨，难以捉摸，飞机快降落时果然淅淅沥沥下起雨来了，正当澳方两位代表忙着与机场人员张罗防护文物箱，并带领我们一起走出海关检查口的候机大楼时，却见那天际云边开出一轮红彤彤的太阳来，大家一阵惊喜，"这捉迷藏的太阳，这是出来欢迎你们的吧。"渥沦先生风趣地说。在候机楼前，早已有澳华博物馆馆长廖伊丽斯博士及墨尔本华人侨领王兴乡先生等迎候多时了，尤其是王兴乡先生，显得格外兴奋，亲自驾车送我们直抵驻地海特饭店。同行的廖馆长介绍说，王先生不仅是在澳富甲一方的华人企业家，也是一位热心于扩大中澳文化交流的主要经济赞助者，他本人籍贯系中国江苏海门县，故而看到故乡的文物展览，哪能不激动呢。在这一次展览的筹备过程中，得到了王先生及当地华人社团的热心帮助和大力支持，在经济赞助上慷慨解囊，才使这次展览得以顺利地进行。这样的展览无疑对促进中澳文化的交流起到了推动作用。另一方面，中国的汉代文物展览在澳举行，尚属首次，对于澳大利亚人民了解和欣赏中国古老文明的精粹，是一次难得的机会，同时也是对当地华人的一次爱国主义教育。增强海外华人的民族自豪感和自信心。用王先生的话来说，虽然目前在澳华人多达二十余万，但其中有相当部分的人已很少接触祖国文化。对祖国的历史所知甚少，特别是一些生长于异域的华人后裔青年，甚至连中文都不会讲了，"若谈弘扬我中华优秀传统，从何说起？"这番话语，言辞恳切，爱国爱乡之情溢于言表，使在场的中澳人士为之感动。我想，这也是王先生为代表的华人社团竭力促成这次展览的重要原因吧。

抵达墨尔本的第二天，我们便开始了紧张的布展工作。澳华博物馆是该次展览的承办单位，它位于墨尔本闹市区的小博街，即著名的唐人街。唐人街长300余米，华人餐馆，店铺鳞次栉比，中文的招牌、广告比比皆是，沿街有数座仿古的中式牌楼，雕梁画栋，金碧辉煌，并一字儿悬挂带流苏的玻璃宫灯。在街道正中位置矗立着一座高大的古门楼，这是江苏省赠送给姊妹省（州）维多利亚州的纪念物，全部构件均由我国制作，式样完全依照南京的明朝天宫大门牌楼，就连建筑安装的技术工人也全部由中国派出。牌楼正中篆书"棂星门"三个大字，造型稳健，古色古香。澳华博物馆就在其南侧50米处。博物馆全称是澳大利亚华人历史博物馆，1985年成立。由政府以重金购得房产，又经各界华人集资修缮，目前已初具规模。整个展览就布置在该馆的一幢四层楼房内，共展出文物四十五件，汉画像石拓片三十帧。主要分为"徐州汉代兵马俑""楚王、彭城王陵墓出土精品"及"汉画像石拓片艺术"三个专题。其中荟萃了我市近年来的考古成果，主要有狮子山兵马俑、北洞山楚王陵、小龟山汉墓以及土山、睢宁九女墩等处出土的文物精品。

观众进入博物馆的大门，迎面是幅巨龙图案，其以深红色作地，金黄线描绘，气氛热烈而古雅，线条遒劲有力，姿态活泼而雄健。今年正值我国龙年，也是我国的旅游年，澳方设计者可谓匠心独运，巧妙地将龙的姿首带入各展室、展柜。门侧赫然站立一尊高大的秦代武士俑，虽是复制品，但无论是衣饰、轮廓线条、面部表情特写，十分逼真，看落款方知是我国国务院侨办主任廖晖在1986年访澳时馈赠。转过大型龙牌，经售票点进入展室迂回多变，引人入胜，其中的三个独立的展柜最为观众注目，内中分别置放着徐州小龟山的鎏金熏炉、睢宁的东汉铜牛灯和土山出土的鎏金兽形砚，三件皆属国家一级文物藏品，堪称稀世国宝。分置于三个转折处的玻璃柜内，暗红色的墙壁和深红色装潢的陈列台座，加之灯光的映照，益发使得珍宝古朴华贵，熠熠生辉。该展厅通过一盘旋的宽阔走廊，向一楼的展厅延伸而去，在走廊两侧陈列着我市历年来收藏的画像石拓本精品，它们的展开，就像一本活生生的中国文明史教科书，呈现在观众面前，那神话中的伏羲女娲图，那祥云瑞霭掩映下的壮观的车马出行图，那热闹非凡，载歌载舞、觥筹交错的宴宾阁，那惊险至绝，扣人心弦的杂技表演图，那"力拔山兮气盖世"、勇武过人，形态各异的力士图，无一不真实而生动地反映了我国汉代各阶层人士的活动情况，是我国历史画卷中不可分割的重要组成部分。

走过三十余米的走廊，进入汉兵马俑和汉代王陵展厅，首先扑面而来的是两匹精神抖擞的汉代战马，其两侧陈列着八件气宇轩昂的兵士俑、北洞山楚王陵中的四件彩绘俑及楚王、彭城王生前随葬的玉饰制品。玉器中大到圆雕的玉熊，小到微雕的翡翠玉鸽皆可谓精美绝伦，巧夺天工，更何况它们是二千年前的作品。在展厅里，我们常可看到这样的情景，观众们看完简短英文标牌说明后，总要到我们面前不放心地问一句"真的？"听了详细介绍后，便连连惊叹："哦，我的上帝，这竟然是真的，真了不起，伟大的中国人……"赞叹之余，他们常会用异样的眼光盯着你或其他亚洲人（显然是有蒙古型特征的中国人模样）。此时，心头不由地荡起一阵自豪感，我们的民族曾那样地荣耀过，为世界文明做出过巨大的贡献，我们难道不应充分相信，通过当前的改革，中华民族将会再次屹立于世界民族强林之首吗？

细心的人在进入第一楼展厅的兵马俑主题后，就不难抬头发现毗邻的汉代徐州王陵文物的布置是仿照地下汉墓的砖石构建筑，设计师在平整的木板墙上贴上许多不规则的纤维，木质碎屑等，再以浅黑色涂料平抹，将木板拼砌成两进幽深的地宫"院落"，在"院落"之内点缀上银缕玉衣，汉画像石及拓片，以及大型的汉墓外景和庞大的内部结构照片，相互映照，主题鲜明，给人以强烈而深邃的历史感和现实的完整感。这一大胆新颖的设计吸引了无数观众的流连和惊奇。

展览的开幕式选在中国传统的春节，这一天宾客满堂，热闹非凡，特来祝贺的有我国驻澳大使馆文化参赞张明华先生，他们从堪培拉长途驱车前来祝贺。还有驻墨尔本总领事馆的胡传忠总领事等，澳方出席有维多利亚艺术部长，维州博物馆协会主席，莫奈斯大学教授渥沦先生，澳华博物馆董事会主席王兴乡先生等，以及各界华侨社团代表。开幕式结束后，人群如潮水般涌进各展室，各种水银灯、镁光灯闪闪烁烁，十余家新闻单位都派专人采访报道。澳华博物馆对展览的宣传效应尤为关注，并投入了大量财力和人力，在宣传推销方面可谓经验独到，立体效果具高水平。除了以上新闻单位外，在唐人街及市区张贴醒目大幅标牌，给知名单位或人士发请柬，并组织举行了"中国名酒品评会""中国古典民乐欣赏""中国书画研习""武术、气功表演""中国工艺品展销"，邀请港台旅澳歌星露天表演等，各项活动若群星拱月，与展览会相得益彰，在墨尔本乃至全澳掀起了一次中国文化的热潮。

正是由于以上种种努力，从开展起，博物馆大门前车水马龙，人群熙攘，争以先睹为快，购票队伍有时竟长达百余米，许多观众不远千里从悉尼、堪培拉、柏斯、塔斯马尼亚等全国各处赶来参观，难怪廖伊丽斯总馆长兴奋地里外应筹，满面喜色地对我们说，这是开馆以来头一回，盛况亦属罕见。

在展览会期间，接待众多的港澳台同胞、华人、华侨是我们感到意外的，他们更多的是来澳旅游、探亲的香港、台湾地区同胞和东南亚侨胞，当他们知道我们是随展的工作人员时，便特别激动。是啊，都是同胞，有人旅居海外数十载，历经坎坷，他们多么希望祖国早日统一，民族富强，大家一致认为，加强联系、交流，尤其是海峡两岸人民的直接交流是迫切和顺乎人心、顺乎潮流的，并愿为此尽绵薄之力。

2. 文明之邦 彬彬有礼

在当地人的生活中，最常用的短语除了OK（好、行）之外，Thank you（谢谢你）、Excuse me（对不起，劳驾）以及I'm Sorry（请原谅）是日常生活中使用频率最高的短语、澳大利亚属英联邦，通用英语。在我赴澳生活中，每天不知要听、说多少遍，开始时倒觉得似乎过了头，但有一个事实告诉我，那就是百余天内未曾见过街头巷尾、公共场合的人们争吵过，这应该与操这些礼貌用语时的语气的谦恭、神态的温雅有某种联系。下面我先描述两个极普通的生活小景。

我们常到一些好客的澳洲人家中作客，其中也包括旅居澳大利亚的华侨家庭，在饭桌上，很明显可以感到这些礼貌词语的出现频率。信教（主要是基督教和天主教）的主人，在饭前感谢上帝（以为这些美好的食品是它赐予的）；客人会感谢主妇的烹调，而对于别人的称赞，主妇也理所当然地表示回谢；儿子讲"对不起"，请父亲将盐瓶或胡椒瓶，小糖缸之类的移到他面前；母亲请女儿把甜食从炉子里端出来，也决不忘记向女儿道谢；主妇问丈夫要不要再来一块炸鸡或烤牛排，丈夫拿了一块，随即表示感谢；主人问客人要不要来点炸薯条，客人表示已饱，但紧接着也是道谢；饭后丈夫帮妻子洗碗，妻子向丈夫道谢；（妻子是否承包洗碗，我未敢贸然请教）客人告别了，当然不会忘记谢谢主人的款待，而主人则也连声向客人道谢——感谢他的光临，于是一餐饭就在感谢声中结束。

我们下榻的海特饭店，是一家美国人经营的国际饭店，属五星级，地处墨尔本市最繁华的商业区附近，每日人来车往，被墨市人公认为最繁华和高雅的去处，其服务水平是一流的，我们每日吃住其中，深深感到身处于礼貌友好的氛围之中。如我们去用餐，一走进餐厅，服务员会首先领你到座上，于是就得谢谢服务员的领座，接着，服务员很快递上菜单、茶水，又得表示感谢；点菜时，服务员恭敬地站立一旁，记下顾客点出的菜名，并对暂缺的品种表示款意；点完菜，须感谢服务员的服务，而服务员则感谢你让他有这一服务的机会；此后每上一道菜，每换一件餐具，每添一次茶水或其他饮料，作为顾客，总要谢不绝口，吃完饭，又须对饭店所供应的饭菜及优良的服务表示感谢，而服务员及经理则往往恭候门旁，以一连串的"谢谢"送走顾客。开始时，我以为只是如此豪华的大饭店才这么做，后来才知道，无论是唐人街上的大小餐馆，或是僻远的乡村酒吧，几乎无一例外地如此这般。

当然，在我们母语中也不乏同类词语，但他们的使用频率远远地超过了我们。这便使得我们这些新来乍到的人有时会对某些特定场合感到迷惑不解，事后又始觉得妙趣所在。

譬如说"Excuse me"，它已大大超出了汉语的"请原谅""对不起"的范围，向别人发问，首先得以此短句发语；而警察、警卫想阻止别人干什么不应当干的事，也以此短句引起别人注意，在比较拥挤的场合要在别人身边通过，在商店购货要在货架上拿货或在货架间穿行时有可能挡住他人视线，也需说上一句。更常见的是，三两个朋友在一起谈话，打了一个嗝，甚至打了一个喷嚏中断哪怕是一秒钟的讲语，都要赶紧补上句，向对方表示歉意。有一次，我准备去看望一位来澳讲学的大学老师，在等候电车排队时，不留神碰了一位先生的脚后跟，公共场所，碰擦难免，正待要向前面那位先生道歉时，不料他竟快速拧过头来，倒先送来一声"Sorry（对不起）"，自觉羞愧，事后才知道，那位先生只以为自己的步距或步速不匀，影响了我的行动，故而立即向我道歉了。由此我们可以想象，他们尊重他人，礼貌谦恭的普及程度。

我并不感到他们每次说这些词语时都是由衷而出的，在不少场合相信只是习惯这样，脱口而出罢了，但无论如何，长此以往，人与人之间的关系会变得更融洽起来。

　　以上所述的是我在澳大利亚的第一印象，它既不是摩天大楼、高速公路或流水般的汽车，而是他们的礼貌习惯及礼貌用语，正如当地的一位华侨说的，公共道德观念不是一朝一夕养成的。西方人的秩序概念是他们在几百年中渐渐培养起来的。我在这里提礼貌问题，并无粉饰西方世界中社会犯罪、强暴的阴暗面之意。这点在以后章节里会专门提及。种种不尽人之处即使在礼貌问题上也有表现，在市区或郊区，一些灵魂空虚的年轻人，常会以超速疾驶的摩托喧嚣、横行市里，以恐吓路人为乐事，并由此生出许多违法犯罪之事。记得有一个傍晚，我和夏凯晨二人下班回饭店，突然有两三个小青年迅疾迎面跑过来，在贴近我身旁的一刹那，猛然高声怪叫起来，令人惊骇莫名，而他们却得意大笑扬长而去。另外，在许多公共场合，少数青年男女会旁若无人，做出一些不堪入目的动作，其实有碍观瞻。类似情况，光怪陆离，但作为今日世界一个文明的社会，毕竟，讲究文明礼貌的终究是绝大多数，是社会道德的主流。

下

1.文博见闻

　　澳华历史博物馆总馆长廖伊丽丽斯博士和馆长克莱尔女士，都是中国通，华语讲得十分流利，她俩也是这次展览澳方的具体承办和设计者。展览正式开放后，二人热心帮助我们在节假日联系参观有关文博及其他文化设施。

　　维多利亚州博物馆——是一座大型综合性博物馆。陈列内容包括自然、科技、人文历史诸方面，可谓包罗万象。该馆实行理事会下的馆长负责制，理事都是由具有丰富经验的学术权威，政治家等名流担当。如理事会主席是莫奈西大学动物系主任、渥伦教授，理事伍德先生，是前驻中国大使，理事之一的副馆长则原是霍克总理的高级顾问，曾随之多次访华和接待访澳的我国领导人。在陈列方法上，力图简洁明快，集通俗性和科学性于一体。二楼展厅还专门辟有"儿童馆"，陈列的展品大都放在柜外，并有许多"请你动手"的牌子，以增强孩子们的印象和参与意识。儿童们还可在这里学习计算机操作和即兴作画，发挥其天真的稚趣和想象力。

　　墨尔本大学图书馆——大学位于墨尔本市南郊，是座历史悠久的著名学府。图书馆藏书颇丰，专设有东亚部收藏中国、日本书籍。我第一次去学习时，适逢举办"中国书展"，琳琅满目的图书吸引了众多师生。内容涉及中国的文史哲学、医学及建筑、园林设计、书画艺术等等。与书展同时举行的还有《中国最新考古图展》。去年，万里副总理访澳期间到墨大参观，特代表中国政府赠送该校中国最新图书两千册，以促进两国教育和文化的交流。这里的管理设施是现代化的，所备微机检索系统，只须手指在荧屏上按捺，一两分钟就能查到所需书籍的位置和内容提要。还书十分方便，只要将书投入馆外专设的箱筒内，即能很快去磁销号，这种种便利措施，确保图书使用率达到很高水平。

国立维多利亚美术馆——位于雅拉河畔，藏有世界许多国家的艺术精品和历史文物。由中国馆、美洲馆、土著馆、现代馆等分馆组成。中国馆内展出的先秦铜器、汉代陶瓷玉器中不乏精品，如著名的西周早期带铭单公鼎，战国铜镜，错金镶银的动物饰件，西汉彩绘女侍俑等。即使在国内，亦颇鲜见。馆内负责人采取聘任方式。任何人只要学有专长，不分国籍，均可报名申请，由董事会审核，择优录取。现任副总馆长系美国籍，中国馆馆长潘女士则来自台湾地区，在美国获博士学位后被聘用。

黄金博物馆——位于距墨尔本一百多千米的巴热兰特城。在18世纪实际是座中国城。清末民初，我国东南沿海部分农民怀着黄金梦，远渡重洋来到澳洲，巴热兰特就是他们的一个聚集点。迄今仍保留金矿的遗址，高高的井架，庞大的蒸汽机房，淘金的筛筐、铁盒，使人仿佛见到昔日华工们辛勤劳作的身影。而那座座简陋不堪的中国式草棚，贴有大红"福"字的四平方米的杂货铺，又使我们想象到先民们顽强的求生欲望和非凡的毅力。如今，这种种建筑物经修葺均对外开放，每年吸引大量游客。在井架旁的一条小溪中，游客们竞相操盆兜起溪底的流沙，摇晃着，沙里淘金。据说，管理部门有时还真的往小溪里投放少许沙金颗粒，使得游客们跃跃欲试，相信自己的运气，重温昔日黄金美梦。万里副总理来此参观时，不仅去了附近的黄金产品陈列室和中国特色的村落，亦曾在溪旁操起铁盆"淘金"呢。

维多利亚考古队——我们曾参观该队在小博街一侧的考古现场，发掘面积近2000平方米，试图向人们揭示18世纪的街道、餐馆及其他生活设施。考古队安妮小姐还带领我们参观了文物丰富的库房和修复室。考古队由政府拨款，财力和人力有限，如此大的发掘工程如何着手呢？安妮高兴地介绍说，宣传工作至关重要。首先要使尽量多的人了解自己准备或正在干什么，以及工作的困难、意义，这样就会有许多人主动到工地义务做工帮忙。截至参观之时，社会各界人士已为此工程付出了二千多个工作日，使得发掘能够顺利进行，因而取得了一定成绩。返回路上，我不由地想到这样一个问题：一个距今仅百余年文物历史的考古现场，能得到社会如此多的支持，我们应从中学习些什么呢？

拉屈尔大学考古系——是维多利亚唯一设有考古系的高等学府。适逢一学友在该系进修，一天，我如约前去。该校是一所全新的现代院校，系办公室设在西楼二层，整个走道上镶嵌着各式古色古香的图案和文物复制品，给人一种雄浑深邃的历史空间感。文物陈列室内独具特色的澳洲土著用物，如飞去来器、梭标、树皮画等，尤为引人注目。据朋友介绍，该系有师生二百余人。上课时生动活泼，老师重在培养同学的理解分析能力，如在每一件文物中认识其所反映的诸多连锁文化现象，定期组织学生深入土人居住区，进行实地考察研究。

画廊与拍卖行——皆位于墨市著名的"古物一条街"上。街面长千余米，店铺林立，经营各国的文物和工艺品。中西画廊是两个洋人开设的夫妻店，经营各式中国文物，但橱架上也杂糅进许多粗劣的赝品，加上屋内光线过暗，我蓦然觉得这里有种不伦不类和虚伪的影子，忙不迭地出了店门。在画廊隔街不远处，有一家苏士比拍卖分行，正举办以东亚文物为主的拍卖交易会。有来自中国的北朝四系瓷壶，明朝龙盘，各式清朝瓷器，玉鼻烟壶，缂丝织物和字画，还有日本国的绢画、版画等工艺品。其中我国的北朝瓷壶显系出土不久，明朝龙盘造型独特，体硕大而色纯黄，龙纹图案栩栩如生，是民窑瓷中的精品。因时间关系未能亲睹正式拍卖的场景。据友人称，每次都竞叫激烈，顾客常须付出起价的数倍或十数倍的价钱，方可得到意中物。中国文物尤其如此，这与近年全球掀起的中国文化热有关，当地人常以拥有中国文物为殊荣，倍加珍爱。细想起来，祖国文化的推广和传播势在必行，但如何才能不出卖祖宗的遗产而在海外弘扬中华传统文化呢？这确实是一个值得关注的问题。

2. 传统友谊　广布民间

中国与澳洲大陆虽隔万里，然而在四万年前中国先人的足迹便已印到了这块大洋中的神秘岛屿，这是近年来一部分学者研究所得的结论。在有史前后，环太平洋各国及众多岛屿都有华人遗迹，至迟在五千年以前，中华文明已经创造了灿烂的太平洋文化圈。殷墟出土的太平洋、印度洋龟甲、贝壳，都显示了古中华人勇敢地由内陆走向海洋，创造海洋文化的实绩。澳大利亚古人类学家艾伦·索恩满怀敬慕地说："当尼（安）德特人还在欧洲的山洞里冻得瑟瑟发抖之时，来自中国和印尼两地的人们，就已经学会建造和使用船筏，泛舟海上了。"不论这一学术观点的最后结论如何，都不妨碍陈述这样一个事实，即自一八五一年澳大利亚发现金矿和出现淘金热以后，大批的中国人到达澳洲，辛勤劳作，在采矿业、园圃业、餐馆业等方面都为澳洲经济的繁荣做出了突出贡献。今天在这个有多元文化著称的国度里，中华文化是保存得最完好，而且深受当地群众欢迎的文化，这在世界其他民族是少见的。龙与吃食几乎成了中国文化在当地最显著的标识。墨尔本的大龙，是由广东顺德县赠给当地华侨界的艺术品，全长百余米，制作精细，绚丽多彩，是目前世界上最长的巨龙。每逢盛大节日，大龙总是最精彩的压轴戏，它由五十名壮汉挥舞翻腾，气势非凡，令人叹为观止。不仅如此，人们往往爱屋及乌，就连龙年生肖的节日卡也甚是抢手，澳洲人更迷信于龙的传人的运气，赌博的彩票还常请中国人指点……至于吃食，只要你随便提起，他们会翘起大拇指，正色道："中国菜，世界冠军。"

我们在澳期间，所到之处，倍受礼遇。维多利亚博物馆和美术馆特地举办了欢迎我们的鸡尾酒会和冷餐会；在巴热兰特，馆长玛丽女士穿着18世纪的迎宾盛装为我们导游。在下榻宾馆，主人在案前和床头备下精美的纪念品，祝贺中国新年；在墨尔本国家动物园，主人特意安排别有风味的野餐聚会，以贵宾礼遇特许接近考拉、袋鼠等一级珍贵保护动物。有一次，我们应邀去吉让市观看盛大的龙舟比赛，同行者还有维州龙舟协会负责人劳德先生。在比赛结束发奖时，主持人突然宣布由来自中国的客人颁发奖品，大出意料之外，事后才知道是劳德和其同行们的临时决定。在掌声和欢呼声中，夏凯晨和我向获得前三名的队颁发了奖品和证书。惊喜之余，我们深知这不仅仅是属于个人的荣誉，更是澳大利亚人民对中国人民深情厚意地体现。

3.值得深思的几个问题

日常生活中，我有机会接触到许多华人。其中有早年旅居海外的老华侨，他们漂泊他乡数十载，有些人至今尚未找到或找全自己的亲人。生活传统，风俗习惯方面的差异也常令之烦恼。有位老华人来自马来西亚，因子女在澳求学，便忍心放弃工程师职位赴澳。但因学历不被当地承认，且年逾五旬，难以再谋职业，便"赋闲"家中，无聊时常独自踯躅公园。他对祖国的建设十分关心和了解，其哥哥妹妹均在中国，老人颇想携老伴回乡定居，以图叶落归根。无奈有关当局定禁不便，有苦难言。如果说，一些定居时间较长的华人家庭有精神生活苦恼的话，新来乍到的留学生们则常为物质生活中的吃住行而忧心忡忡。房租昂贵，新鲜蔬菜往往在肉价之上，要维持基本水平的吃住，就得在课余去工厂、餐馆加班打短工，相当多的自费留学生为此疲惫不堪。而最不易的要算只身赴澳的女青年，举目无亲，要站稳脚跟，继续学业很困难。

澳大利亚属中等发达的资本主义国家，在许多方面承袭了西方世界的弊端。我们婉转提及时，澳方许多有识之士直言不讳，认为最严重的是毒品和艾滋病。的确，毒品不仅危害健康，且由贩毒走私而引起的各种暴力事件，已成为严重的社会问题。至于艾滋病，多是由腐朽生活方式所致，是近年席卷西方的流行病。无论在墨尔本还是悉尼，都有所谓"红灯区"，每逢夜晚，众多妓女、佞男游荡街头，这种有悖伦理使社会公共道德沦丧的行为，引起的一系列并发症，不能不说是历史对倒行逆施者的无情嘲弄。

旅澳的华人团体，机构庞杂，多不相统属，自立一帮，甚而相互拆台，团结气氛较差。一位来澳定居的中国艺术家痛心疾首地说："非要窝里斗才舒服，这难道是我们民族劣根性的延伸吗？！"我不敢完全苟同，但却也困惑。一些留学生到中国人自己开的餐馆里打工，竟然被老板七扣八扣，满班干下来，报酬低者仅抵普通澳洲工人工资的一半，这恐怕不能从老板本人早年艰苦创业的影子中得到丝毫答案，我想，只能从资本家唯利是图，从资本主义制度的本质上去寻找。

原载《淮海论坛》1989年第1期

徐州狮子山王后墓勘探、发掘意义及楚王陵园的整体开发价值

狮子山楚王陵位于徐州市云龙区狮子山乡狮子山村、市东三环路的西侧。它是徐州规模最大、保存最完好，同时也是历史文化内涵最丰富的一处汉代文物遗址群。与徐州地区已发现的，其他单一景点汉墓，有着明显的不同，其独特之处在于这里是一处较为完整的西汉楚王陵园。陵园是埋葬帝王的专有建筑设施。汉初诸侯王有如此陵园，不但在徐州，而且在全国也是仅见的一例。现该陵园内已发掘并建成开放了两处极为重要的汉代文物景观：这就是徐州汉兵马俑和狮子山楚王墓。

徐州汉兵马俑地处狮子山西麓。1984年发现，经过清理发掘，探明这座军阵由六条俑坑组成，分为两个方阵。主阵为四条俑坑构成的步车方阵，其中三条俑坑呈东西纵向平行排列，每列军队均分为前后两部分，前部为密集的步兵俑，后部为整齐的车兵俑，采用西汉军队中常见的"什伍俱前"阵势，逶迤浩荡，蔚为壮观，再现了西汉时楚国的威武之师。三军右首中段，有四匹雄健肥硕的战马战车，载着一位高大稳重的将军，将军身后簇拥着一群机警的甲士俑，构成了这座军阵指挥中枢。三条纵列军阵身后，是一条南北横向的步兵俑坑，构成步车方阵的警卫部队。在主阵的右侧有两条轻快的骑兵俑坑方阵，构成了这支军队的右翼。这是一座完整的地下军阵，古代军阵中锋、卫、车、翼的战略思想，在这座军阵中得到了充分的体现，它真实地反映出西汉初年楚国军队的风貌。

狮子山彩绘兵马俑排列整齐，种类繁多，造型生动，迎面而观，气势宏大，俨然是一支正在开拔的正规军队，军俑总数近五千件。徐州汉兵马俑是继陕西临潼秦始皇兵马俑及咸阳杨家湾阳陵汉兵马俑之后的第三次地下军阵的重大考古发现，而且还是我国汉代诸侯王陪葬兵马俑的唯一发现。这是一支具有浓郁楚国地方气息的兵马俑，它所反映出的从春秋战国时期的兵车军阵，向汉及以后的步骑军阵变化的战略思想，对研究我国古代军事发展史具有十分重要的意义，被法新社誉为"古代中国最珍贵的考古宝藏"和"20世纪八十年代最重要的考古发现"之一。

徐州汉兵马俑和秦兵马俑分别是秦汉时期的两个典型代表，真实地的反映出两个不同的时代特征。为了与秦兵马俑形成东西呼应之势，1985年10月在原址上建成一座遗址性的博物馆——徐州汉兵马俑博物馆。

　　兵马俑作为一支地下军队，是秦汉时期帝王所特有的陪葬品，用以保卫死后的帝王，是庞大的帝王陵园的一个重要组成部分。徐州是西汉时期楚王国的都城，狮子山兵马俑在徐州，只能是某一位楚王的陪葬品。既然有兵马俑，必然有它陪葬的楚王陵墓。经过徐州汉兵马俑博物馆考古业务人员近七年的艰苦寻找、勘探，终于在狮子山主峰上发现了一座楚王墓，并于1995年完成发掘。这次发掘获得了重大成果。一座长117、深20米，建筑面积851平方米、凿石量达5100余立方米的庞大楚王陵墓，犹如一座壮观的地下宫殿，墓中出土金、银、玉等各类珍贵文物二千余件（套），是徐州市所发现的规模最大、结构最奇特、出土文物最多、最精的一座楚王墓。同时还填补了我国汉代考古的一些空白，被评为"1995年中国十大考古新发现"。

　　狮子山楚王陵地宫陈列馆于1995年9月建成并对外开放，成为徐州市两汉文化旅游的龙头景观。按照汉代帝陵中王与王后"同茔异穴"的史实，和徐州已发掘的其他楚王墓中王墓与王后墓，两墓平行分立的事实，（例如驮篮山汉墓、小龟山汉墓等）因此，在狮子山楚王陵旁，必然还存有一座与之相应的王后墓。经过考古人员多年的勘查，，尚未打开的王后墓应在楚王陵北侧的羊鬼山中，它必然是一座结构庞大、蕴藏丰富珍贵文物的宝库。它不但能够帮助解决楚王陵主人的身份和绝对年代，而且其发掘所具有的社会轰动效应也是巨大的。

　　徐州汉兵马俑和狮子山楚王陵是徐州"汉代三绝"中的两处，并且同在一山之间。但是这两处重要汉文化遗址，还只是两个孤立的旅游景点，它所创造的社会效益和经济效益与它们的价值、品味还很不协调，其自身价值还有待于开发利用。这里遗址景观密集，加之其东、南山下分别紧依三环路和兵马俑路，且东临我市最大的安居地——民富园，交通十分便利。因而王后墓的发掘和楚王陵园的整体开发前景十分广阔。

　　第一，据《徐州城市整体规划1995～2010年》中，第七项第二点，市政府在狮子山地区规划有"徐州市东郊汉文化旅游区"，以增加徐州的两汉文化特色，加强其全国历史文化名城的地位。

　　第二，徐州市已于1992年被国务院批准建设成为"较大城市"。现市区人口近百万，但旅游设施相对较少。特别是在城区东部，没有一处综合性旅游点。随着市区的东移，我市最大安居区已在三环路东兴建，以汉兵马俑楚王陵墓为主体的狮子山公园与之隔路相望，这是融"三山二水"自然风貌与两千年前的人文历史景观交相辉映，是建设文化与旅游区的合宜之地。1998年3月，市、区四套班子领导，亲临狮子山植树种花，拉开了狮子山文化旅游公园建设的序幕。它的建成定将吸引国内外的大量游客。

　　第三，同一主人的陵墓、王后墓与兵马俑，同时保护、开发，对外开放，这在全国尚属首家。不仅具有较高的学术研究价值，而且会在世界文化遗产中占有一席之地。它必将成为徐州汉文化旅游产业的龙头阵地，占领徐州文化旅游市场，并以它的规模优势带动区域旅游经济的增长。

第四，汉兵马俑博物馆与狮子山楚王陵墓已建成开放多年，接待了数十位党和国家领导人、数百万的海内外游客，在海内外已有一定的影响力度。王后墓的适时发掘开放，将与之形成总体规模优势，并产生极大的共同时效震动，为徐州市东郊狮子山汉文化旅游区建设打下坚实的基础。

第五，狮子山楚王陵墓于1996年12月被国务院公布为"全国重点文物保护单位"，其保护范围，包含整座公园建设区。因此，这座帝王陵园中王后墓的勘探与发掘，将成为公园规划建设的必然。可以说，如果王后墓不能确定并发掘，公园规划将变成一纸空文，其上的建筑设施也将举棋难定，或废除另建，势必给建设带来巨大浪费。

第六，狮子山及其附近地势开阔，地价较低，大型建筑设施少，且交通十分便利。随着市区的逐步东移，这里将是一块真正具有开发潜力的黄金地段。

综上所述，狮子山王后墓的勘探、发掘和陵园开发、开放具有重要的意义和价值。它的开发将完全改变狮子山地区的整体风貌，成为我市最大最壮观的汉文化旅游景区，必将带来可观的社会效益和经济效益，为徐州历史文化名城的建设添上重彩的一笔！

原文为《中国秦汉兵马俑比较研究学术研讨会》交流材料，2001年8月

关于徐州狮子山楚王陵汉文化
旅游景区整体规划方案的构想

一 景区基本概况

狮子山楚王陵景区位于江苏省徐州市东郊云龙区狮子山，是徐州汉文化旅游景区中最著名的一处。1984年12月徐州砖瓦厂在狮子山西麓采土时偶然发现了兵马俑军阵群。狮子山汉兵马俑由步兵方阵和骑兵方阵组成，共计有6条兵马俑坑，出土有站式步兵俑，弓弩俑、将军俑、警卫俑、骑兵俑、车兵甲胄俑等各式汉兵马俑4000余件，徐州汉兵马俑是继西安秦始皇兵马俑之后的又一重大考古发现。1985年徐州市政府在狮子山兵马俑原址建成一座遗址性博物馆并对外开放。兵马俑作为古代帝王陵区的地下守卫军队，是帝王陵区的重要组成部分，徐州汉兵马俑的发现向人们揭示了狮子山地区隐藏着一处规模宏大的帝王陵寝。据此考古工作者相继在该地区发现了一系列西汉陪葬墓及器物坑，并在狮子山主峰上发现了该陵区的主墓——狮子山楚王陵，该陵寝为西汉时期的第三代楚王刘戊的陵园。狮子山楚王陵经国家文物局批准于1994年11月～1995年3月成功发掘，该陵墓直接开凿于狮子山山体中，坐北朝南，气势恢宏，规模宏大，长117米，凿石量达5100余立方米，由包括庖厨间、御府库、沐浴间、前堂、后室等十余间墓室构成，功能齐全，结构复杂，出土的珍贵文物十分丰富，填补了我国汉代考古的许多空白，被评为"1995年中国十大考古新发现之首"，在国内外产生较大影响，楚王陵地宫已于1995年9月建馆并对外开放。1996年被国务院公布为全国重点文物保护单位。然而由于楚王陵地处人口密集的狮子山村之中，零乱的环境与文化景区极不和谐，加上景点单调，旅游配套设施不完善，兵马俑博物馆陈列厅简陋等因素，使得该景区的价值和潜力没有得到真正的开发和有效利用。

二 景区整体建设开发的目的和意义。

徐州古称彭城，华夏九州之一，这里曾是汉王朝的桑梓之地和汉文化的发祥地，是一座以两汉文化为主的全国历史文化名城。如从开发利用汉文化丰富的遗存着手，选择最具有代表性的狮子山楚王陵景区，建成一个汉文化氛围浓厚、环境优美，旅游设施完善，融教育展示和休闲娱乐于一体的功能齐全的汉文化综合旅游景区，使其成为国内有影响的文化旅游景区建设示范项目。狮子山楚王陵汉文化景区被列入徐州市政府2001～2005年重点建立规划之中。狮子山楚王陵有着向大景区、高品味文化旅游区发展的自然条件和文化积淀，其自然山水风貌、陵园规模、文化内涵、地面地下遗存丰富等，是徐州汉代王陵中最完善且保存最好的一处，在国内亦首屈一指。该陵区地域宽敞，占地100多公顷，且多为山间空地，景区背靠市中心，东傍三环路，地理位置优越，交通便利，是徐州市唯一一处可做大的汉文化景区。狮子山楚王陵汉文化景区整体建设规划的目的，即在于深入挖掘该景区的文化内涵，充分利用楚王陵、汉兵马俑和景区内的各种文化旅游资源，改善景区旅游整体环境，优化景区综合设施的配置，完善各种旅游功能和要素，连点成片，走向规模化发展的道路，把楚王陵景区建成真正意义上的徐州两汉文化旅游基地，也是徐州两汉文化走向世界的基地，并成为徐州两汉文化旅游的龙头景区。毫无疑义，该景区的建成，将成为我市新的经济增长亮点，对提升我市的知名度，促进两个文明的建设都有不可替代的现实意义。

三　景区整体规划方案

狮子山楚王陵汉文化景区将以楚王陵墓、汉兵马俑等古代遗址为基础，以徐州两汉文化博物馆为中心，辅以解忧公主纪念馆、模拟考古实验基地、竹林寺、奇石市场、汉街、高档别墅区等配套景点。真正建成一座集历史古迹、自然风光、旅游观赏、饮食购物、娱乐休闲为一体的综合文化旅游景区。

四　景区项目内容

1.徐州两汉文化博物馆

徐州以其丰富的两汉文化著称于世，汉墓、汉兵马俑、汉画像石并称徐州汉文化"三绝"。然而徐州汉文化遗存在全市范围内分布极为分散和零乱，为人们了解汉文化带来许多不便。徐州两汉文化博物馆即为解决这一突出问题而建，该馆将融徐州所有著名的汉文化遗址景观及重要文物于一身，包括楚王陵出土文物珍宝馆、徐州两汉王陵复原展区，后者将把徐州地区所发现著名汉墓按一定比例缩小建成景园等，使游人在该馆即可看到徐州两汉文化的全貌。

徐州两汉文化博物馆是景区的主体，其位置宜建于狮子山后，羊鬼山西的广阔空地上。

2. 狮子山楚王陵地宫和汉街

狮子山楚王陵地宫和汉街位于狮子山主峰偏东，面南，汉街直通兵马俑路和三环路连接口，该处景点已于1995年建成，目前需要对这一景点的内部展品陈列和外部环境作进一步的充实、完善和优化。应对汉街东街作调整，以呼应奇石文化园，建议在汉街入口前东边的交叉路口处广场上设置景区标志性大型雕塑。

3. 改扩建汉兵马俑博物馆

徐州汉兵马俑博物馆建于1985年，为简易临时保护建筑，展厅陈列较为落后，与景区环境整体不协调，急需对其进行改扩建。改建后的兵马俑博物馆将容现代陈列展厅和兵马俑坑军阵遗址展厅为一体。现代陈列展厅拟为二层，第一层为兵马俑史陈列展厅，介绍兵马俑产生的历史背景、发展演变、制作工艺及其艺术价值等；第二层为与之相配套的汉代军事史陈列展厅，着重向观众展示两汉军事史和徐州地区出土汉代实战兵器等。展厅为兵马俑坑军阵原址展厅，将把徐州汉兵马俑军阵整体全貌展示出来，为此将修整二号坑，发掘三号坑，复原四号坑。届时作为徐州汉代三绝之一的"汉兵马俑"将向世人展现其完整独特的历史艺术风貌。

4. 解忧公主纪念馆（暂名）

解忧公主是我国古代一位著名的女外交家，汉王朝为联合乌孙及西域诸王国共击匈奴，解忧公主远嫁西域乌孙国为王后，为历史上著名的昭君出塞奠定了基础。解忧公主是第三代楚王刘戊的孙女，在该陵区建解忧公主纪念馆具有特殊意义，纪念馆内可附建"西域风情园"，引进挖掘我国新疆维吾尔族及中东阿拉伯国家的风俗民情，使游客亲身感受西域文化的别样风情，融知识、饮食、表演和娱乐休闲为一体。

解忧公主纪念馆宜选址于狮子山楚王陵墓和汉兵马俑之间的开阔坡地上。

5. 模拟考古实验基地

考古发掘对人们来说既神秘又向往，模拟考古使游客动手参与，已为一世界性的旅游时尚。狮子山楚王陵景区模拟考古实验基地将对游客具有很大的吸引力，成为旅游收入的又一增长点。楚王陵模拟考古实验基地适合建在楚王陵、兵马俑之间的绣球山后和山西地带，一为陆地考古实验基地，一为利用绣球山石采石水坑建一水下考古实验基地。

6. 复原徐州汉兵马俑骑兵俑坑和马俑坑

骑兵俑坑和马俑坑是徐州汉兵马俑的重要组成部分，位于徐州汉兵马俑博物馆西北125米处的水塘之中。这些俑现藏兵马俑馆内。将之复原，既体现了徐州汉兵马俑的整体感，又成为景区中水上文娱休闲的好去处。

7. 复原绣球山楚王贵族陪葬墓

绣球山汉墓位于楚王陵、兵马俑馆之间的绣球山上，为楚王权臣薛毋伤的夫妻陪葬墓，1991年发掘，将其复原，丰富景区遗存，成为景区内又一旅游参观景点。

8. 修建楚王王后墓保护设施

楚王王后墓应在狮子山近傍的北侧羊鬼山上，目前已经对重点地点进行了勘探，数据待定，找到后先将其修整保护起来，建成景区内的又一重要文化旅游景点。积极创造条件，报请国家文物局批准后发掘。

9. 复建竹林寺

竹林寺原位于狮子山主峰顶西侧，始建于南北朝时期，古时与云龙山兴化寺齐名。复建竹林寺，不仅恢复景区内原有历史风貌，而且能够极大地丰富景区多元文化内涵，可提升人气，吸引诸方游客，并提供全方位综合服务。

10. 景区东、西大门建设

大门是景区的重要标志。东大门为主门，面临三环路。西大门在兵马俑路转弯处的兵马俑馆路口西侧，建成后西门为兵马俑的主入口，并设计建设入口的水榭景观工程，同时集餐饮、停车和观光为一体。

11. 奇石文化园

可考虑兼顾徐州市东部的大型购物商业中心的功能。

12. 高档别墅区

将在环兵马俑水塘周围的骆驼山南坡，东坡，以及水塘的西岸和南岸地带建设高档的度假休闲别墅区，可作前期文化投入的重要经济来源。

以上项目宜选择重点项目作突破，如解忧公主纪念馆及附属的西域文化风情园，水上水下模拟考古实验基地等。此二项目少有拆迁，投资较为俭省，易在短期内形成较强的社会和经济效益，对景区的整体建设会起到积极的推动作用。

本文写于2001年4月18日，为提交给徐州市政府的汇报材料

徐州市狮子山汉兵马俑坑防水加固保护

1.前言

受徐州市汉文化风景园林管理处委托，遵照《徐州市汉兵马俑俑坑临时抢救性防水加固施工措施保护工程设计文件》和专家组论证的《徐州汉兵马俑馆一号坑东段俑体及俑坑紧急加固工作措施》《会议纪要》以及《俑坑防水加固保护工程施工合同》，经国家文物局批复（文保函〔2007〕414号），南京博物院联合宜兴市太湖防渗修缮加固工程有限公司于2007年4月1日～6月4日历时65个工作日，对徐州狮子山汉兵马俑俑坑进行了防水加固保护。

2.俑坑保存状况调查

1984年12月初，江苏省徐州市砖瓦厂在东郊狮子山西麓取土时发现徐州狮子山汉兵马俑遗址。1985年在原址上建立博物馆进行保护。1996年被公布为第四批全国重点文物保护单位，从考古挖掘至今俑坑一直未进行很好的防水加固保护，使汉兵马俑长期处于饱水状态，甚至浸泡在水中。汉兵马俑受潮后，出现了陶俑涨开、泛碱，彩绘脱落，陶质酥解、粉化等病害。

徐州狮子山汉兵马俑东为狮子山，南、西、北临近人工湖面（狮子潭）。兵马俑俑坑地处狮子山山坡，夏季降水集中，尤其是每年的6～9月东狮子山的岩体裂隙贯通渗水从俑坑冒出，从而形成了新的汇水区域，渗水呈现喷流状，俑坑处于饱水状态，低凹处有较深的积水，加之排水系统不畅，俑坑一直处于水侵蚀之中。

3.防水加固保护技术措施

3.1技术路线

此次俑坑防水加固保护工程分为五阶段进行：

第一阶段对俑坑现状进行调查、勘探、照相、测绘和取样分析；

第二阶段拆除俑坑坑壁、坑底进行清土；

第三阶段对俑坑进行架空、砌筑排水盲沟、混凝土钢性防水层找平封护；

第四阶段对坑壁、坑底进行玻璃钢的铺设加固；

第五阶段对坑壁进行做旧处理恢复原貌以及表面封护等工作。

3.2一号俑坑的施工工艺

一号坑施工严格按照设计方案的技术要求进行：

（1）用砼板材隔断坑底、坑壁形成空仓的情况下保留历史原貌的三处外露基岩，俑坑台阶分三段（东段高平均510～600毫米；中段高平均630毫米；西段高平均770毫米）由东高西底成10℃左右倾斜状，坑底高度东段提高90毫米；西段提高130毫米；施工后的坑体规格为：长30.77、上口宽2.38、底宽1.6米。

（2）排水盲沟的施工

沿坑壁四周开凿成200毫米×250毫米排水沟，将坑底、坑壁的渗水直接引入排水沟，排水沟延伸至西段集水井（规格为500毫米×400毫米×500毫米）；集水井与排水管网相通。

（3）坑内采用混凝土钢性防水层找平与玻璃钢铺设防护层采用三布复合。

（4）坑壁做旧采用树脂与原土；参照考古发掘资料仿制文化层层面。

（5）表面封护

为进一步保护俑坑内兵马俑，防止坑壁扬尘和在水蒸汽和酸性气体的侵蚀下老化，须对其采取适当的封护措施。封护剂的选择原则如下：

①已在同类文物保护工程中成功应用；

②能形成一种新的、抗风化的矿物胶结物，不形成任何破坏土体的副产物；

③对土体的一些主要特性，如水蒸汽透气性等无不良影响；

④在土体中有良好的渗透力；

⑤封护后的力学剖面应当平稳，在表面附近不应产生力学强度过大的现象；

⑥不会引起土体表面颜色的变化；

⑦材料本身具有无色、透明、无光的特性；

⑧封护后具有良好的耐候性、憎水性和抗紫外线功能；

⑨对人体无害，对环境无污染。

根据以上原则，选用了YT-1型氟硅封护剂进行封护。YT-1型氟硅封护剂是一种氟硅改性丙烯酸乳液，是以丙烯酸通过Actyflon系列氟化丙烯酸化合物的改性，采用先进的自交联技术聚合而成。其无色透明、抗紫外线、耐候性好符合文物保护材料的优选要求，特别是氟硅树脂有自洁功能，不易吸附灰尘等，便于遗址表面的日常清扫维护。与其他表面封护剂相比，YT-1氟硅封护剂的支链具有表面张力极低的特点和良好的渗透性以及杰出的自洁功能（主要性能指标见表1）。

表1 YT-1氟硅封护剂理化性能和技术指标

剂型	水剂	固体含量	45%
外观	无色、无光、透明	pH值	7～8
气味	无刺激性	密度1（25℃）	1.08g/ml

3.3 二号俑坑的施工工艺

（1）俑坑东段的施工与一号坑雷同，即砼板材隔断坑底、坑壁使俑坑东段形成空仓，俑坑东段台阶分二段（东段高平均550～600毫米；中段高平均700毫米；西段未考古发掘高度为平均900毫米）由东高西底成10℃左右倾斜状，坑底高度东段提高90毫米；施工后的坑体规格为：长31.3、上口宽2.38、底宽1.6米。

（2）排水盲沟的施工

拆除西段原有水泥坑壁，沿坑壁四周开凿成200毫米×250毫米排水沟，将坑底、坑壁的渗水直接引入排水沟，排水沟延伸至西段集水井（规格为500毫米×400毫米×500毫米）；集水井与排水管网相通。

（3）坑内采用混凝土钢性防水层找平与玻璃钢铺设防护层采用三布复合。

（4）坑壁做旧采用树脂与原土；参照考古发掘资料仿制文化层层面。

（5）表面封护材料主要采用氟硅树脂。

（6）考虑俑坑西段未发掘而形成新的集水区域，采用了反滤装置使集水引入排水盲沟，保持土体不流失，用二层土工布、三层鹅石（粗、中、细）。

4. 结语

俑坑经过防水加固保护，达到了"不改变文物原状"和防渗的技术要求，使汉兵马俑免遭水患的侵害。

原载《东南文化》2009年第2期（与张品荣、奚三彩、万俐、郑冬青合作）

徐州汉文化景区一期工程实践

徐州汉文化景区的一期工程主要包括兵马俑馆改扩建工程、水下兵马俑馆、汉画像石展厅、汉文化广场、市民休闲广场等。

原兵马俑馆与景区环境不协调，为改善文物陈列展览条件，我们与东南大学合作，由齐康教授完成了改扩建方案。设计需承担起改善文物保护条件、扩大陈展空间、丰富文物内涵的任务。新建展厅主体设计为两层，分为"徐州汉兵马俑博物馆"和"西汉军事展厅"两大部分，建筑面积近5000平方米；建筑主体呈长方形，屋顶为仿汉四坡顶，入口两片L型长墙形成通道，北、西、南三面环以高挡土墙，从外观上看，整个建筑的一半像掩藏于地下。建筑简朴厚重，反映了汉代建筑的特征，与周围环境相配合，创造了一个形式简洁与空间丰富的博物馆建筑。改扩建工程应该说是自然环境和人文环境结合较好的一次实践。新建展厅使用空间丰富，满足了多种展示手段的需要。一楼展厅里设置西汉军事展厅、临时展厅、多媒体厅、汉代乐舞厅等。军事展厅内展示了兵马俑陪葬坑、楚王陵园陪葬坑出土的陶俑，楚王陵出土的兵器，复制的楚王铠甲，且在其中复原有一座陵园陪葬坑场景，丰富了徐州汉兵马俑的内涵，完整生动地展示了汉代楚国的军事状况。位于主军阵北侧的骑兵俑和马俑是徐州汉兵马俑军阵的组成部分，反映了当时军队的构成，缺少骑兵俑的汉兵马俑是不完整的。因此在原址上展示骑兵俑坑的发掘状况是必要的。骑兵俑坑和马俑坑被淹没于水下，设计时却利用了这个特殊的地势，建筑了水下兵马俑馆的奇特景观。覆斗形青灰色建筑沉稳厚重，阳光经过水面折射进展厅，产生历史与现实的时空交错感。其西厅用来展示五号坑发掘现场，东厅则陈列了复制的放大骑兵俑军阵，从而与主军阵构成了完整的组合，再现了失去的历史信息，可以说是对文物资源创造性保护和利用的成功范例。

徐州在汉代具有重要的政治经济地位，皇亲国戚聚集，也留下了丰富的历史文化遗产。汉墓、汉俑、汉画像石是其中的典型代表，被誉为"汉代三绝"。徐州是汉画像石的发源地和分布最为集中的地区之一，风格鲜明，独树一帜，具有重要的文化艺术价值。景区已经具备有汉墓、汉俑的文物资源优势，如再将汉画像石容纳进来，建设成为包括"汉代三绝"的汉文化遗存集萃地，必将进一步有效整合徐州的汉文化资源，使徐州汉文化发出更加璀璨耀眼的光芒。此构想得到各方面的认同，建设汉画像石展厅的条件成熟。用来发挥这个功能的汉文化交流中心的设计和施工也提上了日程。文化交流中心由清华大学建筑设计院设计，背靠骆驼山，前临狮子潭，是一座因地制宜的干栏式建筑，古朴厚重，除了展示汉画像石外，还具有会议、接待等多重功能。

汉文化广场由清华大学和中国美术学院设计，是与整个景区相和谐的人文景观。广场的设计以突出两汉文化大气、质朴的特质，体现高品位的文化内涵，展现两汉文化精华为要旨，占地18000平方米，采取规整庄严的中轴对称格局。其空间定位以东西为走向，依次布置了入口广场、汉代方形双柱、司南、两汉大事年表、历史文化展廊、《汉书》竹简雕塑等景点，终点矗立汉高祖刘邦的铜铸雕像。司南是汉代物质文化的代表；中国黑石材以凝重的质地承载了两汉历史的变迁，历史的叙述为整个汉文化景区提供了时空背景；《汉书》《史记》则是汉文化的集中代表；高大的刘邦铜像是广场的高潮和收尾，也是画龙点睛之笔。这样从东到西，起、承、转、合，逐步递进，构成完整的空间序列。

景区在一期工程的实践中，注重对文物的保护和利用，注重设计中的人性化因素，将人文景观与自然环境有机结合，取得了较好的效果，被评为"中国环境艺术示范工程"。一期工程中积累的成功经验，为二期工程奠定了坚实的基础。二期工程主要以竹林寺及刘氏宗祠、解忧公主纪念馆为代表。在二期工程的建设中，将更注重设计中的人性化因素，注重细节，注重生态环境的保护和利用。刘氏宗祠采用仿汉建筑，与整个景区的风格统一。竹林寺本位于狮子山主峰西侧，始建于南北朝时期，古时与云龙山兴化寺齐名。这座千年古寺对于徐州佛教史甚至中国佛教史都有着非同寻常的意义。重修竹林寺不仅可以恢复景区内原有的历史风貌，而且能够极大地丰富扩充景区多元文化内涵，提升人气，吸引游客。解忧公主是一位和徐州和楚国有着密切联系的人物，她是楚王刘戊的孙女，远嫁乌孙，身处乱世，力挽狂澜，促成了汉朝与乌孙的军事联合，取得了对匈奴的胜利，是民族关系史上的重要人物。解忧公主纪念馆的建设将会使景区汉文化的历史资源得到更充分的利用。

徐州汉文化景区无论是在文物价值、文化内涵上，还是在生态环境上都具备了创建国家4A级景区的客观条件，如今创建工作正在有条不紊地进行。

徐州汉文化景区的实践加深了我们对建设文化景区的理解，促进我们对其进行深层思考。

文化景区是一个以文物为基础的单位，在有了建设文化景区的设想之后，我们坚持把文物的保护利用放在首位，在此基础上，形成了遗址保护与园林相结合的发展路线。

在实践中，更深刻理解了文物保护与发展旅游之间的关系。虽然目前出现了不少急功近利，忽视文物保护的短视行为，但不能因噎废食。这两者的关系在根本上是相互依存、相互促进的。文物的妥善保护和合理利用，是旅游业最好、最持久的重要资源。在建设景区的实践中，我们将保护文物与创造更好的旅游环境结合起来，比如兵马俑馆改扩建工程，施工时就肩负着解决山体渗水，改善兵马俑保存条件的重任。简洁富有创造性的建筑使文物升华，而且创造了更好的参观环境，为景区增添了和谐的景观，吸引了游客，促进了旅游事业的发展。旅游事业带来的收入又有相当一部分返还到文物保护中，从而形成良性循环。

徐州汉文化景区在一期实践的基础上，发展思路、操作实践走向成熟，也必将更好地完成自己历史任务，不负祖先留下的丰富遗产，使其发扬光大，走向世界。

　　　　　　　　　　　　　　　　　　　　本文成稿于2006年

山水画境　绣像汉史

——徐州汉文化景区三期汉画长廊的规划与实施

　　徐州汉文化景区建设规划伊始的2002～2003年，我们就已明确文化景区的项目至少要划分为三期。景区一期是指汉兵马俑新馆、狮子山楚王陵地宫博物馆及王后陵陈列厅、水下兵马俑博物馆、文化广场等项目。一期建设自2003年7月动工，至2006年5月竣工，历时三年。占地660亩，投资2.3亿。

　　景区二期是指以竹林寺为代表的佛教文化园区及刘氏宗祠等项目，占地350亩，投资额1.5亿元。2009年10月1日竣工。

　　景区三期是指，以"汉画像石文化体验"为依托的新型汉画像石博物馆，旨在进一步挖掘汉代文化内涵，增强景区内文化旅游资源的体验性与互动性，生动形象地展示汉代灿烂文明。与景区的一期、二期一样，三期也选择与清华大学建筑学院和中国美术学院密切合作，前者牵头建筑设计，后者负责环境艺术规划。三期项目选择在狮子潭东侧，占地10亩，建设用地4130平方米，南北总长达200米，投资2000万元。于2010年10月建成并对外开放。

　　三期的文化构成主要集中于汉代画像石，自2003～2009年的六年间，我们便不遗余力按照规则设想寻访、征集每一块符合设计要求的汉代画像石，从内容、工艺、品相及价格诸方面严格要求，层层把关，孜孜以求，终于觅得汉画长廊组团要求的汉画像石78块。它们既有徐州地区的，也有邻近区域的，既有省内的，也有省外的，内容与题材多维地反映了汉代政治、经济、军事、文化诸方面的风貌，丰富的内涵与展示，再现了两汉时期精彩的绣像历史。

　　在汉画长廊设计中，采用了汉代多坡面屋顶建筑设计元素，钢结构屋顶与大面积玻璃幕墙的采用，充分体现实用功能与现代气息。整体建筑沿着狮子潭东岸滨水而建，循岸蜿蜒，并且根据空间和功能的不同，加以变形，与原有园林景观互相呼应，和谐地融入周围的环境之中。这样使得长廊在具备传统园林曲径通幽美感的同时，又充满了汉代文化气息。

　　在展陈空间上，闭合与开放相结合，闭合的空间分为精品区、数字区、互动区三个展厅；开放的空间以画像石题材分为四个组团。在第一展厅——"大汉万象"展厅内，通过动态投影和静态汉画像石的结合，以全新的手段展示汉画像石的风采，引领游客充分感受汉画像石的时代气息；开创性地以汉画像石图案为素材制作了国内首部"汉画动漫"短片，采用环幕投影的方式，带给观者强烈的震撼。

在第二展厅——"舞动汉画"动漫厅内，通过汉画像动漫的表现形式向参观者分别呈现汉代生产、生活、战争及神话等方面的典型场景，带给观众真切的视听体验。

在第三展厅——"汉韵传承"互动厅内，游客可亲身体验汉画像石的真伪辨别、观摩汉画像石的制作过程，亲手制作汉画像石拓片。

依据画像石题材内容，78件精品汉画像石分为四个组团陈列，即车马迎宾、歌舞宴饮、战争比武、神话仙境。全面又直观地概述了汉画像石的代表内容，深刻反映了汉代先民繁华灿烂的社会生活和奇幻瑰丽的精神世界。

新颖的形式为精彩的内容服务，好的展览就必须有好的展品，在这里，能寻找到系统的有故事的精品汉画像石，便是重中之重。汉画长廊筹建之初，我们花费了大量的时间和精力着手于精品汉画像石的征集工作，同时得到了徐州汉画像石研究会的大力支持，通过长期借展的形式，不求所有，但求所用，为汉画长廊提供了大量珍贵展品。

一　汉画长廊讲解词

（从水下兵马俑展厅出来）

接下来我们将要参观的是汉画长廊。

（平台石档边）

这就是一块汉画像石——垂钓图。画面主体为一亭台水榭，一人手持钓竿，钓线垂入水中，很多鱼儿同时咬着钓钩。鱼与"余"同音，是丰收与富裕的象征，这幅垂钓图就很好地反映了汉代人追求幸福生活的思想。

（走上水上栈桥）

映入我们眼帘的就是汉画长廊了。它是由清华大学建筑设计研究院设计的。长廊基本上是随着湖岸的边界弯曲的，与草坡和湖岸边线互相呼应，和谐地融入周围的环境之中。在长廊设计中，采用了汉代多坡面屋顶的形式，并且根据空间和功能的不同，加以变形。这样使得长廊在具备传统园林曲径通幽的美感的同时，又充满了汉代文化气息。

汉画像石是汉代地下墓室、地面祠堂、门阙等建筑物上雕刻画像的建筑构件。徐州地区是我国汉画像石最重要的发祥地，也是分布最集中的区域之一。画像石兴于西汉，盛行于东汉中、晚期，魏晋时已经衰落。可以说汉画像石是与汉代历史相始终的，是属于汉代这一特定时代的艺术门类。这与汉代人对生命的执着追求有关。汉代人感叹生命的短暂，"人寿非金石，年命安可期"。他们用石头构筑墓室，在石头上雕刻着生活的种种场面，希望的正是生命能够像金石一样永恒延续。下面就让我们走进汉画长廊，体验汉代人对生命永恒的执着追求，领略汉文化博大雄奇的无限魅力。

二　第一组团：车马出行

汉代官员出行、郊游、赴宴、田猎，都必备车骑。官员车马出行的队伍一般是由前导车马、主人车马以及随从车马三部分组成的。前方开路的骑吏叫作导骑，开路的步卒则叫伍佰，马车就是导车了，接下来才是主人的车马，后面还有随从的骑吏、步卒、马车，浩浩荡荡，很是威风。真是"车如流水，马如游龙"。汉代官僚贵族出行时使用导骑、伍佰的人数，以及驾车的马匹都是根据官吏级别的高低有明确规定的。比如汉代法律规定导骑的数量，"公以下至二千石，骑吏四人"，按照今天的级别，相当于省部级官员的车马出行队伍前方可以有四个导骑，而市长到县长这个级别官吏车马出行队伍前面只能有两个导骑。至于伍佰的人数，两千石到六百石的官员即省市级别的可以用四个步卒开路，县一级的就只能用两个步卒导引了。

大家看，这块车马出行画像石，前面这两个骑吏就是导骑了。这种马车叫轺车，是汉画像石中最为常见的马车类型。它的车厢是四面敞露的，坐在上面可以遥望远方，所以叫轺车，而且体型小，车速快，又称为"轻车"。这辆叫辎车，可以看到与轺车不同，四周有屏障，车盖呈椭圆形，顶部隆起，如鳖甲一般。其中乘坐的往往是妇女。最后还露出半个马身，所以这是未完的车马队伍，后面应当还有随从车马。

大家一定都注意到了，车马出行的队伍方向都是从右向左的，非常一致。确实如此，在全国发现的汉画像石中，百分之九十以上的车马的方向都是向左的。为什么会这样呢？在一些车马出行的汉画像石中或壁画中，车马出行的前方刻着带有蟾蜍玉兔的月轮，而后面则是带有三足乌标志的太阳。太阳东升，月亮西起，可见车马出行的方向是从东而西的。而且汉画像石中，西王母、东王公在一起的时候，总是西王母在左，而东王公在右，也证明在汉画像石中左边代表的是西方。向左行进的车马意味着车马驶向的是西王母所在的昆仑仙境，反映着汉代人们对永生、仙境的追求。现在就让我们随着车马的队伍进入到汉代人为自己所设计的天堂仙境吧。

三　第一展厅

（汉画长廊简介图版前）

汉画长廊共分三个展厅，在这个展厅内，我们将通过动态投影和静态汉画像石的结合，向您展示汉画的风采，让您初步领略汉画像石的时代气息。在动漫厅内，我们通过动画的形式向您呈现汉代生产生活的各个方面，带给您直接真切的体验。最后，在我们的游客互动厅，您将可以参观汉画像石的制作过程，亲手制作汉画拓片，辨别汉画像石的真伪。各种现代展示手段的运用，都是希望能够打破巨大的时空隔阂，使您对历史有身临其境的深刻感触。

首先迎接我们的是两位门吏。您看他们躬身俯首，虔诚谦恭，仿佛是在恭请您停车下马。那就让我们由此前行，领略大汉盛世的富足强盛，歌舞升平。

（车毂）现在我们看到的是一件圆雕四辐车毂，放在墓中寓意主人拥有车马，是财富与地位的象征。如此单一的圆雕车毂在画像石的题材中十分罕见，具有极高的研究价值。

（力士图）这是一件高浮雕画像石作品，雕刻工艺精湛，技法已接近圆雕。刻画的是一位孔武勇猛的力士，单臂抬起，扛着上方的力士，而在他的手掌中，却有一个小人举手拖住这位力士的胳膊，人物形象感十足，给人一种强烈的视觉震撼。

这块画像石的背面是一位持彗门吏。彗即扫帚，古人观测天象时发现彗星极像扫帚，所以把扫帚称作彗。执彗是汉代迎接宾客的重要礼节，当客人上门拜访时，门吏便会手执扫帚欢迎，表示门里门外已经打扫干净，恭候宾客莅临。下方的提梁壶是用于盛放美酒的酒器，表达主人盛情款待的心情。

（四灵柱础蟠龙柱）这是蟠龙柱，柱础雕刻青龙、白虎、朱雀、玄武四方神灵。柱身雕刻四条盘升的巨龙。

（橱窗内的车马出行图）这块车马迎宾画像石可谓精品。采用减地浅浮雕，突出物象轮廓，再以细阴线刻描绘细部，工艺极精。画面内容丰富，上格刻有神鹿、凤鸟、翼虎等祥禽瑞兽，下格为一列车马队伍，前面的这个导骑带着刀、剑类的兵器，后面是轺车，这应当是一辆导车。这两个步行的是伍佰，左手拿着一种叫作"殳"的长兵器，右手拿的是便面，这两件东西都是伍佰用来驱除各种路障，辟邪护卫的。这辆轺车应是主人车，后面还有骑吏和轺车随从。

（投影屏）汉画像石本是石头上的静态艺术形式，下面您将可以看到根据汉画像石内容制作而成的动画投影，为您献上一种全新的汉文化体验。

宾客们一路车马劳顿，让我们快些走进主人的厅堂，看看主人为我们准备了什么。

（迎宾图）这是一幅迎宾图。上格左侧刻一硬山式建筑，上饰飞鸟走兽，庭院内外宾客拜会。右边上方一人椎牛，旁边走兽狂奔。下格为车马图，左侧门阙外站一侍者迎候来宾。椎牛，也叫击牛。屠夫先用绳子将牛身、牛蹄绑住，以防牛怒而伤人，然后用大锤将牛击毙。先秦时期，牛肉是非常高贵的食品，在大型的宴会、祭祀上都是离不开牛肉的。古代帝王祭祀社稷祖先时，要用牛、羊、豕三牲作为祭品，称为"牺牲"。所谓牺牲，其色纯为"牺"，体全为"牲"。从"牺牲"二字偏旁均为"牛"上，也能看出牛在当时祭祀中的重要性。古代祭祀所用的牺牲，祭祀前需先饲养于牢（饲养牲畜的栏圈）中，故这类牺牲也称为"牢"。

根据牺牲搭配的种类，有太牢、少牢之分。牛、羊、豕三牲全备为太牢，只有羊、豕，没有牛为少牢。由于祭祀者和祭祀对象的不同，所用牺牲的规格也有所区别。

虽然在汉代以后，随着铁制犁铧和牛耕的普遍推广，政府为发展农业，禁止私宰耕牛，甚至于杀牛之罪即同于杀人之罪，限制民间食用牛肉。但是，牛肉美食并没有销声匿迹，仍是高等的祭祀及待客的礼仪食品。

（坐枰·宴饮）您看这块画像石，上层刻一人坐于枰上，枰是汉代的一种小坐具，仅供一个人坐，所以又叫作"独坐"。后面有侍者，枰前还有二人在跪拜；下层刻三人坐于榻上，中间有酒樽，榻下有三双鞋子，整齐排放，极富生活情趣。周代时，人们遵守脱鞋入室习俗，平时生活中在室内大都赤足行走。在秦汉时，也继承了周代不能穿鞋入屋，必须脱鞋于阶外，赤脚进入户内的习俗。这幅画像石就反映了当时人们的这个礼仪。

（进拜·庖厨·乐舞）这是一幅进拜·庖厨·乐舞图。石头残剩下右半部分。画面分三格，上格为进拜场面；中格为庖厨，有汲水、宰牛、切肉场景；下格刻乐舞图，两人在跳建鼓舞，旁边有竽、排箫、瑟伴奏。建鼓舞是以形体硕大的建鼓作为道具表演的双人舞蹈，其舞姿"刚"的特点表现得尤为充分。击鼓者跨步张臂舞袖，举桴击鼓，气势威武。画面线条精细，流畅优美，堪称平面阴线刻的经典之作。

（乐舞·秘戏与乐舞·相会）前面我们看到主人已准备美酒佳肴，那么宴会上又会有什么精彩节目呢？请看这两幅反映歌舞宴饮场景的汉画像。画面重点刻画了舞姬翩然起舞的场景。如图所见，舞者皆为长袖挥舞的曼妙女子。西汉宫中后妃，均以能歌善舞而著称于世。史载，汉朝开国皇帝高祖刘邦的宠姬戚夫人（戚懿）善为翘袖折腰之舞，歌出塞、入塞、望归之曲。武帝刘彻的爱妃李夫人（李妍）出身于赵国的"故倡"之家，精通音律，擅长歌舞，其兄李延年是宫廷乐官，笙歌兼工。成帝刘骜的赵皇后原名宜生，妖冶冷艳，天资聪慧，歌喉动人，舞技高超。因其舞姿轻盈如燕飞凤舞，人们以飞燕相誉。因为君王喜爱，后妃倡导，皇亲国戚推崇，使得长袖舞在汉代风靡一时，影响深远。东汉的张衡在《舞赋》里形象地描述了这种舞姿："罗衣从风，长袖交横。绰约闲靡，机迅体轻。"意思是轻柔的罗衣，随风飘扬；长长的袖子，翻飞交横；轻盈而矫捷的身姿，好似立于树梢的燕子，她们的体态是那样的轻快柔美，既婀娜多姿，又妩媚动人。

汉代舞女的舞蹈有两个最重要的特点：一是"舞袖"，古谚"长袖善舞"，另一特点是"舞腰"。"翘袖""折腰"是当时舞蹈技巧中具有代表性的舞姿，一直传承至今。

前面说到建鼓舞为"刚"，长袖舞则为"柔"，不知您是否体会到刚柔并济的美妙感受。

（云龙图）这是云龙图。画面主体刻画了一条飞龙，身体盘曲，腹中环抱彩云。此云龙图与我们云龙区之名正相契合。

（祥瑞柱）这是一个高浮雕的石柱，四面环刻祥禽瑞兽，雕工高超，造型充满装饰美，是一件不可多得的珍贵艺术品。

（转向出口）两汉时期多次派遣使臣出使西域，西域都护府的建立促进了汉朝与西域的交流，东西方贸易的通道——丝绸之路也开通了，大量的胡人形象出现在汉画像石中。这幅画面上格刻鹿、狼等兽。中格刻七人，都面向左方，其中一人抱琴。下格刻一人骑于骆驼之上向左缓行，后跟一象。此图中既有西域野兽，又有胡人驼队及汉人队伍，似为丝绸之路的景象。

（拜谒·车马·飞龙）我们馆藏的画像石中，上下构图的居多，但其中也有采用斜面构图的，您看这幅正是上下构图中又在下格穿插了斜面构图的设计。斜面上方一人跪坐，中间刻的是一辆由胡人驾驭的轺车，轺车前方有导骑开道，后方有骑吏跟随。这幅图的点睛之笔正是斜面下方这条盘曲的飞龙，在汉代，龙被人们视为引魂升天的神兽，刻写在底部，应该正是寄托了墓主人希望自己的灵魂能在飞龙的引领下，早日升天成仙。

（柱群）这是一组立柱。这类立柱通常作为祠堂或墓室的支柱，装饰感很强。

四　第二展厅：动漫展厅

我们现在走进的是汉画像动漫展厅。往日我们所见的汉画像石都是静态的图案，而在这里我们将会看到不一样的汉画。

（喜结连理）这是一幅罕见的结婚图。画面再现了一场隆重汉代婚礼。汉代结婚礼仪要分为六个环节，即纳采、问名、纳吉、纳征、请期、亲迎，称为"六礼"。在调查了双方的门第和资产，门当户对，下了聘礼后才能迎亲。现在您看到画面上表现的正是迎亲的场景。最右面边框刻画的是小鸟头，上面是朵朵祥云，烘托了迎亲喜庆的气氛。这是女方送亲的队伍，下面像是两个孩童，也许类似于今天的吉童吧。中间的一对新人十指交握，不由得让我们联想到《诗经》中描述的"执子之手，与子偕老"的意境。左面是凤鸟和鱼，凤鸟交喙象征夫妻恩爱，凤鸟衔鱼则象征多子多孙。再往后应该是男方的庭院了，他就要把新娘迎接到那里开始新的幸福生活。整个婚礼的画面非常简约，丝毫没有豪华铺张之感，只是一只浅浅的轻笛，却传达出无限的喜悦，正所谓"爆竹声声鸣不断，笙箫吹断水云间"。

（群贤聚会）画面中七个人物横向排列，其中两位尊者头戴进贤冠，衣着大袖宽袍，中间放置的方形物应当是棋枰，两人正下六博棋。其他几人可能是侍者。六博棋是中国古代棋戏的一种。这种棋由两人玩，双方各有六枚棋子。六博自汉代以后，开始衰落。隋唐时期还有博戏的记载，但在隋唐以后逐渐失传。根据专家研究，六博棋这种古老的棋戏实际上是世界上所有盘局棋戏的鼻祖，例如象棋、国际象棋等，都是由六博棋逐渐演变改革而来的。

（蹶张）石柱正面刻一武士奋力蹶张，柱顶有圆雕卧虎，神态祥和。汉画像石中常有蹶张士出现，以脚踏强弩，使之张开，以示勇健有力。您看这只卧虎，雕刻技法古拙，体现出奔放豪迈的气概，与汉朝名将霍去病墓前石虎竟有异曲同工之妙。

这是一对反映中华人文始祖伏羲与女娲的汉画像石精品之作。

（伏羲举日·翼龙）画面中部刻人身蛇尾的伏羲右手擎日，伏羲上方刻一跪坐神怪，手捧食盘，喂食金乌。下方刻二神人与盘羊嬉戏。左侧面刻有两翼龙。

（女娲捧月·翼虎）画面中部刻人身蛇尾的女娲手捧月轮，两侧刻有青龙、白虎。上方刻一蟾蜍，下方是二神人与盘角羊嬉戏。右侧面刻有二翼虎。

伏羲与女娲皆为神话传说中的上古之神，人首蛇身。他们是兄妹，后结为夫妻，繁衍养育了中华民族。蛇有着冬眠、出蛰的习性，年年岁岁周而复始。在古人心目中这或许是生死轮回的象征。借助于伏羲、女娲这一对生命始祖的图腾力量，人们表达了对生生不息、生死轮回的坚定信念。

（昆仑仙界）这是一件平面阴线刻的精品。画面上方西王母端坐，旁有羽人、青鸟侍奉。昆仑仙山云雾缭绕，其间有羽人及龙、虎、鹿、朱雀等神禽瑞兽。众人拾级而上向西王母求取不死仙药。

汉代神话传说中最流行的莫过于西王母的传说了。西王母，也称王母娘娘，根据古书《山海经》的描写西王母的最初形状"像人"，却有豹子一样的尾巴，老虎一般的牙齿，头发蓬松，顶戴盔甲，是威猛严厉及降下五种灾害的神祇。她住在"昆仑之丘"的绝顶之上，每天由青鸟为她叼来食物和用品。后来到了汉代她又变成了一个年约30、容貌绝世的女神。到了武帝时期，政府甚至规定祭祀西王母，这与汉人追求长生不死的愿望不谋而合。

（在每组相应的动漫前，稍作停留，请游客浏览，也可挑一至二组动漫带领游客较仔细观看。）

不知道汉画动漫的全新体验是否让各位宾客意犹未尽，让我们继续领略汉画像石的不朽魅力。

五　第二组团：战争比武

秦人尚武，汉高祖刘邦与他的部将也是血雨腥风中建立了大汉王朝。汉朝初期饱受北方匈奴的侵扰，所以汉朝社会自上而下皆刚健尚武。汉人勇武刚强，北击匈奴，南收百越，西拓西域，自信心和民族凝聚力都达到了空前的高度。名将霍去病说，"匈奴未灭，何以家为"，洋溢着抗击匈奴的豪迈之情。出身于书香世家的班超，（其父班彪与其兄班固皆是著名史学家，其妹班昭为文学家）投笔从戎，带着三十六个随从就敢闯虎穴，御强敌，平定西域。当时男儿必须学习的"六艺"其中就包括"骑"和"射"。司马相如、东方朔都是剑术高手。接下来我们看到的这一组画像石就从多角度反映了汉朝人们尚武的豪迈气概。

（比武·相礼）这块画像石上格刻两人比武，一人持戟，一人张弓，肢体舒展，动作飘逸，富有神韵。下格左面两人向中间一人揖拜，右有三个侍者。

（胡汉战争）我们知道，从西汉武帝即位后，改变了以前的和亲政策，发动了对匈奴的主动战争，汉匈之间就长期处于战争状态。许多汉军指挥官在战胜匈奴后，加官进爵，升迁高就，这成为他们戎马生涯中最值得炫耀的故事。胡汉战争正反映了这段真实的历史。这幅图分为上下两个部分，上面是建筑，下面是胡汉战争。两军交战，左边是汉军，右边是胡人。这位是汉军将领，旁边的这个人正在向他进献胡人首级，这里悬挂着一个首级。古代征战归来，为了表示战功，通常要割下敌人的首级来邀功行赏。右边的这个胡人想刺杀汉人将领，岂料"螳螂捕蝉，黄雀在后"，反被汉人士兵从旁刺中。整个画面线条简单明快，却将战场血腥残酷以及"胜者为王"的荣耀表达得淋漓尽致。

（力士图）画面中刻画三位力士。一位手持大锤跳跃，一位手持斧钺站立，这一位在下蹲用力蹶张。风格古拙，神态各异，颇为生动。

（刺虎）画面右侧刻有一硬山式建筑，旁有鸟疾飞，左侧刻一人手持长矛刺虎。画面疏朗，造型古拙，具有汉画像石早期风格特征，其时代偏早，应是西汉中晚期的作品。

（攻战图）画面刻两军对垒的攻战场面，正中刻一座桥梁，桥下水面有一人划船。桥左侧一车二骑，一骑反身拉弓，左下角与右上角各有一弓弩手对射。左边有一排阵地，内有胡人头像，清晰地刻画了胡人善骑射的特点。桥右侧二车三骑疾行，在其前侧的桥上有一列步兵，手持剑、钩镶、盾牌向前行进。

汉朝虽尚武，但同时也推崇仁爱的儒家思想。好战喜功的汉武大帝晚年也在轮台写下《罪己诏》，反省自己好战喜功，征伐无度，劳民伤财的罪过。中华民族从来就不是好战的民族，尚武精神更多的是反映自强不息，不畏强敌的民族气概，中华民族历来向往和平安宁的美好生活。接下来就让我们看一看汉朝人的世俗生活究竟是何种景象。

六　第三组团：生产生活

（迎宾门吏）一人持戟，一人持扫帚，皆为迎宾侍者。

（比武围猎）这块画像石描绘的是比武围猎的场景。左面刻各种飞禽走兽奔跑，众人或徒步或骑马手持各种工具狩猎。右面刻两人比武，一人持戟，一人持钩镶，旁边各有一人助威。

（狗咬赵盾）这是一幅反映历史故事的汉画像。画像从上至下分为五格，倒数第二格画面左方一武士头带鹖冠（鹖，音和，今名褐马鸡，羽毛色彩艳丽，汉代以鹖鸡的尾羽装饰武官帽冠），长剑横于胸前，侧面直立。右方有人牵一獒犬，张口扑向武士。描绘的可能是春秋时期，晋国赵盾因力谏灵公，而遭忌杀之祸的故事。晋灵公是春秋时期有名的暴君，荒淫无道，以重税来满足奢侈的生活。当时晋国的卿大夫赵盾对其多次规劝，却招致晋灵公的嫉恨。于是晋灵公请赵盾喝酒，事先埋伏下武士，准备杀掉赵盾。赵盾的侍从提弥明发现了这个阴谋，快步走上殿堂，说："臣下陪君王宴饮，酒过三巡还不告退，就不合礼仪了。"于是扶起赵盾走下殿堂。这时晋灵公唤了出猛犬来咬赵盾。提弥明徒手上前搏斗，打死了猛犬。他们两人与埋伏的武士边打边退。结果，提弥明为赵盾战死了。后世就有"狗咬赵盾，不知好歹"谚语。汉人将这紧张、精彩的瞬间凝固于石上，形象地表现出这一惊心动魄的历史事件，至今读来，依然给人以强烈的震撼。

（乐舞·百戏）画面为横幅长卷，刻十七个各式人物，众人观看建鼓舞、倒立、长袖舞等表演，生动的反映隆重热闹的演戏场景。

（纺织图）上格两朱雀回首相对，下格一织女脚踏斜织机，回头与一男子深情接吻。图上所刻织布机为脚踏提综斜织机的形制。这斜织机已经有了一个机架，经面和水平的机座成五六十度的倾角。这样改进以后，操作的人可以坐着织造。织布时实行手脚并用，用双脚代替了手的繁复动作，这就使双手能更迅速有效地用在引纬和打纬的工作上。斜织机的生产率比原始织机可以提高十倍以上，大幅度地提高了布帛产量。这种先进的脚踏提综斜织机，欧洲直到公元6世纪才开始出现，到13世纪才广泛采用，晚于中国七百多年。

（宴饮）上格刻一人躬身，后有一持戟侍卫。下格刻两人对坐宴饮，中置酒樽和耳杯。右侧刻一人首蛇躯的伏羲。

（建筑人物）画面分为左右两格，右格刻建筑人物。楼上有三人正面端坐似在观看，右侧一侍者侧向，楼下四人持物欲上楼，门外两人侧立。左格刻建鼓表演。

（梳妆图）画面刻二层楼阁，屋顶三只小鸟翻飞。楼下二人骑马而入，门侧二侍从恭立。楼上两女子跽坐对镜梳妆。描绘汉代女子梳妆场景的题材十分罕见。

（建筑人物）左格上方刻六人跽坐交谈，下方刻祥云纹。右格刻三层楼阁，前有双阙，最下层为两人对坐博弈，门外有侍者，二层、三层内各有人物。

汉朝时期画像石工匠将很多重要历史故事刻画在石头上，成为今天我们了解历史，佐证史书的重要实物。之前我们已经看过反映狗咬赵盾这一历史事件的汉画像石，接下来再让我看看这些石头上的历史故事。

（二桃杀三士·牛耕）画面分为三格。右格画面上部刻有五人，下面刻三位手执兵器的勇士，旁边一只盘内放有两颗桃子。这个画面刻画的是"二桃杀三士"的故事。春秋时齐景公手下有三位勇士：公孙接、田开疆、古冶子。这三人勇武盖世，骄横跋扈。宰相晏子为了除掉这三个扰乱国家统治的勇士，谏言齐景公将两个桃子赐给这三人，令其论功而食，最终有勇无谋的三人弃桃自杀。中格为牛耕场面，左上方一农夫操耙耱地，前面一人牵牛，二牛合挽一犁，最后一人扶犁。下面刻有插地、播种等人物劳作。这幅牛耕图为研究我国古代农业发展提供了直观的实物资料。

（昆仑仙境·人物宴饮·骊姬置毒）画面分为三个部分。右格刻西王母头戴胜饰端坐于昆仑仙山之上，旁有三青鸟、捣药神人等。中格刻建筑人物，双阙之间有两位骑士持戟而入，两层楼阁上主宾宴饮，博弈作乐，楼阁下有传者献食和酒。左格下方刻一妇人乘车疾行，上方中间刻酒樽、胙肉（音作，祭祀时供奉的肉）和一倒地之犬，左侧有妇人、男子和儿童，右侧刻两人。这个场景描绘的应是骊姬置毒的故事。春秋前期，晋献公娶骊戎之女骊姬为夫人，骊姬为了使自己所生的儿子奚齐继承君位，多次诬陷太子申生。骊姬以献公的名义转告申生说："君父昨晚梦见了齐姜，你可在曲沃（今山西临汾一个县）立即献祭。"齐姜是申生早已去世的生母，申生闻命，即在曲沃祭食，其后按规矩将祭祀的酒肉送于献公，献公正好出猎未归，骊姬趁机将毒药置于酒肉中，嫁祸于申生。献公见太子要给自己下毒手，怒不可遏，派人杀了申生少傅杜原款，最后申生被逼自杀。

七　第四组团：神仙世界

汉代虽然独尊儒术，但在民间，道家思想和民间宗教依然很活跃，人们对成神为仙也充满激情，对天地山川等自然之神也是尊崇有加。他们认为万物有灵，对从天上到地下的一切神灵都是非常敬重的。对神仙世界的描绘也是汉画像石的重要内容之一，这些内容的画像，表达了墓主希望死后能升仙和享受仙境生活的强烈愿望，而这种仙境生活实际上就是墓主生前现实生活的延伸和继续。

（西王母残阙）这是一件石阙顶部，下部残缺。四面皆有图案。正面为西王母端坐于昆仑三山之上，左右各有一执杵玉兔，左下有一羽人。左侧面为一鸡首人身的鸟医，下为一兽。右侧面为一兽一象。背面为三头开明兽。

（朱雀·铺首）汉代铺首往往都是一些怪兽的形象，画面上所刻的这种动物据说是龙生九子之一的饕餮，大家经常会在商周的青铜器上见到这种纹饰。传说中饕餮非常贪吃，张着大嘴，森严恐怖。汉人用它装饰大门，也许是表达一种门户的庄严，要用它镇住各种鬼魅侵扰吧。

（伏羲）人身蛇尾，头戴进贤冠。伏羲是中华民族人文始祖，他根据天地万物的变化，发明创造了八卦，成了中国古文字的发端，也结束了"结绳记事"的历史。他又结绳为网，用来捕鸟打猎，并教会了人们渔猎的方法，发明了瑟，创作了《驾辨》曲子。他的活动，标志着中华文明的起始。

（女娲）人身蛇尾，头盘发髻。女娲是伏羲的妹妹。起初以泥土造人，创造人类社会并建立婚姻制度；而后世间天塌地陷，于是熔彩石以补天，斩龟足以撑天。

这两块汉画像石出自同一座汉墓，画面内容彼此呼应，雕刻工艺精湛，画面布局罕见，对研究古代神话与原始宗教具有极高价值。

（太阳神）图刻一长尾人物，上身有内刻三足乌的圆轮，当为太阳神。三足乌，亦称踆乌，是神话传说中驾驭日车的神鸟，居于日中。

汉画像题材中常见各种幻想出来的珍禽异兽、神仙鬼怪，一方面反映古人祈求"福禄寿喜"的美好愿望，一方面反映了人们辟邪升仙的痴迷幻想。接下来我们看到的就是汉画像石上的各类动物与怪兽、神仙与鬼怪。

（河南一组墓门石）

这是一座河南汉画像石墓的部分复原。让我们首先来看两边的这两位执杖人物。两位人物均头戴平巾帻，身着宽袖深衣，雍容高贵，气度不凡。尤其是右侧这位。他手中所持之杖为鸠杖，手杖的顶端雕刻有一只鸠鸟。鸠杖在先秦时期是长者地位的象征，汉代更是以拥有皇帝所赐鸠杖为荣。传说鸠为不噎之鸟，刻鸠纹于杖头，可望老者进食时防噎。汉代实行赐杖制度，七十岁以上的老人能够得到政府赐给的鸠杖，享有很多特权，比如自由出入官府，见官不用小跑，做买卖减免租税等，如果有人冒犯了持杖之人，还会受到严厉的法律惩处，殴打或侮辱老人会以大逆不道罪行斩首弃市。可见汉代政府对尊老、敬老政策重视程度之高。

中间这两座门柱分别为一位奋力蹶张的力士。值得关注的是，这两位力士身穿的都是鱼鳞甲衣。左边这位所穿甲衣鳞片小而精巧，右边这位力士所穿甲衣大而威武。1994～1995年发掘的狮子山楚王墓中出土了一件大鱼鳞甲和一件小鱼鳞甲实物。两相比较，形制基本相同。所以这两块画像石对研究我国汉代甲胄提供了又一重要实物资料。

其上横梁石也叫门楣石。左为白虎，右为青龙，都是辟邪的瑞兽。

（神兽·星斗）上层刻行龙、人面兽等神兽，下层神兽中间刻一串十二颗球状物，应是星斗，其下有人物。

（人面兽）画面上有四个人面兽形象。人兽合体的神祇形象是从动物崇拜到人神崇拜的过渡形式，寓意抵御凶险，祈求吉祥。

（西王母仙境）画面分二格。左格有建筑，前有阙门，屋内有樽和壶，一人持物跪拜，门外一人牵马持戟欲进。右格刻西王母戴胜凭几端坐，旁有玉兔捣药、蟾蜍、九尾狐、羽人骑马戏凤和珍禽。王母面前一女子背口袋跪求仙药。汉代视西王母为神仙之首，掌管长生不老药。

（神仙出行）画面刻画的是神仙出行场景。分别有虎、二凤、二鱼、龙拉云车，车上坐有仙人，中间羽人骑龙，后有翼龙。

（祈福图）这是祈福图，分四格，分别刻鹭鸟衔鱼、青龙、盘羊、白虎，反映人们对幸福吉祥的追求。

这就是人们在现实世界之外，创造出来的神仙世界。人们把自己对永生和幸福的向往寄托在幻想的昆仑仙境中。汉画像石的图像上充满了升仙的喜悦和欢乐，人和动物无不处于飘逸洒脱状态，在这里我们看不到悲伤、痛苦，也看不到对死亡的恐惧，只有对未来幸福的热烈渴望。

八　第三展厅：游客互动厅

下面我们要参观的是互动展厅。

（投影照相仪）这是一部汉画像投影合成照相仪。您可以将奇幻瑰丽的汉画影像信手采撷，与自己的身影合成一张照片。

这里展示了汉代工匠与今天工匠使用的不同工具。（工具展柜）汉画像石的雕刻是个复杂的过程。

首先由丧主或死者亲友雇请"名工"或"良匠"即雕造画像石技术最好的工匠，让他们承担画像石建筑如墓室、祠堂的设计和建造任务。这些工匠，到附近的山上挑选、开采优等的石料。接着，由石匠根据建筑的设计图对选取的石料进行加工，使石料变为符合设计要求的建筑构件。然后，画工在磨制平滑的石面上，用墨（或朱砂）和毛笔以准确有力的线条绘出画像的底稿。对画像石的制作来说，这是一道关系作品成败优劣的关键性工序。画师们不仅要有高超的绘画技巧，还必须对建筑本身的结构了如指掌，对每块石材究竟是建筑上哪个部位的构件，应画什么题材内容的图像，做到心中有数。石匠严格按照画师在石面绘制的墨线画稿，用凿、錾等工具刻出图像，使其具有凹凸的立体效果。因此，在工作中，画师需要与石匠密切配合。最后，将雕刻好图像的石材按照设计图拼装成墓室、祠堂等石结构建筑。有的地区的画像石在最后还会由画师施彩着色，使之具有与帛画和墓室壁画同样的视觉效果。

（现场雕刻）现在我们看到的就是现代石刻工匠制作画像石过程，虽然历经千年，科学技术飞速进步，但雕刻工具除了材质与形制发生了变化，但雕刻技法依然沿袭千年，至今未变。

（拓片制作）这里展示的是汉画像石拓片的制作过程。制作拓片要先把宣纸覆于石面上，再用含胶的水喷洒在纸面，然后用毛刷拍打，使宣纸完全与石面相贴合，清楚地呈现出画面的细节，等到纸上的水分挥发到适宜的湿度时，就可以用拓包蘸墨把石头上的物象拓印下来了。通过对墨迹浓淡处理的不同会显示出不同的风格气韵，所以说拓片也是个再创作的过程，不是机械的复制。您有兴趣的话，可以亲手尝试一下，感受汉代社会生活画卷从自己手中一点一点出现的奇妙。

（印章雕刻）印章，是用作印于文件上表示鉴定或签署的信物。秦以前，无论官，私印都称"玺"，秦统一六国后，规定皇帝的印独称"玺"，臣民只称"印"。汉代也有诸侯王、王太后的印章称为"玺"的。狮子山楚王墓出土了一百多枚汉代官印，唯独楚王之印遗失于漫漫历史长河之中。印章艺术经历千百年来的发展，形成了一门独立的艺术。其制作材质有金属、木头、石头、玉石等。印章石在我国玉石文化中，占有很特别且很重要的席位，自古就与社会文化与政治结下了不解之缘。历代文人墨客、画师笔匠、商贾官吏，无不以特制的印章留下印记，来表达或证明物之所属意愿。

（书法题跋）汉画像石拓片作为特殊的艺术收藏品，历来受到文人墨客、寻常百姓的珍爱。为一幅精美的汉画拓片题上墨宝更能体现收藏者对汉画艺术的珍爱。

（走出展厅，玻璃幕墙走廊）

现在我们就参观完了汉画长廊。您向里看，那是二千年前的汉代的画像，汉代车马出行的隆隆声，战场上金戈铁马的厮杀声，还有生活中的丝竹歌舞之声似乎还在耳边。而朝外看，您看到的是一幅现实的自然山水美景。在这湖光山色之间，使人不由得会产生出一种时空变幻的恍惚之感。我们是从历史中走出来的，在我们身上可以看到历史的身影。对历史了解更多一点，也就对我们自己了解更多一点。前面就是汉文化交流中心了。与汉画长廊一样，也是由清华研究设计院设计的一处山水庭院的美景。在那里，我们会看到珍贵的汉画像石精品拓片。

本文成稿于2010年（葛明宇、滕雪慧、贾飞、刘妍、李倩等参与编写）

传承汉代文明　弘扬民族精神

——徐州汉文化景区保护与建设的思考

　　徐州汉文化景区位于徐州市东部，占地1200亩，三面环山，西面有水，环境优美，是一处依托狮子山西汉楚王陵及其陪葬汉兵马俑坑两处全国重点文物保护单位建立的，以汉文化为主题的遗址公园。主要包括以汉兵马俑、楚王陵、汉画像石为主题的三个博物馆，以及水下兵马俑博物馆、王后陵展厅、刘氏宗祠、竹林寺等景点，是我省乃至准海区域内规模最大、内涵最丰实、两汉遗风最浓郁的汉文化保护和展示基地。景区内历史文化胜迹与山水美景交相辉映，创造了人文自然并举，历史现代共生的精品文化旅游区。徐州汉文化景区从初步构想到形成较为成熟、可行的建设规划方案，再到取得初步实践成果，是一个漫长的探索、实践过程。

　　徐州汉文化景区前身是徐州汉兵马俑坑遗址博物馆。该遗址是于1984年徐州砖瓦厂烧砖取土时偶然发现的，是一支由六条兵马俑坑组成的庞大地下军阵，出土有步兵、车兵、骑兵、战马等各类陶俑5000余件。在发现兵马俑的第二年，徐州市政府即在原址上建立了兵马俑博物馆对其进行保护。但展厅简易，面积较小，陈列比较落后。兵马俑发现之后，经过考古人员的艰辛寻找，在1991年又发现了其主人墓葬——狮子山西汉楚王陵。1994年底对其进行发掘，1995年对外开放。这是目前江苏省规模最大、出土文物最多的汉代诸侯王墓，具有极为珍贵的历史和文物价值。此外，汉代建筑材料如筒瓦、板瓦等在陵园中多有发现。在狮子山北面的羊龟山上发现了楚王后陵，羊龟山西坡出土了贵族陪葬墓，而陵园东侧又发现大量陪葬坑，各种迹象表明这里是一处完整的楚王陵园。

　　1962年联合国教科文组织在《关于保护景观和遗址的风貌与特性的建议》中指出：遗址的风貌与特征，"对人类而言，代表了一种有力的物质道德和精神的再生影响。"庞大的楚王陵园是楚王替自己准备的栖身之所，体现了诸侯王与山河同辉，与天地同在的生死观，反映了楚王国的经济、军事情况，以及与中央的关系。各种陪葬墓、陪葬坑体现了死者生前的身份级别、等级秩序以及社会制度。楚王陵、兵马俑都是陵园的有机组成部分，只有把它们放在楚王陵园的背景中，透过与其他文物遗存的关系，其包含的丰富的历史文化信息才能呈现出来。

以楚王陵、兵马俑为依托，建设文化遗址公园是充分保护和展示文物文化内涵，发挥其社会、经济效益的需要。景区一期工程主要包括兵马俑展厅的改扩建工程、楚王陵地宫的灯光改造工程，以及建设水下兵马俑展厅、汉画像石展厅、王后陵展厅、刘氏宗祠、汉文化广场等，有计划有步骤地完成了遗址公园的主体建设。

一　较好地解决了建控地带的拆迁问题

狮子山周边地区人口稠密，甚至山坡上也是民房遍布。能否做好遗址建控地带内的居民拆迁工作是极为重要的一步，关乎民生，关乎遗址公园规划能否实现。为解决遗址保护与民生的问题，徐州市云龙区政府在狮子山以东1000米外的区域相继规划建设了三个安置居住小区，不仅妥善解决了遗址范围内的居民拆迁安置问题，同时也逐渐在狮子山以东地区形成了一个拥有30万常住人口的新兴城市副中心，为汉文化景区以后的综合开发提供了必要的经济与社会条件。2007年，香港世茂集团投资开发的"世茂·汉之源"项目开工。该项目位于楚王陵遗址建控地带以西，将建设星级酒店、商业步行街、市民广场和高档住宅等。该项目建成后，会进一步改善楚王陵遗址的周边环境，也更突出了位于未来城市中心的遗址公园的综合服务功能，不但能解决遗址建控地带的保留与民生的重大问题，更为遗址公园的发展带来了巨大的机遇。

二　做好遗址展厅的改造规划

考古遗址有其特定的内涵，这要求新展厅的设计规划要在充分理解遗址内涵的基础上进行，新展厅不仅要满足陈列展览的需要，还要使整个建筑风格与文物内涵相统一、相和谐。兵马俑展厅的改扩建工程和楚王陵地宫的灯光改造工程正是在这一指导思想下进行的。

原兵马俑馆与景区环境不协调，为改善文物陈列展览条件，我们与东南大学合作，由齐康院士完成了改扩建方案。新建展厅主体设计为两层，分为"徐州汉兵马俑博物馆"和"西汉军事展厅"两大部分。建筑简朴厚重，反映了汉代建筑的特征，与周围环境相配合，创造了一个形式简洁、空间丰富的博物馆建筑，改扩建工程应该说是自然环境和人文环境结合较好的一次实践。新建展厅使用空间丰富，设置有西汉军事展厅、临时展厅、多媒体厅、汉代乐舞厅等，满足了多种展示手段的需要。骑兵俑坑和马俑坑被淹没于水下，设计时却利用了这个特殊的地势，建设了水下兵马俑馆的奇特景观。改扩建工程较好地完成了改善文物保护条件、扩大陈展空间、丰富文物内涵的任务，可以说是对文物资源创造性保护和利用的成功范例。

楚王陵地宫灯光改造工程在保证安全的情况下，通过设计灯光艺术效果，加深了地宫深邃的历史感，引发观众的好奇心和求知欲，提高了展览水平。

三 根据考古遗址的内涵进一步扩大展示范围

汉墓、汉俑、汉画像石被誉为"汉代三绝"。徐州是汉画像石的发源地和分布最为集中的地区之一，风格鲜明，独树一帜，具有重要的文化艺术价值。景区已经具备有汉墓、汉俑的文物资源优势，如再将汉画像石容纳进来，建设成为囊括"汉代三绝"的汉文化遗存集萃地，必将进一步有效整合徐州的汉文化资源，使徐州汉文化散发出更加璀璨耀眼的光芒。正是依据全面呈现徐州汉文化内涵的指导思想，规划建设了文化交流中心来承担陈列汉画像石的任务。文化交流中心由清华大学建筑设计院设计，背靠骆驼山，前临狮子潭，是一座因地制宜的干栏式建筑，古朴厚重，除了展示汉画像石外，还具有会议、接待等多重功能。

此外，汉文化广场、刘氏宗祠等景点的建设也是以展示汉文化为宗旨的，它们创造出浓郁的汉文化氛围，可以说都是遗址内涵的进一步扩展。

四 景区内其他建筑设施的设计力求 紧密围绕汉风主题以统一其文化风格

遗址展厅改造工程的完成，改善了文物的保存环境、扩大了展室空间、丰富了遗址内涵，实践了自然环境和人文环境较好的结合，为提高展览水平和服务工作创造了较好的条件。同时，为了保持景区文化风格的统一性，在景区内其他建筑设施的设计上，我们力求紧密围绕汉风主题，使周边均具有相应的缓冲区，与景区主体建筑风格相协调，景观效果良好。功能性建筑（变电站、翻水站等）选址隐蔽，均设置在非游览道路上，它们在充分发挥作用的同时，不破坏景观的协调性与美感，达到了整个景区风格的和谐和统一。

五 注意生态环境的保护

注意生态环境的保护，使自然环境与人文环境有机结合，相得益彰。景区建设始终贯彻可持续发展的原则，追求社会效益、经济效益与环境效益的结合。大面积恢复遭采石破坏的山体，同时大量植树造林，形成以秋叶为主的自然景观，并进一步制定了景区长期绿化规划。自然植被的恢复与优化不但改善了遗址的保存条件，减轻山体渗水对遗址带来的破坏作用，还美化了城市环境，吸引了更多游客，带来了更好的经济效益。

正是有了正确的指导思想，一切建设以遗址内涵为中心，将人文景观与自然环境有机结合，景区一期工程取得了较好的效果，2006年被评为"中国环境艺术示范工程"，2007年又被评为国家4A级景区。

在总结一期工程经验和教训的基础上，我们又制定了二期规划，主要以竹林寺的佛教文化为代表。

竹林寺本位于狮子山主峰西侧，始建于东晋时期，古时与云龙山兴化寺齐名，是为纪念中国历史上第一位比丘尼——净检法师而建，距今已有一千六百余年历史，20世纪40年代毁于战乱。竹林寺在佛教史上具有重要的地位，尤其韦驮菩萨从日本回归，更凸显了特别的文化价值。

在狮子山楚王陵发掘过程中，出土了与竹林寺有关的基址和坐缸等文物。竹林寺本在景区范围内，与景区渊源颇深，因此重建竹林寺被列入了景区二期项目，其规划设计的指导思想是展示汉传佛教的历史风采，将景区汉代文化内涵的扩展到汉民族文化。

考虑到景区内遗址和文物的保护，佛寺的重建地点选在了羊龟山北侧的骆驼山上。佛寺的设计与一般的寺院有所不同，而是因地制宜，除了一般的佛殿之外还特别兴建了刘英和笮融纪念阁，以及西汉墓遗址展示区，与景区汉文化主题相呼应。

刘英本是东汉光武帝刘秀之子，汉明帝刘庄的同父异母的弟弟，被封为楚王，都于彭城。他晚年喜好黄老道学，信奉佛教，并建造佛寺，供养西域高僧，举行礼佛、祭佛活动，开创了以徐州为中心的东部地区佛教流传的局面。楚王刘英是个于徐州、于佛教都有重要意义的人物，而且又是汉代诸侯王，为其建造纪念阁既体现了汉文化又体现了佛教文化的内涵。笮融是另一位在佛教发展史上有重要影响的人物，东汉末年在徐州至扬州一带大规模崇佛，修建豪华佛寺，铸造金铜大佛，并举行浴佛节，招揽信徒。其崇佛活动奠定了中国寺庙大型佛事活动的基础。这两个纪念阁以展示徐淮地区的佛教史为背景，从一个侧面反映汉传佛教在徐淮地区发展的过程。

在竹林寺施工过程中，于骆驼山山脊中西部发现了一座完整的西汉时期的竖穴崖洞墓，墓室结构呈"L"形，形制奇特，雕凿精细。该墓南距楚王陵仅880米，推测墓主为狮子山楚王近臣或管理陵园的官吏。为了更好展示这座西汉墓，决定在原址上就地对其进行保护和展示，以使游客能亲身体验考古现场，增强对历史的感受。

竹林寺的建设，吸取了一期的成功经验，更注重设计中的人性化因素，注重细节，注重生态环境的保护和利用。竹林寺的重修不仅恢复了景区内原有的历史风貌，而且极大地丰富了景区的文化内涵，吸引游客，提升人气，对弘扬祖国传统文化，构建当前的和谐社会都有积极的推动作用。

为了进一步挖掘汉代文化的内涵，生动形象地展示汉代灿烂文化，增强文化旅游的体验性和互动性，景区还规划了"汉画大道"的三期工程，该工程已列入徐州市2009年重点工程项目。该项目完成后，景区将呈现出一幅立体的汉代历史画卷，成为集"两汉三绝"为一体、最具代表性的国内外著名汉文化旅游中心。

无论是一期、二期，还是即将实施的三期工程，其核心内容都是楚王陵园遗址的文化内涵，多层次多方位展示其文化内涵。因此，整个景区在风格上是统一的、协调的。

徐州汉文化景区的实践加深了我们对建设文化景区的理解，促进我们对其进行深层思考。景区是一个以考古遗址和文物为基础的单位，一切建设都必须以保护文物为前提，一切建设都要围绕文物的文化内涵展开，以丰富和深化其文化内涵为中心，在做好景区建设的同时还要注重发挥景区的社会效益和经济效益，为社会发展做出更多贡献。在实践中，我们更深刻理解了文物保护与发展旅游之间的关系。虽然目前出现了不少急功近利忽视文物保护的短视行为，但不能因噎废食。这两者的关系在根本上是相互依存、相互促进的。文物的妥善保护和合理利用是旅游业最好、最持久的重要资源。在建设景区的实践中，我们将保护文物与创造更好的旅游环境结合起来，比如兵马俑馆改扩建工程，施工时就肩负着解决山体渗水、改善兵马俑保存条件的重任，而其简洁富有创造性的建筑又使文物内涵得到升华，同时创造了更好的参观环境，吸引了游客，促进了旅游事业的发展。旅游事业带来的收入又有相当一部分返还到文物保护中，从而形成良性循环。

文物是我们从事科学研究、进行爱国主义教育、建设社会主义精神文明和物质文明的珍贵文化资源。把它的价值和功能充分展现出来，就是"合理利用"的基本内涵。合理利用有的产生社会效益，有的产生经济效益，更多的情形是两种效益兼收，徐州汉文化景区的实践就很好地做到了这一点。一方面，景区的建设传播了科学文化知识，发挥了历史爱国主义教育的作用，从而提高了公民科学文化素质；同时增加了城市绿化面积，为市民提供了休闲的去外、提高了市民生活质量，提升了城市文化品位，极大地满足了社会服务功能，取得了良好的社会效益。另一方面，发展旅游业促进了文物资源内涵的深层次挖掘，进一步提升了文物的社会影响力和市场价值，对带动地方经济的发展起到了积极作用。无论是社会效益还是经济效益，都会唤起人们对文物的热爱，加深对文物价值的理解，从而直接或间接地起到保护文物的作用。

徐州汉文化景区在一期和二期实践的基础上，发展思路、操作理念走向成熟，也必将更好地完成自己的历史任务，不负祖先留下的丰富遗产，使其发扬光大，走向世界。

原载《中国博物馆学会考古与遗址博物馆专业委员会成立大会论文集》，西北大学出版社，2010年

遗址博物馆与城市建设和谐发展初探

——以徐州汉文化景区的发展为例

遗址博物馆以其内在的独特性，已经成为博物馆大家族中一个独立的分支。关于遗址博物馆的详细定义，学术界大体上已经形成共识，即在古代文化遗址上建立的针对该遗址文化进行发掘、保护、研究、陈列的专门性博物馆。

自1958年我国第一座遗址博物馆——半坡博物馆建成，至今已过半个多世纪，半个多世纪以来，中国的博物馆事业有了长足的发展。《中国大百科全书》有载，截至1989年全国遗址博物馆数量为40余座。以江苏省为例，至2009年全省共有地市级以上博物馆51座，其中遗址博物馆6座。

随着国民经济的迅速发展，博物馆作为社会文化体系中"文化殿堂"的重要角色，越来越受到整个社会的关注。政府在博物馆事业上的投资也越来越多、越来越落到实处，各市、县新建或翻建了一大批博物馆。遗址博物馆作为博物馆大家族的一支，也获得了很大的发展机遇。自2008年，全国博物馆（遗址类博物馆除外）全面推广实行了免费开放，博物馆的事业支出由地方财政承担，体现了国家对博物馆社会教育职能的重视，更激发了广大普通民众走进博物馆的热情。

但是，遗址博物馆暂未列入免费开放的范围。而且由于地域经济发展的不平衡，很多遗址博物馆还处在比较艰难的境地。这种困境很大程度上源于遗址博物馆自身的特点。

遗址是断代的、专题的、唯一的。遗址的内涵是丰富的甚至复杂的，更是充满独特魅力的。但遗址外表的单一性在普通观众看来缺少变化和"新鲜感"，陈展形式的单一性使得遗址博物馆的内容相对固定，对参观过的普通观众再次走进遗址博物馆的吸引力相对较小。要展现遗址丰富的多层面的内涵，更好地发挥社会文化教育功能，遗址类博物馆必须努力提升自身的策展及服务能力。管理体制的改善，基础建设的投入，陈展形式的提升，服务软件的建立和提升，高素质宣教队伍的培养，旅游产品的开发，特色文化旅游活动等都应成为遗址博物馆提升内力的方向。

遗址博物馆的选址是固定的，即为原址，不可移动。对于位于城市核心区域内的遗址博物馆来说，其生存往往受到极大的挑战。城市在飞速发展的基础建设过程中要扩展，能否实现遗址保护与城市建设之间的和谐发展，是一个长久的有待深入探索和实践的课题。

徐州汉文化景区是一处依托狮子山西汉楚王陵及其陪葬汉兵马俑坑两处全国重点文物保护单位建立的，以汉文化为主题的遗址公园。自1985年徐州汉兵马俑博物馆建成至今，汉文化景区遗址公园历经二十多年的艰辛发展，其间有困难和挑战，也有机遇和探索。

1984年12月初，徐州市砖瓦厂在东郊狮子山西麓取土时，发现了大量古代彩绘陶兵马俑。经发掘证实，这是一处汉代兵马俑坑遗址。遗址共有六座俑坑，现已发掘并部分清理的一、二号俑坑共计藏俑约2700件，数量众多，品类丰富，造型独特，军阵严整，颇有气势。1986年，在徐州狮子山兵马俑坑遗址原址上，一座遗址博物馆建成并对外开放，定名为徐州汉兵马俑博物馆。

考古工作者根据汉兵马俑坑遗址这条线索，经过六年的不懈努力，于1991年7月12日发现了汉兵马俑坑的主人之墓——狮子山楚王墓。狮子山楚王墓于1995年初完成发掘，该墓规模宏大，由墓道、天井、内墓道、甬道、耳室、侧室、棺室及陪葬墓等部分组成，总长117、宽13.2米，面积约850平方米，凿石量约5100立方米。墓内出土的文物数量众多、品种丰富，创下中华人民共和国成立以来徐州地区文物出土数量和质量之最，仅铜钱一项就发现17.6万余枚，玉、金、银、铜、铁、陶器等共计2000余件（套），分别被国家、省、市级博物院和博物馆收藏。该墓所出金缕玉衣由4200余片上等和田玉片穿缀而成，为迄今全国所发现的玉衣中玉片数量最多，质量最精的一件。自1995年9月正式对外开放以来，狮子山楚王墓先后接待过一大批党和国家领导人、著名专家学者及外国领导人，每年游客量约20万人次。先后荣获"1995年度全国十大考古新发现""全国重点文物保护单位""中国20世纪100项考古大发现"等称号。1996年，国务院公布狮子山楚王陵、汉兵马俑陪葬坑为全国重点文物保护单位。

由于兵马俑坑遗址和狮子山楚王墓发掘前后相隔10年之久，原本一个遗址的两个重要组成部分变成了两个相对独立的个体。楚王陵、兵马俑都是陵园的重要组成部分，只有把它们放在楚王陵园的背景中，透过与其他文物遗存的关系，其所包含的丰富的历史文化信息才能呈现出来。此外，汉代建筑材料如筒瓦、板瓦等在陵园中多有发现，在狮子山北面的羊龟山上发现了楚王后陵，羊龟山西坡出土了贵族陪葬墓，而陵园东侧又发现大量陪葬坑，各种迹象表明这里是一处完整的楚王陵园。庞大的楚王陵园是楚王替自己准备的死后栖身之所，体现了诸侯王与山河同辉、与天地同在的生死观，反映了楚王国的经济、军事情况，以及与中央的关系。各种陪葬墓、陪葬坑体现了死者生前的身份级别，反映了当时的等级秩序以及社会制度。为了更好地发挥文物资源的优势，充分保护和展示文物的文化内涵，发挥其社会、经济效益，以楚王陵、兵马俑为依托，由点到线再到面，建设1200亩汉文化遗址公园的构想逐渐清晰。

这一建设规划所面对的阻力是巨大的，涉及的巨大人力、财力的投入是遗址博物馆自身无法解决的。汉文化景区作为遗址博物馆的管理者，既是景区建设的策划者，也是具体实施者，面对巨大的压力，科学周密的规划和无畏的开拓精神成为坚定的信心之源。

与一般综合性博物馆相比较而言，遗址博物馆的文化内涵直接展现某一段历史时期内该地区或城市的文化面貌，往往是某个城市文化底蕴的代表。在社会主义社会两个文明建设中，由遗址文化所散发的深厚的文化底蕴，理应成为城市精神文明建设中浓墨重彩的一笔。可现实情况是，在城市发展与遗址保护这个矛盾中，遗址博物馆往往处于被动的境地。城市建设能否为发挥文化遗址的内涵作用留有空间，地方财政能否向遗址文化保护方面倾斜，客观上完全取决于地方政府的认知程度。汉文化景区幸运地遇到了巨大的机遇。徐州作为老工业基地和重工业制造业、区域煤炭钢铁基地，在近几年的发展中积极谋求转变，在积极将老工业基地向高新产业基地转型的同时，深刻意识到徐州作为历史文化名城的内涵价值，也着力突出汉文化作为城市的气质和内蕴。汉文化景区的建设构想给城市建设主持者——政府提供了重要的具体参考，而政府的积极介入也起到了主导作用。

2004年，徐州市委、市政府提出了加大旅游资源整合开发力度、加快旅游业发展的意见，要求打造特色鲜明、功能齐全的旅游板块。2005年，市委、市政府以科学发展观和建设和谐社会为发展思路，决定在东部城区围绕楚王陵陵园遗址，建设集"两汉三绝"于一体的汉文化景区综合旅游板块，并将其列为市政重点工程。徐州市云龙区按照市委、市政府"既保护又利用"和"高起点规划、高水平建设，塑造精品、打造亮点"的总体要求，围绕"传承汉代文明，弘扬民族精神"这一主题，强化领导，统筹谋划，周密部署，加大资金投入，精细组织施工。

规划建设如此巨大规模的遗址保护区必然涉及遗址建设控制地带内的相当数量的厂房和居民拆迁，这是一项关乎民生的重大事件。遗址规划与民生问题能否妥善解决，直接关系到楚王陵园遗址保护规划能否顺利实施。20世纪80年代末，狮子山周边地区人口稠密，甚至狮子山山坡上也是民房遍布。景区工程共需拆迁居民1000余户，企业27家。为解决遗址保护与民生的问题，徐州市政府在狮子山以东1000米外的区域相继规划建设了三个安置居住小区，住房总面积达到200万平方米，不仅妥善解决了遗址范围内的居民拆迁安置问题，同时也逐渐在狮子山以东地区形成了一个拥有30万常住人口的城市次中心，为汉文化景区的综合开发提供了必要的社会环境与经济条件。

徐州汉文化景区大体以狮子山楚王陵陵园遗址范围为界，东至三环路，南至陇海铁路，西至津浦东路，北至和平路延长段，位于徐州市新老城区的结合部，总规划占地面积1200亩。景区由清华大学建筑设计院胡绍学大师领衔，按照国家4A级旅游景区标准设计，是以汉文化为特色，集历史博览、园林景观、旅游休闲于一体的精品旅游区和城市生态公园。目前已经建成的是景区一期工程，占地660亩，总投资2.3亿元，分核心区和外延区。核心区主要以"两汉文化"——狮子山楚王陵、汉兵马俑、汉文化交流中心三个博物馆和羊龟山展亭（王后陵）、水下兵马俑博物馆为代表，通过对历史文化资源的进一步挖掘、修复和保护，重现汉文化精髓；外延区包括汉文化广场、市民休闲广场、棋茶苑、亲水平台、滑草场等。汉文化景区自2006年5月开放以来，取得了显著的经济效益和社会效益，直接安排就业228人，间接安排就业366人，日接待游客2000余人次。

二期工程主要以竹林寺、刘氏宗祠为代表。在二期工程的建设中，更注重设计中的人性化因素，注重细节，注重生态环境的保护和利用。

文物资源及环境是景区的生命线，两者的和谐才能体现出遗址保护的升华。徐州汉文化景区建设在规划之初就注重协调性的体现，周边景点、设施、绿化无不注重协调美观，主体建筑为仿汉风格，游步道蜿蜒曲折、错落有致。绿化与园林设计首先重点保护了四片原生态林木区，同时考虑相应的隔离带，林果繁茂，四季常青，形成景区独具特色的缓冲带。建筑物融入自然景观，与自然景观相映成趣。景区多年以绿化与美化为宗旨，广植花草竹木，并以四季有花，季季常青为基调，制定了景区长期绿化美化规划。

城市建设中政府对于文化遗产的重视与保护、投资和挖掘，也为城市自身发展取得了意想不到的收益。汉文化景区的建设投入了大量的财力和物力，将狮子山楚王陵遗址整体面貌完好地保存了下来，并且以华丽的姿态予以展现，遗址博物馆作为城市文化名片的良好效应因此逐渐显露。随着城市整体面貌的提升、文化底蕴的显现，城市的投资环境也大幅改善。2007年，中国上海世茂集团看到了徐州历史文化名城在新世纪之初焕发出的勃勃生机，看中了徐州汉文化景区显现的城市文化内涵，遂以汉文化景区为区位中心，投资开发高档房地产项目"世茂·汉之源"。该项目位于楚王陵遗址建设控制地带以西，占地1039亩，总投资达40亿元，将建设一个高档酒店、25万平方米的商业步行街、一个开放式的市民广场和120万平方米的高档住宅。该项目建成后，将使紧邻楚王陵遗址西界的十余所工业设施及大面积棚户区的拆迁得到妥善安置，进一步改善楚王陵遗址周边环境，突出位于未来城市中心的遗址公园的综合服务功能，大大改善市民的生活环境。可以说景区的建设在城市化发展的进程中，不但解决了遗址建设控制地带保留与民生的重大问题，更是迎来了前所未有的巨大发展机遇。

2009年底，国家文物局发布了《国家考古遗址公园管理办法（试行）》（以下简称《办法》），《办法》提出了详细的指导意见，对遗址公园的外部环境、内部软硬件建设都给出了指导性标准。建设国家考古遗址公园的指导意见一方面是当前整个社会对遗址博物馆或保护机构工作的一项具体要求，另一方面也是对近三十年来我国遗址博物馆发展先进经验的阶段性总结。国家考古遗址公园建设的要求已然成为现阶段遗址博物馆发展的良好契机，可以将"国家考古遗址公园"作为遗址博物馆阶段性的发展方向，总结好现阶段取得的宝贵成绩和经验，将指引我们更好地探索文物保护利用之路。

原载《江苏省博物馆学会2010学术年会论文集》，文物出版社，2011年（与贾飞合作）

珍宝馆展示策划方案纲要

前言

　　狮子山楚王陵墓坐北朝南，凿石为葬，穿山为藏，墓室嵌入山腹内深达百余米。其庞大的规模、恢宏的气势、奇特的建筑结构，无不令人叹为观止，完美体现了粗犷、雄浑、博大、超越的两汉时代精神。狮子山楚王陵不仅是人类物质和精神文明遗存的载体，还是一座埋藏丰富的地下文物宝库，它的发掘以其出土的众多国宝文物格外令人瞩目。墓主室虽经盗掘，但墓中依然出土各类随葬器物金缕玉衣、玉棺、玉器和金、银、铜、铁、陶、石、漆器等二千多件（套）。这些珍宝对研究汉代审美观念和社会礼仪，具有极重要的意义，为探索汉代伦理道德观念、丧葬制度、汉代社会生活、历史及文物考古提供了重要信息。让我们走进楚王珍宝馆，领略汉代楚王地下世界的珍奇神秘，感受汉代艺术气魄雄浑、丰满朴实的"大美"气象。

　　为进一步做深做厚汉文化，提升徐州汉文化景区融"两汉三绝"的文化展示、传播、教育功能，使游客能系统完整地了解汉文化精髓。经多方论证，特提出筹建珍宝馆，以完成打造集兵马俑、楚王陵、珍宝馆为一体的综合文化景区。

第一单元：95'中国十大考古新发现之首——楚王陵的发现与发掘

　　与同时代的其他诸侯王陵墓相比，狮子山楚王陵的墓葬形制具有楚王国的特点，是埋葬级别相当高的墓葬之一。虽遭盗掘，但墓道部分的三个耳室幸免于难，主体建筑部分的随葬品位置也基本保持原状。狮子山楚王陵出土的大量精美文物，较为系统地展示了西汉楚国的历史风貌，填补了中国汉初考古的大量空白，因而被称为中国"九五年十大考古新发现之首"。

第二单元：珍贵的地下文物宝库——珍宝解读

　　狮子山楚王墓虽经过盗掘，仍出土文物2000余件（套），西汉楚国厚葬之风由此可见一斑。楚王陵墓的随葬品形式复杂，数量众多，有实用器物和殉葬明器两大基本类别，随葬器物按质地来分有玉器、铜器、陶器、瓷器、铁器、漆器及其他杂器。

一　绝地通天：精美绝伦的美玉世界

狮子山楚王陵出土200多件精美绝伦的玉器，包括玉戈、螭龙玉饰等礼仪用玉，玉璧、玉璜、龙形佩等装饰用玉，玉衣、玉棺等丧葬用玉，饮食器类的卮、高足杯、耳杯等，印信类的玉印，带具类的玉带钩等生活用玉等。出土的玉衣、玉璧、玉璜、玉枕、玉佩、玉舞人、玉冲牙、玉蝉、玉豹等，均为千古绝唱。无论玉质、器形、纹饰，抑或意境，其精美的程度令人折服。精美绝伦的玉器，博大精深，凝无数能工巧匠的心血于方寸之间，悄然传递着我们的祖先对美和生命的追求和渴望。

二　以玉敛葬：金玉在九窍，则死者为之不朽

以玉敛葬，是西汉楚国王陵的重要特征，完善而又复杂的玉殓葬组合，构成鲜明的地域特色。玉殓葬组合即玉衣、玉棺、玉枕、玉塞、玉握等。其中玉衣是玉敛葬发展的高峰之作，成为汉代富有特色的葬玉。玉衣在使用中，往往与其他殓葬玉器配套使用。楚王使用制作玉衣作为殓葬衣服、并以玉衣为中心，形成一套完备的玉殓葬制度，改变了长期盛行的殓葬习俗，以期达到灵魂之永生。

三　厚资多藏：器用如生人，生活器具之延享

《礼记·中庸》载："事死如事生，事亡如事存，孝之至也。"汉代儒学昌盛，统治阶级提倡以孝治天下，厚葬在汉代可谓兴盛至极。汉代认为"人死辄为神鬼而有知"，事死如生，除了修建宫室一样的地下宫殿外，还随葬大量的器物，如铜器或陶制的各类日常生活用具，金钱财物，马兽鱼鳖，牛马虎豹等。狮子山汉墓劫余出土的铜钱币约有18万枚，铜印200余方，封泥80余枚，其他如铜铁兵器，饮食器、沐浴器等日常器具，几乎包括了楚王生前所使用的一切物品。恰因如此，使得今人得以窥见二千年前宫廷王室的生活具象，也获得一批工艺及内涵绝佳的宝物。

结束语：气魄深沉——楚王珍宝的大汉气象

作为西汉早期墓葬的杰出代表，狮子山楚王陵形制之特别，出土遗物之多，

文物珍品质量之高，是以往汉代考古中不曾多见的。该墓的发掘对于汉代文物考古、典章制度、社会历史等方面的研究皆具有重要意义。随葬的精美珍宝无不凝结着汉代人民的勤劳智慧，作为汉代艺术的杰出代表，这些文物卓然超群，有着后世空灵艺术所不能替代的丰满朴实的意境，突出表现了我们的祖先在征服自然过程中所流露出的对生命及美的感悟与追求。同时也充分体现了汉代人充沛的生命精气神与深邃的天人合一观念。由此我们可体会到汉代奋进、强健、博大的时代精神，正是汉代人对生命价值的渴求，方能成就充满活力和自信的大汉气象。

本文成稿于2010年3月

汉学大讲堂的规划设计

徐州汉文化景区是以汉文化为特色，集历史博览、园林景观、旅游休闲于一体的精品文化旅游区和城市生态公园。景区分核心区和外延区。核心区主要以"两汉文化"——狮子山楚王陵、汉兵马俑、汉画长廊三个博物馆、羊龟山展厅（王后陵）、水下兵马俑博物馆为代表，通过对历史文化资源的挖掘、修复和保护，重现汉文化精髓；外延区包括汉文化广场、汉传佛教竹林寺、刘氏宗祠、市民休闲广场、棋茶苑、亲水平台、滑草场等。景区规划设计获中国环境艺术委员会示范景区奖。景区主要建筑水下兵马俑博物馆及汉文化交流中心获中国建筑学会创作大奖等诸多奖项。景区建设融通古今，自然与人文相得益彰，获得多方好评。

为进一步完善景区的综合服务功能，进一步挖掘景区的文化内涵，我们规划在景区内兴建一座汉学大讲堂。徐州是汉高祖刘邦的故乡，是伟大汉王朝的桑梓地，也是璀璨汉文化的发源地。随着社会经济的飞速发展和城市现代化的高速推进，我们深刻意识到继承和发扬优秀传统文化的重要性。建设一个符合时代潮流、契合汉文化神韵的文化舞台是一个必然要求。汉学大讲堂是充实完善徐州市汉文化景区的重要文化设施和旅游设施，是完善文化景区景观的重要建筑，会大大丰富游客和市民参加文化活动和旅游观光的体验。拟通过对汉代乐舞文化的重塑，再现两汉文化的辉煌气魄，构建中国传统文化与现代文明的和谐乐章。

通过与设计方清华大学建筑设计研究院的深入沟通，该项目方案设计已完成。该项目位于徐州汉文化景区汉兵马俑博物馆南侧，用地面积：2080平方米，建筑面积4837.7平方米，停车场110辆左右，绿化率35%。方案在以下几个方面做了着重思考。

一，本方案作为徐州汉文化景区与城市道路的临界处，设计意向以城市干道轴线为基础，从而成为城市干道的对景，同时协调汉学讲堂南侧的酒店。使汉学讲堂成为汉文化景区出入口处的标志性导向。

二，以充分利用与尊重自然景观为前提，通过对视线的分析，设置观景展示长廊、观山平台。最大化地利用水景、山景。

三，充分考虑了与徐州汉文化景区与其环境的协调关系，特别是汉兵马俑博物馆、水下兵马俑博物馆、汉文化艺术馆及汉画长廊等重要建筑对汉学大讲堂的影响。方案以汉画像石长廊形式的延续作为出发点，利用新材质和建筑形态与环境协调。

四，主体建筑分为大讲堂、休息茶座、学术研究三部分。讲堂坐落在场地中心位置，是功能与方位的核心建筑，可作为汉学专家讲学或游客观赏汉代戏曲及歌舞的表演场所。大讲堂厅南侧设计为观众服务空间，设计有小讲堂、茶座及贵宾接待等功能。大讲堂北侧有对内办公、演出准备、学术研究等功能。

汉学大讲堂的建设对挖掘和展示两汉物质和非物质文化、增强景区文化内涵、提升景区综合功能将起到极大的作用。

本文写于2010年12月，是对徐州汉文化景区四期工程之汉学大讲堂的规划要求（与徐伟合作）

徐州汉兵马俑博物馆改扩建设计要求

徐州汉兵马俑博物馆位于狮子山楚王陵文化景区内，现有建筑是1985年兴建的临时建筑，为一层轻钢结构，面积约2000平方米，展厅内共4个俑坑。

根据狮子山楚王陵景区总体规划要求，为进一步加强文物保护、发掘和利用两汉文化的内涵，提升景区的整体形象和品味，丰富展出内容，更深入地开展两汉文化研究，决定对汉兵马俑博物馆进行改扩建。

新馆建筑面积约6000平方米，主体两层，主要功能为兵马俑展厅、古代军事展厅、临时展厅、半（全）景画馆、报告（录像）厅、办公、文物库房、文物鉴赏及修复室、综合娱乐区等。

作为遗址性博物馆，新馆的主题应突出兵马俑，应与楚王陵主墓构成景区的两个核心，并处理好与主墓的主从关系；与地域文化相结合，与主墓及将来发掘的王后墓共同组成与环境协调的博物馆群落建筑；新馆的设计应体现历史发展的延续性和深厚的两汉文化底蕴，反映本地区建筑技术和文化发展的先进水平。

设计应考虑采取可靠的技术措施，尽可能减少施工期间的闭馆时间；兵马俑展厅宜少设柱子，其他展厅的跨度不宜小于10米。

参观流线的设计拟按照：序厅→报告（录像）厅→兵马俑展厅→半（全）景画馆→古代军事展厅→大坝外侧的水下兵马俑博物馆的顺序组织。

应充分运用各种设计手法，创造丰富的空间序列和空间形态，充分利用顶光、侧光等富有变化的采光处理，创造出神秘变幻的光影空间效果，既节能环保，又能营造、渲染气氛，给人以强烈的心理感受。结合临水的自然条件，注意建筑内部与空间之间、内部与外部空间的穿插、渗透和流动，力求"小中见大"；宜考虑在建筑的适当位置保持与主墓、羊龟山、绣球山、骆驼山及整个楚王陵园及文化景区的视觉空间联系。

环境设计应注意室外空间的序列及层次，充分利用水面的优势。

应考虑空调机房、水泵房、变配电室、保安监控等主要设备用房的位置及安全性。

本文是2002年，作者担任狮子山楚王陵管理处处长和汉兵马俑博物馆馆长期间，对景区内汉兵马俑博物馆改扩建工程的设计要求

文化创意与博物馆藏品融合发展研究

一 文化创意与博物馆藏品

改革开放三十余年来，我国的经济快速发展，市场结构已经发生巨变，完成了从传统的商品经济向服务经济的转变。而当下正是从服务经济向体验经济过渡的重要时期，文化创意正是体验产业的重要范畴之一。文化创意产业以其高附加值、技术密集、高融合性、高回报率、高经济影响力、低污染、低消耗等特点，作为知识经济社会中新型财富创造形式，引起了国际社会的普遍关注与重视，并迅速成为各国经济转型与产业结构调整的新宠。在这一转型与调整过程中，不仅作为经济实体单位的企业纷纷挖掘开发，利用文化资源走上文化创意产业之路，很多文化机构也参与其中。

博物馆作为特殊的文化机构，以其特有的文化资源承担着服务公众的基本功能。而对文化创意产业方兴未艾的新局面，在新博物馆学体验经济理论等思潮的影响下，博物馆行业对传统的运营模式进行积极的反思，开始探索文化创意产业的可行性。发展文化创意产业博物馆有着得天独厚的资源。目前中国的各类博物馆有2200多家，该数字每年还在以5%左右的速度增加。在博物馆事业蓬勃发展的同时，最直接的问题也凸显出来，一方面博物馆藏品"高大上"，却单一、固化，缺少活力，另一方面观众或走马观花心态像"春游"，或想深入了解但不解馋。2014年国际博物馆日中文版主题是"博物馆藏品架起沟通的桥梁"。如何让博物馆里静态的藏品活起来，贴近观众、沟通观众，让博物馆像电影《博物馆奇妙夜》那样为观众所喜爱，真正实现博物馆的社会教育功能，并将文化创意与博物馆藏品更好地融合，已成为目前博物馆发展的一大重要课题。

二 文化创意与博物馆藏品融合的意义

1. 《博物馆条例》的推动

2015年我国《博物馆条例》的颁布为博物馆文化创意产业的发展指明了方向，给博物馆文创工作提供新的动力。其第三十四条明确指出"国家鼓励博物馆挖掘藏品内涵，与文化创意、旅游等相关产业相结合，开发衍生产品，增强博物馆发展能力"。说明博物馆事业既要做好文物收藏管理等工作，也对博物馆满足社会公众文化消费需求的能力提出了更高的要求。

2.国际上成功案例

作为博物馆传播知识，服务公众的重要手段，利用藏品开发文创产品，早已是全世界博物馆通行的做法。国际上经营得比较成功的博物馆商店多以丰富多样的商品种类、轻松亲切的人性化展陈氛围见长，在保留了历史沧桑感和文化厚重感的同时，跳脱出了传统意义上博物馆严肃、沉闷的形象。

（1）以伦敦大英博物馆为代表的英国博物馆

在英国，博物馆文化产品开发与文化产业发展息息相关。经过多年的努力，英国的文化产业取得了令人瞩目的成绩，甚至可以说是整个欧洲文化产业发展得最好的。到2002年，其文化产业业绩已占英国GDP产值的8%左右。英国文化产业发展取得的巨大成绩是与政府的政策支持和资金投入分不开的。仅国家财政每年拨付英国文化部用于发展相关文化产业的经费就达约10亿英镑。另外，英国文化部每年还可从所管理的相关彩票发行中获得数亿英镑的收益，这些钱大部分都被用来发展文化产业。英国政府将博物馆行业也列入文化产业振兴发展的范围之内。在英国，博物馆开设商店出售其文化产品以获得经济利益，扩大博物馆的社会影响力，已成为一种常例。博物馆的商业运作和市场营销进而成为一个独立的学科或课题。

英国最知名的博物馆就是大英博物馆。这座被称为世界三大博物馆之一的艺术宝库，每天都吸引着数以万计的观众前来参观。大英博物馆于1753年成立，是世界上第一个国家级别的公共博物馆，是基于收藏家汉斯·斯隆的收藏而建立的。在这座占地为5万多平方米的建筑当中，大中庭无疑是最知名的一个景点，是欧洲最大的有顶广场。广场中央以圆柱形的围墙将图书馆围起，墙边一周正是大英博物馆商店，这样的弧形构造，使得在大中庭的观众都能看到商店的位置，而且可以很轻易地浏览到各种商品。大英博物馆商店的文化产品种类丰富多样，几乎遍及每个人生活的方方面面，小到铅笔，大到珠宝首饰。文化产品会围绕着博物馆藏最知名的几个作品来进行生产，如罗赛塔石碑、刘易斯岛的象棋、葛氏北斋的浮世绘、埃及的河马雕塑等。仅罗赛塔石碑的衍生品就有二十余种之多，包括U盘、钥匙链、钱包、雨伞、衬衫、杯子等。大英博物馆还利用自己馆藏丰富的优势来开发具有研究性质的文化产品，例如《100件事物中的世界历史》一书，就是以大英博物馆的馆藏为对象编写的一本历史书。此外，对于正在进行的特展都会有相应的文化产品推出。比如"从阿拉伯半岛到皇家阿斯科特赛马场"是一个关于英国马的特展，在展览的最后就会有一个空间作为该展览的商店，有各种关于马的书籍和手工艺品，都是以这个展览为主题专门生产的。

（2）台北故宫博物院

台北故宫博物院为了打破从前故宫给人威权、神秘的老印象，改以轻松、活泼甚至是和异业合作的模式，提出了将"博物馆结合生活美学"的新主张，不仅积极地开发更多的博物馆新商品，包括邀请新锐设计师参与设计生活商品，并与"法蓝瓷""Alessi"合作发行全球限量版纪念品等。企图借由商业合作，打开国际通路，行销全世界。

例如，台北故宫博物院把馆藏《富春山居图》，"翠玉白菜"等镇馆藏品，研发成受观众欢迎的各式生活用品，让参观者在津津乐道欣赏和喜闻乐见购买的同时，留下对馆藏文物的难忘印象。其中仅"翠玉白菜"的创意衍生产品就多达200余种，有"翠玉白菜"造型晶莹剔透的U盘，可爱的"白菜头"铅笔，还有装了一肚子特制台湾地区蜜饯的"白菜罐"，设计别致的白菜伞，产品囊括了生活各个方面，产品设计新颖实用，将博物馆藏品与文化创意完美的融合到了现实生活中。2011年台北故宫博物院仅"翠玉白菜"创意类衍生产品的销售额就达到了1.2亿元新台币。在具体实践操作层面，他们特别设立了文创行销处。目前已与90余家经销商签约，积极开拓销售据点，开展了下列措施：①逐步朝向区域经销商发展，并透过区域经销商的现有通路开发新通路，以达成有效拓展销售据点的目标；②与出版品经销商合作，借助各项书展活动成立台北故宫博物院专区，并积极寻求合作伙伴、广征优良经销商；③不定期办理各项促销活动，积极推广台北故宫博物院出版品；④配合台北故宫博物院员工消费合作社节日所办理的各项促销活动，有效降低库存量。

（3）纽约现代艺术博物馆和大都会艺术博物馆

作为现代艺术的先锋，纽约现代艺术博物馆（MOMA）在博物馆馆内和馆外Spring街苏荷区开设了共3家自营的艺术商店MOMAStore。游客在这里可以买到艺术品、书签、生活小摆件、手提包、装饰品等以MOMA命名的系列商品。"MOMAStore实际上就是MOMA收藏的一个衍生展台"，MOMAStore零售部主任邦尼·麦凯说，"店里的很多东西都是MOMA收藏的设计品，同时我们也非常注重材料的创新使用。"MOMAStore主打的口号是"买得起的艺术"，这大大吸引了对艺术有兴趣但是资金实力不够或者纯粹出于装饰需求和好奇心的顾客。

MOMA官网上的MOMAStore对MOMA元素衍生品做了更细致的分类，包含日常起居用品、办公用品、绘画、图书、珠宝、儿童用品等各个门类，人们可以很方便地在线买到自己心仪的衍生品。MOMAStore收入在2007年统计的财务报表已是1.7亿美元，可见MOMA元素衍生品的开发和营销已产生了巨大的效益。而MOMAStore的真正价值并不仅局限于摆放在博物馆中的固定物件，更在于其宣扬的概念所产生的商业效应及其延展的商业销售链，在于它充分地让前卫与艺术作为标志，让人提到相似概念时就不由自主地用它来直接代替，借由这些文创衍生品将艺术的灵魂渗透进生活的方方面面。

大都会艺术博物馆是另外一个创新性案例。作为美国最大的艺术博物馆的商店，商店的每件商品都是经过博物馆的艺术家、历史学家、设计师仔细研究，由专家操作以确保最大可能地模仿原作，例如依照数幅名画里人物所戴的项链样式开发的女性饰品系列。衍生品开发，从设计到营销都很有章法：仅在纽约市就有大都会艺术博物馆商店外的8家分店，同时还设有澳大利亚、日本、墨西哥及泰国等地11家海外分店；根据圣诞节礼品市场特点，每年5月必请几十位设计师从馆藏文物中挑选元素设计新品、10月开始陆续推出；针对企业的礼品定制服务也已经推向市场。

除了实体商店，大都会艺术博物馆还拓展了线上商店为消费者提供2000种以上的相关产品，为会员提供网购及邮购服务，并结合现场消费提供各种优惠政策。文创衍生品商店经营模式，是对大都会艺术博物馆品牌形象的延伸，让观众把美的体验带回家；也是公共服务和美术教育的一部分，以产品延续服务与教育；更是品牌建立的一个重要组成部分，以产品丰富品牌内涵。

纽约两大博物馆案例展现给我们的，不仅是文创衍生品对博物馆品牌内涵的拓展，更是经过策略性的定位、组织、开发、营销和运营后，文创衍生品对博物馆品牌提升的附加值，是对文创衍生品科技性和创新性的最佳诠释。

3.融合的意义——"把博物馆带回家"

博物馆商店被称为博物馆的"最后一个展厅"，在这里，观众对展品的兴趣和认同可以通过文创商品转化为文化消费。这些通过文化创意与博物馆藏品融合开发出来的精美文创产品，不仅满足了游客"留念想"的消费需求，也延续了文物藏品的生命力，成为传统文化的承载者和传播者，是博物馆公众服务体系不可或缺的重要环节，其地位与作用不容忽视。让观众能看得上，买得起，并把"博物馆带回家"！

三　文化创意与博物馆藏品融合发展的途径与模式

博物馆的研究成果是藏品的历史、艺术、科技等领域的价值的深度挖掘，是提供深层次、高品位旅游产品的基础。中国的旅游市场慢慢成熟，人们在旅游过程中对文化性休闲和知识性消费的需求迅速提高，很多文化旅游景点正在遭遇旅游产品"深度"开发不足的发展瓶颈。

对文物和文化深入的研究是博物馆开发文化休闲旅游产品得天独厚的优势，来博物馆的游客中不可否认的存在相当数量的因猎奇心理而单纯看一看的普通观光者，但

"中坚力量"还是那些文化爱好者，他们中很多人是有备而来的，甚至对某一专项的研究已经接近专业水平。他们对于文创产品的需求，更加讲求文化与内涵。

博物馆之所以成为民间收藏家和爱好者们喜爱的聚集地，是因为收藏的品质和数量占据一定优势。博物馆对于藏品的研究和分析力量也具有绝对优势。博物馆的研究人员对于藏品进行系列研究是工作内容之一，研究成果具有权威性。如何把这些研究成果提炼出关键元素揉入文创产品内，与观众分享研究成果，是目前文创设计要考虑的首要因素。

1.配合展览进行文创产品开发

举办陈列展览是博物馆"服务大众，诠释历史"的重要途径。一个优秀的陈列展览，可以使博物馆真正成为社会民众分享群体记忆、联通历史和未来的公共空间。长期以来，博物馆事业与博物馆商店发展很不平衡，传统的博物馆商店出售的文创产品与博物馆自身的馆藏品及展览主题关联性较低，许多博物馆未能将博物馆商店与博物馆展览陈列的地位作用等同，让其处于可有可无的边缘角色，更谈不上形成互为依存的完整服务体系。

南京博物院于2012年新馆落成之际，配合展览开发了几百种文创产品。例如，展览中的江苏盱眙大云山江都王陵是2011年度全国十大考古新发现，出土大量珍贵文物。文创部设计师经过前期挑选，选取寓意着男女双方永结同心，永不相忘之意的"长毋相忘银带钩"为创意出发点，设计开发出了包括情侣T恤、书籍、环保文具套装、环保纸胶带、护眼灯、复仿制品等等一系列13种文创产品。2015年南京博物院在8月举办"温婉——古代女性文物大展"，在展览前半年，文创部设计师筛选展览提纲，并提取两件慈禧太后御用大雅斋瓷器作为开发重心，并形成新的系列产品。截至展览前共开发系列产品15个品种，极大地满足了观众的历史知识的拓展及现实生活的需求，同时也为展览做出极好的延伸补充。

2.配合馆藏精品的文创产品开发

博物馆都会有一件或数件重量级的国宝，即镇馆之宝，其必然会成为文创产品开发的重要素材。例如，南京博物院为六朝时期"竹林七贤画像砖"设计开发出一系列Q版主题形象产品，"竹林七贤"为魏晋时期常一起游于竹林之下的一群名士。在产品开发前期，文创人员翻阅历史典籍，对历史人物的衣着服饰、日常器物以及生活习俗都做了详细的了解。并把画出来的草图给历史专家指正，反复修改直至最后定稿。采用夸张形象的卡通手法把这群名士各自的不同坐姿、神态动作、面部表情都刻画的惟妙惟肖，将"竹林七贤"的历史典故以故事场景的形式展示给观众，让顾客更有了解和购买的欲望，相应文创产品深受少年儿童喜爱，影响及教育意义深远。

3.配合十二生肖展览的文创产品开发

南京博物院每年都会策划一场生肖文物特展，并围绕生肖展览进行了配套文创产品的设计开发。例如2015年的"大吉羊——南京博物院藏羊文物精品展"，文化创意部就挑选了造型可爱的六朝"青瓷羊"，开发了耳扒、杯垫、刨笔刀、储蓄罐、儿童益智拼图以及复仿制品等10余种文创商品。生肖系列产品受众面比较广，开发意义较大，仅2015年春节期间，产品的销售就达1万余件。其中，最受欢迎的是羊型刨笔刀、羊型橡皮擦和卡通冰箱贴等贴近日常生活的文具用品。

4.依托重大节日的文创产品开发

一年一度的节日既是观众参观博物馆的好时机，同时也是博物馆商店销售文创产品的好时机。为配合宣传梅花节，促进南京国际梅花节旅游商品的开发，我们借鉴了清代同治年间的"黄地粉彩喜鹊登梅纹盘"中的图案纹饰，成功开发出独具特色的"喜上眉梢伞"。考虑到原瓷器上图案为满幅循环式，遂将图案进行重组，并勾勒出不同造型，使之各部分相互呼应，富有动感。此伞富贵大气，广受好评，曾荣获2014年南京市旅游局举办的"南京市旅游纪念品设计大赛"二等奖。

5.非遗与文创的结合

非物质文化遗产是指各种以非物质形态存在的与群众生活密切相关、世代相承的传统文化表现形式。非物质文化遗产是以人为本的活态文化遗产，它强调的是以人为核心的技艺、经验、精神，其特点是活态流变。将非遗与文化创意结合能让观众更好地熟悉中华历史、更好地传承中华文明、更好地弘扬中华文化，不断激发民族自豪感和爱国热情。为了配合非遗展览，南京博物院文创部开发了包括皮影、云锦、刺绣、核雕等等非遗类文创产品。其中将黄公望《富春大岭图》以紫砂的形式把画中的意境表现出来，是非遗与文创结合的很好体现。

6.走入寻常百姓家

博物馆文化产品的开发，是博物馆扩大其影响力的重要途径，很多知名博物馆都看好文化产业，并致力于开发的深入，经营的完善，将其作为延展教育的重要途径。需要注意的是，博物馆的文化产品开发应以消费者的需求为导向，改变以博物馆纪念品价格高不可攀，普通人不敢问津的局面，充分注重高档化和平民化结合，同时兼顾实用性。一方面要因地制宜，开发出具有地域和民族历史文化特色的高档次、高品位的文化产品，以满足外事活动馈赠、研究鉴赏等需求，另一方面还应考虑大众需求，开发低成本、低价位的文化纪念品，满足普通观众的需求。

南京博物院文创部在设计当初，对于文创产品的构架进行了明确地分配，以"7：2：1"的比例来考虑提供各类人群的需求。其中七成为低价位大众消费商品，以钥匙扣、纸胶带、铅笔、擦皮、笔记本、化妆镜、玩具等为主，价格在

几元到五十元区间；二成为中档商品，各种丝巾、包袋、茶具、香具、珠串、服饰、灯具、黄酒等适合节庆或商务送礼，或者自备使用；一成为高档精品，高仿的瓷器、青铜器、复制书画等，与著名工艺师合作的产品具有很高的收藏价值。这里可以看出南京博物院走的是亲民的文创路线，为大众服务的鲜明特色。旅游商品虽是博物馆商店中必不可少的类别，但就这样的小金额商品，设计师们也倾注了心血，增强其实用性，提高其品质，降低成本让利于观众。

青少年是文化队伍的预备军，是文化传承的希望。为了让他们在参观博物馆之余，愿意接近文物，接近博物馆，觉得文物不再是不可接近的老古董，博物馆不再是枯燥无趣的展柜，南京博物院文创部还特别为青少年学生们设计了多款文具、明信片、益智玩具、毛绒玩具等主题系列，丰富了学生们的课余生活，寓教于乐。

7.打造文化精品，做大做强博物馆自身品牌（江苏省博物馆商店联盟）

品牌是一种无形资产，其力量是不可低估的，博物馆在发展文化产业的同时，应注重梳理品牌意识，提高知名度。

为扩大博物馆文化创意的影响力，2012年以南京博物院为依托，江苏省博物馆学会为纽带，江苏省长江文物艺术发展公司为市场运作核心，由江苏省各有关博物馆商店自愿加盟组成行业连锁战略联合体的"江苏省博物馆商店联盟"正式挂牌成立，商店联盟采用先进的连锁管理运营模式和市场营销理念，依据共同章程、规则，整合全省博物馆及其商店资源。联盟提供统一的商店形象，包括统一的商标、统一的环境布置、统一的形象设计、统一的品牌，在统一的运营管理体系下，统筹博物馆文化衍生产品精品系列的研发、营销及市场推广，充分利用多馆的藏品及展览资源，最大程度地降低设计、开发成本，让利于公众，更好地为社会服务，同时也打造了一个新型的一体化的博物馆产业平台。

本项目将成为江苏规模最大、功能最齐全、信息最集中、最具竞争力的以从事博物馆文化衍生产品开发与交易为主的专业品牌平台。搭建专业化、规模化、国际化的开发交易平台和信息交流平台，实现博物馆与博物馆之间及博物馆以外的文化衍生产品交易、电子交易与远程合同交易等交易形式。

截至2014年底，江苏省博物馆商店联盟筹建了南京博物院、南通博物苑、镇江博物馆、仪征博物馆、连云港市博物馆、张家港博物馆、江南土墩墓博物馆、苏皖边区政府旧址纪念馆、吴江博物馆、无锡鸿山遗址博物馆、求雨山文化名人纪念馆等11家博物馆加盟店，还有新的博物馆在不断的加入进来。

8.达到文化传承的目的

博物馆文化产品其实就是一种传播文物本身"文化含义"的介质。通过购买到的文化产品或观看到的文化产品研发过程这两大途径，馆内的馆藏文物有效地凭借文化产品这一介质，向世人宣传了自身的社会价值。此外，购买行为和文化产品研发展示行为都为文物本身和文化产品起到了宣传造势的效果，让馆藏文物与文化产品互为宣传与被宣传的关系，共同承担起传播馆藏文物所反映的地域文化特征。

四　文化创意与博物馆藏品融合应注意的问题

1. 知识产权的保护

（1）知识产权与文化产业的关系

创新和创造力是文化创意产业的核心所在，而知识产权制度正是从法律的角度对其进行保护与激励，因此，文化创意产业的存在和发展是建立在知识产权保护的基础之上的。博物馆文化创意产业的载体一般以馆内展览及藏品为主题的复仿制品和衍生产品为主，相对于传统产业的产品，此类产品更容易复制，其复制成本与创作成本较低，为侵权行为留下巨大的获利空间。如果没有完善的知识产权制度的保护，博物馆文化创意产业将很难顺利有序的发展。文化创意产业的综合性知识产权保护体系，是指综合运用与文化创意产业有关的各种知识产权保护手段，建立立体式知识产权保护体系，对文化创意产业进行综合保护的知识产权战略。保护博物馆文化创意产业的知识产权体系，主要是以著作权、专利权、所有权为主的知识产权性形态对博物馆藏品及相关文创产品进行全方位保护。该体系主要包括博物馆的藏品知识产权的归属及如何有效地保护已获得的知识产品两个部分。博物馆文化产业知识产权的体系不仅能构建对博物馆文化产业的保护网，更能有力地推动其迅速发展。

（2）博物馆文化产业知识产权保护的现状

近年来，我国修订并颁布了多项关于知识产权方面的法律法规，进一步完善了我国的知识产权法律制度，为文化创意产权保护提供了一定的保障。但是由于博物馆文化产业是新兴产业，在市场竞争压力下出现了很多不可预估的问题。在国内没有针对性的立法规范条件下，博物馆自身知识产权保护的意识也相当薄弱。我国的知识产权法从知识产权保护的客观环境上看起步相对较晚且宣传力度不足，很多博物馆并不知道明确自身的合法权益范围，不能够正确运用知识产权法维护自己的合法利益，同样也不了解自身的一些行为是否造成侵权。从博物馆文化创意产业的主观来看，它们缺乏一定的人力、物力去关注对自身进行知识产权保护，对知识产权保护的普遍认知度较低，无法了解知识产权保护对于博物馆自身及其文化创意产业的真正作用，进而造成知识产权保护意识单薄。博物馆文化创意产业主要针对藏品设计出来的复仿制品及文化创意衍生产品为主，不同于其他传统产业，文化创意产品一旦设计完成进入销售市场开始销售，就极易遭到复制或盗版等侵权行为。另外，当前大部分博物馆文化创意产业没有自身的知识产权战略，也没有制定知识产权管理制度及相关管理部门。正是由于在法律方面的缺失与漏洞，使得博物馆文化创意产业的侵权行为日趋加剧。我国的博物馆文化创意产业的发展在刚刚起步的阶段，很多设计制作的厂家都还不具备完善的自主研发的实力与市场竞争能力，造成很多不同的厂家设计出来的产品大同小异，没有自身特色的现象。一款畅销的文创产品一旦受到关注，很快市场就会出现类似的产品，此时在没有完善的知识产权保护的情况下，就很难确定版权的归属。由于文化创意产业的创意产品自主研发性差，导致博物馆文创产业无法完整拥有自我知识产权，更谈不上对自身的保护。

（3）博物馆文创产业的知识产权保护应采取的有效措施

博物馆文化创意产业的发展是基于完善的知识产权保护制度之上的，良好的知识产权保护体系也是在文化产业领域立足的根本与保障。因此，作为博物馆自身，首先要重视知识产权保护的建设工作，完善知识产权相关制度，将知识产权保护贯穿于文化创意工作的每一个细节，从研发设计、批量生产、经营销售等多个环节进行严格把控，进行全面的知识产权保护。博物馆要有知识产权的保护意识，重视对版权专利的保护。在研发设计的过程中，就要对藏品的使用权限进行严格规定，批量生产中更要与合作商进行法律合同的约束。版权不仅是针对文化创意产品的保障，更是对博物馆内藏品的保护。为了摆脱文化创意产业不易举证及保护力度薄弱的特点，切实保护其合法权益的首要工作就是进行版权登记。商标的标识也是保护知识产权的一项重要工作，它是博物馆的品质保障，在一定程度上也会影响消费者的购买与否，同时能够有效地维护博物馆的形象，避免一些恶意破坏和伤害博物馆藏品行为的发生。

2. 产品开发注意环保再利用

随着地球资源的过度使用、环境污染日趋严重，环境保护已经成为全球最热门的议题，绿色环保的思想正在各个领域盛行开来，博物馆文化创意产品也将注入绿色思维。环保不仅是一种生活态度，对于博物馆来说，更是一种社会责任。

博物馆不同于一般企业，它是以服务公众，宣传正能量的公共服务单位，将环保意识引入博物馆文化创意产业也是其不可推卸的责任之一。在产品的设计过程中，不仅要新颖独特的设计灵感，同时也要兼具环保意识，选用无污染和可再生材料。

消费者在购物的过程中，创意设计与文化内涵都是吸引顾客眼球的重要因素，而环保更是增强其购买欲的参考依据。博物馆文化创意产品与环保相融合将发挥其更高的效益与价值。在环境保护被全世界关注的情况下，博物馆文化创意产业的绿色环保已经成为一种必然的趋势。

3.文创开发应注重与现代科技相结合

科技与文化是人类物质文明和精神文明地具体表现。科技创新是社会文化形态演进发展地催化剂，同时，先进文化又是科技创新的重要动力和源泉。文化与科技相互促进、融合发展是人类文明发展的最重要特征。

博物馆文创产品开发同样离不开现代科技的创新。文创产品开发中新型材料的运用，3D打印技术的兴起，以及手机APP的推广等等，大大增加了文创产品的趣味性、增强了文创产品的传播性，使文创开发步入了一个崭新的阶段。互联网的普及和网购更使博物馆文创产品家喻户晓、触手可及。

最近，博物馆文创兴起的"3D文物魔卡"就是文创与科技完美结合的实例。通过前期文物扫描、模型制作、后期手机APP推广，这种既有实用功能又很有趣味性的产品，很快在博物馆众多文创产品中脱颖而出，受到了广大观众的热捧。博物馆文创应很好地利用与新科技融合，运用先进科技手段促进文创事业的发展。

五 结语

文化创意产品作为陈列展览与社会教育的延伸与补充，是博物馆公众服务体系不可或缺的重要环节，其地位与作用不容忽视。文化创意与博物馆藏品的融合，使博物馆文化创意产品走入寻常百姓家变成现实，真正落实了"把博物馆带回家"这一理念。博物馆在文化产品开发过程中还应充分利用现代科技的应用，使用环保再生新材料，注重自身知识产权的保护，不断开发出质优、价廉、富文化内涵的系列化文创产品，最大地发挥润物无声的教育作用。

新时期的博物馆应抓住自身特点，逐步形成具有鲜明特色的文创产品开发思路。并以藏品为根基，不断整合地区文化资源，促进区域文化事业和产业的发展，做好文化传承，最终打出一张代表地方文化最靓丽的名片。

参考文献

1.中华人民共和国国务院令第659号第34条：《博物馆条例》，2015年2月9日。

2.范梦月：《海峡两岸文化创意产业发展与合作研究》，南京大学2013年硕士论文。

3.张鲁、杜臻：《文化产品开发与博物馆商店的经营理念》，《博物馆发展论丛》，北京燕山出版社，2013年。

4.《纽约：美国特色的科技性和创新性——欧美博物馆文创衍生品开发的现状和启示》，《中国文物报》2014年9月12日。

5.《博物馆瞄准文创产品激活南京"最后一个展厅"》，《南京日报》2015年2月8日。

6.连凯：《南京博物院文创商店的创意与经营思路》，《科学教育与博物馆》2015年第3期。

7. 刘栋：《博物馆文化产品的创意开发》，《文物春秋》2012年第2期，第54～56页。

8. 李虹霖、蒋名未、杨玥：《创新发展共赢——走进中国国家博物馆文化产品》，《中国国家博物馆》2012年第4期，第24～28页。

9. 卢梦梦：《博物馆创意型文化产品的开发研究——以南京博物院为例》，南京艺术学院2012年说硕士论文。

10. 沈飞、李栋：《将文化与创意融入现代产品设计——伦敦地区博物馆服饰类旅游纪念品研究》，《艺术设计研究》2013年第4期，第94～97页。

11. 张紫馨：《博物馆文创实践——首博文创开发与思考》，《首都博物馆论丛·27》，燕山出版社，2013年，第144～152页。

12. 马亚杰：《博物馆文化产品的创意设计研究与实践：以河南博物院为例》，郑州大学2014年硕士论文。

13. 乔支：《浅析博物馆馆藏文物与文化产品研发的关系》，《文物世界》2015年第1期，第64、65页。

14. 陈皓瑜：《基于扎根理论的博物馆文化纪念品开发设计研究》，华东理工大学2014年硕士论文。

原载《2015中国博物馆文化产业研究》，湖北人民出版社，2015年（与李民昌合作）

江苏省博物馆商店联盟发展模式研究

一　研究背景及意义

2016年5月，国务院办公厅转发文化部、国家发展改革委、财政部、国家文物局等部门《关于推动文化文物单位文化创意产品开发的若干意见》的通知，正式拉开了博物馆、美术馆、图书馆、文化馆等国有公共文化服务单位主动开发文化创意产品的序幕。国家文物局随之采取了系列措施：6月拟定《贯彻落实国办转发〈关于文化文物部门文化创意产品开发的若干意见〉实施方案》，并于22日召开了"全国文博单位文化创意产品开发工作推进会"；10月公布了《关于促进文物合理利用的若干意见》；11月印发了《关于公布全国博物馆文化创意产品开发试点单位名单的通知》，全国92家博物馆入选，南京博物院位列其中。江苏省认真贯彻国务院文件精神和文化部、国家文物局统一部署。2016年12月，印发了《省政府办公厅关于做好文化文物单位文化创意产品开发工作的通知》，创造性地把文化创意产品定义为"具有创造性的特展临展、服务公众的社会教育项目和文化创意衍生商品"等内容；2017年3月，江苏省文化厅、文物局确定37家文化创意产品开发试点单位，要求试点单位在"创新文化创意产品开发模式、优化收入分配激励机制、完善文化创意产品营销与管理等方面进行重点探索"。这一系列政策的颁布实施为博物馆文化创意产业的发展指明了方向，将给博物馆文创工作提供新的动力。

在国家对文创的大力推广与扶持下，江苏省博物馆商店联盟得到了全新的发展契机。通过完善博物馆商店联盟的运营模式、建立规范的联盟运作机制、发挥联盟优势打造品牌化的博物馆文化创意产品、吸纳多方参与形成合力，推动博物馆商店联盟模式的可持续发展，进而充分发挥博物馆为广大人民服务的社会职能，实现文化事业与文创产业的发展与壮大。

二　江苏省博物馆商店联盟的建立

2012年，以南京博物院、全省博物馆以及江苏省博物馆学会为以依托，由江苏省各有关博物馆商店自愿加盟组成"江苏省博物馆商店联盟"，联盟采用先进的管理运营模式和市场营销理念，依据共同的章程、规则，整合全省博物馆及其商店资源。联盟提供统一的商店形象，包括统一的商标、统一的环境布置、统一的形象设计、统一的品牌、统一的色彩装饰等，在统一的运营管理体系下，统筹博物馆文化衍生产品精品系列的研发、营销及市场推广，充分利用各馆的藏品及展览资源，最大程度的降低设计、开发成本，让利于公众，更好地为社会服务。也打造一个新型的一体化博物馆文创产业平台。各地博物馆商店除了销售自己的"主打产品"外，也会推出其他地区特色的衍生品——这也意味着，观众今后无论走进哪一座博物馆，都能在"连锁店"里买到省内其他地区博物馆的文化衍生品。

三 国内外博物馆商店发展的经验与借鉴

1.国内博物馆商店的发展

进入21世纪以来，我国一些的博物馆已经越来越重视文创产研发工作，譬如：北京故宫博物院从2000年开始加大文化创意产品的市场开发力度，他们秉承"把故宫带回家"的服务理念，致力于通过文创产品的研发来传播故宫文化。通过高水平设计、高质量产品、高效率服务，推出一系列诸如"朝珠耳机""皇帝折扇""故宫护照"等深受社会公众喜爱的文化创意产品。还有，上海博物馆从方便观众的角度出发，不断拓展经营销售渠道，采用线上线下相结合的营销模式，通过互联网平台销售自主开发设计的文创产品，以满足不同年龄阶层的顾客的需求。

2.国外博物馆商店的发展

与国内博物馆商店发展状况不同，大多数发达国家博物馆的商店已然拥有成熟的运营体系，美国尤为突出。美国博物馆商店协会是一个非营利性的国际性组织，成立于1955年，总部设在美国科罗拉多州丹佛市。美国博物馆商店协会的博物馆会员在2010年底已突破2500个。该协会的博物馆会员，来自北美洲、亚洲、欧洲、大洋洲，使得美国博物馆协会成为一个全球化的国际组织。

美国博物馆商店协会的宗旨是："维护博物馆商店事业的整体利益，规范行业道德标准，鼓励高标准的专业能力、操作行为和道德规范，促使博物馆商店能够提供给博物馆和大众专业的服务需求，为博物馆会员提供信息交流的平台，以促进博物馆商店发展"。该协会实行严格的企业式管理制度，它由一个八人组成的董事会管理，共有800多个机构成员和近450名供应商会员。它有一套严密的协会章程、战略计划、道德准则、反托拉斯政策、商标使用准则和版权记录等全方位的管理制度。

该协会吸纳一切追求发展和提升文化产品经营水平的博物馆成为其会员。会员馆能够参加由协会组织的会议，享有投票权，可以成为美国博物馆商店协会执行委员会的成员，可以享受所有的会员福利，通过交流合作提升营销水平，促进博物馆之间资源共享，进而协助产品研发人员充分利用馆藏文物资源开发特色文化创意产品，帮助销售人员把握目标人群的消费心理和动向，提供更加专业的供货渠道，帮助博物馆会员拓展销售市场，将现代化和国际化的营销理念融入会员馆的产品营销中。博物馆会员为联盟提供本馆新产品信息和营销数据、研发产品、缴纳会费以维持联盟运作。同时该协会每年还发挥联盟优势，推出《博物馆商品（商店）年度调查报告》，给会员、政府及其他社会组织提供决策参考。总之，通过协会举行的博物馆商品零售会议、世博会、研讨会以及博物馆商店协会发行的各种出版物，博物馆商店协会将博物馆和供应商联系起来。这样能方便博物馆商店商品的开发设计、生产、销售等一系列活动的有序进行，从而能整合与博物馆商店商品相关的上下游产业，形成产业联动效应。

四　江苏省博物馆商店联盟的发展现状

自2012年联盟正式建立以来，江苏省内的加盟成员已超过30余家，其中不仅包含省内博物馆单位，同时还吸纳了其他公共服务窗口单位。仅2016年，联盟共与13家相关单位签订加盟协议，包括禄口机场店、徐州博物馆店、苏州戏曲博物馆店、溧阳新四军纪念馆水西店、南通中华慈善博物馆店等。

联盟根据各店的实际情况提供了配套服务。对于新开的联盟店进行软、硬件设备指导，其中包括商品管理系统、收银系统、商品销售条码系统、打印系统等系统和设备的支持，并进行了前期配置咨询及安装调试工作。对联盟店的所需商品进行配置。根据博物馆、纪念馆及景区的不同特点，从而配备相应的商品，满足不同加盟店的需求。

五　江苏省博物馆商店联盟的优势与不足

1.江苏省博物馆商店联盟品牌特色

目前联盟已有30余家加盟店。在发展中，江苏省博物馆商店联盟始终坚持大馆带小馆、资源适当向苏中、苏北经济薄弱的市县级博物馆倾斜，整合全省文化文物资源，最大程度的降低设计、开发成本，让利于公众，更好地为社会服务。简而述之，江苏省博物馆商店联盟具有以下六大特色。

（1）传播交易规模大

联盟建设江苏省博物馆文化衍生产品品牌专卖店，把省内各博物馆商店改造成为统一品牌的连锁专卖店，计划面向各省博物馆开展品牌专卖店的连锁工程，届时将会在全国形成联盟品牌交易网络。

（2）传播交易信息集中

联盟建立信息共享和传输平台，汇集省内各博物馆商店和品牌专卖店以及加工厂家和商家信息，为各商家提供全面有效的文化衍生产品传播信息和交易信息。

（3）传播交易品种齐全

联盟集中了全省博物馆的文化衍生产品系列精品，其开发创作之源绝不仅仅来自于南京博物院院藏文物，还来自于全省各博物馆文物藏品。所以，其未来的交易品种会非常齐全。

（4）传播交易手段先进

联盟采用现货交易和远程合同交易相结合的交易方式，建立网上商城、交易双方将通过电子商务平台进行远程交易。

（5）传播交易环境佳

在各联盟店的前期装潢工作中，以统一的环境布置与形象设计，将专卖店打造成集文化性、舒适性、简约性和艺术性为一体的文化消费环境，为吸引顾客提供良好的客观条件。

（6）传播交易服务优

联盟为客户提供多方位及一站式服务，并成立了专门的服务管理队伍为各地分支及现场客户提供高效便捷的服务。

2.江苏省博物馆商店联盟存在的不足

江苏省拥有各类博物馆、纪念馆近200家，规模和数量位居国内前列，但博物馆商店的整体运营情况并不理想。由于缺少创意研发能力，江苏省博物馆商店销售的大多是品类单调、缺乏特色的旅游纪念品和文物复制品，难以充分满足参观者的文化消费需求。

（1）博物馆资源共享

江苏省博物馆商店联盟现有的30家加盟店文创产业发展很不平衡，资源无法及时共享。苏南苏北文创发展水平出现严重的两极分化，尤其是苏北地区部分县级博物馆，甚至没有设置专门的文创管理部门；博物馆的文化创意开发工作仍处于各自为政的状态，博物馆间的文化资源没有得到及时的互通，导致联盟文创产品品牌没有得到有力的推广与发展。

（2）缺乏专业团队

目前，江苏省博物馆商店联盟主要资源由各博物馆已开发的文化创意衍生产品构成，经过审核后再放入联盟的博物馆加盟商店进行推广销售，联盟尚未有专门的人员负责设计开发联盟品牌的文化创意产品。如江苏省博物馆商店联盟的南博总店的文创产品，仅仅是汇集了江苏省内数十家博物馆的数百种商品，缺乏联盟的品牌特色。

六　江苏省博物馆商店联盟发展新模式

1.完善博物馆资源共享体系

目前，联盟将上线一套集产品设计研发、产品销售、库存配货、新品推荐等方面为一体的运营管理系统。此系统将形成从产品设计、生产、仓储、各店发货、销售等一条完整的产业链。各加盟博物馆商店新品及特色的文创衍生品将在此系统展示，若有需求，可直接在系统上提交订单，由总店负责调配，并协助后期结算。此系统将为联盟提供广阔的工作平台，使各馆产品交流变得轻松便捷，以实现社会效益、经济效益双赢。

（1）产品设计与研发

联盟旨在将江苏省内博物馆的馆藏资源相融合，汲取各地特色文化，融入文化创意衍生产品中。以南京博物院为例，依托南京博物院的文创产品开发经验，联盟梳理了江苏各地特色传统文化及相关考古发现，从良渚文化、汉文化、六朝文化到江南文人风（明清文化）等方面进行深入研究，提取其中的共同点，并结合江苏的考古发掘品，形成特色鲜明的文创衍生产品系列。为重点打造长江城市群特色产品，南京博物院、镇江博物馆、扬州博物馆依托王安石的《泊船瓜洲》开发出铜香插，将宁、镇、扬三地特色融为一体，并取得一定的社会反响。

通过整合博物馆资源，联盟合理有效地利用专业力量来帮助各个博物馆开发文创商品。由博物馆商店联盟统一负责将联盟单位的藏品图像、建筑形象以及注册商标等，以图像授权、品牌授权、出版授权等方式授权给设计公司。聘用有经验的设计师和市场策划者，研发具有各馆鲜明特色的文创产品，有效地避免管理经验不足，开发力量薄弱，盲目开发所造成的积存与浪费。

联盟系统也极大地方便了基层博物馆文创衍生产品的开发需求，需求单位只需将要开发产品元素上传至系统，联盟将组织设计力量进行产品设计。此外，联盟将结合南京博物院"博雅杯"文创衍生产品设计大赛及博物馆知识产权授权，依靠社会力量开发出更富有创意的文创衍生产品。

（2）产品销售

联盟的产品销售将分为实体营销与网络营销。其中，实体营销不仅包括各加盟店，还将包括计划开设的文化旅游景区店、高铁店，以及对外交流展览平台的利用。网络营销拟包括：移动应用（APP）营销，微博营销，微信营销，淘宝店直营，第三方平台营销等。移动互联网营销平台可以提供民众透过网络了解联盟现有的文创产品信息，这将是一项跨越时间、距离的网络文化交流，可以将观众中意的文创产品，实现线上交易，经济实惠又省时方便。

博物馆商店联盟移动互联网营销平台不是一般的网上零售商店，它具有交易的便捷经济性、商品的文化衍生性、管理的高端精细性等优势特点，同时它对公众承担着更多的责任，在追求经济利润的基础上，它应该着力开发文创产品负载的教育、研究、展览、休闲等各种公益功能，形成多赢的局面，使博物馆文创产业在未来的发展中立于不败之地。

（3）建设标准化仓库与统一物流配送体系

联盟将建设商店标准化仓库与统一物流配送体系，建造现代化恒温恒湿中央仓库，拟建设成仓储式货架储物形式，并配置专业设备进行货物运输、应对低温高湿地下室特殊环境的中央除湿设备以及专业的货物包装间和管理办公室，力求为江苏省博物馆商店联盟建立标准化的仓储模式。在达到一定联盟店规模后建设独立的物流配送体系，配备专门车辆和人员设备，提供专业化包装和物流。

（4）新品推荐

新系统将开放新品发布渠道，各加盟店可将新开发产品信息第一时间上传至联盟平台，经由联盟管理员审核后发布。各加盟店根据自身需求发布订单，使新品交流更加顺畅，大大节省了产品选择的时间。

（5）人员培训

为提升联盟品牌形象，不断优化与升级，联盟每年举办2次管理及业务培训班。分别就国家政策、管理经验、业务操作等方面进行系统培训，并观摩交流文创产品开发及管理的经验。5年来，联盟共举办培训10余次，500余人参加培训。联盟积极参加文博会及文创交流展，将江苏的博物馆文化带出国门、走向世界。

2.发展扬子江城市群博物馆文创产业，辐射长江经济带

文化部2017年4月发布了《文化部"十三五"时期文化产业发展规划》的通知，《规划》指出："发挥长江经济带在区域文化产业发展中的引领作用，推进长江经济带城市群文化产业业态创新和差异化发展。"江苏省省委、省政府2017年6月在宁召开座谈会，深入研究扬子江城市群建设问题。省委书记李强在会上强调，建设扬子江城市群是着眼江苏未来发展的战略之举，是落实"一带一路"和长江经济带建设两大国家战略的重要载体，要进一步集思广益，凝聚共识，明确战略定位，科学谋划推进，做好扬子江城市群建设这篇大文章。

江苏沿江八市的能级地位不同：南京为特大城市，苏州为Ⅰ型大城市，无锡、南通、常州、扬州、泰州为Ⅱ型大城市，镇江为中等城市。沿江八市的GDP总量约占江苏省70％以上，各市博物馆文创产业发展也在省内甚至国内博物馆中处于领先地位，且各具特色。但是如何做大做精扬子江城市群博物馆文创产业，辐射整个长江经济带，对接好国家关于长江经济带的战略要求，需搭建一个博物馆文创产业平台。借助此平台，梳理长江下游各历史时期的文化传承点及相关考古发现，在现有的江苏省博物馆商店联盟的基础上，从策划原创的临特展、开发社会教育服务产品、文创衍生产品的开发与销售等方面进行合作，使文化更好地推动经济的发展。

首先，联盟将通过整合扬子江城市群资源的方式，对包括具有创造性的临展特展、服务公众的社会教育项目和文化创意衍生商品等方面进行合作，以长江文化推动经济发展。

其次，在做精扬子江城市群博物馆文创工作的同时，溯江而上，辐射整个长江经济带，扩大长江流域地域文化和文创产品在国内和海外的影响力，是不折不扣的文化输出和软实力投放。联盟对长江流域历史文化元素的挖掘与再发现，将有力提升长江流域文化在全国甚至全球的知名度与影响力。

最后，联盟将注重长江流域文化资源的整合与分配，既可以设计成为文化产品，也可以产生长尾效应，涉足其他相关行业，如博物馆旅游业，博物馆数字化等。

江苏省博物馆商店联盟通过扬子江城市群博物馆文创产业合作研究，来推动与引领长江经济带文化产业有更好的上升空间，并以此推动我国文化产业经济的更好地升级与提高。联盟旨在做大做精扬子江流域文创平台，形成品牌和标杆，达到辐射长江中上游的文博文创大平台的建设，最终达成引领长江经济带博物馆文化产业大繁荣的宏愿。

七　结语

江苏省博物馆商店联盟将作为国内首个博物馆文创产业联合体，其地位与作用不容忽视。其将不断整合资源、积极探索促进省内外博物馆文化产业发展的新途径，做好文化传承，为文化江苏的建设做出应有贡献。

本文为参与2016年江苏省文化厅科研课题《江苏省博物馆商店联盟发展模式研究》结项成果

长江经济带博物馆文创产业合作研究

——以南京博物院文创平台建设为例

无边落木萧萧下

不尽长江滚滚来

——杜甫《登高》

长江，是中华民族的摇篮，中国古文明的发祥地之一，干流流经我国11个省、自治区、直辖市，孕育产生了河姆渡文化、崧泽文化、良渚文化、大溪文化和石家河文化等古文化体系。此后，在各个历史时期，受长江水滋养的各个省市文化各有发展，楚文化、两汉文化等一脉相承却又各有千秋。长江流域省市在文化、经济等方面都发挥着举足轻重的作用，同时也给我们留下了丰富的文物资源，也正是这些资源决定了博物馆具有开发文创产业的巨大潜力。

一　博物馆文创平台建设的起点

2016年，一系列政策法规密集出台，鼓励文博创意产业发展。2016年3月，国务院发布《关于进一步加强文物工作的指导意见》，明确要求"大力发展文博创意产业"。5月，国务院办公厅转发文化部、国家发展改革委、财政部、国家文物局《关于推动文化文物单位文化创意产品开发的若干意见》。4月19日，由文化部发布的《文化部"十三五"时期文化产业发展规划》中提出，到2020年，要"全面提升文化产业发展的质量和效益，文化产业成为国民经济支柱性产业。"

在政策利好推动下，92家博物馆成为首批全国博物馆文化创意产品开发试点单位，全国文博单位文化创意产品开发工作推进会、"让文物活起来——全国文博单位文化创意产品联展"、第七届"博物馆及相关产品与技术博览会"和第二届广州国际文物博物馆及版权交易博览会等一系列活动相继开展。

这意味着，国务院推动文化创意产品开发，明确了作为事业单位的国有公益性单位也要积极参与其中，文化创意产品开发主体从由企业开发变为文化文物单位与企业共同开发。文化创意产业在政策和实践层面正式成为博物馆的"标配"，博物馆运营全面进入文创时代。

与此同时，江苏省认真贯彻国务院文件精神和文化部、国家文物局统一部署。2016年12月，印发了《省政府办公厅关于做好文化文物单位文化创意产品开发工作的通知》，创造性地把文化创意产品定义为"具有创造性的特展临展、服务公众的社会教育项目和文化创意衍生商品"等内容。

2017年3月，江苏省文化厅、文物局确定37家文化创意产品开发试点单位，要求试点单位在"创新文化创意产品开发模式、优化收入分配激励机制、完善文化创意产品营销与管理等方面进行重点探索"。6月20日，江苏省省委、省政府在宁召开座谈会，深入研究扬子江城市群建设问题。省委书记李强在会上强调，建设扬子江城市群是着眼江苏未来发展的战略之举，是落实"一带一路"和长江经济带建设两大国家战略的重要载体，要进一步集思广益，凝聚共识，明确战略定位，科学谋划推进，做好扬子江城市群建设这篇大文章。

试点开始后，江苏各地积极探索各种方法、路线与途径，取得了一定的突破和收获。作为江苏省文博系统的代表——南京博物院（以下简称"南博"），以全国文创试点方案落实为契机，依托江苏省博物馆学会，充分发掘江苏境内长江经济带、扬子江城市群的文化特质，并以此为辐射基点，深度整合长江经济带中代表性博物馆的丰富藏品和现有的文化产品资源，实施长江经济带博物馆文创产业合作，打造长江经济带各省博物馆文创平台建设。

二　打破博物馆间的壁垒

2016年12月江苏省政府发布的《省政府办公厅关于做好文化文物单位文化创意产品开发工作的通知》中，创造性地把文化创意产品定义为"具有创造性的特展临展、服务公众的社会教育项目和文化创意衍生商品"。也就是说，博物馆文创产业主要包括博物馆特展、特色社会教育活动、博物馆文化衍生品以及数字化，因此，在博物馆领域，我们要进一步梳理工作思路，正确理解"推动文化文物单位文化创意产品开发"工作，"正确理解博物馆文化创意产品开发"。

博物馆需要什么样的文化创意产品？

回顾一下中国历史，从新石器时代到汉唐，再到两宋，再到元、明、清，每一个朝代都曾创造了各自特有的时代特征和丰厚文化。在考古学上，将这种时代特征作为类型学的重要内容，即比较不同朝代之间器物的相同与不同。在历史学研究中，我们会认为每个朝代都有它的时代性，例如唐代尚肥、宋代爱瘦，这样一个时代特征的体现，是当时社会生活的真实反映。因此，正如南京博物院龚良院长所说的那样，"希望今天也能创造出既继承传统，又具有当代特征的受人喜爱的文化产品，我们姑且叫它'新中式'。"这样的创意产品开发，既弘扬了中华传统和地域文明，是服务公众的现实需要，也是文化创造力释放的需要和时代发展个性追求的需要。

作为公益类文化文物单位的博物馆，是中华优质文化资源的集中保存地，是传统文化研究人才的集聚贮存地，因此更应该利用博物馆馆藏优势，利用藏品所蕴含的传统文化底蕴，把中国的传统文化精髓创意设计到文化产品当中，并且让它融入人们的生活。在江苏，我们认为博物馆的文化创意产品是博物馆内所有创造性劳动的产物，因此将试点开展的文化创意产品确定至少有以下三个方面：原创展览、教育服务项目、文创衍生商品。

所谓"原创展览"就是要做好展览，要把文物之间的相互关系梳理清楚，浓缩为一个主题，然后把这个主题和文物之间的相互关系告知观众，通过创造性劳动做出来的展览是最好最重要的文化产品；所谓"教育服务项目"就是具有教育意义的文化服务项目：专题导览、个案教学、体验式活动、特色体验营等，这些项目都应该成为博物馆教育服务的重要且长期的品牌项目，要通过文化创意，使其既有教育意义，又具艺术感染力和体验真实感，成为具有创新意义的文化创意产品；所谓"文创衍生商品"，是把传统的文化内涵及符号应用到文创产品中，并且能够融入当下的生活，要把"中华传统和地域文明"带回家，或者说是把博物馆的展览、文物、反映的社会思想带回家，要通过博物馆的文化底蕴、器物的形象图案，设计出具有一定用途的东西，既用起来称心如意，又具有中国风格。

但是博物馆在开展文创产品开发过程中，也遇到一些问题，这些问题在文化部、国家文物局开展试点时认为已经解决，但是在基层具体实施、运作时依然存在。针对这些问题，南京博物院在试点中明确"鼓励原创策展、丰富陈列内容，开发教育产品、提升服务能力，创意衍生商品、打造南博品牌，探索知识入股、把握劳动创造，利用互联平台、拓展文创领域"。具体而言，就是博物馆开发文化创意产品在博物馆内销售给公众，理解为博物馆展览和服务的延伸，是博物馆履行社会责任的重要内容，是具备公益和非营利特性的；而将其销售到博物馆以外的地方，得到大众的喜爱并能融入百姓的生活，理解为具有文化产业的性质。两者既有联系，又有区别。应正确理解并实施"文化创意产品开发"工作坚守社会责任，正确理解文化创意产品的公共文化属性。

作为博物馆与观众交流的重要平台，南京博物院在策展思路上不断尝试，尝试引进西方策展方式，探索并实行"展览项目制"和具有中国国情的"策展人制度"。2016年夏天，南京博物院开幕的"法老·王——古埃及文明和汉代文明的故事"特展是国内最瞩目的展览之一，是南博近10年来文物等级最高、借展文物最多、借展难度最大、借展费用最高的展览。业内人士认为，该展的成功经验是南博施行策展人制度后结下的果实。全院中级以上职称的人都有成为策展人的资格，可以自己报选题，审核通过后建立展览项目团队，而策展人可享资金奖励。策展人理念已经开始走进博物馆，并为博物馆带来更多机遇。

与此同时，根据国务院文件要求，要探索建立文化文物单位内非营利性质的商店或者公司，做体制机制的革新者和创造者。南京博物院在试点过程中，在正确理解非营利、公益性要求的基础上，坚持公益属性，正确理解博物馆开展文创产品开发的性质任务，分别开展博物馆内服务的非营利公司和博物馆外为大众服务的文化产业公司的分类试点。目的是探索出一条既严格按照分类推进事业单位改革的政策规定，又坚持公益性事业单位要求。

在2017年6月20日，江苏省省委、省政府在宁召开座谈会，深入研究扬子江城市群建设问题。省委书记李强在会上强调，建设扬子江城市群是着眼江苏未来发展的战略之举，是落实"一带一路"和长江经济带建设两大国家战略的重要载体。扬子江城市群作为江苏省的重要组成部分，不仅人口密度大，具有悠久的历史与丰富的文化底蕴，而且经济总量约占全省经济总量80%。而长江经济带则覆盖了11个省（市），包括上海、江苏、浙江、安徽、江西、湖北、湖南、四川、重庆、云南、贵州，贯穿长三角城市群、长江中游城市群、成渝城市群，不仅人口密度大，而且具有悠久的历史与丰富的文化底蕴。在这种背景下，南京博物院希望能够培育出一组拥有较高知名度和美誉度的文化创意品牌，培育出文化创意产品开发的骨干企业，并形成可供借鉴的成功经验和合规做法，从而在全省逐步推广，并实施长江经济带博物馆文创产业合作将更有利于进一步优化区域经济、文化布局，持续探索科学发展新路径，加强区域互动合作，推动形成一体化发展新格局，形成长江流域博物馆文创产业相互呼应、带动中部地区崛起的核心地带，成为引领中西部地区经济发展的强大引擎和支撑全国发展新的增长极。

三　博物馆文创平台建设

长江经济带是指沿江附近的经济圈。长江经济带横跨我国东中西三大区域，覆盖上海、江苏、浙江、安徽、江西、湖北、湖南、重庆、四川、云南、贵州等11省市，面积约205万平方千米，人口和生产总值均超过全国的40%。改革开放以来，长江经济带已发展成为我国综合实力最强、战略支撑作用最大的区域之一。

但是就博物馆文创产业而言，与国外博物馆动辄数千万美元的销售收入相比，国内博物馆文化衍生产品经营尚处于起步探索的初级阶段。目前，长江经济带博物馆系统文化衍生产品开发和经营上存在的问题主要有：

1.博物馆文化衍生产品产业经营理念严重滞后落伍，运营管理模式十分陈旧，基本上是各自为政，分散经营，没有形成系统合力。

2.对文化衍生产品的开发所依托的博物馆文物资源没有吃透，缺乏具有市场针对性的产品创意、设计能力和市场开发能力。

3.对市场把握能力弱，脱离市场需求，开发出的产品实用性和艺术性均有所欠缺，博物馆文化产品品种单一，不成系列，高档产品与大众消费品层次不明显，从而给消费者留下性价比低的印象，导致大多数产品滞销，可持续发展难以为继。

4.没有品牌化、精品化运作，研发工作滞后，未充分挖掘现馆藏文物资源的经济价值，盈利模式雷同单一，缺乏创新性，未形成产业规模效应。

5.现场经营环境配套设施差，与博物馆文化衍生产品的高品位性不相匹配。

6.营销方式被动，市场信息（包括客户信息、合作厂商信息）闭塞，交易手段和交易方式落后。

针对上述问题，南京博物院在确立实施长江经济带博物馆文创平台建设后，首先向江苏省文化厅、文物局申报了相关科研课题，向江苏省文化厅、财政厅申报了文化发展专项资金100万元，并依托现有江苏省博物馆商店联盟平台，结合现有的江苏省相关数据，进一步的调研长江经济带博物馆的文化创意产品，整合长江经济带博物馆特色鲜明的文物藏品资源，通过资源共享、优势互补的方式，打造长江经济带博物馆文化创意产业平台建设，拟统一产品销售平台和宣传推广方案的规划，并逐步扩大产品平台品牌影响力，提升文创产业发展的质量和效益。

其次，结合江苏省内情况，对长江经济带的文化共性进行挖掘。长江经济带作为国家经济的重要组成部分，具有悠久的历史与丰富的文化底蕴，联合长江流域的博物馆，通过研发有文化共性的文创产品，包括富有创意的展览、社教活动、文创衍生产品等，降低开发成本，进一步扩大博物馆文创在全国的影响力。

再次，在长江经济带博物院文创平台中实现文创产品互相交流，通过文创产品交流展览、销售等，将有自主知识产权、有特色、有科技含量的文创产品集中展示并进行学习交流，达到长江经济带博物馆文化创意产品水平的整体提升。在此基础上，南京博物院于2018年元旦汇聚江、浙、沪、皖、赣、鄂、湘、渝、川、云、贵等11个省市的千余件文创精品，举办了《同饮一江水——长江经济带博物馆文创精品展》。该展览不仅是目前国内联办省份最多的常设文创大展。

最后，组织长江经济带博物馆文化创意产业平台座谈研讨会，进行阶段性成果总结，并出版长江经济带博物馆文化创意产业平台座谈研讨会论文集。结合座谈研讨会成果，通过具有创造性的临展特展、服务公众的社会教育项目和文化创意衍生商品这三项合一的"大文创"，真正推动长江经济带博物馆文创产业发展，走出一条生态优先、绿色发展之路，让中华民族母亲河永葆生机活力，真正使黄金水道产生黄金效益；有利于挖掘中上游广阔腹地蕴含的巨大内需潜力，促进经济增长空间从沿海向沿江内陆拓展，形成上中下游优势互补、协作互动格局，缩小东中西部发展差距；将长江经济带博物馆文创做成在全国，甚至全世界有影响力文化产业品牌，改变当前社会审美趣味，树立文化自信，让富含中华传统文化的文创产品走向世界，立足于世界文化之林。

本文为作者负责的2017年江苏省文化和旅游科研课题《长江经济带博物馆文创产业合作研究》结项成果

水 韵 华 章

——博物馆文化创意设计展

序

作为公益类文化文物单位的博物馆，是收藏、研究、展示和传播人类文明的重要场所，承担着弘扬中华文化、传承地域文明、增强民族凝聚力和自信心、促进经济社会协调发展的重任，是公共文化服务体系的重要组成部分。截至2018年底，全国备案的博物馆数量已发展到5354个，目前仍以每年180家左右的速度增长，我国成为世界上博物馆事业发展最快的国家之一。因此，面对新阶段，博物馆更应该利用馆藏优势，利用藏品所蕴含的传统文化底蕴，把中国的传统文化精髓创意设计到文化创意产品当中，并且让它融入我们的生活，让文物"活起来"。

博物馆的文化创意产品至少包括三个方面：展览、社会教育活动和文创衍生品。也就是一要做好展览，通过创造性劳动，将文物间的相互关系和背后故事了解清楚，浓缩成一个主题，用文物讲好中华传统和地域文明的故事；二要有具有教育意义的文化服务项目，通过文化创意设计，使其成为具有创新意义的文化创意产品；三是要有好的文创衍生品，要通过文化创意设计，将博物馆的文化底蕴、器物的形象图案，设计出兼具实用性及艺术性的系列文创衍生品。

中国大运河文化带，北接京津冀，南连长江经济带，连接了京津冀城市群、山东半岛城市群、中原城市群以及长三角城市群。因此，大运河沿线城市的博物馆在传承、弘扬运河文化，促进本地经济发展的同时，也积极开展博物馆的文创工作建设，创造更多公众认可并喜欢的文创产品与服务，实现探索地域文明、弘扬中华优秀传统文化，让我们的生活在探究、发现和创新中更加美好。

第一单元　沟通的桥梁：展览

博物馆服务公众社会，需要有好的文化产品。原创展览是博物馆最重要的文化产品，而"支持观众学习"成为博物馆展览的重要任务。目前，大运河沿线城市的博物馆多积极地举办各类与运河文化相关的主题展览。在策划理念上，深层次提升运河沿线城市（区域）间博物馆的合作办展水平，加强博物馆策划主题性原创展览的能力，关注非物质文化遗产，实现策展理念的拓展和更新；在内容设计上，以运河沿线人民生活为内容，通过不同时期、不同区域的民俗风情和民众生活，展示了不同历史时期大运河沿线的典型人文景观，让公众认知运河沿线的不同城镇风貌、了解与运河相关的各种历史文化，进而深入理解运河文化内涵，传承运河文化精神；在视觉形式上，更注重情境构建，展现运河美好生活，营造支持观众观赏、学习、休闲、社交的参观环境。

第二单元　活化的空间：文创衍生品

当下，"让文物活起来"成为时代潮流。2015年3月，伴随着《博物馆条例》的出台，博物馆文化创意产品开发受到国家的重视和鼓励。2016年11月，国家文物局发布《关于公布全国博物馆文化创意产品开发试点单位名单的通知》，首都博物馆、南京博物院等92家博物馆成为首批试点单位。目前，开发优质运河文化衍生商品，满足公众文化需求，成为大运河沿线博物馆建设的重要内容。各博物馆利用藏品所蕴含的大运河文化特色元素作为创意设计点，结合大运河沿线各类非物质文化遗产项目，进行大运河传统文化特色的设计与研发，强调文化衍生商品的教育性、审美性与实用性，从而使之有效融入人们现代生活，不断满足人们对美好生活的向往。

第三单元　探索的乐园：社会教育活动

自20世纪七八十年代的新博物馆学运动以来，博物馆的重心由"物"向"人"转变，教育成为博物馆的灵魂，是寓于服务之中的教育。大运河沿线城市的博物馆关注观众，不断提升观众满意度，从而提升博物馆服务社会发展和社会公众的质量效能，使不同年龄段的观众都能找到自己喜爱的展览，享受到适合自己的服务。同时，公众的广泛性、多元性，使得作为公共文化服务体系中的博物馆日益关注平等的文化权利，重视特殊群体。随着数字化时代的到来，采用"互联网+"思维，充分利用数字化手段丰富服务方式，并且运用新媒体等手段传播和弘扬大运河历史文化，成为运河沿线博物馆社会教育的新理念和新方式。

本文为2020年5月18日国际博物馆日全国主会场（南京博物院）的重要展览之一——《水韵华章——博物馆文化创意设计展》展览文字（与卢小慧合作）

长江三角洲博物馆群文创战略合作研究

一　现状

长江三角洲区域面积21.07万平方千米，占国土面积的2.2%。其中陆地面积18.68万平方千米、水面面积2.39万平方千米。

长三角城市群包括：上海，江苏省的南京、无锡、常州、苏州、南通、盐城、扬州、镇江、泰州，浙江省的杭州、宁波、嘉兴、湖州、绍兴、金华、舟山、台州，安徽省的合肥、芜湖、马鞍山、铜陵、安庆、滁州、池州、宣城等26市。

近年来长三角地区以上海博物馆、南京博物院为例，通过文化交流与博物馆之间的合作互通，举办了多个特色展览。

大英博物馆的100件重要展品，向人们全面生动地再现了人类和整个世界的发展轨迹。为了体现以文物沟通全世界以及共享的原则，大英博物馆的每一次巡展都会邀请当地临展博物馆自行挑选第101件展品，作为汇入"由文物讲述世界历史"大家庭的新成员。上海博物馆选择了"二维码"作为续写人类历史的第101件展品。

由南京博物院、捷克国家工艺美术博物馆以及布拉格市艺术博物馆共同主办的《穆夏》展，展览分为"海报艺术风尚""民族宗教情怀"两部分，依循穆夏的生活变迁与艺术发展脉络及新艺术运动所波及的领域，从绘画、雕塑、海报、家具、首饰等角度，展出绘画、雕塑、玻璃、金属装饰和家具等184件（套），全面阐释了穆夏的美学风格与新艺术运动带来的影响，为观众献上无与伦比的视觉盛宴。

由南京博物院主办，天津博物馆、上海博物馆、苏州博物馆协办的《青藤白阳》展。精挑细选了73件（套）书画精品，全面展示"青藤白阳"书画艺术的完整面貌与发展源流，为观众提供直面书画珍品、领略大师风采、品赏艺术情致的机缘，同时也为学者们搭建研究的平台。

《帝国盛世》展览共展出来自俄罗斯联邦国立历史博物馆、故宫博物院、南京博物院的500余件文物。公众体味到两个帝国的文治武功，一睹璀璨夺目的皇家艺术，感受巅峰时代的皇室威仪。再次以南京博物院特色的对比展的形式，展现了中外异质文化的别样风情，让公众从文物的强烈视觉对比中感受到更强烈的文化冲击力。

《法老·王》展是南博推出的首个收费展览，由南京博物院和加拿大皇家安大略博物馆共同主办。展览分为不朽、生活、权力、生灵四个单元，将古埃及文明和中国汉代文明在展览中对比呈现，让人们得以对比不同文化背景下相同的文化认识。

二 长江三角洲的文化研究

长江是贯穿中华大地六千千米（6397千米）的亚洲第一大河，尽管总长超过了黄河（5464千米），但由于历史原因，长江流域文化以前基本不谈或很少提及。这是因为几千年来，历代王朝基本都是以黄河流域的中原为中心，中原地区是当时全国的政治统治中心，所以长期以来给我们形成一个概念，即中原中心论。然而，大量考古发现证明，自人类诞生以来，长江流域就是中华民族最早产生地之一，为中华文明的形成、发展做出了巨大贡献。

1.河姆渡文化

首先于1973年在浙江余姚县河姆渡遗址发现而得名，距今约7000年前。黑陶和干栏式建筑，是它显著的文化特征。遗址中发现了大量人工栽培的稻谷，这是目前世界上最古老、最丰富的稻作文化遗址。这说明在六七千年前的杭州湾以南的宁绍平原，已普遍人工栽培水稻，证明中国是世界上稻作文化的起源地之一。

2.马家浜文化

马家浜文化作为太湖流域文化时代较早的新石器时代文化，是1977年才正式提出来的。因位于浙江省嘉兴市南湖乡天带桥村马家浜遗址而得名。主要以太湖流域为中心，其影响所及，东到海滨，西达宁镇山脉一带，南至杭州湾，北达江淮之间。据碳-14测年并经校正，年代约始于公元前5000年，距今7000余年的历史，至公元前4000年左右（距今约6000～5300年，处于新石器时代母系→父系过渡阶段）发展为崧泽文化。马家浜文化及其后续的崧泽文化、良渚文化的发现与确立，表明太湖地区的新石器文化源远流长、自成系统，并具有鲜明的地域特色。

3.良渚文化

1936年发现的良渚遗址，实际上是余杭县的良渚、瓶窑、安溪三镇之间许多遗址的总称。良渚文化分布的中心地区在钱塘江流域和太湖流域，而遗址分布最密集的地区则在钱塘江流域的东北部、东部。该文化遗址最大特色是所出土的玉器，这些玉器包括有璧、琮、冠形器、玉镯、柱形玉器等诸多器形。此外，良渚陶器也相当细致。

2006年6月至2007年1月，浙江省文物考古研究所在浙江余杭县莫角山遗址为中心地区发现了一座良渚文化时期的古城址。这些大型遗址、古城址、祭坛、墓葬及其大批玉礼器（玉璧、玉琮、玉钺等）的发现，反映良渚文化分布的中心地区是中国文明起源的中心之一。

良渚古城遗址是目前发现的中国最大的古城，总面积约34平方千米。古城外围水利系统，是迄今所知中国最早的大型水利工程，也是世界最早的水坝。

2019年7月6日，良渚古城遗址成功入选世界文化遗产名录，这意味着它所代表的中华5000余年（公元前3300～前2300年）文明在国际上得到了广泛认可。

4.禹墟文化

禹会村遗址，又名禹墟，位于安徽省蚌埠市涂山南麓、淮河东岸的禹会区秦集镇禹会村前郢南侧，面积约60万平方米，是一处较大的龙山文化时期遗址。遗址中存在的大型的人类堆筑遗迹，对考证"大禹治水"和"禹会诸侯"的历史，进而对研究中国古代文明在江淮地区的起源和发展，都有着极其重要的学术价值。《左传·哀公七年》及多部史书载有："禹会（合）诸侯于涂山，执玉帛者万国。"禹会由此而得名。在"中华文明探源工程"中，禹会村遗址是在淮河中游地区选定的唯一一处遗址。作为淮河流域大型的龙山文化遗址，为淮河流域文明化进程的研究提供了重要资料。

5.其他相关发现

1982年命名的马桥文化，是在上海市闵行区马桥镇发现，包含有距今4000年的良渚文化遗迹。

江苏省也发现了该时期的丰富遗存。（如：兴化、东台蒋庄遗址，有良渚文化大型聚落；长江以北首次发现，荣获2015年度全国十大考古发现。）

安徽含山凌家滩文化及定远、芜湖等地也发现了与良渚文化相关的重要遗址及遗迹。

6.六朝文化

从公元3世纪初到6世纪末（229～589年），中国南方先后有东吴、东晋和南朝宋、齐、梁、陈六个政权在今南京定都，史称"六朝"。六朝时江南经济的开发，促进了南方文化的发达。这一时期，学术思想活跃，人才辈出，科技、文化、艺术硕果累累，以建康（今南京）为代表的南朝文化，与同时期的西方古罗马文化同样被认为是人类古典文明的两大中心。

六朝在中国历史上处于转折和过渡的重要时期：

从经济上来说，经过六朝的开发，我国经济重心从黄河流域开始向长江流域转移；从政治上说，经过包括六朝在内的魏晋南北朝时期的大发展，我国封建社会的政治制度日趋定型、完备；从思想文化上说，六朝是一个思想解放、文化发展、学术活跃的时期，各种文化相互碰撞，中国文化得到多向度发展和深化。强健而清新的文化精神大放异彩；从民族融合来说，经过这一时期民族之间的相互迁徙、争斗、同化和融合，作为主体民族的汉族吸收了非汉民族的新鲜血液，增加了活力，中华民族的发展进入了崭新的历史时期。

南京是六朝古都，江苏省域是当时六朝政区的核心地区，现在的江苏政区内，尤其是南京地区，还保留着相当数量的、极其宝贵的六朝文化的历史遗迹。它们是六朝时期物质文化与精神文明的重要体现，是进行六朝文化研究的极为宝贵的财富，也是南京作为历史文化名城的标志性遗存文物。

充分利用这些历史文化遗迹遗物，深入开展对具有时代和地域特色的六朝历史和文化的研究，对于发掘南京这座历史文化名城丰富的历史文化底蕴，并进而提高其知名度，具有重要意义。

7. 京杭大运河文化

京杭大运河文化是大运河自开凿以来长期创造形成的产物；又是一种历史现象，是运河流域社会历史的积淀物。囊括了中国若干个朝代创造出的多民族的历史、地理、风土人情、传统习俗、生活方式、文学艺术、行为规范、思维方式、价值观念等文化因素。

大运河文化，是黄河流域文化为核心，与海河、淮河、长江、钱塘江共同融合出的独特的江河文化，并紧密与中原文化相承。核心地域：北京、天津、河北、山东、江苏、浙江等六省市。

大运河文化，属于独一无二的"活"的文化遗产，跳出"点"的概念，以层络划分之一——包括大运河物质文化和大运河非物质文化（文学、地理学、水利学、艺术学、历史学、制度学、政治学，民俗学、民族学、衣食住行、生活方式、行为规范等等）物质文化是指在开凿大运河过程之中创造的种种物质文明，是一种可见的显性文化；大运河非物质文化，属于不可见的隐性文化。

大运河文化，蕴藏着丰富的古代信息，对研究古代中国社会、地理、历史、政治、经济、军事、文化、科技、外交、民族等等领域，是一部大运河百科全书；对研究各个民族的生活方式、行为习惯、文化态度、审美价值等传统文化概念，是一部"运河博物馆"。

总之，大运河文化，是大运河遗址文化蓄藏着的活化石文化。

8. 民国遗迹遗产

作为国体，民国是短暂的、粗糙的、未完成的、是被革命与战祸持续中断的褴褛过程，然而唯其短暂，确才可观。一个现代国家现代文明的大致框架，就是在那不到三十年间奠定的，岂可小看。民国是丰富的，是古典文化大规模转换的国家景观，回首前瞻，与传统、与世界，两不隔绝。

作为民国时期的首都，南京保留了大量民国建筑，如众所周知的中山陵、总统府、中央大学、金陵大学等，还有行政院、外交部、庆和昌记以及大量民国名人故居，比如，拉贝、宋子文、陈布雷、李宗仁等人的故居、公馆。根据统计，目前南京现存的民国建筑达到1000余处，这些建筑构成了南京独一无二的城市文化景观。

三　与世界大河三角洲的比较

1.尼罗河三角洲

尼罗河三角洲是由尼罗河干流进入埃及北部后在开罗附近散开汇入地中海形成的。它以开罗为顶点，西至亚历山大港，东到塞德港，海岸线绵延230千米，面积约2.4万平方千米，是世界上最大的三角洲之一。尼罗河三角洲土地肥沃，人口密集，是古埃及文明（公元前5000～公元641年）的发源地。也是世界上人口密度最高的地区之一。

尼罗河三角洲的黑土地孕育了埃及7000年的灿烂文明。公元前5000年，日渐干旱的气候灼烧着埃及地区丰茂的草原，慢慢地，沙漠取代了草场，游牧部落不得不聚集到尼罗河沿岸。他们在此耕种并定居下来。

在法老建造金字塔之前，埃及人最引以为荣的是丰饶的尼罗河三角洲。地处亚、非、欧边界，尼罗河三角洲成为兵家必争之地。这里是战场。自古以来，侵略者总是想方设法地控制这片能为他们带来巨大财富的土地。闪米特人引入骏马和战车，埃及人用它们扩张自己的王国；希腊人创造了亚历山大港，同时也带来古老的文明。

2.两河流域三角洲

两河流域文明又称美索不达米亚文明，或两河文明（公元前2000～前1000年）。是指在新月沃土的两河流域（底格里斯河和幼发拉底河）所发展出来的文明，是西亚最早的文明。主要由苏美尔、阿卡德、巴比伦、亚述等文明组成。

两河流域是世界上文化发展最早的地区，为世界发明了第一种文字——楔形文字，建造了世界上第一座城市，编制了第一种法律，制定了第一个七天的周期，第一个阐述了创造世界和大洪水的神话。至今为世界留下了大量的远古文字记载材料（泥版）。

3.印度河/恒河流域三角洲

印度河流域文明亦称印度河文明或哈拉帕文明，距今4600余年，是印度次大陆已知的最早的城市文明。1921年第一次在旁遮普邦的哈拉帕发现，它比稍早的美索不达米亚文明和埃及文明分布更广。

恒河位于印度北部，是南亚的一条主要河流。恒河三角洲是世界最大的三角洲（也叫"恒河—布拉马普特拉河三角洲"）。面积6.5万平方千米。大部分地区土壤肥沃，人口密集，农业发达，为南亚重要经济中心之一。盛产黄麻、水稻、甘蔗等。交通发达，大部分河流可通航，里程达1万千米以上。

在三角洲内，河流多支叉，并游移不定。平均海拔不足10米，土层深厚肥沃，水网密布，是孟加拉国与印度重要的农业区，也是世界黄麻的最大产区。主要城市有加尔各答（印度）、达卡、吉大港（孟加拉国）等。

恒河流域是印度文明的发源地之一，她不仅是今天印度教的圣河，也是昔日佛教兴起的地方，至今还有大量佛教圣地遗存。

四 可策文创特展

1. 与世界著名三角洲的对比／文明艺术展

2. 丝绸之路与海上丝绸之路

3. 中国京杭大运河文化与世界上著名的人工运河比较展（如苏伊士运河、巴拿马运河等）

4. 长江文明与长江经济带

5. 中华母亲河的光辉岁月——黄河与长江文明展

五 展览方式

1. 巡展

2. 交换展

3. 它展（境外展）

本文为2021年10月在"共振共生·2021海南国际文创周"活动中所作主旨演讲

中国大运河博物馆文创实施方案

一　指导思想

大运河是中国古代劳动人民创造的一项伟大的水利工程，它纵贯中国南北，沟通五大水系，流经北京、天津、河北、山东、江苏、浙江、河南、安徽八省市，是中国古代南北交通的大动脉。大运河是一项历史悠久的世界遗产，它于2014年获准列入世界遗产名录，成为中国第46个世界遗产项目。习近平总书记在视察工作中强调，大运河是祖先留给我们的宝贵遗产，是流动的文化，要统筹保护好、传承好、利用好。

为深入贯彻落实习近平总书记重要指示批示精神，充分挖掘大运河丰富的历史文化资源，保护好、传承好、利用好大运河这一祖先留给我们的宝贵遗产，打造大运河文化带，中共中央办公厅、国务院办公厅于2019年2月印发了《大运河文化保护传承利用规划纲要》，《规划纲要》明确要按照"河为线，城为珠，线串珠，珠带面"的思路，要求各地区各部门结合实际认真贯彻落实；并强调要深入挖掘和丰富大运河文化内涵，充分展现大运河遗存承载的文化，活化大运河流淌伴生的文化，弘扬大运河历史凝练的文化，要求深入理解大运河文化的内涵和外延，突出大运河的历史脉络和当代价值，以此统领大运河文化保护传承利用工作。

千年运河肇始于江苏，古邗沟是大运河的开始，扬州是中国大运河申遗的牵头城市，大运河江苏段在中国大运河文化带上占据着举足轻重的地位。江苏省文化和旅游厅贯彻习近平总书记指示批示精神和《大运河文化保护传承利用规划纲要》，积极推进大运河文化带江苏段建设，旨在通过江苏段运河文化长廊建设，展示江苏运河之美、自然之美、人文之美，同时也为大运河沿线城市建设大运河文化带提供新的思路。在此背景下，江苏提出在扬州建设中国大运河博物馆，全面开发运河遗产，展示运河文化，传承运河精神。同时，将加强文物保护和文化遗产传承有机结合起来，深入挖掘优质文化和旅游资源，实现让文物真正"活"起来，让非遗深度融入现代生活，也将拥有丰富江河湖海资源的"水韵江苏"品牌进一步打响。经过多部门调研分析和专家论证，中国大运河博物馆选址扬州三湾风景区，博物馆建设注重选取运河沿线典型聚落空间为表现形式，通过重现历史场景，展现各时期运河沿线的物质及非物质文化，反映运河沿线人民的美好生活。

大运河博物馆的建设宗旨是要集学习教育地、文化休闲地和旅游目的地于一身，着力全面反映大运河历史概况和现今状态，力争成为大运河国家文化公园中的遗产集合和文化核心。其中，如何充分展现全流域、全时段的大运河及其带给人们的美好生活是关键。博物馆的文创实施方案以博物馆的建设宗旨为根本出发点，以传统文化融入现代生活为要义，依托各项主题展览将人们记忆中的运河文化遗存和依然流淌伴生的运河文化进行全面展示；通过提炼运河文化内涵，选取相关元素，设计研发文化创意产品，将运河文化特质显现在文化创意产品中，实现"将运河文化带回家"的目的；通过老字号店铺引入、非遗文化活态展示以及运河文创特色公共空间打造，帮助公众深度融入运河沿岸人民的生活方式，从而体验运河风采，传承运河文化。

二 实施目标

博物馆的目标是满足人民群众对美好生活的需求，同时提供更好的文化产品。基于此，中国大运河博物馆的文创实施目标如下：

一是通过创意展览复原运河沿线聚落旧貌，试图用情景再现的方式展示运河美好生活。博物馆将以运河沿线百姓生活为内容，通过不同时期、不同区域的民俗风情和民众生活，展示不同历史时期大运河沿线的典型聚落遗产，让观众认知运河沿线的不同城镇风貌，了解与运河相关的各类代表性文化遗产，进而深入理解运河文化内涵，传承运河文化精神。

二是通过开发优质文化创意产品，满足公众文化需求，实现"把博物馆带回家""把运河文化带回家"。馆内通过沉浸式体验，让观众身处唐宋、明清不同历史时期的城镇及典型建筑和商业复原场景，通过老字号店铺活动，参与运河生活的各种互动体验，感受传统文化的魅力。此外，选取具有运河特色的元素作为创意点进行文化创意衍生品的设计研发，注重产品的教育意义和实用性，以高质量的文创衍生品结合运河沿线老字号商铺及各项非遗项目，开发不同价位商品，吸引不同层次观众，实现将博物馆带回家的目的。

第三，充分利用大运河博物馆内的公共空间，结合实际建筑功能，最大限度地融合运河文创元素，开展文创展览活动，拓展文创服务项目，努力将博物馆打造成具有运河文化特色的、让社会公众舒适满意的休闲文化场所。

三 四大街区实施方案

大运河贯通南北，带动了中国古代经济的发展，沿线大批城镇和聚落应运而生。运河孕育了沿线的土地，滋养了当地的民众，诞生了丰富的文化习俗，这些优秀的文化传统直至今日还在滋养这片水土，成为当代人的精神家园。博物馆在通过专题展览介绍大运河悠久历史及深厚文化底蕴之外，也将试图复原部分聚落，展示不同时期、不同地域延续至今的民众生活。

根据规划，"因运而生"展厅分为四个部分，即西段、北段、中段和南段。在此基础上，我们按照文化区别，将该四部分对应四个街区，即隋唐运河街区、京津运河街区、淮扬运河街区和江南运河街区。四大街区的建设以运河沿岸民众的美好生活为表现内容，将中国传统的琴棋书画以及酒文化、茶文化、香文化等艺术生活方式置于其中，将生活艺术化、艺术生活化，结合民众的日常生活状态，选取具有代表性的文化符号和典型文化特征，将四大街区有机融合成一个整体，实现区域特色和整体统一，通过对空间氛围的营造，让观众感悟传统文化与当代生活的融合。

（一）隋唐运河街区

"因运而生"展厅的入口处位于西段，该段主要展示隋唐大运河部分人们的生活业态，时代坐标为唐宋，以洛阳和开封为参考城市。隋唐运河街区以唐风宋韵为主要文化特色，雍容华贵的唐朝服饰妆容、独具特色的古法制香、形色兼备的洛阳宫灯彰显了开放包容的大唐盛世；正店脚店、欢门彩楼、行酒斗茶等宋代酒文化、茶文化及独具特色的勾栏瓦肆摹画了宋代的市井繁华。

这里是游客进入展厅的第一站，在此处设置一个售卖特殊通行道具"过所"（古代过关津所用凭证，类似现在的通行证）的区域，游客凭此可盖古代特色印章，在"因运而生"展厅其他重要节点处均可盖章，集齐沿线全部印章可在馆内指定地点兑换礼品。

唐三彩是盛唐文化的重要符号，宋代的制瓷是工艺美学的一个高峰，通过陶器作坊、瓷器展示与售卖这一综合业态的打造，不仅可以展示唐宋时期的精彩文化，还能充分调动游客的参与热情。

规划中的"勾栏瓦肆"里定期举行宋代百戏表演，平日在室内设投壶游戏场，增加观众互动性，体验宋代娱乐活动。在没有表演的时候，可以设柜台销售洛阳、开封地区的特产及具有代表性小商品。

针灸铜人是宋代医学教学模型，2006年入选河南省首批非物质文化遗产名录。在展厅内开设针灸医馆，内设针灸铜人互动展示装置，游客可在现场体验简单的针灸治疗，体验中医奥妙。

制香品香是古人风雅生活的一个方面，唐宋时期的香文化氛围浓厚，在这一街区集中设置一个香文化的体验区，在展示洛阳手工制香（洛阳牡丹香）技艺的同时，进行香料、香包的售卖，公众可观赏手工制香活动或参与互动，同时购买香料、香包等周边商品。宫灯在唐宋时期较为发达，雍容华贵的宫灯也是宫廷文化的代表性符号，在建筑的二层设置洛阳宫灯、汴京灯笼等，体现文化特色，也装点了空间气氛。

在该街区设立一个唐装宋服古装体验馆，唐代尚肥、宋代爱瘦，审美取向是时代特征的体现，也是社会生活的真实反映。以唐、宋两个朝代的服装配饰为主要经营内容，包括官服、礼服、便服等不同品种，唐装和宋服可出售亦可出租，同时店内经营特色拍照、视频制作等业务。配合服饰与妆容，开设售卖具有唐宋时代特征的首饰盒、胭脂水粉、小饰品、特色化妆品的店铺，同时店内设置化妆项目，给游客体验唐、宋不同时期及不同阶层人物的妆容。将古代生活方式与现代休闲旅游相结合，带给公众美好生活体验。

宋代经济、文化和社会环境稳定繁荣，雕版印刷术进入了鼎盛时期，并发明了活字印刷术，作为北宋都城的开封，刻印业更为繁荣，年画也得以兴盛和发展。雕版印刷相关内容，与扬州雕版印刷博物馆开展合作，引进相关技艺传承人进行活态展示，公众不仅可以参与互动体验，还可以购买到周边文创商品。

汴河两岸繁华集市中最有代表性的是酒肆文化，据《东京梦华录》记载，北宋开封酒店林立，多得数不过来，其中七十二家属于"正店"，别的全被叫作"脚店"。在这一街区设置了一家正店（取得官方酿酒许可的餐饮机构，为顾客提供餐饮服务、零售酒水，同时也向"脚店"批发自酿酒水）。一楼店外布置酒桶陈设，店内设柜台售卖酒水；二楼设为宋代酒文化的展示空间，设置小游戏供游客体验宋代行酒文化。正店前还配套设置了独立的彩楼欢门，还原当年的情景。

同时，这一区域参照《清明上河图》的相关场景，设置相应功能区域，在街道周边还设置可移动摊位，在全域流动售卖，配合特色吆喝声，营造气氛。如：西洋镜、吹糖人、铜茶壶等。

（二）京津运河街区

胡同与胡同文化是老北京的主要特点，我们在街区里建四合院、胡同，并进行相关生活场景的复原与特色店铺的经营，让游客通过自己的观察，与建筑对话、与场景融合，沉浸其中，感悟和了解北京的历史文化与人文底蕴。

京津运河街区，主要通过四合院、胡同等静态建筑和曲艺表演、非遗活态展示等动态展演相结合，生动表达元明清时代的京津韵味，以北京和天津为参考城市。以金漆镶嵌、牙雕、雕漆等为代表的燕京八绝展示的是宫廷的奢华文化；以茶馆演出、相声曲艺表演，结合北京和天津两地市集常见的传统老布鞋、狗不理包子、十八街麻花、孟德成闻药等特产售卖，表现京师闹市繁华与街头市井气息。

该区设一间茶书馆，主要展示北京、天津地区的戏曲、曲艺等相关内容，可参考老舍的《茶馆》描述，还原相关场景，邀请一些说书、相声等口头艺术表演者进行演出，同时这里也可以配套售卖茶叶、茶水，游客点一壶茶，就可以坐下一边喝茶一边欣赏艺人的表演。

充分利用该区域的四合院建筑，在倒座（四合院中和正房相对的一排房屋）里规划四合院及胡同文化展示区域。四合院是北方民居的典型代表，展厅营造四合院部分空间，由大门进入，正对照壁，通过前院、倒座，再入垂花门到达"内院"，展示简单的四合院入口序列空间。该院落及建筑空间规划为非遗展演场地或为民俗活动开展场所。"内院"部分设置可移动围墙，需要时可将其撤除以提供更加宽敞的院落空间为展演活动提供场所。同时可配合整个展厅的通关游戏设置打卡盖章处。

以燕京八绝（景泰蓝、玉雕、牙雕、雕漆、金漆镶嵌、花丝镶嵌、宫毯、京绣）为代表的北京非遗项目，可集中展示精美、奢华的宫廷文化，明清帝都的皇家气势由此可见一斑。

在该区开设京津传统的老布鞋鞋店——北京内联升、天津老美华，感受京津两地的传统生活方式；开设中医药房——北京同仁堂、天津达仁堂药铺，可做简单地把脉问诊，与宋代的针灸医馆形成呼应；引进北京泥塑（兔儿爷）、天津泥人张、北京剪纸、天津天妃宫剪纸、天津杨柳青木版年画等两地著名的手工技艺非遗项目，或展或演，丰富京师繁华盛景；引入天津较有代表性的津扇、十八街麻花、耳朵眼炸糕、果仁张、义聚永酒、孟德成闻药等特色经营项目，生动展示天津城市印象。

（三）淮扬运河街区

淮扬运河街区，主要表现江南地区的富足安逸、盐商巨贾富甲一方的豪华生活。千年邮驿、南船北马、漕运总督、盐商宗庙、园林美宅等元素是该河段的标志性特征，以展览展示为主要手段，辅以商铺经营业态，丰富街区文化，使游客在此了解传统、享受生活，并从中获得感知。以漕运文化、盐商文化、邮驿文化、码头市集为主要方面，以邮政局（高邮盂城驿）、广陵琴派（扬州古琴）、昆曲、码头商铺为具体内容，体现明清时期这一地区人们富裕、美满的生活情况。主要参考城市为淮安、扬州。

规划中，该区域设建有一座戏台，定期邀请非遗传承人进行戏曲表演，展示淮剧、昆曲、扬州评话、扬州清曲、古琴艺术（广陵琴派）等淮扬地区具有代表性的特色戏曲文化和口头表演，通过节目展演反映此地百姓的生活百态和美好追求，展示此地灿烂的文化遗产，并将游客的听戏、品戏与当下的生活方式联系起来，与传统文化展开对话，品味美好生活。

以高邮盂城驿为设计原型，在这一区域复原一座邮驿。高邮盂城驿始建于明朝洪武八年，位于江苏省高邮市南门大街东，是中国邮驿"活化石"、全国规模最大、保存最完好的古代驿站、明代遗留下来的一处驿传建筑，现为全国重点文物保护单位，2014年被列为世界文化遗产（京杭大运河重要组成部分）。在建筑内部展览展示邮驿文化，引进高邮邮驿博物馆相关项目，售卖邮票、明信片等商品，同时作为真实邮局使用，与扬州邮政局合作，经营明信片邮寄、慢递等业务。配合整个展厅的通关游戏，在此设置打卡盖章处。

盐商住宅（跑马楼）是淮扬街区盐商文化的核心表现形式，主要展示盐商文化和相关商业业态，除了盐商住宅的装饰、盐商文化的展示，引进富春茶社、三和四美酱园、盐铺、漆器、玉雕等项目，通过商铺业态展示富足场景；跑马楼的二层作为独立的功能空间，引进扬州汉风古琴制作技术研究所的相关项目，在此开设非遗类的古琴研习班，进行古琴教学、交流与研讨活动，同时配合社教、研学活动开发项目，宣传、弘扬和发展广陵琴派艺术。中国斫琴界有"南马北王"之说，"南马"指的就是扬州汉风古琴制作技术研究所的所长马维衡，他不仅是中国斫琴名家，也是第五批国家级非物质文化遗产古琴艺术（广陵琴派）传承人。

淮安位于淮河和大运河的十字交叉口，地兼南北，沟通东西，在淮安运河文化的历史发展进程中，"南船北马"是其主要表征。在该街区营造具有码头特色的生活空间，反映内陆港口特有的紧张活泼气息。通过设置粮油店（五谷杂粮、恒茂油麻店、朱德记面粉店、高邮鸭蛋等运河沿线特产），南北货卖场，扬州三把刀，谢馥春香粉铺等生活日用品店铺；并将民众的节俗活动及文化休闲内容融合进来，以淮扬地区的非遗手工艺展示和老字号商铺为主要内容，包括金银细工、扬州通草花制作、云渡桃雕、新袁柳编、徐州砖雕、砖砚、贡砖等项目。

（四）江南运河街区

明清商业贸易的繁荣使得常州、无锡、苏州、嘉兴、杭州等沿运河城市成为当时重要的工商业发达城市。江南运河街区建设，主要突出表现江南地区人们的精细生活与雅致风韵，主要参考城市为苏州和杭州。"上有天堂，下有苏杭。"苏杭受到如此推崇，主要在于其风景优美、物产富庶，江南地区的人们生活也充满诗情画意，才子佳人，儒雅温婉。

结合展厅内的书院和织造署这两处公共建筑，将书院文化和精美织造进行详细展示，代表性文化符号有：苏州四大才子的书画、十竹斋、西泠印社、文房四宝等；苏绣、缂丝，旗袍、扇面等苏杭刺绣。此外，茶艺茶道作为中国传统艺术生活方式，代表了文人雅士的美好意趣和审美取向，茶叶、茶具、茶艺、茶道等茶文化的具体表现形式在这一区域相应做艺术性展示。

在此区域，引入杭州中国刀剪剑博物馆、中国伞博物馆、中国扇博物馆的相关项目，开设售卖伞、扇的店铺，售卖苏州、杭州地区具有代表性的油纸伞、丝绸伞、宫扇、折扇、竹扇、团扇等不同材质、不同样式的富有特色产品，通过销售展示表达温婉如水的苏杭韵味和精细雅致。

设置茶文化体验馆，专售运河沿线特产茶叶，西湖龙井茶、扬州绿杨春、杭白菊等，并与中国茶叶博物馆进行合作，引进相关项目，配合茶艺、茶道开发公众体验活动，打造一个公众可以享受文化服务的休闲场所。

宜兴的紫砂和龙泉青瓷无疑是苏杭地区具有代表性的手工技艺，早已融入当地民众日常生活的方方面面，是艺术性和实用性的完美结合，它们都被列入第一批国家级非物质文化遗产名录，其中浙江龙泉青瓷还是中国国家地理标志产品，深受国内外人们的喜爱。

苏杭地区作为吴侬软语的江南代表，风景优美、物产富庶，盛产桑蚕丝，纺织刺绣品种丰富，在公共建筑织造署内设立丝绸生活馆，除展示织造文化，营造氛围之外，设置专门区域展示各种刺绣、织绣的手工技艺，售卖旗袍、丝巾、扇面、屏风等织绣成品，从个人服装配饰和空间装饰层面给观众营造江南风韵。主要项目有：杭州丝绸、苏绣、苏州缂丝等。

"鱼米之乡"的苏杭，江南人"食不厌精，脍不厌细"，各种糕点饮食享有盛名，在此处设置一个点心铺，专营苏杭地区的各类点心果品，如苏式糕点、宁式糕点、五芳斋粽子、荷花酥、梅花糕、年糕、青团等，让公众品评江南人家的饮食文化。

苏杭地区的非遗项目和老字号商铺作为那个时代传承至今的文化传统，对今人的审美和生活具有一定的审美启示和教育意义，如：宁海十里红妆、常州留青竹刻、常州梳篦、绍兴黄酒等；根据规划，"书院复原设计原型，选取书院大门样式再现书院盛景"，为与此设计相呼应，可将二层设计为书院文化集中展示区。江南人文荟萃，历来重视文化教育，人才辈出，宁波天一阁、无锡东林书院即为书院文化的重要遗产。在该展示区内，将苏州四大才子的书画、十竹斋、西泠印社等项目融入其中，展示湖笔制作，售卖砚台（澄泥砚）、文具、线装刻本书等。

四 文创产品研发设计

（一）文创产品的范围与框架

与大运河相关的物质文化和非物质文化内容庞杂，大运河博物馆文创产品的第一要素就是要与大运河文化和精神紧密相关，无论是产品的表现形式还是精神内核，都必须具有大运河的文化内涵，贴合大运河的精神主题。因此，文创产品从设计构思出发，就要求能集中体现大运河的文化和精神内核，要着重抓住大运河遗存承载的文化、大运河流淌伴生的文化和大运河历史凝练的文化这三个层面开展具体工作，设计开发出高质量的文创产品以满足公众的社会文化需求。

大运河博物馆的文创产品开发要求从人们的生活出发，围绕着人们的生活开发，开发的产品必须要和大运河沿岸人们的物质生活和精神生活密切相关，要求既能弘扬中华传统和运河地域文明，也要服务公众的当下现实需要。因此，从人们的吃、穿、住、用、行等生活各方面开展创意，以人们的生活方式为立足点，以民众的精神生活和文化追求为出发点，用优秀的运河沿线文创产品服务公众需求，提升生活品质，丰富文化生活。

大运河博物馆的文创产品是承载着大运河博物馆文化内涵的载体，它将显性的文化特色和隐性的文化内质融合在一件件、一组组产品之中，形成具有辨识度的视觉特征。文创产品的色调要与大运河博物馆的VR系统保持一致，从对外形象宣传、产品外观包装乃至产品本身，在大体形象和细节描摹中，都应与主体统一风格。

文创产品的研发除了紧扣文化内核、契合外在形象之外，还应进行充分的市场调研，根据市场的需求情况合理控制各档次产品比例，以满足不同公众群体的购买需求。

（二）文创产品的研发设计原则

文化创意衍生品的创意和产品来源广泛，除了馆内设计师自主研发之外，还应充分发挥扬州、淮安、苏州等地方优势、调动社会力量参与，广泛开展各种授权活动，加强交流与合作，合理吸收运河沿岸优秀文化成果。尤为重要的是，中国大运河博物馆将积极加入中国博物馆协会文创产品专业委员会和江苏省博物馆商店联盟，加强与大运河沿线相关博物馆及文物文化单位之间的合作，促进文化创意产业化联盟工作，扩大运河文化影响。

第一，自主研发。选取具有运河特色的典型元素，结合现在百姓的日常生活，利用具有特色的馆藏资源，与常设展览和专题性临时展览相结合，将大运河的历史遗存和文化传统融入当代公众的生活中来，将运河文化元素进行创造性转化，使之能够被当代人喜爱和推崇，从而使运河文化焕发新的生机，得以创新性发展。

第二，积极与社会各界合作，广泛开展活动，引导社会力量参与到文创产品的设计研发工作中来。有效应用第六届"紫金奖"文化创意设计大赛、运河文创设计大赛等相关赛事成果，将优秀作品创造性地引用到博物馆的文创产品设计中来，使一批优秀成果得以落地，发挥实际效益，丰富大运河博物馆文创产品的种类，提高文创产品质量。

第三，充分发挥扬州本地优势，结合当地非遗和优质文化资源开展文创研发工作。大运河博物馆位于扬州三湾景区，扬州具有发达的工艺品产业链，大运河博物馆应充分利用当地资源，与当地的文化企业合作，深入挖掘当地文化内涵，将其发达的工艺品手工和市场资源引入到博物馆的文创产品研发中来。

第四，大运河博物馆的文创产品研发需要着眼于整体考虑，同时也离不开与沿线各地进行紧密合作。将有关联的运河文化相关元素进行有机结合，通过横向比较、集中展示、对比展示等形式创新出新的文化成果进行并加以利用，在注重对一点、一段运河文化元素进行深挖的基础上，结合运河全线文化特色做整体性研究与运用，从最大程度上实现文创产品的丰富与完善。

（三）文创产品的系列构想

根据大运河博物馆的文化特色和整体范围，我们将从多方面进行文创产品的研发，深度阐释运河文化内涵。其中，以博物馆的LOGO或吉祥物为中心进行相关主题的产品研发，对于一个新成立的博物馆，在树立大运河博物馆形象、宣传大运河博物馆文化的角度上具有重要作用。

紧扣博物馆主体建筑及其与周边环境的融合进行产品研发。大运河博物馆的选址及造型设计颇具匠心，博物馆的主塔与相邻的文峰塔、天中塔构成"三塔映三湾"的景观效果，船形主体建筑融入风帆元素，顶层通过一条"长虹卧波"意象的廊桥与大运塔相连，这一极具艺术性和创造性的外观造型是独具特色的创意点，对中国大运河博物馆文创衍生品的设计研发具有一定的启发意义。

大运河博物馆内的基本展陈、专题展陈和各种临特展也是我们进行文创衍生品研发的创意点，如：《隋炀帝与大运河》《大运河两岸非物质文化遗产》《紫禁城与大运河》等展览，充分利用展览元素，以运河事件为线索，将发生在运河上的人、事、物联系起来，如乾隆南巡、漕运故事等，以此为生发点进行文创产品的设计研发，有助于更好地诠释运河文化内涵，帮助运河文化融入当代民众生活，对大运河博物馆的形象宣传与推广具有深远影响。

运河因水而流动，将河与水的元素与财富、源流、律动进行联想生发，开发大运吉祥系列文创产品，以沿线出土和收藏的大运、吉祥、如意等相关元素的文物和藏品为具体创意点，联系当下人们的生活和精神需求，深入挖掘运河"水"文化的内涵，结合"水韵江苏"的文化品牌建设，设计研发出高质量的、深受人们喜爱的文创衍生品。

大运河这一浩大工程能滋养华夏、绵延至今，其中必然蕴含丰富的科学原理，将运河中涉及的科学理论和技术知识通过文创衍生品的形式展示给当下的社会公众，不仅对运河文化的推广起到良好社会效果，还具有一定的教育意义。以沿线行驶的船只、流动的线路为灵感，进行船模、船闸、桥梁等特色建筑的复制、组装、拼接等手工产品研发及组织配套活动，并与专题展览《运河上的舟楫》相结合，深入挖掘展览内涵，开发公众喜爱的文创产品。此外，运河边上粮仓、码头、堤坝、高塔、水则碑、镇水兽等配套设施及斗拱、雕花、彩画、山墙等建筑构建都可以作为"运河科学"益智类文创产品的创意点。

将运河路网作为创意点进行产品研发，突出大运河的"中"字特点，突出大运河对中国历史发展的重要意义。把大运河作为一个整体文化符号进行相关文创衍生品的开发，将运河的历史、路线、途径地域故事等贯穿进来，进行相关绘本、插画、拼图的设计研发也是大运河博物馆文创开发体系的一个重要单元。运河流经的每一个地域都会与当地的自然地理环境和社会风土人情相融合，相互影响，不断变迁，从而形成纷繁复杂的社会风貌和社会习俗，也因此产生了千姿百态的文化特色。流淌的运河，绵延的文化，是一曲奏响在中国大地上的交响乐，各地互不相同，各具特色，又彼此交融，相互影响。因此，在做大运河相关文创产品设计研发的时候，不仅要抓住大运河某一段、某一点的典型性文化特征进行设计研发，还必须要从大运河的整体性角度出发，综合考虑大运河作为一个整体的文化符号对中国传统文化的影响和重要意义。

五　文创空间实施方案

确立经营主体，规范经营范围。为了更好地激活社会力量，推动大运河博物馆文化创意事业发展，使大运河文化带的文化遗产融入当代美好生活，中国大运河博物馆将成立一个非营利性的国有独资公司——大运文化发展公司（暂名），公司在博物馆的授权范围内自主开展各项经营活动。中国大运河博物馆的文化创意部则在国家法律规定的范围内、在博物馆的管理框架内，对公司开展的文创经营活动进行管理和监督。

（一）文创商店运营

注重品牌建设，科学运营管理。博物馆文创商店是博物馆的"最后一个展厅"，中国大运河博物馆设有集中售卖文创衍生品的商场一个，位于主塔底层，面积约为210平方米。大运河博物馆的文创商店应立足馆内特色建立自己的品牌标识，用以对外宣传交流。文创商店位于博物馆的出入口，是游客进出场的必经之处，店内将集中展示、售卖与大运河相关的，大运河沿线城市的文化创意产品，店内的装饰风格与柜台的陈设布置也都将紧扣运河文化内涵，以运河文化为主要表现内容。

突出教育功能，特色活动助力。为了更好地服务公众，满足不同年龄层次游客的需求，尤其关注具有教育性质的青少年儿童文创产品研发，发挥文创工作的教化功能。同时，针对相关产品开展特色活动，博物馆还设有专门的儿童文创体验区，针对一些科技类、益智类文创产品，组织专门人员进行操作演示、现场培训，配合开展社会教育活动，让小朋友们参加手工类技艺的实际操作，丰富游客的购买体验，感受创意与文化相结合的魅力。

整合线上线下，协同营销推广。文创商品网上销售系统的建立与运营也是大运河博物馆文创规划的重要内容，前期在确保做好实体店销售运营工作的前提下，还需提前部署，加强与国内知名电商的合作，积极畅通文创产品网上销售渠道。同时，还要紧跟时代潮流，加强微信公众号、微博公众号、视频直播等自有互联网平台建设，做好文创产品的宣传推广和合作销售工作。

完善配套设施，保障管理运作。与文创衍生品的设计研发、展示销售密不可分的是科学规范的文创商品管理系统。为了规范文创产品的经营管理、加强财务核算，还需要开发或引进智能化销售管理系统，通过对文创产品的进货、销售、仓储等活动进行智能化管理操作，从而实现对文创产品的经营活动进行监督和管理。同时，在场馆内层高较低的区域设立专门的文创商品库房，用以存储、周转文创商品。

（二）文创服务空间管理

优化休闲服务，提升服务水平。在自营品牌文创商店之外，馆内部分公共服务区域的项目考察与招商也是文创策划实施的重要内容。除"因运而生"展厅引进非遗类和老字号店铺之外，也着力将博物馆内其他公共服务区域的打造成具有运河文化特色，具有教育、休闲、旅游功能的公共服务场所。

根据规划，大运河博物馆提供公共餐饮的区域主要设有水吧台和公共餐厅，用以满足游客的休闲需求。位于大运塔下的水吧台，室内、室外共占地约560平方米、156个座位，初步设定为茶吧、咖啡吧，销售简餐、西点等项目；公共餐厅也是非遗美食展示区，通过引入运河沿线具有典型特色的非遗类美食项目，如船菜、淮扬菜、杭帮菜等经营项目，丰富公众文化体验，满足公众休闲旅游需求。

举办特色展览，延伸教化功能。充分利用馆内适当区域，在文创商店、水吧、公众餐厅等公共服务空间的运营之外，在一些人流量密集的区域（如大运塔的一楼、主体一楼和二楼的夹层等）举办一些有特色的文创展览。可以是运河沿线博物馆文创联合展览，可以是运河沿线博物馆群文创设计大赛作品展，也可以是一些相关主题的临时展览，丰富游客对大运河文化的深度理解和体验。

不论是文创衍生品的研发经营，还是博物馆的公共服务空间设置，都是为了更好地服务公众需求，文化创意项目是博物馆展览功能和教育功能的延伸，博物馆的文创产品必须先要与博物馆自身的定位和特色相一致，要与博物馆的展览相辅相成，中国大运河博物馆的文创产品不仅是人们在博物馆时观展购物、休闲的一个选择，同时它也承担着将大运河的历史文化内涵介绍给公众的职责，因此，物化的文创衍生品也好，活化在人们生活中的服务也好，都是为了助益运河文化的传承与传播。

成稿于2020年3月（与杨莹合作）

徐州文旅融合的几点建议

据《尚书·禹贡》载："海、岱及淮惟徐州"。说明徐州历史文化源远流长。徐州是汉高祖刘邦的故乡，徐州有着众多的两汉文化遗存，在江苏的区域文化形态中，"吴韵汉风"之说的"汉风"，即指以徐州为中心的两汉文化。

总书记指出，人文资源是发展旅游的基础。旅游讲特色、创精品，一个重要的方面就是要十分注意对文化内涵的发掘。总书记强调，要用文化提升旅游品位。要以优秀人文资源为主干，把历史文化与现代文明融入旅游经济发展，精心打造出更多体现文化内涵、人文精神的特色旅游精品。为深入贯彻落实习总书记重要指示精神，我们应该充分挖掘徐州丰富的历史文化资源，全力打造徐州汉文化特色文旅资源，积极依靠、借助一带一路文化共同体，做足大运河文化带（徐州段）建设，做亮红色旅游，从而更好地探寻经济增长之道。我们有以下几点建议：

一 积极推动传统文化建设、全面融入经济社会发展

（一）以汉文化发展为核心，服务当下文化建设

1. 提炼大汉精神，建设5A级汉文化大景区

徐州之所以被人们誉为"兵家必争之地"，除了它的险要地理位置、"五省通衢"的交通优势外，还缘于九里山这一闻名遐迩的古战场，缘于两千年前刘邦设下"十面埋伏"与项羽在此处的生死厮杀，并留下了至今人们仍在传诵的著名诗句："九里山前古战场，牧童拾得旧刀枪，顺风吹动乌江水，好似虞姬别霸王。"从汉高祖揭竿起义到成就霸业，以至世代阴袭封侯，九里山是徐州汉文化流传不息的最重要见证。

汉文化是中国文化的主体，而徐州是汉王朝的发祥地。西汉一朝，楚王两传十二代。汉朝有制，封王死葬封地。十二代楚王应有十二处陵墓，其位置当在徐州附近。近年来，通过文物工作者的辛勤劳动，已调查和发掘了8处16座楚王的陵墓，这些王陵均为崖洞墓，包括楚王山汉墓群、南洞山汉墓、北洞山汉墓群、驮篮山汉墓、狮子山楚王陵、龟山汉墓、东洞山汉墓、卧牛山汉墓，均采用"因山

为陵"的埋葬方式，分布在徐州周围的山上。

因此，在文旅融合的背景下，我们应该建立以九里山为龙头，狮子山、龟山、北洞山、东洞山、驮篮山，包括丰、沛二县汉文化遗存在内为两翼的5A级汉文化大景区的概念。在这一概念支持下，我们应与江苏省内的其他汉文化区域，如扬州；与江苏省外的同时期汉文化区域，如西安、洛阳等地积极开展纵向与横向相结合的文旅融合事业。

2.区域内专题研究与横向比较研究相结合

徐州先秦时属楚国，为西楚重镇；后成为汉帝王之乡和大汉王朝的发迹地，在西汉时期盛极一时。楚风汉土孕育了徐州灿烂辉煌的历史文化，留下了蕴藏丰富、举世闻名的汉代遗产，其中尤以汉兵马俑、汉墓、汉画像石为最，被称为"汉代三绝"。这些遗产为我们更好地研究徐州两汉的经济、思想、艺术、军事等提供了方向与材料。

（1）徐州两汉经济的发展

徐州在两汉时期为皇族和重臣镇守的诸侯王国，经济文化实力强大。汉初重视农业，实行了"以农为本，与民休息"的政策。徐州当时物产丰饶，甚为富庶，"稻麦一熟可资数岁"。

据《汉书·地理志》载，徐州地区曾设有下邳、彭城和沛郡三处铁官管理冶铁作坊的经营。《汉书·五形志》记载，公元前26年，徐州的沛郡铁官发生的一起炼铁事故。在1995年，徐州狮子山楚王陵的考古发掘中，出土了大量的铁兵器等，经研究，出土的铁甲片为炒钢制作，其质量与现代工艺的钢产品已无根本的区别。比英国人发明炒钢技术早了1800年。铁制农具如耦犁、耕车等已普遍使用，水利设施多有改善，农业发展迅猛。大量的汉画像石和历史文献表明，当时徐州纺织业也很发达，织布机、提花机等已普遍使用，织物精美而品种繁多。

（2）徐州两汉思想文化的发展

作为帝王之乡，徐州也是汉文化的发展重镇，儒学、经学思想、道家思想、佛家思想等都曾在两汉的徐州大地上蓬勃发展。

汉代的统治阶级重视儒学。汉高祖曾去曲阜祭拜过孔子，汉武帝实行了"罢黜百家，独尊儒术"，儒学成为学术正统和汉文化的中心。汉代徐州学者留下了丰富的经学著述：如施雠的《施氏周易章句》、韦贤的《鲁诗章句》、申公的《鲁诗》、庆普的《礼记》等。刘向集体编写《淮南子》，刘歆在刘向《别录》的基础上，修订成中国第一部图书分类目录《七略》。

在古代中国的版图上，徐州是交通南北，联络东西的商埠重地，经济发达，文化活跃，也是道教思想兴盛和佛教兴起的重要区域。

先秦道家的创始人老子，长期定居于徐沛之地，著《老子》，亦称《道德经》，认为"一生二，二生三，三生万物"。东汉时，沛国丰人张陵撰《老子想尔注》，注解《道德经》，在四川创立了道教，即"天师教"或称"五斗米教"。西汉的张良、曹参，东汉的张衡、张鲁、于吉、华佗等都是道家学者。

佛家有东汉楚王刘英，修浮屠祠，信奉佛教；笮融在徐、扬之间开展规模空前的奉佛活动，其修建的佛寺可容纳3000人。此外还有中国最早出家人严佛调，译有《法镜经》等，并撰有《沙弥十慧章句》一书。

（3）天文、数学以及医学

刘歆所著《三统历谱》，被认为是世界最早的天文年历，他首个突破"周三径一"的旧法，重新设定圆周率常数。医学方面，东汉末年名医华佗主要在以徐州为中心的苏、皖、豫交界地带行医，精通内科、外科、妇科以及针灸，擅长外科手术，被后人称为外科鼻祖，也是世界上第一个使用麻醉做外科手术的医生，比欧洲早1600多年。

（4）艺术

徐州地区考古发掘出土的汉画像石、兵马俑及大量玉器等体现了汉代的思想、信仰和社会习俗，是汉代艺术的主要组成部分。

（5）文化典故

徐州以其五省通衢的地理位置，历来是兵家必争之地，也是中国著名的古战场，在徐地发生的大小战斗数不胜数。形成了徐州独特的军事文化。同时，这一时期刘邦结交的文人谋士、英雄豪杰，如萧何、曹参、王陵、周勃、樊哙、灌婴等在推翻秦朝统治和楚汉战争中发挥了重要作用，汉朝建立后，这些人多又成为其政权的核心人物，故现在沛县还有"五里三诸侯"的传说。这些历史人物与事件的文化典故流传至今，记录了数量众多的故事与成语，如"十面埋伏"（韩信）、"垓下之战"（刘邦灭项羽）、"运筹帷幄，决胜千里"（刘邦评张良）、"约法三章"（刘邦）等。此外，还有不少军事著述：韩信的《权谋》，杨仆编的我国第一部《兵录》，张良、韩信定著的35家兵书，任宏编的兵法分类目录，被收入《七略》和《汉书·艺文志》，是中国最早的兵书目录。

（二）做足大运河文化带（徐州段）建设

大运河在徐州境内绵延181千米，徐州作为大运河江苏段的最北端，线路长、遗产多，在大运河文化带建设中优势明显。从吴侬软语的苏南到楚风汉韵的苏北，徐州作为运河沿线城市"因运而生，因运而盛"。因此，也为徐州运河沿线留下了很多文物古迹，同时也留下了众多的非物质文化遗产，如徐州剪纸、徐州琴书、徐州香包，这些都是运河文化的代表，它们也是我们建设大运河文化带、积极汲取民族优秀文化养分，全面推动文化和旅游业融入经济社会发展的重要组成部分。

（三）做亮红色题材

徐州位于江苏省西北部，京杭大运河穿城而过，还有陇海、京沪两大铁路干线在徐州交汇，历来有"五省通衢"的美誉。因此在历史上，徐州也是一个兵家必争之地，从楚汉时期的彭城之战，到三国时期的寿春之战，一直到抗日战争时期的徐州会战和淮海战役，足以显示徐州重要的战略位置。1949年后，为纪念烈士英灵和教育后人，国家在徐州兴建了以淮海战役纪念塔园林为首的一批纪念塔和纪念馆。

2013年，我国新颁布的旅游法颁布，使得我国红色旅游的发展进入了一个全新的阶段，按照国家旅游局确定的十二个"重点红色旅游区"，徐州位于"以皖南、苏北、鲁西南为主的'鲁苏皖红色旅游区'，主题形象是'东进序曲，决战淮海'"。

其中淮海战役纪念塔园林是全国著名爱国主义教育基地与红色旅游景区，入选了全国一百个"红色旅游经典景区"之列。因此，以淮海战役纪念塔为首的这些红色旅游资源是促进徐州经济发展的有利资源。

（四）煤城变水乡

徐州是曾经著名的煤城，丰富的煤矿资源使徐州成为中国最重要的能源基地之一，煤炭一度给这座城市带来无上荣耀，但长期的煤炭开采也给这座城市带来了许多伤疤。

2008年，在采煤塌陷地治理与生态修复相结合的绿色发展理念指导下，徐州实施采煤塌陷地复垦治理，积极打造生态修复示范区，逐步把塌陷地转化为独特的开发资源，先后完成了九里湖、潘安湖等一批重大生态再造工程，将煤城变水乡，北雄与南秀，粗犷与旖旎巧妙融合，实现了由"一城煤灰半城土"向"一城青山半城湖"的华丽嬗变。2018年，由国家住建部推荐，徐州荣获联合国人居奖。

二 积极弘扬徐州历史文化对文旅融合的价值与意义

徐州历史文化的发展不仅促进了文化事业的繁荣，而且对更好地探索地域文明、弘扬中华优秀传统文化，从而实现传统为当代服务，提高人们的生活质量有以下几方面的重要价值。

（一）推动新时代徐州传统文化的创新精神

出身徐州的平民——汉王朝的创立者刘邦，他开创的大汉帝国可以说是中国历史上最强盛的朝代，不仅开创的一套政治体制和经济制度为后世统治者所沿用，而且两汉灿烂的文化，表明中国传统文化的发展达到了前所未有的高度，徐州作为两汉文化发展的重镇，在经济、思想文化、艺术等方面都取得了丰硕的成果。

（二）传承徐州传统文化中的进取之志

汉太祖高皇帝刘邦建国特点，在政治上为布衣将相之局，其本人出身亭长之职，其手下大臣除张良是韩国贵族之外，其余均为平民出身：萧何、曹参是沛县县吏，周勃为吹鼓手，灌婴是贩布的，樊哙是杀狗的，陈平是游士，韩信是无业游民。正是这样的布衣将相之局，使得大汉王朝在建国伊始，便充满了朝气蓬勃的进取气象，从而造就了两汉在政治、文化、经济、外交等领域的空前繁荣。

（三）提炼徐州传统文化中的和谐内核

无论是汉高祖刘邦在位七年推行黄老无为而治，还是汉武帝刘彻推行独尊儒术，霸王道杂之，整个汉王朝在民族政策和对外上，审时度势，建立了空前辽阔的疆域，并凿空西域、开通丝绸之路，促进了中西间文化交流，塑造了人类的过去，更将主宰世界的未来。

在汉文化发展过程中，徐州文化能够包容、吸收外来文化，融楚、汉、儒、道等诸多的文化因子于自身，从而形成了独具特色的徐州汉文化。我们通过对徐州传统文化进行研究，梳理其发展脉络，探索其独特的价值，对于中国传统文化与中国文化史的研究具有重要的理论和实践价值。

本文为2020年10月在徐州"首届汉文化论坛——两汉文化传承与发展"上的主旨报告

南京博物院文创工作的探索与实践

2020年是全面建成小康社会目标实现之年，2021年是全面建设社会主义现代化国家新征程的起步之年。2021年5月，文化和旅游部等九部委发布《关于推进博物馆改革发展的指导意见》（文物博发〔2021〕16号，以下简称"《意见》"）。作为博物馆纲领性文件，《意见》开篇就提出"为深化改革，持续推进我国博物馆事业高质量发展"。同年8月，文化和旅游部等八部委联合印发《关于进一步推动文化文物单位文化创意产品开发的若干措施》（文旅资源发〔2021〕85号，以下简称"《措施》"）。《措施》提出："文化文物单位按照要求推动文化创意产品开发，取得了一定成绩，但也面临试点政策落实没有完全到位、激励机制有待完善等问题"。

毋庸讳言，今天的博物馆在为社会发展做出巨大贡献的同时，还存在着诸多问题和困难，需要我们克服解决。近年来，南京博物院（以下简称"南博"）始终在积极探索和实践博物馆高质量发展的新方法、新路径和新机制。在确保文创开发公益性和非营利性的前提下，南博在创新文创产品开发方式（以下简称"文创"）、健全激励机制、搭建文化创意平台等方面作了重点探索和实践。

一　创新文创开发方式

《措施》明确，鼓励试点单位结合自身情况，创新开发方式，吸引社会力量参与文化创意产品开发。好的文化创意产品能够更好地促进博物馆高质量发展，在南博，博物馆文化创意产品包括原创展览、教育服务项目、文创衍生商品三部分，三者相互结合、互相促进。南博鼓励原创策展、丰富陈列内容，开发教育产品、提升服务能力，创意衍生商品、打造南博品牌，探索知识入股、把握劳动创造，利用互联平台、拓展文创领域。因此，我们将文创衍生商品理解为博物馆展览和服务的延伸。

在正确理解非营利、公益性要求的基础上，南博除了开办非营利性质的文创商店"博雅汇"外，积极跟进每一个大型原创展览，设计人员参与到策展团队工作中，与策展人随时保持交流、沟通，结合展览中的文物和社会服务活动，将传统的文化符号应用到文创设计中，开发设计出具有"中华传统和地域文明"特色的文创衍生商品，因此，我们开发的文创衍生商品有三个特点：（1）深入挖掘院藏文物资源；（2）传承江苏地域文明；（3）具有观赏性和实用性。

在这样的开发模式和特点下，2016年的"法老·王——古埃及文明和中国汉代文明的故事"展览，观众人数达31万多，配合展览开发的文创衍生商品种类多达84种；2017～2018年的跨年展览"走进养心殿——大清的家国天下"，观众人数达14万余人，文创衍生商品的销售数量达3万余件；2018年举办的"穆夏——欧洲新艺术运动瑰宝"展览，配合展览开发的文创衍生商品系列达41种，种类多达384种，销售数量24万余件，文创衍生商品收入更是远超展览门票的收入。正是这样的开发模式，自2016年后，我们相继开发出上百个系列、一千多种文创衍生商品，其中"大雅斋""丝雨江南""翎静芳馨"等系列更是受到了社会关注与认可，从而既扩大了博物馆的传播能力，又兼具了社会效益和经济效益。

为深入发掘和利用南博院藏文物资源，提升博物馆服务效能，创新博物馆文创开发方式，2014年以来，南博举办两年一次的"博雅杯·南京博物院文化创意衍生产品创意设计赛"，通过向社会广泛征集创意设计作品，开发出具有南博特色的文创衍生商品。2019年，由江苏省委宣传部牵头、南博承办，在紫金奖原有赛事项目基础上新设立"博物馆文化创意设计大赛"。该赛事面向全国征集依托长三角及大运河沿线文博资源创意设计的文创产品，内容涵盖原创性特展临展、社会教育项目和文化创意衍生品三大类。

上述赛事的获奖作品著作权除署名归作者之外，其他著作权均归南博和组委会所有。这些赛事在更大范围内吸引社会关注中国博物馆，参与博物馆文创开发，通过博物馆文化创意的系列产品及服务，更好地传承江苏地域文明、弘扬中华优秀文化。

二 健全激励机制

事实上，《意见》中已提到"健全激励机制"这一问题："博物馆开展陈列展览策划、教育项目设计、文创产品研发取得的事业收入、经营收入和其他收入等，按规定纳入本单位预算统一管理，可用于藏品征集、事业发展和对符合规定的人员予以绩效奖励等"。同时提出："合理核定博物馆绩效工资总量，对上述工作取得明显成效的单位可适当增核绩效工资总量，单位内部分配向从事这些工作的人员倾斜"。《措施》则在《意见》的基础上进一步提出"健全收入分配"，并对收入、绩效工资、奖励等提出具体做法。

2017年，南博制定了《南京博物院文化创意开发激励办法（试行）》（以下简称"《办法》"）。《办法》由12条构成，开篇即对"文化创意开发"作了定义：基于南博院藏文物资源，"以本院人力资源、知识产权和江苏地域文化为依托，开发原创性、创意性文化产品、文化服务和文创商品"。也就是说，南博健全激励机制首先要建立在创新文创模式基础上，文创产品的开发是南博展览和服务的延伸，是南博履行社会责任的重要内容。在此背景下，规范收入管理，"文创开发项目产生盈利的，盈利总量的50%以上应用于支持本院事业发展的需要"，"部分盈利可以作为对项目组的奖励，该奖励不受本院年度绩效核定总量限制"。同时，南博积极落实奖励措施，针对不同文创开发种类制定不同的奖励分配标准。这些关于收入规范管理、奖励分配标准的规定正是南博对《措施》中提到的"健全收入分配"的探索与实践。基于这种积极而有意义的探索与实践，2016年以来，南博共举办了14场不占用财政资金的、向观众收取低票价、高质量的收费展览。与此同时，配合这些展览，针对不同公众群体，南博举办了近500场社会教育活动，开发了近150个系列、1000余种文创衍生商品，从而使创意成果更好、更紧密地服务社会、服务公众。

三　搭建博物馆文创平台

《措施》提出"搭建展示推广和交易平台。制定文化文物资源数据化采集行业标准，推动文化文物单位数据资源互联互通。支持文化创意产品开发行业组织发展，促进市场主体资源共享、渠道共用，联合打造具有社会影响力的文化创意产品品牌体系。"2012年至今，南博积极搭建各种博物馆文创平台，向社会展示、推介博物馆优秀文创产品。

2012年9月，南博成立"江苏省博物馆商店联盟"，该联盟采用连锁运营模式，在省内13个地级市的各级博物馆开设博物馆商店，以统一的品牌形象进行设计包装，整合开发全省馆藏文物资源。这些博物馆商店空间既是博物馆展览和服务的延伸，也兼具了社会效益和经济效益。2017年，南博向江苏省文化厅（现为"文化和旅游厅"）、财政厅申报了文化发展专项资金，在调研长江经济带博物馆的文创产品基础上，整合长江经济带博物馆特色鲜明的文物藏品资源，通过资源共享、优势互补的方式，打造长江经济带博物馆文创产业平台，并在2018年举办了"同饮一江水——长江经济带博物馆文创平台精品展"。2019年11月，南博与上海博物馆、浙江省博物馆和安徽博物院在上海成立"长三角博物馆文创联盟"，整合三省一市博物馆文创资源，在统一的框架下打造新型一体化博物馆文创产业平台。

通过这些探索与实践，作为博物馆文创工作者，我们希望向公众表达这样的愿景：新时期、新阶段，南博愿以推陈出新的创新精神和兼容并蓄的开放胸怀，积极推动博物馆文创产品开发，在推进博物馆事业高质量发展、均衡发展的同时，汲取中华民族优秀文化养分，弘扬中华文化传统和地域文明，展示人民美好生活，并让它融入我们的生活，让文物真正"活起来"。这是我们的使命，也是我们的愿景。

原载《东南文化》2021年第6期（与卢小慧合作）

博物馆文创余论

2013年5月，中国博物馆协会文创产品专业委员会正式成立，迄今已经八年了。从2016年5月国务院办公厅转发文化部等部门《关于推动文化文物单位文化创意产品开发的若干意见》的通知起，正式拉开了全国博物馆、美术馆、图书馆、文化馆等国有公共文化服务单位主动开发文化创意产品的大幕。迄今六年有余。在这期间，全国文化文博单位积极行动乘势而为，依据馆藏和展览资源，开拓进取，极大地推动了我国博物馆文创事业的发展，成绩斐然，有目共睹。

我国的文博事业发展迅速，尤其是在十二五、十三五期间，博物馆得到快速地增长和发展。国有博物馆的属性决定了它的主要职责是藏品征集、展览与相应的教育活动，而服务社会公众、增强民众的文化自信，成了时代赋予的重大使命。随着我国传统产业的转型升级，文创产业不但成为国民经济新的增长点，并成为环保无烟工业的领头羊，更是成为中华优秀文化传承和弘扬的有效载体。因博物馆内集中了我国上下五千年历史见证物的绝大部分，因而博物馆文创产业的发展与壮大，在当下更有其重要的现实意义。

毋庸讳言，2010年以来，全国博物馆对文创工作愈加重视，纷纷新设了与文创相关的部门，有称文化创意中心或文化文创部的，也有称为市场部、产业发展部、经营部或文化产业中心的，林林总总。

个人以为，成立与文创相关部门发展博物馆的文创工作，无疑是值得鼓励和肯定。但若名涉"市场""产业"则不允当，因为国有博物馆的社会事业属性，则其设立的相关部门应为之属性服务，我国的博物馆与西方大多数博物馆存在着明显的体制差异，老一辈文博人提出的博物馆使命是"提倡科学研究，辅助公众教育，图智识之增进"，可谓精准。然所谓产业，是社会分工和生产力不断发展的产物，是具有某种同类属性的企业经济活动的集合，而文化产业是一种在经济全球化背景下，以创造力为核心的新兴产业，是强调一种整体文化或文化因素依靠个人（团体）通过技术、创意和产业化的方式开发、营销知识产权的行业。说白了，我们博物馆所做的文化创意工作，是指充分挖掘利用馆藏的文化文物资源，讲好中国故事，通过展览、社会教育等相应的文创产品，服务社会，服务公众，坚定国民的文化自信，并与不同的文明交流互鉴，为人类文明进步贡献更多中国智慧和中国力量。也就是说，坚持博物馆文创工作的公益性不可动摇。当然，博物馆的文创工作可通过知识产权向社会授权，利用和整合社会资源及力量，通过市场，将博物馆的文创产品做大做强，形成文创事业与文创产业双轮驱动，才能更好地造福社会经济全面发展。

博物馆的文创产品，理应包含原创展示展览、社会教育服务项目、文创衍生商品及相关数字产品等。值得注意的是，博物馆不应直接将文物的原始数据，作为限量的商品出售，在文物信息资源的开发利用中，要坚持公益属性。应鼓励社会力量通过正规授权方式，利用文化文物资源进行合理的创新创意创作，加以新技术的运用，激发、阐释和传播文物内在的丰富文化价值。因而，我们常说的知识产权保护就显得尤为重要。保护知识产权，就是保护创新！只有如此，才能真正实现文化文物资源的创造性转化和创新性发展。

当下全球疫情肆虐，博物馆的发展受到严峻挑战，必须利用互联网科技，积极推动线上博物馆文创产品的开展。根据全国博物馆的地域（如黄河流域、长江流域、边疆地区等）和类型（历史类、科技类等），搭建相应的大型线上合作平台，通过文化文物资源及禀赋的整合，实现集约化发展，形成规模优势，创造出全国博物馆界合作共赢的局面和可持续发展之路！

有理由相信，只要用足用活国家相关政策，勇于开拓、创新，我国博物馆文创事业就一定能立足世界，面向未来。

本文为2021年11月第四届长三角国际文化产业博览会（上海）中"智慧博物馆创新发展论坛"的发言提纲

学术活动简表

一　简历

1980～1984年，南京大学历史系考古学专业。

1984～1993年，徐州博物馆考古部，历任组长、主任。

1993～2012年，徐州市汉兵马俑博物馆、徐州汉文化景区管理处，历任副馆长、馆长、处长。

2012年2月，南京博物院文化创意部主任。

2012年5月～2019年12月，兼任南京博物院服务部、江苏省长江文物艺术发展公司法人、总经理。

1993年10月，获文博系列馆员职务任职资格。

1994年6月，破格晋升文博（群文）专业副研究馆员资格。

2000年4月，获国家文物局"考古发掘领队"证书（编号：1000002号）。

2002年7月，获得文博（群文）专业研究馆员资格。

2014年12月，被评定为江苏省事业单位专业技术二级岗位。

2014年7月～2022年8月，兼任南京博物院第二届工会主席。

二　获奖与荣誉

1988年5月，被共青团徐州市委评为"优秀团干部"。

1988年，徐州市第一次哲学社会科学优秀成果评奖中获三等奖。

1989年，江苏省第二次哲学社会科学优秀成果评奖中获优秀作品奖。

1991年，江苏省第三次哲学社会科学优秀成果评奖中获三等奖。

1992年，徐州市第二次哲学社会科学优秀成果评奖中获荣誉奖。

1993年，获"徐州市优秀青年专业技术人才"称号。

1995年，主持发掘狮子山楚王陵被评为"1995年中国十大考古新发现"。

1995年12月，兼任徐州市云龙区文化局副局长。

1996年，作为历史考古顾问，摄制的电视系列片《狮子山揭秘》获江苏电视奖1995年度社教（系列）节目一等奖；1998年，获江苏省第三届精神文明建设"五个一工程"入选作品奖。

1999年，作为历史考古顾问，摄制的电视专题片《汉俑华彩》获国务院新闻办公室、国家广播电影电视总局颁发的第六届"金桥奖"（影视）——电视专题片（短篇）一等奖。

2003、2007年，两次被徐州市政府授予"徐州市优秀专家"称号。

2001年，与徐州电视台合作，拍摄的电视系列片《汉魂》，获全国对外宣传最高政府奖——中国彩虹奖（一等奖）。

2000年4月，获1999年度"徐州市十佳青年行业标兵"称号。

2001年，获"徐州市拔尖人才"称号。

2001年1月，撰写的《徐州狮子山西汉楚王陵发掘简报》在徐州市第五次哲学社会科学优秀成果评奖中获二等奖。

2001年，主持发掘的狮子山楚王陵被评为"中国20世纪100项考古重大发现"之一。

2001年9月，任狮子山楚王陵汉文化景区建设指挥部办公室主任。

2003年，被江苏省人民政府授予"江苏省有突出贡献的中青年专家"称号。

2004年11月，被中共江苏省委宣传部评为"爱国主义教育基地先进工作者"。

2004、2007年，两次被评为江苏省"333高层次人才培养工程"中青年科学技术带头人。

2006年，荣获"江苏省文明城市工作先进个人"称号。

2007年，荣获"江苏省旅游突出贡献奖"。

2007年，被评为"全省旅游行业先进个人"。

2007年，主持的"徐州汉文化景区"获国家4A级文化旅游景区称号。

2008年1月，主持设计的"徐州狮子山西汉楚王陵陪葬兵马俑坑"展览荣获江苏省博物馆优秀陈列展览评选（2006-2007）"形式设计优秀奖"。

2009年2月，领衔完成"徐州楚王陵墓开凿技术综合研究"项目被徐州市人民政府授予"2008年度徐州市科技进步奖"二等奖。

2009年9月，徐州汉文化景区讲解班组荣获全国三八红旗集体荣誉。

2011年，主持的"徐州汉文化景区"工程项目于获得国家建设部文化与环境专业委员会颁发的《中国环境艺术"示范景区"》一等奖。

2011年，主持和主要参与发掘的"徐州汉楚王墓群"入选江苏省首批大遗址名录。

2019年4月，《江苏徐州狮子山汉兵马俑五号坑的发现与认识》荣获2019年度南京博物院科研二等奖。

2021年10月18日，主持的狮子山楚王陵考古工程作为龙头项目的徐州汉楚王陵墓群，成为我省唯一成功入选中国"百年百大考古发现"。

三　学术成果

（一）专著

《中国两汉文明》合编（德文版），奥地利文化出版社，1998年。

徐州狮子山楚王陵管理处、徐州汉兵马俑博物馆：《2000天与两千年》（第二主编），内部刊印资料，1999年。

徐州狮子山楚王陵管理处、徐州汉兵马俑博物馆：《楚王陵和兵马俑》（第一主编），内部刊印资料，1999年。

《秦汉文化比较研究》（主编），三秦出版社，2002年。

《楚风汉韵——淮海地区精品汉画像石拓片集》（主编），中国文化传媒出版社，2010年。

《狮子山楚王陵》（总编），南京出版社，2011年。

《廿五年——徐州汉兵马俑博物馆成立二十五周年纪念文集》（主编），南京出版社，2011年。

《所谓伊人——傅抱石侍女画集》（策划），译林出版社，2014年。

《南京博物院文化创意2014》（副主编）。

《南京博物院文化创意2015-2016》（副主编）。

《南京博物院文化创意2017-2018》（策划）。

《徐州狮子山西汉楚王陵发掘报告》（责任主编），科学出版社，2022年。

《狮子山楚王陵出土西汉官印》（主编），西泠印社，2022年。

（二）论文

《徐州狮子山兵马俑坑第一次发掘简报》，《文物》1986年第12期。

《徐州汉兵马俑研究》，《徐州师范学院学报（哲学社会科学版）》1987年第2期。

《功似昭君的解忧公主》，《淮海论坛》1987年第2期；《人民日报》（海外版）1987年10月9日摘要转载。

《徐州北洞山西汉墓发掘简报》，《文物》1988年第2期。

《徐州发现元代纪年画像石墓》，《中国文物报》1989年6月16日第23期

（总第136期）。

《古运河畔喜获明政府直辖徐州广运仓碑》，《中国文物报》1989年5月5日第17期（总第129期）。

《徐州北洞山西汉王陵考略》，《徐州师范学院学报（哲学社会科学版）》1989年第3期。

《徐州北洞山西汉王陵考略（续）》，《徐州师范学院学报（哲学社会科学版）》1989年第4期。

《徐州再次发现西汉楚王墓》，《中国文物报》1989年12月29日第51期（总第164期）。

《陶土搓出的古风——徐州出土汉代建筑模型》，《中国旅游》（海外版）1990年第5期（总第119期）。

《徐州市驮篮山汉墓》，《中国考古学年鉴·1991》，文物出版社，1992年。

《徐州市睢宁墓山一、二号汉画像石墓》，《中国考古学年鉴·1993》，文物出版社，1995年。

《铜山县花马庄唐墓》，《中国考古学年鉴·1993》，文物出版社，1995年。

《江苏徐州出土郢爰金币》，《中国钱币》1991年第4期。

《徐州青山泉水泥二厂一、二号汉墓发掘简报》，《中原文物》1992年第1期。

《江苏铜山县荆山汉墓发掘简报》，《考古》1992年第12期。

《徐州考古工作三十年》，《徐州博物馆三十年纪念文集1960～1990》，北京燕山出版社，1992年。

《徐州小金山西汉墓清理简报》，《东南文化》1992年第2期。

《徐州郭庄汉墓》，《考古与文物》1993年第1期。

《徐州近年征集的汉画像石集粹》，《中原文物》1993年第1期。

《江苏徐州大山头元代纪年画像石墓》，《考古》1993年第12期。

《发现西汉楚王墓》，马承源主编《鉴赏家》，上海译文出版社，1995年。

《龙虎玉戈》，马承源主编《鉴赏家》，上海译文出版社，1995年。

《博大精深　蔚为壮观——徐州西汉楚王陵考古发掘侧记》，《中华文化画报》1996年第3、4期合刊。

《狮子山上楚王陵——一个关于汉代陵寝的考古故事》，《人民日报》（华东特稿）1996年2月29日第12版。

《楚王陵出土的金带扣和玉卮》，《中国文物精萃》，文物出版社，1997年。

《徐州狮子山楚王陵的玉戈、玉冲牙和金带扣》，《国宝——中国历史文物精华展》，国家文物局、香港临时市政局联合出版，1997年。

《徐州狮子山西汉楚王陵发掘简报》，《文物》1998年第8期。

《红薯窖揭开狮子山谜团——西汉楚王陵地宫考古侧记》，杨才玉主编《收藏轶闻》，西北大学出版社，1999年。

《楚王铁胄修复成——第一顶西汉玄甲在徐州还原》，《人民日报》（华东新闻）2000年1月12日第1284期。

《徐州城下城及古城门的考察》，中国古都学会、徐州古都学会编《中国古都研究（第十七辑）——中国古都学会2000年学术年会暨中华古都徐州历史文化资源开发研讨会论文集》，三秦出版社，2001年。

《狮子山楚王陵铁甲胄研究综述》，《中国文物报》2000年2月23日第15期（总第784期）。

《徐州狮子山楚王陵园初步研究》，《南京大学历史系考古专业成立三十周年纪念文集》，天津人民出版社，2002年。

《楚王墓中的金缕玉衣》，《玉石之路》，中国文联出版社，2004年。

《江苏汉代王陵文化研究》，《东南文化》2005年第5期。

《地下的汉朝之兵俑疑云——揭秘徐州狮子山兵马俑》，《文明》2005年第9期。

《徐州狮子山西汉楚王陵出土铁甲胄的清理与复原研究》，《考古学报》2008年第1期。

《徐州市狮子山汉兵马俑坑防水加固保护》，《东南文化》2009年第2期。

《传承汉代文明 弘扬民族精神——徐州汉文化景区保护与建设的思考》，中国博物馆学会考古与遗址博物馆专业委员会、秦始皇兵马俑博物馆编《中国博物馆学会考古与遗址博物馆专业委员会成立大会论文集》，西北大学出版社，2010年。

《遗址博物馆与城市建设和谐发展初探——以徐州汉文化景区的发展为例》，江苏省博物馆学会编《江苏省博物馆学会2010学术年会论文集》，文物出版社，2011年。

《徐淮地区汉魏西晋佛教文化研究》，邱永生主编《廿五年——徐州汉兵马俑博物馆25周年纪念文集》，南京出版社，2011年。

《徐州狮子山西汉楚王墓墓主新考》，南京博物院编《南京博物院八十周年纪念文集》，生活·读书·新知三联书店，2013年。

《徐州汉文化景区"石阙"铭文画像石考释》，张玉主编《汉朴集》，南京出版社，2014年。

《文化创意与博物馆藏品融合发展研究》，中国博物馆协会文创产品专业委员会编《中国博物馆文化产业研究》，长江出版传媒、湖北人民出版社，2015年。

《江苏徐州狮子山汉兵马俑五号坑的发现与认识》，《东南文化》2019年第4期。

《徐州狮子山楚王墓的考古新得》，徐州博物馆编《汉代玉文化国际学术研讨会论文集（2018中国·徐州）》，科学出版社，2019年。

《南京博物院文创探索与实践》，《东南文化》2021年第6期。

《博物馆新文创的探索与实践》，中国博物馆协会文创专委会编《博物馆文创实践与研究》，学苑出版社，2022年。

《南京博物院文创思路》，《韶山红色文创探索与实践》，湘潭大学出版社，2022年。

（三）科研项目

1985年2月，主要参与徐州市韩山东汉墓清理工作。

1985年8月，主持铜山县凤凰山战国西汉墓群考古发掘工作。

1986年8月，主要参与铜山县前沿子村东汉纪年画像石墓清理工作。

1986年11～12月，主要参与徐州市拉犁山一、二号东汉石室墓发掘工作。

1990年7月，主要参与徐州市绣球山汉墓发掘工作。

1991年1月，主要参与铜山县后楼山西汉墓考古发掘工作。

1994年10月～1995年5月，作为专家组成员之一主持发掘徐州狮子山楚王陵兼现场指挥。

1995年1～9月，主持狮子山楚王陵墓道、甬道及墓室的整体加固、修复工程。

1995年4～9月，主持狮子山楚王陵考古陈列展览工作，与徐州医学院合作，依据出土骨骸，成功复原狮子山楚王像。

1998年2～7月，主持兵马俑大坝加固防渗工程。

1998～2002年，领衔完成"徐州狮子山西汉楚王陵出土铁甲胄的清理与复原研究"这一国家重点文物科研课题。

2002年，主持江苏省文物科研课题"徐州西汉楚王陵墓开凿技术综合研究"。

2003年，主持完成江苏省哲学社会科学规划基金课题（徐州市人民政府重点）"江苏汉代王陵文化研究"。

2004年，主持徐州汉兵马俑新馆陈列展览。

2004年，参与研究实施"徐州狮子山楚王陵墓防渗加固工程"。

2005年，主持"徐州狮子山楚王陵出土彩绘兵马俑保护技术科技攻关"项目。

2006年2月，主持的水下骑兵坑展览厅和羊龟山王后陵遗址展厅建成，并策划实施陈列馆陈列项目相关展示工程。

2006、2007、2010年，分别主持开展"徐州汉文化景区"一期工程项目、"徐州汉文化景区"二期工程项目、"徐州汉文化景区"三期工程项目工作。

2007年5月，完成徐州汉兵马俑一、二号坑体渗水加固和陶俑加固保护项目。

2010年，完成江苏省"333工程"科研资助项目"徐淮地区汉魏西晋佛教文化研究"。

2014年6月，主持开展江苏省文化和旅游科研课题"文化创意与博物馆藏品融合发展研究"。

2016年，参与江苏省文化科研项目"江苏省博物馆商店联盟发展模式研究"。

2017年6月，牵头江苏省省级现代服务业（文化）发展专项资金项目"扬子江城市群博物馆文化创意产业平台建设"。

2017年6月～2018年12月，主持开展江苏省文物科研课题"长江经济带博物馆文创产业合作研究"。

2020年11月，主导参与江苏省文物科研课题"文旅融合背景下博物馆新文创的探索与实践"。

四　学术交流活动

（一）国际学术交流活动

1988年2月16日～5月1日，赴澳大利亚墨尔本举办"徐州两汉文化精品展"，负责展览与宣传工作。

1998年4～11月，与奥地利雷欧本博物馆合作，赴奥地利举办"中国徐州汉代文物珍品展"，负责业务工作。

2002年5月，在日本京都、大阪考察学习。

2004年8月，赴埃及交流学习，并考察亚历山大、卢克索神庙等地。

2004年10月，调研土耳其伊斯坦布尔古城墙等文物古迹。

（二）国内学术交流活动

1992年，主持江苏徐州花马庄隋唐墓地一号墓发掘工作。

1992年，赴敦煌莫高窟考察。

1996年5月，参加中国旅游年香港推介会。

1996年4月，组织狮子山楚王陵出土文物专题展，接受电视台采访。

1996年7月，邀请北京科技大学柯俊院士来徐州鉴定狮子山楚王陵出土金带扣。

1996年11月，主持"徐州狮子山楚王陵出土精品展"在南京博物院开幕。

1997年夏，在圆明园考察学习。

1997年10月，在陕西秦始皇陵兵马俑博物馆考察交流。

1998年8月，在北京卢沟桥考察。

1999年，在海南水下考古基地考察。

2002年3月，与王恺先生调查狮子山楚王陵园遗址。

2007年7月，清华大学公共管理研修班结业。

2012年9～10月，赴台北故宫博物院考察交流。

2013年5月，协助征集汉代石羊圆雕一件，重610斤，收藏编号为0:6673。现展于南京博物院艺术馆内。

2014年7月，与北京故宫博物院交流文创等工作。

2014年4月，参加2014年（郑州）全国博物馆"版权保护与馆藏艺术品授权"培训班结业。

2014年，与故宫文创负责人交流。

2014年，与国家博物馆文创中心人员交流。

2014、2016、2018年，策划实施第一、二、三届"博雅杯"文化创意衍生产品创意设计大赛。

2014年，组织参加厦门第六届中国博物馆及相关产品与技术博览会，参展作品荣获"弘博奖·2014中国博物馆十佳文创产品奖"。

2015年2月，参加北京首都博物馆"2015年文创专委会工作会议"。

2015年6月，与南京林业大学签约建立产学研共建关系。

2015年8月，参加武汉"中国博协文创产品专委会'非遗与文创'研讨会"并在大会上做"配合非遗的文创产品开发"报告。

2015年9月，与南京禄口国际机场合作，策划"盛世华彩——南京博物院藏文物艺术展"。

2015年，与北京考古书店工作人员座谈。

2015年，与中央美院工作人员座谈。

2016年，与牛首山文创部门工作人员座谈。

2016年4月，参加中国博物馆协会文创产品专业委员会文创产品现场交流会。

2016年6月，组织参加"全国文博单位文化创意产品开发工作推进会"及"全国文博单位文化创意产品联展"，展品"民国女性产品系列"获"最佳创意文创产品奖"。

2016年9月，组织参加"重庆文化产业博览会"。

2016年9月，组织参加成都第七届中国博物馆及相关产品与技术博览会，荣获"弘博奖"最佳展示奖。

2016年12月，组织参加"第二届广州国际文物博物馆版权交易博览会"，送展作品"《富春大岭图》画意倒流香炉"荣获"十大最佳文博创意奖"。

2016年12月29日～2017年3月，策划"织被天下：云锦与西兰卡普"展览。

2017年，赴陕西历史博物馆调研学习。

2017年，赴中国（宝鸡）青铜器博物院调研学习。

2017年，出席中国博协文创专委会年会。

2017年5月，组织江苏省博物馆商店联盟培训。

2017年5月，组织江苏省博物馆学会文创专委会年会。

2018年2月，策划实施《同饮一江水——长江经济带博物馆文创精品展》，在南京博物院艺术馆展出。

2018年11月，组织参加福州第八届中国博物馆及相关产品与技术博览会。

2018年，出席中国博协文创专委会年会。

2018年11月，组织参加上海"第一届长三角国际文化产业博览会"，并作为特邀嘉宾于上海展览中心作"长三角文创产业联盟合作路径"主旨演讲。

2019年5月，参加扬州"第一届大运河文化旅游博览会"。

2019年，参加中国文物学会文化创意发展委员会年会。

2019年，参加重庆博物馆文创高峰对话。

2019年11月，组织参加上海"第二届长三角国际文化产业博览会"并获"组织工作奖"。

2019～2021年，连续三年组织实施"紫金奖·文化创意设计大赛"中主题赛事之"博物馆文化创意设计赛"相关赛事活动。

2020年5月，出席5·18国际博物馆日主会场博物馆文创论坛。

2020年8月，参加南京"第二届两岸博物馆IP授权交流论坛"并作主旨演讲。

2020年8月，组织参加南京"长三角博物馆文创联盟推进会"。

2020年9月，组织参加无锡"第二届大运河文化旅游博览会"。

2020年9月，参加西安中国博物馆协会文创专委会2020年年会，在主题为"跨界与融合：博物馆文创发展新动能"的论坛上，做《文旅融合是博物馆文创发展的新动能——中国大运河博物馆文创建设规划》主旨报告，并在会上当选为文创产品专委会首批专家组成员，获颁证书。

2020年11月，组织参加上海"第三届长三角国际文化产业博览会"。

2020年11月，在湖南文创协会上做《博物馆文创的创新发展之路》主题报告。

2020年12月，组织参加"忆江南·长三角文创产品博览"文创主题活动。

2021年5月，作为"5·18共商文创发展研讨会"主讲嘉宾出席"鄂尔多斯博物院文创精品邀请展"。

2021年10月，参加"共振共生·2021海南国际文创周"活动，并做《长江三角洲文创产业联盟合作路径思考》主旨演讲。

五　人才培养

（一）客座教授

1998年6月，徐州师范大学历史系兼职教师。

2002年1月，徐州师范大学特聘教授。

2012年，江苏师范大学考古学一级学科硕士点指导教师。

2018年9月，南京财经大学艺术设计学院客座教授。

2019年1月，南京林业大学硕士专业学位研究生校外指导教师。

2019年3月，南京林业大学艺术设计学院特聘教授。

2019年12月，中国传媒大学南广学院文化管理学院客座教授。

（二）社会兼职

1997年1月，当选为中国古甲胄研究会理事。

2002年，当选为江苏省考古学会常务理事。

2003年，担任考古顾问，与中央电视台一套社教频道合作的四集汉文化系列纪实片《王陵疑云》。

2004年6月，被聘为徐州师范大学博物馆工作专家委员会委员。

2008年3月，被收入《中国当代文博专家志》。

2008年4月，当选为江苏省博物馆学会常务理事。

2014年5月，当选为国家涉案文物鉴定评估机构专家库成员。

2014年11月，当选为中国博物馆协会文创产品专业委员会副秘书长。

2014年12月，当选为江苏省博物馆协会文创产品专业委员会秘书长。

2015年9月，当选为景德镇陶瓷交易所专家评审委员会委员。

2015年11月，当选为南京市玄武区文化发展智库特聘专家。

2020年9月，当选为中国博物馆协会文创产品专业委员会专家组专家。

（三）培训授课

2015年4月，受南京市博物总馆委托，在"文博大讲堂"授课。

2015年5月，在第五届江苏书展活动中做"解密徐州汉墓"专题讲座。

2016、2019年，为江苏省文博干部培训班授课。

2018年7月，受江苏师范大学委托，在国家艺术基金2018年度艺术人才培养资助项目《中国汉画像艺术传承与创新人才培养》高级研修班授课。

2019年10月，在湖南韶山"全国革命类纪念馆文创研发与经营管理专题培训班"做《江苏文明 创意传承》讲座。

2019年10月，在中国美术出版社"全国中小学美术教师审美素养提高专题培训班"上做《博物馆中的秦汉艺术》讲座。

2020年11月，在"2020年陕西省公共数字文化工程文化创意产品开发培训班"授课。

2020年，在三江学院做《文旅融合下的博物馆文化创意——以南京博物院为例》讲座。

2020年，在江苏省文物局举办的"2020年全省文博干部研修班"授课。

2021年5月18日，在内蒙古鄂尔多斯博物院作"博物馆的大文创"讲座。

2021年11月，在第四届长三角国际文化博览会的"智慧博物馆创新发展论坛"上作"博物馆文创余论"主旨发言。

2022年7月1日，为"全国博物馆文创实践讲习班"线上授课《论文化遗产重生》。

编后记

　　提起徐州考古工作和江苏两汉文化研究都绕不开"邱永生"这个名字。狮子山、北洞山、驮篮山等徐州大大小小的陵墓遗址上遍布了他的足迹；楚王陵地宫展览设计、汉兵马俑博物馆陈列、汉文化景区建设，从无到有、由点到面，徐州两汉文化研究越来越丰富，徐州市两汉文化的品牌在他的手上也慢慢地清晰，影响不断扩大。

　　初出象牙塔，他便带着满腔热情投入到一线考古工作中，风餐露宿，夜以继日，数十年如一日地在考古工地上辛勤耕耘，用汗水和智慧在徐淮大地上书写了一个考古人的浪漫青春。多年的考古实践中，他主持或主要参与发掘了各类古墓葬、古遗址两百余处，出土文物逾万件，取得了瞩目的成就。难能可贵的是，在掌握珍贵一手资料的基础上，他将考古人的细致、敏锐充分展现在科研和文化事业的发展工作中。

　　学术科研方面，在主持发掘北洞山楚王陵和狮子山楚王陵及兵马俑后，他便于1989、1987年分别发表了《徐州北洞山西汉王陵考略》（上、下）和《徐州汉兵马俑研究》论文，在充分论证的基础上，他首先提出了北洞山楚王陵主人为第二代楚王的学术观点，三十余年后的今天，学术界依然普遍认可这一成果。1985～1986年发掘汉代兵马俑军阵后，根据考古调查与勘探情况，他旋即推断出汉兵马俑的主人陵墓应在其东傍的狮子山中。五年后的1992年，终于在狮子山南麓发现了狮子山楚王陵的具体方位，并于1994～1995年正式发掘，该发掘工程荣获1995年全国十大考古新发现。1999年他发表《红薯窖揭开狮子山谜团——西汉楚王陵地宫考古记》一文，在考古界首先提出狮子山楚王陵应为第一代楚王刘交的论断。在徐州汉文化景区主持工作期间，他又将目光瞄向狮子山楚王陵旁的另一座大山——羊龟山。2007年，由他牵头，联合南京大学遥感考古中心对羊龟山进行了综合研究，并得出羊龟山是一座庞大的汉代地下宫殿，极有可能是第一代楚王刘交的王后陵的结论（参见《徐州狮子山楚王陵园初步研究》文）。北洞山和狮子山是两座经科学考古发掘的楚王陵，邱先生对此的研究成果，为我国考古界"百年百大"之一的江苏徐州汉楚王墓群的深入研究起到了极为重要的引领作用，具有重要的学术价值。

发掘出的文物越来越多，展现的遗址越来越丰富，面对着这些精美的文物和规模宏大的遗址，是集中精力沿着先贤的足迹把考古研究深入做下去还是把文化遗产、把历史真相展现给公众？他思索着、实践着，竟能做到两者兼顾又相得益彰。正是有了对历史文化的深切感悟和精深钻研，在规划和建设考古遗址公园和历史文化景区时才能游刃有余，把原汁原味的历史真相展示在社会公众面前；也得益于他的独到眼光和深入研究，徐州汉文化景区才能在当时未有范例的条件下做到形神兼备、文旅融合、深入人心。他的这一创举，使得徐州的两汉历史文化遗产得到很好地展示与宣传，也扩大了徐州两汉历史文化在国内外的影响。

2012年，中国博物馆文化创意事业蓬勃发展起来，公众对博物馆在活化文化遗产方面有了越来越多的需求和期待。这一年，他来到了南京博物院，开始主持南京博物院的文化创意工作，沿袭着他对文化遗产保护利用与传承的工作心得，他将对历史文化遗产的理解与共情应用到文创产品的开发管理中，用自己独到的眼光进一步活化文化遗产，让丰富的藏品和展览更好地服务于公众。十年来，南京博物院开发出了众多深受公众喜爱的文创产品，很好地实现了文化遗产社会效益和经济效益的双丰收。

在文集整理过程中，一遍遍追寻着他的考古足迹，学习着他的学术成果，回味着他的心得体会，探寻着文博事业发展的方向。

回望他走过的心路历程，让人深深感佩他的自信坚韧与创新进取，即便精力有限，他依然热情饱满、继续创新实践和深度思考。这便是一个考古文博人内心深处最浪漫的家国情怀吧。

杨 莹

2022年5月于南京博物院